隋唐风云

第二卷

从武则天到唐玄宗

纪陶然◎著

中国工人出版社

图书在版编目（CIP）数据

隋唐风云. 第二卷 / 纪陶然著. —北京：中国工人出版社，2022.2
ISBN 978-7-5008-7818-6

Ⅰ.①隋… Ⅱ.①纪… Ⅲ.①中国历史—隋唐时代—通俗读物 Ⅳ.①K240.9

中国版本图书馆CIP数据核字（2022）第023966号

隋唐风云. 第二卷

出 版 人	王娇萍
责任编辑	刘广涛　李　骁
责任印制	黄　丽
出版发行	中国工人出版社
地　　址	北京市东城区鼓楼外大街45号　邮编：100120
网　　址	http://www.wp-china.com
电　　话	（010）62005043（总编室）　（010）62005039（印制管理中心） （010）62379038（社科文艺分社）
发行热线	（010）82029051　62383056
经　　销	各地书店
印　　刷	北京美图印务有限公司
开　　本	710毫米×1000毫米　1/16
印　　张	25.5
字　　数	365千字
版　　次	2022年4月第1版　2022年4月第1次印刷
定　　价	59.80元

本书如有破损、缺页、装订错误，请与本社印制管理中心联系更换

目录

第一章　武媚娘之歌 / 001

从商人到功臣 / 001

应国夫人 / 006

生年谜团 / 010

武才人入宫 / 016

师子骢 / 021

当丑闻发生时 / 026

第二章　二进宫 / 032

太宗的无奈 / 032

感业寺 / 037

蓄发回宫 / 042

小公主之死 / 047

被动的唐高宗 / 052

第三章　君臣斗 / 057

辅政大臣 / 057

无忌欺君 / 062
房遗爱案 / 066
交　锋 / 069
挺　武 / 074

第四章　皇后之路 / 080

扑杀此獠 / 080
陛下家事 / 085
“废王立武” / 090
将　军 / 095

第五章　关山月 / 101

长云暗雪山 / 101
大雪满弓刀 / 106
破冰之战 / 111
高句丽休矣 / 115

第六章　武氏当国 / 122

风眩之疾 / 122
处事皆称旨 / 127
上官仪教我 / 131
天皇天后 / 136

第七章　谁家天下 / 141

摘瓜黄台下 / 141
我何罪 / 146
将门狐子 / 151

扬州兵变 / 156

第八章　武周代唐 / 165

告密之风 / 165
圣母临人 / 169
天　授 / 175
吾家朝堂 / 180
子侄之争 / 184

第九章　则天女皇 / 190

酷吏政治 / 190
牺牲品 / 194
狄仁杰 / 199
直臣之气 / 203
莲花似六郎 / 207

第十章　光启大唐 / 212

解梦复唐 / 212
朝堂不空 / 217
神龙政变 / 222
无字碑 / 228

第十一章　再三祸变 / 233

武韦之乱 / 233
七月初六事件 / 237
中宗之死 / 242
唐隆政变 / 246

第十二章　唐明皇 / 251

争让天下 / 251
太平公主 / 256
姑侄相杀 / 262
纵欲抑欲 / 267

第十三章　开元全盛日 / 273

天下之肥 / 273
开元名臣 / 278
杨家有女初长成 / 284
张九龄罢相 / 288

第十四章　霓裳羽衣曲 / 294

武惠妃 / 294
我家老奴 / 299
养在寿邸 / 303
君王侧 / 308
妃子笑 / 312
非典型外戚 / 317

第十五章　拔剑击大荒 / 322

后突厥兴亡 / 322
横行青海夜带刀 / 327
契丹崛起 / 333
海东盛国 / 337

第十六章　天宝遗事 / 342

幽州胡马 / 342

口蜜腹剑 / 347

李杨之争 / 351

黑云压城 / 355

第十七章　渔阳鼙鼓 / 361

禄山一呼 / 361

五十年来作疮痏 / 365

十月东都破 / 370

自毁长城 / 375

第十八章　正气歌 / 380

河北义士 / 380

中兴名将 / 385

雍丘保卫战 / 390

江淮忠魂 / 394

第一章 武媚娘之歌

从商人到功臣

隋大业十一年（615 年），并州太原郡文水县商人武士彟的家中，来了一位尊贵的客人。

他便是镇守太原的河东抚慰使唐国公李渊。这是武士彟第一次见到李渊。此时的武士彟还并不知道，仅仅四年后，眼前这位唐国公就将化家为国，让名义上的唐国变作唐朝，唐国公也变为唐朝皇帝。自己乃至整个武氏家族，都将因卷入这场时代巨变，从而彻底改变命运。自己的女儿，居然有朝一日会成为中国历史上唯一一位女皇帝。

武氏是中国北方一个重要的汉族姓氏，其发源较早，在商周时就已出现，源出较多，大概有七八处。但是，武氏在唐代之前声名不显，和我们在第一卷中提到的那些高门大族不可同日而语。真正让武氏崛起的，还是我们刚刚提到的武士彟。

武士彟生于北周建德六年（577 年），是土生土长的文水本地人。文水地处河东，武士彟出生时，此地已经纳入了关陇勋贵的势力范围。但是，武家属于小氏族，算不上关陇勋贵的门阀阶层，充其量只不过是一个名声不显的庶族地主。

武士彟的父亲武华曾经做过隋朝的东都洛阳郡丞，从四品，负责协助郡守处理郡内政务。虽然品秩不高，却也颇具实权。因他是东都的郡丞，就更显得有一定的地位。虽说京官难当，但京官却容易同上层接触，和中央级的达官显贵交往。

武家此时已经徘徊在权力核心的外围了。但是，在门阀森严的当时，想要进入权力核心，如果没有巨大的政治变动为前提，几乎毫无路径。不过，武家人倒是可以利用这一特殊而又尴尬的位置，捞取一些现实利益。

大业年间，隋炀帝屡兴大役，土木工程极多。当时，山西出产木材，文水县又紧邻汾河，交通便利。武士彟看准时机，经营木材生意。他将当地人砍伐的木材收购集中，再沿着汾河运输到各地，通过各种手段，使自己的木材进入那份每一个生意人都渴求的政府采购名单。没过几年，武士彟便成了家资巨富的大商人。

有了钱，就有了结交权贵的便利条件。但是，武士彟自己的地位并没有提高。在“士农工商”的传统社会等级制度中，武士彟由一个庶族地主官僚子弟而成为大商人，实在谈不上是光耀门楣。

《册府元龟》中记载武士彟：“才器详敏，少有大节，及长，深沉多大略，每读书，见扶主立忠之事，未尝不三复研寻，尝以慷慨扬名为志。”这恐怕是武家发迹之后，为其留下的溢美之词。但武士彟并不甘心做一名富商，他想商而优则仕，提振自己的门庭，还是可信的。

几经辗转，武士彟进入隋朝的军队系统，做了一名鹰扬府队正。这个职位是一名统领府兵的下级军官，手下的士卒不过几十人。

偏巧此时，唐国公李渊被隋炀帝派到并州，负责镇压起义军。初到并州，李渊在各地领兵屯守，不知是怎样的一种机缘巧合，李渊曾经留宿在武士彟家中，还与武士彟建立起了一定的情谊。堂堂的天子表兄、唐国公李渊，为什么会留宿在一名小小的鹰扬府队正家中，我们已经不得而知。

可以推想，武士彟的父亲武华曾做过东都郡丞这样一个不大但比较重要的职位，颇有野心的李渊可能曾经留意过他，对武华有一定的了解。李渊在戎马之中没有条件较好的官署可供休息，武士彟身为富商，其宅第应颇为讲究，便成了李渊的临时行辕，这是完全有可能的。

武士彟是一位商人，他不会放弃任何一个投资的机会。眼前的这位唐国公是关陇勋贵、天子表兄、柱国之子、顶头上司，武士彟自然会好生侍奉。

武士彟在做木材生意时走南闯北，见多识广，善于同贵族官僚打交道，更给李渊留下了非常良好而深刻的印象。待局势稳定后，李渊回到太原，就任太原留守，他没有忘记武士彟，任命武士彟为行军司铠。从此武士彟成为李渊的心腹。

行军司铠负责军队的铠甲、军械等物，颇类似于现代军队中的装备部门。像这样的部门，在寻常的太平年景是一个肥差，部门负责人往往能够中饱私囊。但是，李渊委任武士彟这一职务绝不是让他假公济私的，而是恰恰相反，有希望他假私济公的用意——让武士彟凭借自己的财力为李家的个人武装提供军需用品。

当时，义军蜂起，隋王朝已在风雨飘摇之中。“李氏当为天子”的谶语更是广泛流传。最有可能应验谶语的人就是唐国公李渊和瓦岗山的李密。

武士彟投靠李渊，自然有一份想要在乱世中浑水摸鱼的意思。他偷偷地向李渊进献兵书及符瑞，表明支持李渊起兵。李渊反而有些保守，对武士彟说：“幸勿多言。兵书禁物，尚能将来，深识雅意，当同富贵耳。”

二人在这次进献与对话中，实际上已暗中定下了君臣之分。

隋王朝究竟会不会倒台，即使隋王朝倒台，取而代之的是不是李渊，也都还是未知数。鸡蛋不能放在同一个篮子里，身为商人的武士彟自然深谙其中的道理，所以他在同李渊暗度陈仓的同时，和隋炀帝派来监视李渊的王威、高君雅也有很深的交情。

武士彟利用同两方面势力左右逢源，既讨好王威与高君雅，又在二人面前保护李渊，以此来奉承李渊。

李渊为了谋划起兵，借口防御匈奴和打击起义军，招募了许多兵勇，派遣给刘弘基与长孙顺德分别统领。王威与高君雅看在眼中，颇为不满，便暗地里对武士彟说：“弘基等皆背征三卫，所犯当死，安得领兵？吾欲禁身推覈。”

武士彟却委婉地表示反对：“此并唐公之客也，若尔，便大纷纭。”他警告王威与高君雅，刘弘基与长孙顺德都是李渊的人，若是此时抓捕他们，恐怕会激化同李渊的矛盾。王威与高君雅果然迟疑，没有发作。正是他们的这一迟疑，给了李渊宝贵的准备时间。

留守司兵田德平也看出李渊大肆募兵苗头不对，他想劝说王威与高君雅迅速制止这一局面。又是武士彟及时制止了田德平，他对田德平说：“讨捕之兵，总隶唐公。王威、高君雅等，并寄坐耳，彼何能为！”以此来打击田德平的信心。田德平和王威、高君雅一样，都是优柔寡断之人，听武士彟如此说，同样没有发作。

眨眼之间，李渊便拼凑起一支人马，在晋阳宫发动叛乱，杀掉王威与高君雅，正式挑起了义旗。李渊自封为大将军，以武士彟为大将军府铠曹，随军一起渡河进入关中，迅速建立起唐朝政权。武士彟奇迹般地由一位大商人华丽转身成为一个新兴王朝的开国功臣。

唐朝建立后，唐高祖李渊公布了一份“太原元谋功臣”名单，将以下十七人定为开国功臣，即尚书令秦王李世民、尚书左仆射裴寂、纳言刘文静、左骁卫大将军长孙顺德、右骁卫大将军刘弘基、右屯卫大将军窦琮、左翊卫大将军柴绍、内史侍郎唐俭、吏部侍郎殷开山、鸿胪卿刘世龙、卫尉少卿刘政会、都水监赵文恪、库部郎中武士彟、骠骑将军张平高、李思行、李高迁、左屯卫府长史许世绪。

武士彟位列其中。但武士彟在唐朝龙兴的过程中，究竟发挥了怎样的作用，无论在当时还是以后，都评价不高。即使在武则天得势之后，对于其父在昔日开国中的贡献，也仅能整出一堆空洞的大话套话来，而没有值得大书特书的具体事例来加以阐释和佐证。《旧唐书》甚至说：“初为义师将起，士彟不预知。”就是说李渊在起兵之前，甚至都没有将起兵的打算告诉武士彟。

为了缓解自己身为“太原元谋功臣”却对起兵不知情的尴尬，武士彟经常对人说：“尝梦高祖入西京，升为天子。”自己虽然没有参与起兵，却梦里面经常梦到李渊做了皇帝啊……

李渊听到武士彟这一说法颇不以为然，讥笑他说：“汝王威之党也。以汝能谏止弘基等，微心可录，故加酬效；今见事成，乃说迂诞而取媚也？”直接把武士彟算做了王威、高君雅一党，仅仅因为他阻拦了王威与高君雅抓捕刘弘基和长孙顺德，才把他算作“元谋功臣”。

当然，这里面有李渊同武士彟开玩笑的成分。若李渊真的认为武士彟是王威、高君雅一党，李渊在起兵时就不会留他的性命。但也可以从中看出，武士彟在唐朝建立的过程中，确实没有什么特别值得称道的贡献。

可以说武士彟这个“元谋功臣”当得稀里糊涂，但结果还是令武士彟满意的。武士彟在武德年间累迁至工部尚书，晋封应国公。玄武门之变后不久，李世民登基继位。此时，朝中出现了利州都督李孝常准备联合京中的右武卫将军刘德裕等人兴兵作乱的事件。

事情败露后，李孝常被处死。唐太宗李世民委任武士彟为利州都督，后改任为荆州都督。武士彟在利州与荆州任上，“招辑亡叛，抚循老弱”，“宽力役之事，急农桑之业”，颇有政绩。

贞观九年（635年），太上皇李渊驾崩后不久，武士彟也随之西去。

武士彟有三位兄长，长兄武士棱，次兄武士逸，三兄武士让。除了武士让没有记载之外，武士棱与武士逸都参与了唐朝政权的建立。武士棱性情恭顺，勤于稼穑，李渊投其所好，任其为司农少卿，掌管农事，并让其常住在皇家御苑之中，安心做一位农业官员。武士逸则被分配在齐王李元吉府上做户曹，并跟随李元吉驻守太原，给李渊看家。在刘武周反唐的战争中，李元吉被打得落花流水，丢掉了太原。武士逸也在此战中陷入敌手。但是，武士逸心向李唐，暗地里派人到长安，陈说刘武周可图之计。刘武周被平灭后，武士逸因此功而被大加封赏。

就这样，武氏家族成功地利用了隋唐易代的历史契机，由一个旧王朝的寒素商宦之家，跻身一个新兴王朝的开国功臣集团中。所有人都觉得武氏家族野鸡变凤凰，走了时运开了挂。然而令人意想不到的是，这些还不是武氏家族发迹的高点，仅仅是一个起点而已。

应国夫人

武氏家族在唐代的真正兴盛，从贞观年间一位女孩的入宫开始。这位女孩就是武士彟的二女儿，中国历史上唯一的女性皇帝武则天。为了让则天女皇在本书中顺利登场，我们还要将笔触倒回唐高祖李渊在位的武德年间，去说一桩有关武士彟的亲事。

武士彟的元配夫人复姓相里。这个复姓在今日已不常见了。它可以追溯到传说时代的东夷部落首领皋陶。相里姓的祖先是春秋时晋国大夫里克。因此，在晋国旧地河西河东一带，相里一族曾十分繁盛。

今山西省汾阳市杏花村就是相里姓氏分布较为集中的地方，这个自古以出产汾酒著称的小村子紧邻武士彟的家乡文水县。武士彟与相里氏的姻缘，或许就因地缘的接近而生。

相里氏为武士彟育有四子。唐朝开国后，武士彟成为当朝新贵，按理说正是一家共享荣华之时，却天不遂人愿，大概在武德三年（620 年）前后，武士彟四子有两子双双夭折，只剩下了另外两子武元庆与武元爽。

一年之后，受到接连打击的相里氏也撒手人寰。然而，此时的武士彟有要职在身，他忠于职守，顾不得家中的接连丧事，一直没有离开自己的工作岗位。

唐高祖李渊闻听开国功臣家遭如此变故，又得知武士彟因公废私的先进事迹，他不禁感慨：

（武士彟）忠节有余，去年儿夭，今日妇亡，相去非遥，未尝言及，遗身徇国，举无与比。

也正因这种感动，让李渊将武士彟的个人问题挂在了心上。李渊从此留意为武士彟物色继室的人选。

到了武德七年（624年），李渊为武士彟觅到了一位合适人选：隋代皇室杨达之女。杨达是隋观德王杨雄的弟弟，曾在隋炀帝时期任过纳言。纳言属于相职，既是皇室又是宰相的杨达在隋代的地位不可谓不高。就杨达的门第来讲，是远远高于武士彟的。

隋唐一代只是皇室姓氏的更替，关陇贵族集团仍然是统治阶层，崇尚门第的社会风气更是没有任何变化。虽然武士彟是大唐开国功臣，但他能与弘农杨氏联姻，仍然是高攀了，何况还是隋代皇室。武士彟岂止高攀，简直是攀龙附凤。要知道隋代皇室与唐代皇室本是亲眷，武士彟与隋代皇室结成姻亲，等于变相同李渊结成了姻亲。

至于李渊为什么要将杨达之女许配给武士彟做继室，史料中并没有过多的交代，仅是留下李渊的一句话：

隋纳言遂宁公杨达，才为英杰，地则膏腴。今有女贤明，可以辅德，秦晋之匹，不能加也。

李渊认为杨达之女与武士彟相匹配，是比秦晋之好还好的选择。当然，这只是冠冕堂皇的客气话，“有女贤明，可以辅德”，那嫁给谁不一样？又有哪个凤子龙孙不想要这样的夫人？为什么偏偏便宜了武士彟。真正的原因，至今仍是个谜。

不过，从史书的字里行间，后人隐约可以知道，杨达与武士彟之间，似乎存在着某种联系，也许他们本就熟识，甚至存在某种利益“勾连”。

大业元年（605年），隋炀帝下令营建东都洛阳。这是武士彟起家的开始。武士彟靠为东都洛阳建设工程提供大量木材而一夜暴富。而彼时负责营建东都洛阳的人是谁呢？正副两位大臣分别是尚书令杨素与纳言杨达。

武士彟由于在东都工程中发了大财而被杨素嫉恨，后者曾陷构武士彟，幸亏武士彟拿出重金上下打点，才免遭厄运。而营救武士彟幸免于难的人，正是杨达的兄长观德王杨雄。

杨素向来以贪鄙著称，他于各方面巧取豪夺大发横财，在长安与洛阳都置办了大量的田宅，为当时舆论所非议。这样一个贪鄙的大人物要陷害一个木材商人，其最可能的原因就是在政府采购期间，木材商人没有满足杨素的要求。而武士彟的木材就不是通过杨素的关系进入营建东都洛阳的政府采购名单中的。

不是通过杨素的关系，自然通过杨达的关系的可能性最大。加之后来观德王杨雄出面营救武士彟，这更加令人遐想。一个堂堂的皇室王爷，出面从当朝红人中书令杨素的手中营救一个木材供应商，如果说杨雄、杨达兄弟与武士彟之间没有利益往来，这可能吗？

矛盾争斗的结果是武士彟并没有因此受到人身伤害，但是他的木材却永远地离开了政府工程采购名单。武士彟隐遁家乡，并最终在那里结识了比杨雄、杨达兄弟更具潜力的唐国公李渊，进而在接下来的几年之内华丽转身，成为一位新王朝的开国功臣。

而杨雄、杨达兄弟都在隋大业八年（612 年）跟随隋炀帝征讨高句丽途中病逝。自此之后，尤其是隋朝灭亡之后，观德王杨雄一门虽然仍保持着关陇贵戚上等门阀的尊严，但其门庭已显冷落，往来车马业已稀疏了。

我们在后文中还会提到杨达，因为他的曾孙女是唐玄宗的贵嫔，同时也是唐肃宗的生母。当然，这是后话。接下来，我们要谈一谈杨达这位要出嫁的女儿，毕竟她将生下一位皇帝，而且是一位女皇帝。

这位隋代皇室的金枝玉叶究竟叫什么名字，历史上没有记载。民间传说中甚至认为她叫杨牡丹。一位皇室金枝、相府千金，是否会拥有这样一个“艳名”，还是颇为可疑的。学者们通过对唐代和武周时期的避讳研究，认为杨牡丹实际的名字可能是杨真或者杨贞。在名字没有确切定论之前，我们暂时叫她杨氏女吧。

比杨氏女的名字更加耐人寻味的是她的年龄。

武士彟生于北周建德六年（577 年），待到他断弦续娶的武德七年（624 年）是四十八岁。他的这位新娘子杨氏女此时多大呢？据杨氏女去世后墓前的碑文《大周无上孝明高皇后碑铭》，也就是著名的《望凤台碑记》记载，杨氏女咸亨元年（670年）去世，是时她已经九十二岁。由此推算，杨氏女生于北周宣政二年（579年），她出阁嫁与武士彟的时候已经是四十六岁高龄。

武士彟是续弦，而杨氏女却不是再嫁，这是她的第一次婚姻。按照当时的法律和风俗习惯，女性在十三四岁就要许配人家，十五岁左右就要过门成婚，杨氏女居然比正常女性晚出阁约三十年。这三十年，杨氏女究竟做了什么？

《望凤台碑记》追溯了杨氏女的闺中生活：

简素鄙鞶绣之工，静默尚韦编之道。明诗习礼，岂唯秋菊之铭？阅史披图，宁止春椒之颂？学标天纵，开道德之清关，业契生知，入文章之妙境。

杨氏女是一位文艺女青年，然而她所喜欢的文艺并不是一些针织女红、花花草草之类的小情调、小确幸，而是喜爱阅史披图，将关注点放在了道德文章之上。

有学者因此认为杨氏女具有当时等级最高的门第，又从小接受了良好的教育，心存崇高理想，因而不易寻觅佳偶，故耽误了出阁的时间。这样的观点似乎很难成立。当时具有这样的门第、这样的教育、这样的志向的优秀贵族女性多矣，大不了来个李渊夫人那样的雀屏选婿也就是了，又何必非要走那条文章误我、我误韶光的道路呢？

也有学者认为，隋大业八年（612年）杨达死后，杨氏女立志皈依佛教“永奉严亲，长栖雅志”。这是杨氏女高龄不嫁人的原因。但是，彼时的杨氏女已经三十四岁，从十五岁到三十四岁已经过去了十九年的青春光阴，这十九年是杨家鼎盛的十九年，她又为何没有在这十九年中寻一良人呢？既然已经立志终生礼佛，为什么武德皇帝从中做媒后，她又很顺当地嫁给了武士彟呢？

杨氏女迟迟不嫁一定另有原因，只是历史没有记载，而后人又难以揣测罢了。

武士彟与杨氏女的婚礼颇为隆重。李渊亲任男方的主婚人，并委派自己的女儿桂阳公主到女方家操办一应事务，婚礼的一切开支由官家供给。

桂阳公主能有此任，是因为桂阳公主下嫁给了杨氏女的表兄弟观德王杨雄之子杨师道。从这个层面上来讲，桂阳公主除了有帝女的身份之外，还是杨家的媳妇。

武士彟此时已经贵为应国公，杨氏女过门后，循例被封为应国夫人。此后，年近半百的新娘子不顾年老体衰，接连为武士彟诞下三女。后来的女皇武则天便是他们的二女儿。

生年谜团

武周皇帝武则天是中国古代最具政治地位的女性。然而即使如此，关于她的很多基本个人信息，诸如名字、出生地、出生时间等，在史料中仍然或是语焉不详，或是漏洞百出，或是自相矛盾。

首先说武则天的名字。“则天”这个词语早已有之，意思是以天为法则。语出《论语·泰伯》：“巍巍乎唯天为大，唯尧则之。”此后很多文献对“则天”这个词语都有使用。

例如，汉代桓谭《新论》：“尧能则天者，贵其能臣舜禹二圣。”晋代葛洪《抱朴子》：“是以元凯分职，而则天之勋就。”《周书·柳虬传》：“伏惟陛下则天稽古，劳心庶政。”

“则天”并不是武则天的本名。“则天”的提法来源于唐中宗李显为武则天上尊号为“则天大圣皇帝”，以及武则天去世后谥号为“则天顺圣皇后”。但当时和后世人们一直习惯称其为武后，或则天武后。直到近代，武则天才成了人们对这位女皇帝约定俗成的叫法。

在此说明一点，为了称呼方便，本书按照约定俗成的叫法，在这位传奇女性的人生各个时期都将其一律称为武则天，包括她入宫之前、入宫之后、做皇后时期、做太后时期以及称帝时期、退位之后。

武则天还有一个广为人知的名字叫作武媚娘，据说这个名字是进宫之后唐太宗赐给她的。这一说法一直受到后人的怀疑，后文中我们也会解疑。

武则天的另外一个名字叫作武曌。“曌”字是她在称帝之前颁布的新字，因而武曌并非她的本名，关于这个名字我们在后边的文章中再作讨论。

根据现有的资料来看，武则天在出生之后很长一段时间内是没有名字的，或者说有名字而后人不清楚。

关于武则天的出生地点，历来有三种说法：山西文水、陕西长安、四川广元。

山西文水是武则天的祖籍。正史上虽然称武则天为并州文水人，但是并没有记载武则天就出生在文水。在武则天出生的年代，其父武士彟早已离开文水，所以武则天出生在文水的说法很难成立。

陕西长安是唐朝首都，武士彟在长安有宅邸，如果武则天出生时其父恰在长安任职，那么武则天出生在长安无疑。当然，即使武则天出生时武士彟宦居外地，他的夫人杨氏女也不见得跟随前往，故武则天仍有出生在长安的可能。

武士彟从武德三年（620年）至武德八年（625年）任工部尚书，自然居住在长安。武德八年（625年）赴扬州任长史。贞观元年（627年）十二月，武士彟被新登基的唐太宗任命为利州都督。利州的治所在四川广元。武士彟赴四川广元上任，于是也就有了第三种观点，认为武则天出生在四川广元。

在四川广元至今存留着许多与武则天有关的历史遗迹和民间传说。如当地传说正月二十三是武则天的生日，在当地每到这一天会有“妇女游河湾”的习俗。

当地还流传着武则天母亲杨氏“江潭感孕”的传说。据说杨氏曾在正月二十三初春时节在一处江潭中泛舟。水波荡漾之下，杨氏渐渐感到困倦，便枕着船舷沉沉睡去。一条黑龙从潭中跃出与之交合，杨氏女遂有了身孕，生下武则天。

这个传说在唐代就已经非常有名。唐代诗人李商隐曾经路过利州江潭，作了一首《利州江潭作》：

利州江潭作

——感孕金轮所

神剑飞来不易销，碧潭珍重驻兰桡。
自携明月移灯疾，欲就行云散锦遥。
河伯轩窗通贝阙，水宫帷箔卷冰绡。
他时燕脯无人寄，雨满空城蕙叶雕。

在诗题之后，诗人特意对“江潭”二字进行了注解，指出“江潭”为“感孕金轮所”。“金轮”就是指武则天。武则天称帝时曾经在长寿二年（693 年）自称为“金轮圣神皇帝”。江潭至今仍在，在广元县城之南，今日称为黑龙潭。

李商隐约出生于唐元和八年（813 年），此时距离武则天去世刚刚过去了一百年。那时的人，尤其是李商隐这样具有相当知识水准又在朝为官的文士，他们对武则天的出生地的说法应该是比较可信的。

当然，若想讨论武则天是否生于广元的问题，一定要对她的出生时间进行确认。如果武则天出生于贞观元年（627 年）之前，彼时的武士彟还没有就任利州都督，那么武则天自然没有出生于广元的可能。

如果武则天出生于贞观元年之后，那她是有可能出生于广元的。但是，令人非常头疼的是，武则天的出生时间同样是一个悬而未决的问题。

根据《旧唐书》《新唐书》《资治通鉴》等史料记载，武则天很大可能出生于武德七年（624 年）。这些史料中，有的认为武则天去世时是八十一岁，有的认为她去世时是八十二岁，有的认为她去世时是八十三岁。但以八十二岁一说受到普遍认可。

根据年龄逆推，如果武则天去世时是八十一岁，那么她生于武德八年（625年）；如果武则天去世时是八十二岁，那么她生于武德七年（624年）；如果武则天去世时是八十三岁，那么她生于武德六年（623年）；既然武则天春秋八十二岁最被认可，那么武则天生于武德七年（624年）也就最被认可。

二十世纪六十年代，郭沫若创作了话剧《武则天》。为了研究武则天，他还撰写了一篇名为《武则天生在广元的根据》的文章。文章中，郭沫若旗帜鲜明地认为武则天于武德七年（624年）生于四川广元。此篇文章一出，就在学术界引起了轩然大波。

武德七年（624年），武士彟还没有赴任利州都督，又怎么能够去广元生下武则天呢？这一下子有了麻烦。武德七年（624年）武士彟没有就任利州都督是史书上言之凿凿的事，更改不得，而武则天出生在广元又是该文的论点，同样更改不得。若是更改了，该文也就没有意义了。

为了能够自圆其说，郭沫若居然提出了这样一个观点：他认为武士彟在武德七年（624年）就已经担任过利州都督一职。贞观元年（627年）就任利州都督，是武士彟第二次走马上任。但是这一观点毫无根据可言，完全是为了得出结论而进行的假设。

实际上，武则天是出生于长安还是出生于广元，对于历史的研究来讲意义都不算重大，恐怕只有广元人比较在乎，而西安人却不会太在意。

武则天究竟出生于何年，春秋几何，因为涉及许多重大历史事件发生年代的问题，它的意义较于她出生于何处更为重大。因此，武则天究竟出生在何处，我们不再做过多的讨论。但是对于武则天的出生时间，还是有必要进行一定的研究的。

笔者认为武则天绝不会出生于武德七年（624年），她出生的时间大概在武德九年（626年）或贞观元年（627年）前后。前面已经讲到，武士彟与杨氏女于武德七年（624年）完婚。

这一时间在历史上本无记载，可以推算出来，在于婚后杨氏女被册封为应国夫人。那么在与杨氏女结婚时，武士彟自然已经取得了应国公的封号。武士彟取得应国公封号的时间大约在武德七年（624 年）三月左右。

武士彟与杨氏女的结婚时间应不早于武德七年（624 年）三月。武则天又是二人的次女，她怎么可能在武德七年就已经出生了呢？

武则天出生的大体时间，还可以由一条历史记载来证明。当时，有一位著名的道士叫作袁天罡。读过《推背图》的人对这个名字应该不会陌生，他正是这部奇著的作者之一。

袁天罡是四川成都人，在唐初曾经做过火井县县令。他是占卜、看相方面的旷世奇才，史书上对于他的一些异闻记载较多。他曾为很多重要历史人物占卜看相，武则天就是其中一位。

《旧唐书》《新唐书》都记载，武士彟任利州都督后，袁天罡曾到武士彟家中拜访。他曾经为武士彟的几位子女看相。袁天罡先给武元爽、武元庆兄弟看相。袁天罡认为这两位公子相貌中规中矩，官可至三品，是能够保持家业的人物。

随后，袁天罡又为武则天的姐姐看相。袁天罡认为这位千金长大之后必然大富大贵，但很可惜，是克夫的命，家庭生活恐怕不会太顺利。

最后，袁天罡又为武则天看相。当时，武则天是武士彟最幼小的女儿，尚在襁褓之中，武则天的妹妹还没有出生。乳娘抱着武则天来见袁天罡，并谎称是个男婴。

袁天罡见到武则天后，非常震惊，觉得是个男婴太可惜了。如果是女婴的话，那可不得了：

> 龙瞳凤颈，极贵验也；若为女，当作天子。
>
> 必若是女，实不可窥测，后当为天下之主矣。

武士彟就任利州都督是在贞观二年（628 年）。武则天如果出生于武德七年（624 年），武士彟走马上任后，她至少已经是一名四岁顽童了，又怎么会尚在襁褓之中呢？又怎么会让袁天罡分辨不出男女呢？因此，武则天的出生时间以武德九年（626 年）或贞观元年（627 年）为准。

有学者认为，之所以很多史书、史料记载武则天春秋八十余，恐怕同武则天当政时期频繁改元有一定的关系。

武则天是一个非常喜欢改换年号的皇帝。在她当政时期，从光宅元年（684 年）起到神龙元年（705 年）止，一共使用了十九个年号。

如果以这些年号纪年计算的话，从光宅元年（684 年）到神龙元年（705 年），一共二十七年。但是从 684 年到 705 年，真正的公元纪年经过了多少年？一共经过了二十二年。

史书如果用年号纪年来计算的话，比真实的公元纪年多出了五年。武则天的出生日期问题、年龄问题和寿命问题，恐怕就出在这五年上。

但是，这一观点也是有破绽的。中国古代不仅用皇帝年号纪年，也用天干地支纪年。六十年一个甲子，六十年一个轮回，这是错不了的，任由年号怎么变化。因此，武则天的年寿问题还需要深入细致的研究，在这里就不做过多的讨论了。

武士彟在利州都督任上五年多的时光，贞观六年（632 年），改任为荆州都督。贞观九年（635 年），唐高祖李渊去世时，武士彟正在荆州都督任上。据说武士彟闻听噩耗，悲痛不已，“因以成疾”，不久便随先皇而去。

武士彟去世后，唐太宗命并州都督李世勣主办丧事，将武士彟运回并州文水安葬。棺椁制备、丧葬用度都由朝廷支给，可谓“其生也荣，其死也哀”。

《望凤台碑记》记载，武士彟去世后，杨氏女难以接受亡夫之痛，本来打算托身佛陀的，但是因武则天尚幼，需要母亲照顾，“特以圣上年居膝下”，才没有离开应国公府邸。

“圣上”指武则天，“年居膝下”指武则天正处在“膝下”的年纪。在古代，“膝下”这个词指的是幼童。武则天的孙子唐玄宗李隆基曾在自己注释的《孝经》中说“膝下谓孩幼之时也”。

如果武则天真的生于武德七年（624 年），至贞观九年（635 年）她已经是一位十二岁的大姑娘了，在那个年代甚至已经到了说婆家的年龄，又怎么能称为“膝下”呢。

《望凤台碑记》是武则天为其母所立的墓碑，上面的一字一句，武则天都亲自审定、反复推敲。对于父亲去世时自己是否处于“膝下”的年龄，武则天绝不会不知道吧。

《望凤台碑记》的记载也从侧面说明了武则天的生年要比武德七年（624年）晚一些。

武才人入宫

武士彟去世之后，长子武元庆继承了应国公的爵位。杨氏与她的女儿们一起，随同武元庆、武元爽生活。

杨氏虽然是武士彟的继室，武元庆、武元爽的继母，但是根据当时的封建礼教，妇女要遵守“三从四德”，其中的“三从”出自《仪礼》：“妇人有三从之义，无专用之道。故未嫁从父，既嫁从夫，夫死从子。”可以想见，杨氏已经不是一家之主，凡事要听从武元庆的安排。

那么，杨氏与武元庆、武元爽兄弟之间的关系怎么样呢？非常不幸，他们之间的关系很不和睦。史书记载，武士彟去世后，武士彟的子孙对杨氏很不恭敬，多有失礼之处。造成这一局面的原因是什么呢？

有人认为，武士彟在世时，杨氏凭借继母的身份曾经对武元庆、武元爽兄弟有过刁难，引起了两兄弟的嫉恨，但是有父亲在而无法发作。父亲去世后，武元庆、武元爽便予以报复。

这一说法的根据是当时普遍有“后妻必虐前妻之子”的现象。但是有这一现象存在，不见得杨氏就曾有如此行为。以此来猜测，证据是不足的。

武元庆、武元爽兄弟对待继母多有失礼之处，对继母所生的三个妹妹，自然是难以尽到兄长的爱护责任了。幼小的武则天，从此时起，便对两位兄长心生恨意。这种恨意几乎持续了一生。

杨氏母女与武氏兄弟之间的恨意有多深呢？用几个事例就可以来说明。

武则天做了皇后之后，武氏兄弟按理说是武则天最应倚重的外戚。但是，武氏兄弟却不肯与武则天为伍，主动与武则天划清界限，甚至认为自己的官位和武则天毫无关系。

对于武则天和武氏兄弟来讲，其实是两败俱伤的局面。

一方面，武则天缺少了外戚的支持，在很多事情上显得捉襟见肘、孤掌难鸣；另一方面，武氏兄弟缺少了皇后这座巨大的靠山，对他们的仕途也是极为不利的。尽管武氏兄弟与武则天都是仕途中人，他们不可能不明白无意义的内耗会成为政敌攻击的软肋，但是他们仍然不计后果地这样做。

不但如此，武则天还想方设法地杀害武氏族人，还不允许武氏兄弟的子孙继承武士彟应国公的爵位，而是由武士彟的外孙——武则天姐姐的大儿子来继承应国公的爵位。

杨氏去世之后，没有选择归葬山西文水的武氏祖坟和安葬在自己丈夫的身旁，而是选择葬在父亲杨达的墓旁。后来，武则天以招魂的形式，将自己父亲的魂灵招至母亲的墓穴，进行了灵魂合葬。

这些极不正常的行为，都反映出了杨氏母女与武氏兄弟之间难以消弭的深深恨意。

不要以为这仅仅是寻常的家务琐事，如果后来的武则天没有发迹，这样的事情确实难以对历史产生什么影响，但偏偏后来武则天做了皇帝。

一位女性做了皇帝是开天辟地未有之事，如何选择继承人，也从无先例可循。当时，武元庆、武元爽的后人，就曾经执着地认为武则天会在自己娘家的武氏子弟中选择一人作为皇位继承人。最终武则天没有这么做，她将皇位又还给了李氏子孙。

武则天之所以这样做，虽然原因众多，但是与当时宰相狄仁杰的一句话有很大的关系。而狄仁杰的那句话之所以打动了武则天，同武则天自幼与两位兄长不睦也有一定的关系。关于此事在之后的篇章中还会详谈。

武则天跟随着母亲杨氏度过了一段并不愉快的童年时光，直到她十四岁的某一天，一道圣旨传入了应国公府邸。唐太宗下旨，武士彟的二女儿入宫为内官。这道在当时看来普通得不能再普通，并没有在朝野形成任何波澜的圣旨，彻底改变了武则天的命运，甚至整个唐王朝的命运。

入宫为内官，说通俗点就是进宫去做嫔妃。因为宫内的嫔妃和外朝的大臣一样都是有品级的，所以也是一种官员。

后宫中最高等级的女人是母仪天下的皇后，皇后是没有品级的。皇后之下，有贵妃、淑妃、德妃、贤妃各一人，为夫人，正一品；昭仪、昭容、昭媛、修仪、修容、修媛、充仪、充容、充媛各一人，为九嫔，正二品；婕妤九人，正三品；美人九人，正四品；才人九人，正五品；宝林二十七人，正六品；御女二十七人，正七品；采女二十七人，正八品。

武则天要去做的是才人，在后宫中处于什么位置，读者可以自行对照体会。

《新唐书·武后传》有这样一段记载：

文德皇后崩。久之，太宗闻士彟女（武则天）美，召为才人，方十四。母杨，恸泣与诀，后独自如，曰："见天子庸知非福，何儿女悲乎？"母韪其意，止泣。既见帝，赐号武媚。

文德皇后就是李世民的元配长孙皇后。长孙皇后去世很久之后，唐太宗听说武士彟的女儿长得很美，年方十四岁，便召入后宫为才人。武则天的母亲杨氏哭着与她诀别。

武则天却毫不在意，并说，去见天子怎知不是福气呢？为何儿女情长悲痛不已呢？杨氏认为武则天说得很对，就不哭了。武则天入宫见到唐太宗后，唐太宗赐给她一个名字叫作"武媚"。

短短的几句话，值得玩味的地方却很多。将长孙皇后的去世与武则天的入宫联系在一起，其暗含的意思是说，唐太宗有拿武则天替代去世的长孙皇后的想法，这明显是后人撰写史书时给武则天的脸上贴金。

武则天入宫只是因为宫中有才人的名额，她是功臣之后，知书达理，又有几分姿色，符合入宫做才人的条件罢了，和长孙皇后去世与否没有任何关系。即使长孙皇后在世，武则天也同样可以入宫；即使长孙皇后去世，也不见得武则天入宫就可以得到宠幸。

事实上，武则天入宫之后，并没有得到什么特殊的宠幸。长孙皇后去世后，后宫中得宠的嫔妃是被李世民杀死的三弟李元吉的夫人杨氏。在武则天入宫之后，杨氏还为李世民生下了曹王李明。而唐太宗与武则天却没有留下什么骨血。

当然，晚年的唐太宗，除了与杨氏生下曹王李明外，与其他嫔妃也没有生下儿女。因此，唐太宗与武则天之间没有儿女，至少代表她并不得宠。武则天在唐太宗后宫中的境遇，恐怕同才人的身份差不多，不上不下，不温不火。

武则天入宫时母亲杨氏的悲痛也很好理解。在一个封建贵族大家庭中，母女相依为命，时时被代表父权、夫权、男权的继子刁难迫害，杨氏的心境可想而知。转眼女儿又要离自己而去，侯门尚且深似海，更何况是宫门。从此之后，母女之间恐难有见面之时，此后她在应国公府邸中将更加孤单，更有可能遭到继子的刁难，杨氏又怎会不悲从心生。

但是，武则天的想法却与母亲截然不同。她迫不及待地想要离开这个给她不愉快的童年体验的地方——去哪里都比待在这里好，只要能离开那两个面目可憎的兄长就行。

一旦入宫，武则天将近距离接近至高无上的九五之尊，有可能凭一己之力改变母亲和自己的命运。等待她的新环境、新生活让她充满了期待。这种期待冲淡了母女分别的凄凄悲苦，因此武则天才会说出："见天子庸知非福，何儿女悲乎？"

武则天就这样满怀期待地离开了应国公府邸，来到大唐宫禁之中。按照上面那条史料的记载，武则天入宫后被赐以"武媚"的名号，这也是武则天那个流传甚广的名字"武媚娘"的来历。我们都应该知道，一个男人将一个女人评价为一个"媚"字，代表着什么。

武则天似乎得到了皇帝特殊的宠爱。但是，武则天所得到的这一恩遇却值得怀疑。因为唐太宗没有给嫔妃赐名号的习惯。当时，有几位嫔妃曾先后得到唐太宗的宠爱，唐太宗都没有赐给过她们名字，为什么唐太宗会单单赐给武则天一个“媚”字，恐怕此事也是后人附会。

武则天从未在任何场合，谈到自己曾有一段叫作“武媚”的经历，也从来没有人包括唐太宗，将武则天称为“武媚”。因此，唐太宗赐名之事是值得打上一个问号的。

“武媚娘”这三个字又是如何同武则天联系在一起，并被广泛流传的呢？《武媚娘》本是艳曲名，原作《舞媚娘》或《妩媚娘》，在武则天出生前很久就已经广为流传了。很多宫体诗诗人也纷纷为《舞媚娘》填词。如南朝陈后主就有三首《舞媚娘》传世，其中一首云：

楼上多娇艳，当窗并三五。
争弄游春陌，相邀开绣户。
转态结红裙，含娇拾翠羽。
留宾乍拂弦，托意时移柱。

从南朝入北朝的庾信也填有一首《舞媚娘》：

朝来户前照镜，含笑盈盈自看。
眉心浓黛直点，额角轻黄细安。
只疑落花慢去，复道春风不还。
少年唯有欢乐，饮酒那得留残。

这是一首不常见的六言诗，从中我们大概能够了解，这是一首什么样的曲子，而这样的曲子是难以登上大雅之堂的。如果庙堂上回荡起这样的曲子，往往被认为是亡国之音。

隋开皇末年，太子杨勇在东宫大宴僚属时，左庶子唐令就曾自弹琵琶，唱《舞媚娘》歌。杨勇听得如醉如痴，不亦乐乎。

时任太子洗马的李纲感到如此下去，对杨勇的形象颇为不利，就劝谏说：“唐令身为东宫大臣，却在大庭广众之下‘自比倡优，进淫声，秽视听’。这件事若让陛下知道了，唐令自然罪在不赦，恐怕也要连累了殿下呀！请殿下赶快治他的罪。”

杨勇却回答说：“我欲为乐耳，君勿多事！”

可见在宫中随便唱《舞媚娘》这样的“淫声”是要被治罪的，也只有杨勇那样的人，才会为了自己行乐，不以此事为意。唐太宗身为明君，怎么可能给自己的才人赐一个“媚”字，让她同艳曲淫声联系在一起呢？

武则天之所以同“武媚娘”产生联系，是因为“高宗永徽末，天下歌《舞媚娘》。未几，立武氏为皇后”。

武则天在永徽年间二度入宫后，得到唐高宗宠幸。天下人以“武媚娘”来比喻武则天，纷纷传唱《舞媚娘》。不久，武则天竟被唐高宗立为皇后。到此时，武则天才同“武媚娘”三个字绑定在了一起。武媚娘也就成了武则天的另一个称谓。

师子骢

从现有的史料分析，武则天入宫之后不但没有得到唐太宗的宠爱，甚至过得有些平淡乏味。武则天曾想语出惊人，博得唐太宗的注意。据武则天后来回忆，她的伎俩似乎是成功了。但是否真的成功了，同样需要打上一个问号。

事情还要从一匹马说起。

唐太宗有一匹好马名叫“师子骢”。骢是一种青白杂毛马。这种马不但跑得快，如龙在地上行走，而且毛色非常帅气，在古代被认为是美男子的坐骑。许多古诗词中都有类似的描述，如“踯躅青骢马，流苏金镂鞍”“妾乘油壁车，郎骑青骢马”“金鞭美少年，去跃青骢马”。

“师子骢”也就是“狮子骢”，是指鬃毛像狮子鬃毛一样的青骢马。清白的毛色加上长长的鬃毛就更显得此马乃天上龙种，非人间凡物了。狮子骢在隋朝时就有记载，《朝野佥载》载：“隋文帝时，大宛献千里马，其鬃曳地，号曰狮子骢。惟郎将裴仁基能驭之，朝发西京，暮至东洛。隋后不知所在。”

唐太宗得到了一匹狮子骢，或许也是西域大宛国进献的贡品。这种马性格暴烈，不容易调教驾驭。隋文帝时的那匹狮子骢尚有裴仁基能够驾驭，唐太宗的这匹狮子骢居然无人可以驯服。

唐太宗正在一筹莫展之时，武则天恰在唐太宗驾前侍奉，她趁势对唐太宗说，自己有办法驯服狮子骢。唐太宗一下子来了兴趣，如此的烈马，经验丰富的骑士尚且不能调教驾驭，一个手无缚鸡之力的妇人怎能驯服？

武则天回答道：“妾能制之，然须三物，一铁鞭，二铁檛，三匕首。”檛是一种纺车收丝的器具，类似于梭子、锥子。唐太宗问要这三物何用。武则天解释说，如果狮子骢不服管教，我便用铁鞭击打它；若是它还不肯俯首听命，那么我就用铁檛凿它的脑袋；若是狮子骢誓死不从，那我就成全它，用匕首割断它的喉咙。

一个宫中女官说出这样一番话，唐太宗会是何种反应？武则天自己说当时唐太宗“壮朕之志”，对武则天的魄力和手段非常赞赏。

武则天所说的驯服狮子骢的方法并不高明。用这样的方法，恐怕只能置狮子骢于死地，却并不能将其驯服。相信一生爱马、懂马的唐太宗也不会践行。

武才人的一番言辞无疑暴露了她的心狠手辣。对于初入宫禁的一个小小才人来说，过早地暴露自己的心胸与手段，并不是高明的做法。可见即使再厉害的政治家、阴谋家、野心家，真正的成长也需要后天的锤炼。此时的武才人，不过是个涉世不深的小女孩罢了。

玩转了战争与政变的唐太宗真的如武则天后来所讲的“壮朕之志”，对其魄力与手段非常赞赏吗？恐怕未必。但也幸亏未必。唐太宗根本没有将武才人的话放在心上，也没有对眼前这位柔弱的宫人另眼相待。若非如此，武才人的厄运恐怕就要开始了。

贞观初年，太白金星经常在白昼出现。当时，太史令向李世民报告了这一奇怪天象。李世民便召来著名的道士李淳风对这一天象进行占卜。

李淳风是与袁天罡齐名的道士，也是当时著名的玄学家、天文学家，曾在贞观朝任太史令一职。占卜的结果是“女三昌”。也就是说，唐朝经过三世皇帝之后，女人将要做皇帝。

女人做皇帝是开天辟地未曾有过的事。李世民对此并未在意。但是，民间流行着一句政治谶语：“当有女武王者。”这句话要比“女三昌”说得更为具体。女人做皇帝不但会出现，而且这个女人还和“武”字有关联，很可能姓武。言之凿凿，不由得李世民不信。

除了太白金星出现在白昼的奇怪天象以外，当时民间还流传着一本叫作《秘记》的小册子，上面同样说唐三代之后，会有“女主武王代有天下”。唐太宗对此事深感忧虑。

唐太宗询问李淳风，如果找到那个“女主武王”杀掉，是不是就万事大吉了？

李淳风当即表示反对。他认为，唐三代之后“女主武王代有天下”，这是天命，不是人为可以改变的。王者负有天命在身，不可能轻易被杀死。即使尽心去寻找，恐怕也很难找到。况且这个“女主武王”如今就在宫禁之中，已经成为陛下的眷属。这样看来，“女主武王”已经长大。再过三四十年，又当衰老，人衰老了就会仁慈，到时候或许不会将陛下的子孙赶尽杀绝，大唐还有复兴的那一天。今日若是将“女主武王”杀死，上天还要派遣另一个“女主武王”降生人间。如此一来，三四十年后，正是新的“女主武王”少壮之时，她将为被陛下杀死的“女主武王”报仇，恐怕陛下的子孙无遗类矣。

当时的人们对于政治谶语都有一定的畏惧心理。尤其是李世民。本书第一卷中曾经详细讲到，李家之所以能够拥有江山，同隋末的政治谶语“李氏当为天子”有着密不可分的关系。

作为政治谶语的受益者，李世民更惧怕自己失去上天庇佑的力量，而使其他人成为下一个应验者。因此，唐太宗对这句政治谶语非常厌恶。尽管李淳风曾经提醒、劝说他，他还是一心想要寻找这位有可能代替李家做天子的“女主武王”，却始终没有如愿。直到一次偶然的武官内宴。

武官内宴是指皇帝宴请值守宫中各门各处的武官。能够得到宴请的人自然倍感荣耀，宴会上，他们推杯换盏，觥筹交错，喝得不亦乐乎。酒过三巡，菜过五味，有人提议行酒令以助酒兴。

酒令如何行法呢？寻常市井的“哥俩好、五魁首”自然不雅。有人提议，各自说说自己的乳名，以博皇帝开怀。这个提议得到了唐太宗和武将们的共同赞赏，大家纷纷把自己的乳名讲了出来。

座中有一位叫作李君羡的武将。此人可不一般。他是洺州武安（今河北武安）人，属于山东豪杰的一员，早年参加了瓦岗山起义，是李密手下的得力干将。李密降唐后，身为山东豪杰的李君羡不为关陇贵族服务，转而投奔了盘踞在洛阳的王世充。经过一番接触，李君羡厌恶王世充的为人，认为其难成大事，这才与其部下一起反叛王世充，归顺了大唐。

自降唐以后，李君羡被秦王李世民看中，将其引为左右，率其讨伐诸雄。李君羡每战必冲锋陷阵，立下战功无数。跟随秦王李世民破宋金刚时，李君羡“单骑先入，无敢当其锋者”。讨刘黑闼时，李君羡“所至未尝不先登陷阵”。他以功授上柱国骠骑将军，加赐牛马、锦帛及宫人，拜左卫府中郎将。

贞观初年，突厥借着唐朝政局不稳之机悍然入侵，兵至渭桥，李君羡与尉迟敬德等大破其众。唐太宗赞赏地说：“尽如我君羡用心国贼，亦何忧。”李渊父子前后赐以宫女、马牛、黄金、杂彩，不可胜数。唐太宗即位后，李君羡累迁要职，封武连县公。此时的李君羡正在做左武卫将军，值守玄武门。

今日武官内宴行酒令，轮到李君羡说自己的乳名时，这位憨厚的武人却显得不好意思起来。在李世民和众武将的再三追问之下，李君羡扭捏地说自己的乳名叫作“五娘子”。唐太宗和诸位武将先是愕然，紧接着哄堂大笑。

唐太宗大笑着说：“何物女子，如此勇猛！”你一个堂堂的勇猛武将，怎么取了一个女人一样的乳名呢？

李君羡究竟为何叫作“五娘子”，自然是无法考证了。但是，大笑之后，唐太宗不觉打了一个寒战。

原来是他！

李君羡是洺州武安县人，官拜左武卫将军，封武连县公，驻防玄武门。都“武”到一块儿去了，他的乳名偏偏又叫作“五娘子”，他还恰巧在宫中值守。这不是正合那句“当有女武王者”的谶言，和李淳风的解析相符吗？

“五娘子”三个字让唐太宗茅塞顿开，原来“女主武王”不是一个女人，更不是一个姓武的女人。

难怪！女人怎么能做皇帝呢？女人怎么可能夺了大唐的江山呢？原来所谓的“女主武王”是个男人，一个有着女人名字的男人。

如此一来，一切就都解释得通了。谶言啊，险些瞒过了我李世民！唐太宗心中感到深深的舒畅，同时也对李君羡产生了深深的厌恶。

碍于李君羡无罪，李世民起初并未置李君羡于死地，只是借故解除了他内宫近卫的职责，贬出长安，任命他为华州刺史。

李君羡毕竟是一个粗莽的武将，始终没有明白自己跟随了半生的主公为何会突然疏远、厌恶自己。他一头雾水地来到华州刺史任上，一直也没有认清自己的危险处境，居然结交了一个叫作员道信的妖人。

这个妖人说自己通晓佛法，能够喝风饮露，绝食不死。李君羡对此深信不疑。大概是认为自己已经失去了皇帝的信任，于仕途无望，李君羡幻想学习一些养生的法子颐养天年，所以他经常跟随员道信学习辟谷妖术。结果，他一心想要寻求的长生法门反而成了令其速死的罪状。

御史上本弹劾李君羡，说他与妖人潜相谋结，可能是要图谋不轨。唐太宗抓住这个机会，不问青红皂白地下令将李君羡诛杀了。

李君羡之死是贞观朝一大冤案，后世多有为李君羡鸣不平者。如清朝的康熙皇帝曾经说：“谶纬之说本不足据，如唐太宗以疑诛李君羡，既失为政之体而又无益于事，可为信谶者之戒。”康熙皇帝批评唐太宗因为一句谶纬之言而诛杀了李君羡，既丧失了为政之体又无益于事，最终还是让武氏夺了唐朝的江山，认为这件事可以作为“信谶者之戒”。

康熙皇帝说得对，谶纬之说虽然偶有灵验，但也不过是概率上的巧合罢了，毕竟大部分谶纬之说是不灵验的。

李君羡的事还没有最终结束。天授元年（690 年）九月，武则天宣布称帝，改国号“唐”为“周”，武周正式建立，武则天成了名副其实的皇帝。“女主武王代有天下”的谶言真的应验了。

天授二年（691 年），李君羡的家属“诣阙称冤”，到武则天面前告御状。其意思非常明白，谶言已经应验在了武则天身上。从某种意义上来讲，李君羡是替武则天而死的，现在应该给其一个说法。此时离李君羡被害已经过去了四十三年。

这些访民来得正是时候。对于此事，武则天有自己的想法：“武后亦欲自托”。她认为应该大力宣扬此事，恰恰表明自己是应天命而称帝的。因此，武则天下诏，追复李君羡的官爵，以礼改葬。至此，李君羡一案才最终盖棺定论。

唐太宗在得到谶言之后，始终在寻找有可能应验谶言之人。即便如此，他居然也没有想起来自己的宫中还有一位姓武的才人，可见唐太宗对武则天的忽视已经到了何等的程度。

当然，有人认为唐太宗在得到谶言之后并不是没有想起武则天来，而是对武则天产生了深深的猜忌。他最终之所以没有杀害武则天，还是因为李淳风的劝说。

事实恐怕并非如此。不然如何解释唐太宗杀死“嫌疑人”李君羡呢？看来唐太宗并非不敢杀死应谶之人，而是根本没有将武则天放在眼里，没有认为她可能是“嫌疑人”。

如果“狮子骢”事件真的使唐太宗“壮朕之志”，对武则天的魄力和手段非常赞赏，过早地注意到了武则天有可能蕴藏的政治能量的话，唐太宗又怎么可能不把“当有女武王者”的谶言同武则天联系到一处呢？

当丑闻发生时

唐太宗李世民于贞观二十三年（649 年）驾崩于含风殿，享年五十二岁，葬于昭陵。他的去世，带走了令后人无限遐想的贞观时代，只留下了一个蒸蒸日上的帝国和一群暮霭沉沉的妃嫔。

虽然这些妃嫔中的很多人仅有二十几岁的年纪，但是随着唐太宗的去世，她们的生命价值也完全消失了。在皇宫的新主人到来之前，她们必须离开皇宫，到她们应该去的地方。这些已经失去了价值的女人，只有两个地方可以去，或追随先皇于地下，或到寺院中长伴青灯古佛。

例如，唐太宗有一个才人名叫徐慧。此女冰雪聪明，年幼时就熟读诸子经典。唐太宗听说了她的才名，将其召入宫中。唐太宗对其非常宠爱，至少从现有的材料看，宠爱程度远远超过了武才人。

唐太宗去世后，徐才人悲痛过度，不久后病倒。但她拒绝接受太医的治疗，希望速死，追随先皇于地下。转过年来，唐高宗李治刚刚改元“永徽”，徐才人便随着贞观年号一同逝去，年仅二十四岁。唐高宗也为徐才人对自己父皇的一片深情所动容，下诏赐她为贤妃，并在昭陵一侧安葬她的遗体，以实现她陪葬昭陵的心愿。

大部分妃嫔自然没有徐才人的决绝。她们选择断去三千烦恼丝，削发为尼，以身侍佛。其中就包括那位武才人。

魏晋之后，佛教逐渐在中土兴起，南北朝之后更盛。寺院不仅是男人躲避尘世之所，更成了身处各种复杂矛盾旋涡中的女人们在茫茫世上的最后一条退路。宫廷历来是尘世中斗争最复杂的地方。宫廷的女人们也就逐渐成了佛寺中的常客。

自北魏起，历代都有宫廷的女人们出家为尼的记载。当皇帝驾崩或被废黜后，他的女人们也就成了这世上多余的人。若想仍苟延残喘地留在这世上，只能躲到佛寺之中，“暮鼓朝钟自击撞，闭门孤枕对残釭”，既为自己的现世赎罪，也为自己的来生祈福。虽然不知何罪之有，虽然不知何福可求。

唐太宗驾崩后，武则天“随嫔御之例出家，为尼感业寺”。由此可见，武则天出家是按照皇帝驾崩之后，处置嫔妃的惯例而为之。自北周、隋、唐以来，也确实有这种惯例。武则天出家的地点是感业寺。出家之后，等待武则天的命运应该是什么呢？我们可以参考北魏以来出家的后妃们的命运，来做一个预设。

北魏宣武帝高皇后“寻为尼，居瑶光寺”，去世后“丧还瑶光寺，嫔葬皆以尼礼”；西魏恭帝若干氏皇后“出家为尼，在佛寺薨”；北周武帝李皇后“出俗为尼，改名常悲。八年殂，年五十三，以尼礼葬于京城南”；北周宣帝朱皇后“出俗为尼，名法净。六年殂，年四十，以尼礼葬京城”……

可以想见，武则天的命运会是终老佛寺之后，以比丘尼的礼仪被埋葬。但是，所有人都知道，武则天的命运不是这样的。那么是什么改变了武则天的命运呢？实际上，武则天的命运在唐太宗去世前四年，也就是贞观十九年（645 年），已经悄悄地改变了。

在第一卷中，我们曾经讲到贞观十九年（645 年）发生了一件大事：唐太宗亲自征伐高句丽。是年，唐太宗带着太子李治、后宫佳丽、文武百官以及十余万精兵驻跸在定州。

待唐太宗亲率大队人马从定州启程后，跟随他的后宫佳丽仅有十人。太子李治和大量的嫔妃、宫女全都留在定州等待前方凯旋的消息。对于这样的安排，长孙无忌曾有过异议。他认为唐太宗御驾亲征，身边携带的宫女太少，甚至连掌管兵符、玉玺的人都不够，是不是应适当增加名额。

唐太宗则回答说：“度辽者十余万人，皆离家室，朕将十人，犹惭太多，夫自厚其身，必劳百姓。”唐太宗认为征伐高句丽本身就是个劳民伤财的苦差事，如果自己再带过多的非战斗人员，会加重百姓的负担。随自己亲征的十余万将士，都没有携带家属，自己怎么能携带过多的嫔妃、宫女呢？

这样一来，太子李治和大量的嫔妃宫女就被滞留在了定州。

当然，唐太宗也预感到这样处理可能会出现宫廷丑闻。于是，他派遣了几位大臣负责监察太子李治，这几位大臣包括高士廉、刘洎和马周。高士廉是长孙皇后和长孙无忌的舅舅，属于皇室的元老重臣。刘洎是太子左庶子，马周是太子右庶子。辅佐、监察太子是他们的职责所在。

临行之前，唐太宗对刘洎说：“我今远征，使卿辅翼太子，社稷安危之机，所寄尤重，卿宜深识我意。”刘洎答道：“愿陛下无忧，大臣有愆失者，臣谨即行诛。”唐太宗进一步嘱咐他：“君不密则失臣，臣不密则失身。卿性疏而太健，恐以此取败，深宜诫慎，以保终吉。”

看得出唐太宗对刘洎委以的重任和所寄托的希望。然而就是这个太子左庶子刘洎，在唐太宗征讨高句丽失利回军定州之后，居然被下旨逼迫自尽了。

刘洎究竟是哪里得罪了唐太宗呢？唐太宗在征讨高句丽失败之后急火攻心，得了痈疮，情况不是很好。刘洎得知此事，哭着对褚遂良和马周说：“圣体患痈，极可忧惧。”

褚遂良却反过头来到唐太宗面前诬奏刘洎，说刘洎认为太宗的病情不值得忧虑，此时应当尽心辅佐幼主，将来不失为伊尹、霍光那样的顾命大臣。

言下之意，唐太宗驾崩了也无所谓，反正自己只要紧紧依靠着太子李治，将来自然飞黄腾达。毕竟自己是东宫旧臣，太子即位之后，自己的地位要比现在高得多。

唐太宗听到这样的话怒不可遏，马上召来马周对质。马周还算讲良心，他顶着褚遂良的压力，对唐太宗说刘洎绝没有说过这番话，刘洎说的实际上是“圣体患痈，极可忧惧”。

唐太宗又去质问褚遂良。褚遂良一口咬定自己绝没有诬陷刘洎，刘洎确实说了上述那番无君无父的话。

最终，唐太宗在罪名“莫须有”的情况下，赐刘洎自尽了。

刘洎一案是贞观年间的另一大冤案。读者读到这里不觉得奇怪吗？为什么一向以英明形象示人的唐太宗，居然会听信褚遂良的一面之词，草率地赐死刘洎这样的大臣呢？

如果说刘洎为自己进行的辩解不能使人信服的话，那么马周为刘洎作证总该有一定的可信度吧，为什么也没有换取唐太宗的网开一面呢？

如果唐太宗真的认为马周的证言是谎言，那么马周也应受到处理，为什么仅仅处理刘洎一个人？唐太宗似乎执意要置刘洎于死地。这么反常的现象，其背后一定有史书碍于某种原因而没有写出来的真相。

这个问题很早就受到了历史研究者的注意，认为唐太宗之所以要杀刘洎，绝不是因为褚遂良的诬陷，而是另有隐秘的原因。学者沿着这个思路继续研究，并得出了一个观点：李治在留守定州期间，出现了淫乱后宫的事件，而淫乱后宫的女方当事人便是时为才人的武则天。

顺着这个思路考虑，当初唐太宗与刘洎之间的对话就好理解了。

唐太宗任用刘洎负责在自己远征之后"辅翼太子"，并说了一句意味深长的话："卿宜深识我意。"其中的含义是要求刘洎对太子和后宫之间的关系有所监督。

但是，刘洎并没有明白唐太宗的用心，居然胡乱地回了一句："愿陛下无忧，大臣有愆失者，臣谨即行诛。"他的着眼点都在大臣身上，并不在太子身上。

唐太宗看他根本没有明白，于是又点拨了一句。唐太宗认为刘洎"性疏"，考虑事情不够周密，希望他能够多品一品、多想一想自己的弦外之音。

最终，刘洎还是没能听出来那一声弦外之音，有负唐太宗所托。李治和武则天之间闹出了绯闻，唐太宗得知此事时正处于败军之际。前线失利、后院起火，不由得唐太宗不怒，自然要找出一个人来承担责任。

唐太宗所委任的三个负责人中，高士廉是长孙皇后和长孙无忌的舅舅，这样的身份不能轻动。更何况当时的高士廉已经七十岁高龄，他对太子李治的监督，只是代表皇室的象征意义，不一定负有什么具体责任。

刘洎是太子左庶子，马周是太子右庶子。玩忽职守的责任自然就落到了刘洎头上。唐太宗就借着褚遂良诬陷刘洎的机会，赐刘洎自尽了。也许褚遂良的诬陷本身就是在唐太宗的授意之下而为之的。

唐太宗发现了太子与武才人之间的关系，也吓坏了太子李治。他千方百计地讨好唐太宗，希望父亲能够原谅自己。唐太宗班师回朝的路上乘步辇而行，"太子为上吮痈，扶辇步从者数日"。"吮痈"是用嘴吸痈疽的脓血以祛毒，太子李治亲自为之，并且扶着父亲的龙辇步行数日。

以常理来讲，李治表一表孝心就可以了，还需要步行数日吗？即使李治真心想要这么做，作为父亲的唐太宗也会舍不得。十几万人的队伍，用得着太子步行扶辇吗？如果不是犯了过错，又何必如此呢？

但是，如果李治真的淫乱后宫，和武则天发生了关系，唐太宗的处理也未免太过于轻巧了。

既然负责监督太子的官员都受到了赐死这样的严惩，那唐太宗为什么没有迁怒于李治和武则天，严肃处理他们两个人的行为呢？

难道仅仅就因为李治在犯错之后，能够为唐太宗“吮痈，扶辇步从者数日”？如此说来，唐太宗也太好哄了吧……

第二章 二进宫

太宗的无奈

在本书第一卷中已经讲过，李治的上位本来就是太子李承乾与其同母弟李泰之间斗争的结果。唐太宗选择李治来做继承人是迫不得已而为之。

> （李）泰立，（李）承乾与（李）治皆不全；（李）治立，则（李）承乾与（李）泰皆无恙矣。

正是出于这种考虑，柔弱的李治才幸运地成为大唐皇位的继承人。

唐太宗不能因李治淫乱后宫就废黜李治的储君之位，这同样是迫不得已而为之——

在太子李承乾、李泰都不可能再被立为储君的情况下，长孙皇后所生的儿子中只剩下李治有继承大唐帝业的资格了。唐太宗已经别无选择。

那么，能不能让其他女人所生的儿子做大唐帝业的继承人呢？

不能。

如果能，唐太宗早就这么做了。在第一卷中我们也已经讲到，李治被立为太子之后，唐太宗还是对柔弱的李治做继承人不够满意，再次动了易储的心思。唐太宗想要立隋炀帝女儿杨妃所生的吴王李恪为太子，无奈这一想法遭到了以长孙无忌为首的重臣的反对：

> 太宗又欲立吴王恪，（长孙）无忌密争之，其事遂辍。

长孙无忌是长孙皇后的哥哥，可以想象，他是绝不同意自己外甥以外的皇子成为新任大唐皇帝的。

那么，唐太宗为什么非要听取长孙无忌的意见呢？他不能像历史上的很多君主一样，将同自己有异见的大臣排斥出决策圈子，甚至杀之以图快哉吗？难道作为一位在战乱杀伐中重整六合、在宫廷阴谋中脱颖而出的强力君主，自己位升九五之后，反而还不能独断专行吗？

不能。

唐太宗以善于纳谏闻名古今。他之所以能够表现出这一罕见的“美德”来，是有条件促成的。这个条件，一方面是当时的环境使唐太宗迫不得已这样做，另一方面是唐太宗的政治智慧让他认识到了自己必须这样做。

唐朝是在隋末农民大起义废墟中勉强建立起来的，自它建立的那一天起，就充满着各种矛盾和不稳定因素。唐太宗又是在玄武门之变中，以非法的不道德的方式登上皇帝宝座的。天下人对唐太宗夺取皇位的行为议论纷纷，很多人蠢蠢欲动，刚刚安定的社会又有再次动乱的危险。

在这种情况下，如果唐太宗不紧紧依靠关陇贵戚、山东豪杰等政治力量，那么他的统治就不可能稳固。这也是唐太宗在贞观一朝不敢肆意妄为，凡事都与大臣商议的重要原因。而长孙无忌、魏徵等重臣就是关陇贵戚、山东豪杰的代表。

“盖皇位继承既不固定，则朝臣党派之活动必不能止息。”晚年的唐太宗已经认识到了这一点。尽管唐太宗对太子李治并不满意，甚至因为太子李治淫乱后宫而非常失望，但他已经别无选择。

唐太宗亲眼见到过一个貌似强大的帝国轰然崩塌，他不希望自己和父亲一手建立的王朝也驶入隋朝的老路。只要太子李治在政治上不像隋炀帝那样好大喜功、肆意妄为，只要以长孙无忌为首的重臣元老都能够支持太子李治，让李治能够顺利守成，那么，对于唐太宗来讲，就已足够欣慰了。

至于太子李治因年幼冲动，做出了一些有违礼法的行为，已经是不掩瑜的小瑕疵了。

更何况，我们也反复讲述过，隋唐统治者本身带有北方游牧民族的风俗传统。他们对于家族之间妻妾成员的继承，甚至包括儿子继承庶母，都是持相对宽容态度的。唐高宗接下来的作为也印证了这一点。

永徽六年（655 年）十月，已经成为唐高宗的李治力排众议，执意立武则天为皇后，在《立武昭仪为皇后诏》中，李治曾经自爆了这样一段令人大跌眼镜的史料：

朕昔在储贰，特荷先慈，常得侍从，弗离朝夕；宫壸之内，恒自饬躬，嫔嫱之间，未尝迕目。圣情鉴悉 ，每垂赏叹，遂以武氏赐朕，事同政君。可立为皇后。

这可是皇帝向全天下人所下的确立皇后的诏书，绝不是什么小道消息或政治流言。在这样一份严肃的官方文件中，唐高宗不但没有避讳自己在父亲唐太宗在世之时就已经同武则天确立了关系，还直言唐太宗将武则天赐给了自己。

这简直令人难以想象。这件事有可能是真的吗？我们首先讨论一下，“以武氏赐朕”这件事发生在什么时候。

宋代程大昌所撰之《考古编》中记载了一条“立武后”史料，称：

朕昔在储贰，特荷先慈，遂以武氏赐朕，事同政君之锡，已经八载，必能训范六宫，母仪万姓。可立为皇后。

也就是说，唐太宗将武则天赐给李治，是李治立武则天为皇后八年之前的事。李治于永徽六年（655 年）立武则天为皇后。八年之前就是贞观二十一年（647 年）之前，大概在贞观二十年（646 年）左右。这个时间节点正好是唐太宗赐刘洎自尽之后不久。

那么，李治和武则天之间又是如何暗通款曲的呢？依照我们的常理来想，身为唐太宗嫔妃的武则天，应该将自己深锁宫禁之中，同外界断绝联系。她似乎没有太多机会，接触到太子李治。

这种印象是受离我们现在很近的明清时期的后宫制度影响的。唐代的后宫制度与我们的想象大有不同。唐太宗的嫔妃们都是后宫中的内朝官。从某种意义上来讲，她们都是官员，只不过负责宫内的事务罢了。

这些嫔妃等级越低，负责的事务越具体，越有可能接触到宫外之人。就以武则天来讲，她在宫中的职位是正五品的才人，并不是一个吃闲饭的差事。才人的一个重要职责是“掌叙宴寝”，也就是说负责安排宫中的宴会和寝息事宜。

在宫中的宴会上，武则天是有可能接触宫外之人的。如果李治被邀请到宫中参加宴会，负责接待的人很有可能就是武才人。如果李治因为某种原因，必须留宿于内宫之中，那么负责安排李治住宿的人，同样有可能就是武才人。

就像李治自己所说，唐太宗为了让儿子能够在自己的身边侍奉，是允许他经常出入宫禁的。甚至“弗离朝夕”，如此一来，他也就有了同武则天接触的可能。

到了贞观末年，唐太宗干脆让李治搬进皇宫居住。贞观二十年（646 年），“太宗于寝殿侧别置一院，令太子居，绝不令往东宫”。为了让李治照顾自己的龙体，更为了自己手把手教授李治治国理政，唐太宗在自己的寝殿一侧另开辟了一座宫院，让太子李治居住，不再让他经常返回东宫。

如此一来，在宫中“掌叙宴寝”的武才人便有了更多同太子李治接触的机会。

事到如此，透过史书斑斑点点的记载，太子李治与才人武则天暗通款曲、淫乱宫闱的整个事件脉络就比较清晰了。

事件的起因大体发生在贞观十九年（645 年）唐太宗远征辽东之后，太子李治与大批嫔妃、宫女留守定州，等待皇帝凯旋。在此期间，李治与武则天由于某种原因，或是情之所至，或是色迷心窍，或是勾引利用，产生了宫闱丑闻。负责监察太子的太子左庶子刘洎未能及时发现并制止，负有失察的责任。

唐太宗兵败回到定州后，发现了这一丑闻，盛怒之下，要向刘洎问罪。但是，唐太宗又不好以实际的理由惩罚刘洎，毕竟若是如此，宫闱丑闻就会公之于天下。

此时，恰巧褚遂良诬陷刘洎不关心皇帝的疾病，反而希望皇帝速死。唐太宗便不容刘洎辩解，以此理由赐刘洎自尽。

李治对于父皇的盛怒非常恐惧，只得在父皇面前百般谄媚示好，以“吮痈，扶辇步从者数日”来表现自己的孝顺服从。

唐太宗权衡利弊，认为除了李治之外，无人可以赢得元老重臣的拥戴。大唐皇位的接班人非李治莫属。加之武则天也并非唐太宗的宠爱之人，他也就睁一只眼闭一只眼，默认了这一事实，甚至顺水推舟，将武则天赐予了李治。

面对这一连串后人难以想象的操作，我们还是要问，唐太宗将武则天赐予李治这件事有可能是真的吗？

有可能的答案大概有两个：

第一，这件事根本不是真的。唐高宗李治执意要立武则天为皇后，但是武则天又是先皇的才人，如何解决这一矛盾，只能托词先皇已将武则天赐予自己，这样才能说得过去。唐高宗对天下人编造了一个弥天大谎，将自己继承庶母这件事硬说成了奉先皇旨意而行。

第二，唐太宗确实将武则天赐予了李治，不过这种赐予是在秘密情况下进行的，或者说仅仅是默许而已。因为此事只是李治的诏书所云。我们没有在史籍文献中看到其他相关记载。如果此事是公开进行的，天下臣民一定会议论纷纷。即使史书不录，也会有大量的私人文献对此进行记载，但这方面的史料同样匮乏。

感业寺

记载唐太宗将武则天赐予李治的那两条史料中，有一个关键比喻，也是容易被人忽视的，“事同政君”“事同政君之锡”。

“锡”在这里是“赐予”之意。“政君”是指西汉的王政君。

王政君是王莽的姑姑，王家之所以能够崛起，王莽之所以可以篡汉称帝，与王政君在西汉宫廷中的地位有着很大的关系。

王政君年少时入宫做宫女，当时是汉宣帝刘询在位。太子刘奭宠爱的司马良娣病故后，太子为此郁郁寡欢。汉宣帝刘询得知这一情况，就在后宫挑选了一个宫女送给太子。

这个宫女就是王政君。王政君为太子刘奭生下一子，汉宣帝亲自为皇孙取名为刘骜。汉宣帝驾崩后，刘奭即位为帝，是为汉元帝。王政君也顺理成章地成为皇后。她所生的刘骜被立为太子，也就是后来的汉成帝。

李治口中的“事同政君”“事同政君之锡”，是把唐太宗将武则天赐予自己这件事比作了汉宣帝将王政君赐给太子刘奭的事。李治之所以这样比喻，意思当然很明了——

皇帝将宫中之人赐予太子这种事古已有之，我们父子不是第一例。我们是学古，大家不要对我们进行道德谴责。王政君可以当皇后，武则天自然也可以当皇后。大家也不要对此进行反对。

我们了解了王政君的故事，就会觉得李治的这个比喻不太恰当。王政君在汉宣帝宫中仅仅是一宫女，并没有嫔妃的名分。也就是说，王政君虽然是后宫佳丽之一，却算不上汉宣帝正式的姬妾，也没有记载汉宣帝同王政君之间有过枕席之欢。

汉宣帝将王政君赐予太子是主动为之，且光明正大。随后，王政君便离开皇宫，到东宫中同太子一起生活。待到王政君为太子生下儿子之后，汉宣帝还亲自为皇孙取了名字。

汉宣帝之所以能够将王政君赐予太子，是因为当时没有得到皇帝临幸的宫女是不能以皇帝姬妾身份看待的。就拿出塞和亲的王昭君来说，她在宫中多年，却始终没有得到汉元帝的临幸。匈奴首领呼韩邪单于请求和亲，汉元帝便将王昭君赐予了他。如果王昭君是汉元帝的姬妾，怎么可能将她赐予呼韩邪单于呢？

这一传统在唐代仍然存在。唐高祖、唐太宗两朝先后将数千名宫女释放出宫，允许其回到民间自行婚配。如果这些宫女都被视作皇帝的姬妾，怎么可能让她们再去嫁人呢？

但是，武则天是唐太宗的才人，她的身份就是唐太宗的姬妾。唐太宗虽然不宠幸她，却也曾经临幸过她，她怎么能与王政君相提并论呢？

唐太宗去世后，武则天按照惯例进入感业寺削发为尼，似乎也昭示着唐太宗将武则天赐予李治的事根本就不存在，或者仅是父子之间的心照不宣。

此事若真的如同李治所说“事同政君”，武则天若像西汉王政君那样早已堂而皇之地侍奉太子，她又何必到感业寺里去走一遭呢？可见李治的说法大有欺世盗名的意味，不过是给自己蒙上了一块遮羞布罢了。

不管唐太宗是否曾经真的将武则天赐予李治，至少在立武则天为皇后的诏书中，李治已经承认了他与武则天之间的关系，在唐太宗在世时就已经发生了。这是一个李治不得不接受的代价——

如果李治想要自己同武则天之间的关系合法化，就必须取得已经去世的父皇唐太宗的同意。当然，死人是不能同意什么的。那就必须让唐太宗在去世之前就已经同意。而如果唐太宗在去世之前就已经同意这件事，那么李治必须承认他同武则天在唐太宗去世之前就已经发生了关系。

最终，李治所付出的“爱的代价”是：人们并不相信唐太宗真的会把武则天赐予李治；但人们却绝对坚信，李治同武则天在唐太宗去世之前就已经发生了关系。

没有办法，人们就是这样去考虑问题的。

作为唐朝人，武则天也是好作诗、能作诗的。在她众多的诗歌中，仅有一首情诗流传于后世，名曰《如意娘》：

看朱成碧思纷纷，
憔悴支离为忆君。
不信比来长下泪，
开箱验取石榴裙。

这是一首相思诗，表现的是女子对情郎的思念。武则天历来以女强人的面目示人，这首诗与她长期经营的人设并不相符。如此一来，值得思考的事情就比较多了。

武则天是在什么时间、什么情形下创作了这样一首充满儿女情长的相思诗呢？她所思念的对象又是谁呢？

首先，不会是唐太宗。武则天在宫禁之中，同唐太宗接触的机会颇多，不至于这样“憔悴支离为忆君”，写出来大概唐太宗也不会相信。石榴裙是女子平时穿着之物，也没有必要开箱验取。

其次，也不会是武则天年老之后的那些面首。那些男人作为武则天的男宠，只要武则天需要，就会出现在武则天面前，又何必相思呢？

这首诗只能是写给唐高宗李治的。那么又是写于什么时期呢？武则天二次入宫之后，可以与李治朝夕相处，不必谈什么相思。

只有在感业寺做比丘尼的那段时间，李治碍于人们的非议，不可能时时都来感业寺与武则天幽会。武则天才有相思的条件。也只有在感业寺，武则天要身着比丘尼的装束，将石榴裙深深藏在衣箱之中，想起昔日宫中的点点滴滴，才会“开箱验取石榴裙”。

当然，也只有身陷感业寺这段时期，武则天需要用这样一首情诗来打动李治，让李治速速想办法接她回宫。

武则天出家为尼的感业寺在长安城，具体的方位历来有多种说法。比如，有的说法认为感业寺即唐代长安城安业坊的济度尼寺；有的说法则认为感业寺位于唐代长安城朱雀街西崇德坊的西南隅，靠近清明渠，东侧有太宗别庙。不过，这些记载都不确切。

感业寺很有可能位于今西安市未央区六村堡乡后所寨西南三十米处，汉代长安城北墙遗址南侧。现今的感业寺小学，即是建在感业寺遗址之上。

汉代长安城遗址内的感业寺历代传承有序，在明清时期还在不断重修，历代地方志也多有记载。

清嘉庆时《长安县志》卷二十二载："感业寺在长安故城西北，即唐武后为尼处。万历十二年重修。"

民国《咸宁长安两县续志》载："感业寺，同治兵燹后殿宇尽毁，仅存明万历年一碑，并乡人掘土所得一碣，上书'唐武后焚香院'六小字，下书'大唐感业禅院'六大字，今俱存。"

《西安通览》载："感业寺遗址在村内感业寺小学内。唐代著名政治家女皇武则天曾在这个寺院为尼。现仅存石栏和武则天汲水井一口。"

唐代的感业寺为什么位于汉代长安城的北墙之内呢？原来这里在唐代是皇家禁苑，感业寺就是处于禁苑中的一所皇家寺院。

想想也是，将先皇的女人安置在一所禁苑的皇家寺院中，确实是一个比较合适的做法。这样做在很大程度上限制了宫外人员与她们之间接触的可能性，既确保她们的安全，又确保她们的安定，不至于给先皇惹出什么是非来。禁苑属于皇家私地，严格来讲，她们虽然已经出宫，但没有完全离开皇家私地，对于这些女人来讲，在心理上也是一种安慰。

对于唐高宗来讲，将武则天等人安置在感业寺，还能促成一个极为便利的条件。唐代的皇宫西侧是一片叫作西内苑的皇家园林，西内苑的西北与禁苑相连接。也就是说，如果唐高宗想去感业寺，完全可以不必出宫，直接通过西内苑即可到达。

如果感业寺是在唐代长安城闹市中的某个地方，比如我们上述提到的安业坊或崇德坊，唐高宗要是想去感业寺，必然会惊动文武百官和长安百姓，这自然是多有不便的。

有的学者还认为，武则天或许没有真的出家，而是栖身于休祥坊母亲杨氏女家中，继续与高宗保持关系。这种情况就更难以发生了。堂堂的当朝天子总去杨氏女家中算是怎么回事呢，这必然会在长安城中掀起风言风语。

武则天只有身处禁苑之内的皇家寺院中，唐高宗出行才会最少人知，也最为方便。那么，唐高宗去皇家寺院礼佛的行为顺理成章，不会引起太多人的注意。

果然，在唐太宗忌日那一天，唐高宗亲临感业寺礼佛，为自己的父亲上香。两个有情人再次见面。

昔日他们二人朝夕相处时，武则天是皇帝的才人，唐高宗是太子。论辈分，武则天是唐高宗的庶母。而今日再次相见，太子已成了皇帝，龙袍加身，而才人却成了比丘尼，剪去了青丝，换却一身缁衣。史书记载了他们再次相见的场面：

武氏泣，上亦泣。武氏泣，上亦潸然。

一位比丘尼，能够当众哭出来，已是有伤风化，而当今皇帝居然也当众哭出来，更是有失体统，足见两个人见面后的动情忘我，已经使他们完全忽略了自己的身份和周围的环境。

天底下传得最快的就是八卦，更何况是皇帝和尼姑之间的八卦，更何况是儿子和庶母之间的八卦。

唐高宗与武则天的眼泪成了宫人们最愿去炫耀的谈资。谁在那天见到了几滴晶莹的眼泪，谁就成了宫里的“明星”，被人们围拢、簇拥、攀问。那晶莹的眼泪很快“流”到了唐高宗的正宫王皇后的耳朵里。

王皇后会做何感想？有何举动？王皇后接下来的举动将比那几滴眼泪还不可思议。

王皇后欣喜若狂，数次在唐高宗面前劝言，希望把感业寺的那个武才人接到宫中，同她一起侍奉皇帝。

面对这一“和谐”局面，唐高宗自然求之不得，于是他顺水推舟，索性传旨：武则天蓄发入宫。

就这样，武则天在做了比丘尼不久之后，居然在王皇后的极力怂恿之下，奉旨蓄发，二次进宫了。

面对皇帝后院里的人事变动，文武大臣们面面相觑——王皇后这是疯了吗？

蓄发回宫

赵且伐燕，苏代为燕谓惠王曰：“今者臣来，过易水。蚌方出曝，而鹬啄其肉，蚌合而箝其喙。鹬曰：‘今日不雨，明日不雨，即有死蚌！’蚌亦谓鹬曰：‘今日不出，明日不出，即有死鹬！’两者不肯相舍，渔者得而并禽之。今赵且伐燕，燕赵久相支，以弊大众，臣恐强秦之为渔父也。故愿王之熟计之也！”惠王曰：“善。”乃止。

——《战国策》

战国时，赵国想要讨伐燕国，苏代作为燕国的使者来到邯郸劝说赵惠文王不要出兵。他为赵惠文王讲了自己过易水时见到的鹬蚌相争，渔翁得利的故事。赵惠文王乃止兵。

永徽元年（650 年）的大唐深宫之内，也在上演一出鹬蚌相争的故事。故事的主人公是母仪天下的王皇后和宠冠后宫的萧淑妃。

在说这个历史上著名的宫斗故事之前，还要费一番笔墨来说一说王皇后和萧淑妃的来头。毕竟后宫斗争是女人的政治，更是宫门之外政治斗争的延续。作为政治人物，王皇后和萧淑妃的政治出身影响着她们的政治命运。

与武则天寒门素族的出身不同，王皇后与萧淑妃都有着极为显赫的门第。王皇后出身于中国北方最大的士族之一——太原王氏，其祖先可以追溯到东汉末年怂恿吕布刺杀董卓的那位司徒王允。北魏孝文帝时，太原王氏跻身“卢崔郑王”汉族四姓高门。

即使不将王皇后的世系追溯到那么遥远，也同样可以感受到王皇后家族的荣光。王皇后的祖父是纵横于西魏、东魏间的名臣王思政。王思政早年在北魏孝武帝驾前任职，后随孝武帝投奔了关中的宇文泰。

宇文泰任命王思政镇守弘农。王思政首倡修筑玉壁城，并且移镇于此，使玉壁成为楔入东魏统治区的一颗钉子。我们在第一卷中提到的第一次玉壁之守便是王思政的杰作。王思政离任时，推荐部下韦孝宽代其镇守玉壁，因而才有了第二次玉壁之守的辉煌战果。

宇文泰凭借玉壁作为跳板染指并州之后，像太原王氏这样的本地巨族也被纳入关陇贵族的体系中来。这无疑使本来客居西魏的王思政加深了同关陇贵族的关系。

王思政凭借军功、政绩不断高升，一直做到了尚书左仆射、任荆州刺史、都督河南诸军事。后来在颍川同东魏的战斗过程中，王思政被俘，并投降东魏。王思政在东魏和北齐也受到礼遇和重用。这使得王氏家族又同山东士族有了很深的联系。

王思政之子王仁祐娶河东柳氏为妻，他们的女儿即王皇后。这位王氏女之所以能成为皇后，同唐太宗的一位姑母同安公主有很大的关系。同安公主是王仁祐的叔母。

见丈夫的侄子王仁祐的女儿有美色，同安公主便到自己的侄子唐太宗的面前去撮合亲事，希望唐太宗能选择一位皇子娶王仁祐的女儿为妻。这样一来李家与王家就能够亲上加亲，辈辈姻亲。这对于已经嫁入王家的同安公主来讲，无疑是非常有好处的。

唐太宗也很给这位姑母面子，将王氏女选为晋王李治的正妃。当时，李治几乎没有继承大统的可能性，成为晋王妃已经是王氏女的政治地位所能达到的顶点了。谁承想阴错阳差，李承乾和李泰接连自作自受，失去了皇位继承人的资格，历史像开玩笑一样将李治推到台前成了太子，王氏女也就成了太子妃。

唐太宗驾崩后，李治即位为帝，王氏女也就顺理成章地成了皇后。同安长公主无意间成了“天下第一媒婆”，撮合成了一对皇帝皇后，这恐怕是她当年没有想到的。

利益的扩大化也伴随着矛盾的扩大化。李治若仅仅做个晋王，他的晋王府内也不会出现什么腥风血雨的争斗。但是，李治做了太子，乃至做了皇帝，后宫利益的规格就完全不同了，那里甚至会成为两个门阀集团之间斗争的延伸区域。

在李治的诸多姬妾中，地位最高的是一个萧姓女人。她是兰陵萧氏族人，南朝齐梁皇室后裔，隋炀帝的萧皇后的本家。在李治做晋王时，她的地位就仅次于晋王妃王氏。李治做太子后，她进位为良娣。

在李治做太子期间，萧良娣接连为李治生下一子两女：许王李素节、义阳公主和高安公主。这更加巩固了萧良娣在东宫的地位。而反观太子妃王氏，却一直没有生育。

李治即位后，虽然王氏进位为皇后，但萧良娣也进位为正一品的淑妃。萧淑妃以咄咄逼人的气势加紧对皇后宝座的冲击，大有取王皇后而代之之势。

这虽是后宫两个女人之间的争宠，而在她们的背后还有南北两大贵族势力之间政治斗争的影子。王皇后受到长孙无忌以及自己的舅舅柳奭等人的支持。而萧淑妃在政治立场上则代表了南方士族势力。

自隋朝统一南方以来，北方的统治者都会通过与南方士族的联姻来巩固在南方的统治权威。而南方士族由于无法保持政权独立，他们退而求其次，也希望以联姻手段融入北方统治阶层中去。

隋炀帝的皇后萧氏曾经很好地充当了南方士族的联姻使者，使南方士族在隋炀帝时期风光一时。隋炀帝甚至有了迁都江都的打算。但是，随着隋朝的灭亡，特别是隋末唐初萧铣起兵抗争的失败，南方士族再次陷入黯淡。如今萧淑妃有机会夺取皇后宝座，这自然是南方士族可以立身长安朝堂的天赐良机，没有理由不去争取。

萧淑妃没有理由不去争取，王皇后也没有理由拱手相让。王皇后深感危机，却难以以一己之力对抗萧淑妃。当她得知李治与武则天在感业寺相会再续前缘之后，便决定以毒攻毒，促成武则天二度入宫，再借助武则天的力量对付萧淑妃。王皇后劝说唐高宗将武则天纳入后宫，唐高宗对此自然表示支持。王皇后让武则天秘密地留起了长发，为回宫做准备。

王皇后之所以冒险这样做，理由大体有三：

第一，萧淑妃之所以对其皇后宝座构成威胁，主要是因为唐高宗宠幸萧淑妃。但是，王皇后却发现，比起萧淑妃来，自己的丈夫似乎更加宠爱武则天。

对于男人的多情，《红楼梦》第四十四回“变生不测凤姐泼醋，喜出望外平儿理妆”中有这样一句精彩的总结：“妻不如妾，妾不如偷。”这句话很好地体现了王皇后、萧淑妃和武则天各自所处的位置。对于唐高宗来讲，王皇后是妻，萧淑妃是妾，而武则天是偷。王皇后不如萧淑妃受宠，因为妻不如妾。王皇后若想联合一个人共同打倒萧淑妃，那么自然而然要去“偷”里寻，也就非武则天莫属。

第二，武则天出自文水武氏。文水与祁县相邻。王皇后与武则天是老乡，又同为并州士族。和太原王氏相比，文水武氏则要寒素得多，但毕竟是一个战壕里的兄弟，充其量是连长和大头兵的区别，关系要远远胜过对面战壕里的兰陵萧氏。

第三，武则天如今何许人也？她已经是一位多余的未亡人，身陷庵寺，削发为尼。如果没有机遇，她将听着暮鼓晨钟、伴着青灯古佛，了此残生。如果王皇后在此时运作她回宫，对于武则天来讲，那将是多大的恩德？武则天怎么会不感激涕零，唯王皇后马首是瞻。

我们看到了引狼入室，而在王皇后看来不过是以毒攻毒。王皇后并没有疯，只是傻了。

王皇后希望利用武则天来牵制萧淑妃，但她没有想一想，如果武则天不是萧淑妃的对手，那么将武则天召进宫来也是无济于事。如果武则天能够击败萧淑妃，你王皇后连萧淑妃都搞不定，还能搞定武则天吗？在你死我活的后宫斗争中，“恩德”二字又有多大的分量呢？

果然，武则天入宫后，萧淑妃还是没有被打倒，王皇后的麻烦马上就来了。谁也没有想到，武则天不是一个人入宫的。入宫的人除了她，还有她肚子里的孩子。

武则天在感业寺同唐高宗相会之后，已经怀有身孕。武则天究竟何时怀有身孕？因太过于隐秘，史书并没有记载。但是，根据武则天的长子李弘大约生于永徽三年（652 年）底的情况来看，武则天应于永徽三年初受孕。此时的武则天，尚未二度入宫，但是她应当已经得到了自己即将入宫的消息，并悄悄地蓄起了长发。

当时，只有武则天知道自己已经怀孕，但是她却颇有心计，没有将此事宣扬出去。甚至连唐高宗都被蒙在鼓里。武则天这样做自然有她的打算。

一来，如果此事被别人得知，不但尼姑怀孕好说不好听，而且是先皇的未亡人怀孕，那就是掉头之罪了。到时候唐高宗能不能保她，愿不愿保她都是未知数。毕竟唐高宗不缺儿子，也不缺美人。

二来，如果此事传到后宫，她将成为后宫所有女人的敌人，当然也包括王皇后在内。届时王皇后可能不会同意武则天二次入宫，甚至还要置武则天于死地。到那时身处感业寺的武则天，就再也没有逆天改命的机会了。

总之，此时的武则天一不能让皇帝为难，二不能让皇后为难。

这一着对于武则天来讲也是险棋。如果唐高宗不能在武则天显怀之前将其接入宫中，那么将引来大麻烦，甚至有可能必须要秘密堕胎才能从长计议。而如果到了这一步，即使事件包裹得再为严密，也很难不让王皇后以及其背后支持她的北方士族集团得知。到那时恐怕王皇后就会心有余悸，不肯再让武则天入宫了。

如今，武则天入宫的最大障碍是她的头发。这是腹中胎儿与顶上头发的一场赛跑。好在武则天的头发逐渐长长，虽然还不足以挽起，但是可以佩戴假髻了。

也许是上天庇佑武则天，就在这仅有的两三个月窗口期内，唐高宗下旨让武则天二度入宫。武则天终于在显怀之前挽起了青丝假髻，重新梳妆打扮一番，坐着一乘小辇，秘密地潜回了自己原本熟悉的皇宫。

小公主之死

入宫之后，武则天“未几大幸，拜为昭仪”，即她很快取得了唐高宗的宠幸，被册封为二品昭仪。

虽然比起当年的才人来，武则天已经连升三级，但位置还是在萧淑妃之下，自然更比不上王皇后。此时的武则天仍然看起来一副人畜无害的样子。她极力避免自己卷入任何的宫斗旋涡中，安心地孕育着肚子里的“秘密武器”。

待宫中的地位稳定后，武则天才公开了自己怀孕的消息。唐高宗自然是大喜过望，对武则天更加宠爱。

王皇后顿时慌了手脚，她隐约感觉自己走了一着臭棋。儿子是后宫女人的“核武器”。萧淑妃已经拥有了“核武器”，王皇后却迟迟“研发”不出。王皇后本想扶植武则天一致对付萧淑妃，没想到武则天也拥有了自己的“核武器”。虽然如此一来确实打压了萧淑妃的气势，但是对于王皇后来讲也很不利。

王皇后召自己的舅父柳奭入宫商议对策。柳奭献计：不如将唐高宗的长子陈王李忠过继到王皇后膝下，并将其立为太子。

陈王李忠于贞观十七年（643 年）出生在太子李治的东宫。他出生后，唐高宗在弘教殿宴请自己的僚属。因为是太子的长子，唐太宗也非常高兴，亲临弘教殿为自己的小孙儿祝贺。喝至酒酣之时，唐太宗还亲自跳舞。太子和他的僚属们哪敢让皇帝跳舞给自己观看，只能起身一同跳舞。君臣在弘教殿中进行了一场盛大的“舞会”。

其乐融融的场面并没有改变襁褓中小婴儿的尴尬处境。他的母亲刘氏地位卑微，仅仅是东宫的一位宫人，既没有封号也没有家族背景。这是年轻的太子李治一时兴起，才使她奇迹般地有了皇家的骨血。

因为母亲的身份，李忠是很难成为李治的继承人的。贞观二十年（646 年）八月初五，三岁的李忠以太子庶长子的身份受封为陈王。这也是李忠所能达到的最高地位了。

王皇后膝下无子，如果将陈王李忠过继过来，李忠就成了唐高宗的嫡长子，便能顺理成章地成为太子。这样一来，既解决了皇后无子的缺憾，巩固了皇后的地位，又能断绝了萧淑妃的儿子许王李素节以及武则天腹中的孩子成为太子的可能。同时，原本并无希望成为太子的陈王李忠因为王皇后的扶助成为太子，也必然会对王皇后言听计从。

所有的结果都将指向对王皇后的利好，王皇后当然大力推进此事。永徽三年（652 年）七月，唐高宗颁下诏书，陈王李忠以嫡长子的身份被册立为太子。

王皇后有了儿子，儿子也顺利地被立为太子。武则天的入宫冲淡了唐高宗对萧淑妃的宠幸，一切都按照王皇后的计划发展着。但是，她却没有高兴太久。大约李忠被立为太子半年后，永徽三年（652 年）底，武则天终于生产了，而且是个男婴。男婴取名为李弘，是高宗的第五子。

“李弘”这个名字今天看来平淡无奇，但在当时可不简单。

自魏晋南北朝以来，社会上一直流传着“李弘当出”的政治谶语。人们疯传，一个叫李弘的人当拥有天下，这个人是太上老君转世。数百年来，有多起叛乱事件的起事者都假托为“李弘”。

“李弘”代表的政治含义，唐高宗和武则天不可能不知道。“李弘”的命名，作为皇帝兼父亲的唐高宗不可能不参与。即使如此，男婴也仍然能够得名为“李弘”，恐怕就不是巧合了，背后似乎隐含着唐高宗的某种意愿和武则天的某种野心。

唐高宗共有八子三女。在武则天入宫之前，萧淑妃和三位宫女已生有四子二女。武则天入宫之后，其他的后宫女人再也没有生育子女的情况发生。唐高宗其余的四子一女皆由武则天所出，也足见武则天在唐高宗面前的魅力与手段。

武则天的四子分别是长子李弘、次子李贤、三子李显、四子李旦。一女即太平公主。除此之外，武则天还有一女，论年龄仅次于李弘，生于永徽五年（654年）。之所以未将其算入武则天子女之列，是因为她出生后不久便夭折了。这位小公主即安定公主，她虽然不幸早夭，却对于武则天的上位有着极其重要的推动作用。关于她短暂的一生，《新唐书》中有着数行记载：

昭仪生女，后就顾弄，去，昭仪潜毙儿衾下，伺帝至，阳为欢言，发衾视儿，死矣。又惊问左右，皆曰："后适来。"昭仪即悲涕，帝不能察，怒曰："后杀吾女，往与妃相谗媚，今又尔邪！"由是昭仪得入其訾，后无以自解，而帝愈信爱，始有废后意。

根据这段记载，武则天生了女儿，王皇后过来看望。见到小公主很可爱，王皇后就逗着小公主玩了一会儿。待她离去后，武则天偷偷地将小公主闷死在被子中。过了没多长时间，唐高宗也来看望小女儿。武则天假装什么也没发生，在唐高宗面前嬉笑如常。待她打开小公主的被子，准备让唐高宗观看时，才发现小公主早已气绝身亡。武则天见状，顿时泣不成声。唐高宗也大惊失色，忙问左右从人，有谁来看望过小公主？大家都说王皇后刚刚离去。唐高宗怒不可遏，认为是王皇后杀死了小公主。王皇后百口莫辩，唐高宗因而有了废立皇后之意。

此事流传甚广，千百年来少有质疑。但若仔细想一想，唐高宗是如何得出"后杀吾女"结论的？难道就凭刚才王皇后来过？恐怕太过牵强了吧。是唐高宗不够聪明，还是王皇后不够聪明？

自古若某人想要暗杀某人，一般是派出刺客为之。何也？自己动手多有不便。王皇后若亲自为之，那岂不是将自己置于明处。只有王皇后一个人到武则天宫中看望过小公主，小公主若是在王皇后离去后突然死亡，那她就是第一作案嫌疑人。

古人说"瓜田不纳履，李下不整冠"，就是为了"君子防未然，不处嫌疑间"。王皇后难道不懂这些？她为什么要将自己置于遭人猜疑的被动境地呢？

再者说，武则天此次仅仅是生了个小女孩而已，宫中不过是添了个公主，对王皇后能有什么威胁？对李忠的太子之位又有什么威胁？武则天生儿子的时候，王皇后都不来陷害，又何必冒着如此大的风险亲手害死一个小公主呢？

王皇后贵为六宫之主，亲自到武则天的宫中暗杀一个刚刚出生的小女孩，这种做法实在是令人匪夷所思。王皇后杀害小公主的可能性非常低，似乎正说明了武则天是凶手的可能性非常高。但凡事需逆向思维，事实或许并非如此。正因为王皇后杀害小公主的可能性非常低，那么武则天杀害小公主的可能性也非常低。

为何如此说呢？如果武则天想用这一招来陷害王皇后，那她的手段实在是太过于低劣了，成功的概率也非常低。只要唐高宗稍微想一想，就能知道这件事大概率不可能是王皇后做的。即使唐高宗面对丧女之痛，一时不够理智，想不到这一点，那些站在王皇后身后的元老重臣，如长孙无忌等人，难道也看不破这样低劣的计策吗？

他们也会在唐高宗面前说破此事。一旦此事真相大白，武则天在唐高宗的眼中将会变成什么样的角色，也就不言而喻了。武则天这些年来所有的苦心经营将付之东流。武则天怎会铤而走险地做出这样的行径呢？

既然王皇后杀害小公主的可能性非常低，武则天杀害小公主的可能性同样也非常低，那么小公主之死又作何解释呢？

遗憾的是，依据现有的资料很难做出一个合理的解释。因为此事发生在深宫之中。当时，在场人员极少，又涉及宫闱丑闻，事后在场人员更是守口如瓶。所以没有人真的知道小公主是如何死的。

就拿史书将凶手认定为武则天来讲，她自然是不可能承认这件事的。又没有目击者站出来作证。凭什么言之凿凿地说是武则天下的杀手呢？

当我们为武则天陷害王皇后不惜使用狠毒的招数而义愤填膺的时候，也应该多想一想，武则天是不是也是一个被陷害者。她一方面失去了自己的女儿，另一方面又成为众人口中杀死自己女儿的人。

一个不争的事实是，小公主确实死了。究竟谁是杀人凶手，可能性大概有四种：

第一种可能性是小公主为自然死亡。在当时的医疗条件下，新生儿突然夭折是一件十分平常的事情。也有很多新生儿夭折的原因是当时的人们无法解释，难以判断出是自然夭折还是被人所杀。

这种可能性最为平淡无奇，但或许最为接近历史真实。很多重要的历史事件都是由无数个巧合促成的。王皇后刚刚看望过小公主，小公主偏偏就在此时夭折了，这或许就是一种巧合。但是，因为掺杂上了宫廷阴谋，小公主之死就成了谁也说不清道不明的事。

武则天见到小公主死后，或许真的认为是王皇后杀死了女儿；或许并没有认为是王皇后所为，仅仅认为这是一个良好的契机。总之，武则天利用小公主之死，向王皇后身上泼脏水，但小公主之死与王皇后、武则天都没有关系。

第二种可能性是有王皇后和武则天之外的人杀死了小公主，以此故意挑拨王皇后与武则天之间的关系，既让刚刚离去的王皇后百口莫辩，又让武则天对王皇后的感情由感恩戴德转变为怀疑记恨。

若真有人做了这样一件事，那么这个人是谁？笔者认为有两种可能。

首先，极有可能是萧淑妃所为。萧淑妃自李治做太子时便在李治身边，在宫中遍布党羽，拥有自己的一派势力。不排除武则天身边就有萧淑妃的眼线。小公主突然去世，王皇后百口莫辩，武则天痛失爱女，二人都受到很大的损失。王皇后与武则天必然会因为此事产生隔阂，她们二人反目成仇，针对萧淑妃的联盟会就此解散。真正在此事件中得利的人是谁？就是萧淑妃。

其次，如果小公主夭折事件的背后另有凶手，凶手又不是萧淑妃的话，那就还有一种可能，但这种可能我们要放到下一节中再揭晓。

第三种可能性是小公主确实是王皇后所杀。王皇后见到小公主之后醋意大生，想起武则天本是由自己力挺才得以回宫，没想到回宫之后专宠一时，风头迅速盖过了自己的情敌萧淑妃，接连为自己的丈夫生下一儿一女，而自己却从来没有生育过子女。想到此处，王皇后一时冲动将小公主杀死。

人在冲动的时候往往失去理智，不会瞻前顾后、权衡利弊，这样的事情在历史上、在我们的身边也屡有发生。因此，王皇后杀死小公主的可能性也不是完全没有。

最后一种可能性是小公主确实为武则天所杀。其目的也如史书所讲，想要栽赃嫁祸王皇后。但是平心而论，若真是武则天有意为之，那么这个计策阴毒有余却高明不足，是非常危险的举动，成功更是一种侥幸。

被动的唐高宗

在小公主夭折事件中，还有一人始终处于舞台最中心的镁光灯下，进行着他的表演，这个人就是唐高宗李治。但是，这样一个重要角色，我们却往往认为他是诸多历史事件中的一个被动角色，忽视了他的主观意愿在历史进行中所起到的决定性作用。

从《新唐书》的记载来看，当发现小公主已经夭折后，武则天的举动仅仅是一味地“悲涕”而已，似乎并没有将凶手直接指向王皇后。真正说出王皇后是凶手的人是唐高宗李治。对于唐高宗为何有如此判断，《新唐书》上仅简单地用“帝不能察”四个字来做解释。

果真如此吗？恐怕我们都低估了李治。因为父亲李世民的强势，兄长李承乾、李泰的强势，妻子武则天的强势，女儿太平公主的强势，甚至包括孙子李隆基的强势，长期以来，李治一直是以一个懦弱、庸碌的形象出现在史籍中的。

但是，大家难道不感到奇怪吗？这样一个懦弱的人，身处政治风暴的最中心，他的一生却出奇地成功。

李治在不被任何人看好的情况下夺得储君之位并牢牢地把握，直至父皇唐太宗去世，自己荣登大宝。在他统治时期，他牢牢把握着政权，没有权臣、没有藩镇、没有外戚，也没有宦官能够威胁到他的皇权。

李治对内轻徭薄赋、百姓阜安，对外开疆扩土、边陲安定。他在位期间是唐朝版图的极盛时期，同时也是从古至今汉人所建立的中央王朝版图最大的时代。所有这些文治武功，光凭懦弱、庸碌是做不到的。

李治在做太子之时，就与父皇的才人勾搭，一切都在英明果断的父皇的眼皮底下进行，这是冒着多大的风险，一个懦弱、庸碌的人敢这样做吗？

最终，江山与美人，唐高宗李治得到了他想要得到的一切，还在史书上没有留下任何骂名。想想他的父皇唐太宗在玄武门狗急跳墙，身上沾满了兄弟的血；想想他的表爷隋炀帝纳了庶母陈氏，成了说书人口中弑父欺娘的六短之君。大家还觉得唐高宗李治是个懦弱、庸碌之人吗？

唐高宗李治有着远超一般人的非常手段。只是他的手段过于高明，处处施之于无形，看似事事被动、事事无奈、事事被人所迫，实际上事事尽在他的掌握之中。

我们在第一卷中曾经讲过，当初李治未被确立为太子时，他最大的竞争对手是李泰。和李治平日友善的李元昌败亡后，李泰曾经威胁李治，《资治通鉴》中这样记载此事：

魏王泰恐上立晋王治，谓之曰："汝与元昌善，元昌今败，得无忧乎？"治由是忧形于色，上怪，屡问其故，治乃以状告；上怃然，始悔立泰之言矣。

李治听到李泰的威胁后"忧形于色"，终日闷闷不乐。唐太宗发觉李治情绪不对，再三追问，李治才把李泰如何威胁他的话说给了父亲听。唐太宗得知事情的原委后，便对李泰顿感失望，开始后悔曾说过想要立李泰为太子的话。为了废太子李承乾和晋王李治的安全，经过再三权衡，唐太宗最终立李治为太子。

我们可以品一品，李治看似受到了李泰的威胁，他是被动者；看似是唐太宗再三追问，李治才说出了实情，李治同样是被动者。但是，李治的主动是别人所意识不到的。

李治主动“忧形于色”，让父皇看出他情绪不对，让父皇问他一句“怎么了？”但他还是不肯说。他越是不肯说，唐太宗就越是好奇，越是要“屡问其故”。在时机成熟的时候，李治才将此事和盘托出，一击致命。

李治以一个被动者的姿态完全掌控了局势的发展，以一个受害者的面目达到了最有利于自己的效果。这样的心机，这样的权术，这样的控场能力，岂是他的对手李泰之流所能望其项背的呢？

一直以来李治都是被动的，一切事情他都是不得已而为之的，而一切事情又都是按照他的利益发展的，最终的结果也是他的利益得到了最大化。这就是唐高宗李治的厉害之处。

再来看看武则天回宫事件中，唐高宗所充当的角色。

唐高宗到感业寺中为先皇上香，自然醉翁之意不在酒，他要看的人是武则天。短暂的相会之后，唐高宗压根儿就没有表现出要将武则天接回宫中的意思，而是默许自己同武则天相会的事情在宫闱中肆意传播。

可以想见，此事一定会传到王皇后耳中。此时，王皇后正与萧淑妃争宠，并对萧淑妃的冲天气焰感到无力还击。一旦让王皇后发现了唐高宗心中的隐秘角落里还有一个武则天存在，她一定会想方设法将武则天引入宫中作为援手。

事实也正是如此。王皇后主动到唐高宗面前提议接武则天回宫。而这次唐高宗仍然充当了一个被动者的角色，顺水推舟地答应了此事。在这一事件中，唐高宗的主动仍然是别人所意识不到的。

各位读者想一想，是谁主动到感业寺中上香？是谁与武则天泪眼相望、再续前缘？又是谁最终拍板将武则天接回宫中？没有唐高宗的主动，这一切有可能发生吗？

我们可以进一步推测，唐高宗之所以宠幸萧淑妃，可能就是要让王皇后感到危机，让王皇后寻找援手，以便为武则天的二度入宫进行铺垫。试想一下，如果萧淑妃没有受到唐高宗的特殊宠幸，王皇后在后宫的位置也没有受到强烈的挑战，而是唐高宗主动去找王皇后商议，将武则天接回宫中，王皇后一定不会痛快地同意。

到那时，王皇后免不了搬出一堆伦理道德的说教，免不了一哭二闹三上吊，更免不了寻求文武大臣对皇帝进行劝诫。当然，唐高宗如果最终霸王硬上弓，生硬地将武则天接入宫中，王皇后自然也左右不了。但那样一来，后宫的气氛还会那样“和谐”吗？而唐高宗在史书上的形象也会大打折扣吧。

一个男人想接一个女人来家中给自己做妾，不是自己到妻子面前去苦苦哀求，而是让妻子到自己面前来苦苦哀求。这是何等高明的手段啊。

此次小公主夭折事件似乎又是上述那些事件的翻版和延续。发现小公主夭折后，武则天什么都没有说，只是表现出作为一个母亲应有的丧女之痛。而唐高宗却一味地强调“后杀吾女”，并历数王皇后往日的过失，“往与妃相谗媢，今又尔邪”！王皇后啊，往日里你就与萧淑妃相互嫉妒，相互诬陷，今天又是你！

稍有智识的人就可以想到，王皇后做此瓜田李下之事的可能性并不大。她怎么会在自己单独在场的情况下，让小公主不明不白地死去呢？

难道唐高宗李治真的那么不理智吗？他就真的想不通这一点？当然不是。唐高宗之所以在毫无证据的情况下，一口咬定、一再坚持“后杀吾女”，是因为那段记载的最后一句话：“始有废后意。”

唐高宗通过这件事开始有了废掉王皇后的打算。唐高宗有了废后之意是真的，“始”字却不一定真实。唐高宗很可能早有了废后之意，只是这件事为他将来的废后提供了足够充分的理由。他一定要抓住这一理由、夯实这一理由。

此时，我们就不得不提到上一节欲说还休的那个可能性了。如果杀害小公主的凶手另有其人的话，最大的嫌疑人是萧淑妃，那么另一个嫌疑人是谁？极有可能就是小公主的生父唐高宗李治。

有读者可能会问，小公主是唐高宗的亲生女儿，她又不会对唐高宗的利益造成任何损害，王皇后、萧淑妃、武则天都是唐高宗的妻妾，她们之间谁上谁下都不构成对唐高宗的威胁；小公主夭折的时候，唐高宗又不在现场，他没有作案动机，也没有作案时间，他是最不可能伤害小公主的人，为什么他也有嫌疑呢？

笔者说的是一种可能性。唐高宗才是这座深宫的真正主人。武则天刚刚回宫不久，她的身边都是唐高宗安排的人。唐高宗若想杀死小公主，完全不需要亲自动手，因此作案时间不是问题。

那么，唐高宗有没有作案动机呢？有的。

武则天生下小公主后，王皇后作为六宫之主，理应过宫探望。如果唐高宗早已想要废掉王皇后，他完全可以安排心腹在王皇后过宫探望之后，伺机杀死小公主，以此栽赃王皇后。

读者们想一想，为什么王皇后刚刚过宫探望小公主，唐高宗就来到了事发现场？他若早来一步，那么王皇后就没有了作案时间；他若晚来一步，那么武则天宫中很多人就都有了作案时间，也不能把嫌疑人聚焦在王皇后身上。他就是在给王皇后留下了充足的作案时间，又没有给其他人留下作案时间的这个节点上，迈进了武则天的宫门。

也许有读者会认为笔者的推理过于骇人听闻，这只是一种可能性罢了。既然古人都可以脑洞大到认为作为母亲的武则天为了栽赃王皇后，而亲手杀死亲生女儿，为什么就不能怀疑作为父亲的唐高宗为了栽赃王皇后而命人杀死亲生女儿呢？

那么，也许有读者要问，武则天为了谋求自己当上皇后而丧心病狂，不惜杀死亲生女儿，栽赃王皇后，这是讲得通的。但对唐高宗来讲，他有那么强烈的意愿要栽赃王皇后、废掉王皇后吗？

这种意愿同样是存在的。

第三章 君臣斗

辅政大臣

虽然唐高宗与结发妻子王皇后无仇无怨，但是与王皇后背后的贵族利益集团有着很深的矛盾。虽然废王皇后、立武昭仪对于唐高宗来讲自然是可为可不为，但是整治王皇后背后的利益集团却是迫在眉睫。此事若是处理不好，有可能会威胁到唐高宗的皇权。这个贵族利益集团的“带头大哥”，就是唐高宗的舅父长孙无忌。

唐太宗去世前，为儿子挑选了一批元老重臣作为辅政大臣，其中最重要的三个人物是长孙无忌、褚遂良和李世勣。这三个人选可不是随便挑的，里面的门道多得很。他们三个人分别代表了我们曾经反复说过的，自南北朝以来，左右国家命运的政治势力：关陇贵戚、江南士族和山东士族与豪杰。

长孙无忌是鲜卑人，其家族历仕北魏、西魏、北周、隋、唐，又以外戚身份参政主政，自然代表关陇贵戚的利益。长孙无忌是河南洛阳人，他的母系家族又是北齐皇室渤海高氏，因此他在一定程度上也代表了山东士族的利益。关于长孙家族和长孙无忌的事迹，我们在第一卷中已经介绍颇多，在此不再赘述。

下面谈一谈褚遂良，这位贞观朝堂上的后起之秀。

褚遂良是杭州钱塘（今浙江杭州）人，先世几代都在南朝梁、陈为官。可以看出，褚氏家族出自江南士族，自然要代表这一贵族群体的利益。

褚遂良的父亲褚亮自幼善属文，善谈好论，他的诗赋文章受到当时文坛大家徐陵、江总等人的推善。陈后主召他为尚书殿中侍郎，成了陈后主的诗友。陈亡入隋，官至散骑常侍。大业年间，褚亮因与杨玄感有牵连，而被贬为西海郡司户。

大业十三年（617 年），金城校尉薛举称王，任褚亮为黄门侍郎。褚遂良则做了薛举的通事舍人。翌年，秦王李世民灭薛氏政权，褚亮父子归顺大唐。褚亮入秦王府任文学馆学士，褚遂良也同秦王李世民从此有了交集。

褚遂良是中国古代第一流的书法家，对于楷书的发展有着卓越的贡献，是真正开启“唐楷”门户的人物。偏偏唐太宗也是一个书法迷，褚遂良能在贞观朝扶摇直上，他的书法艺术和书法鉴赏能力起到了非常重要的作用。

唐太宗曾经向魏徵抱怨：“虞世南死后，无人可以论书。”魏徵趁机将褚遂良推荐给唐太宗：“褚遂良下笔遒劲，甚得王逸少体。”唐太宗即日召褚遂良到身边共同探讨书法艺术。

因为唐太宗喜欢王羲之的书法，他便命人到处求购王羲之的作品。所以很多人都来向皇帝献宝。唐太宗收上来的王羲之墨迹中，以历代仿写的赝品为多，当时只有褚遂良具有辨认王羲之真迹、赝品的能力。唐太宗对褚遂良的艺术和学识很满意，曾评价道：“立身之道，不可无学。遂良博识，深可重也。”从此，褚遂良更受唐太宗器重。

当然，唐太宗重用褚遂良，也不仅仅因为褚遂良是书法方面的天才，更重要的原因是褚遂良为人耿直尽责，是一个可以托付大事的忠臣。

褚遂良曾经负责起居注工作，平日里要将皇帝的一言一行悉数记录在案，以备史官记录历史。按照惯例，起居注是不允许皇帝过目的。

有一次，唐太宗询问褚遂良："爱卿负责记录朕的一言一行，你都记了些什么事，朕可以看一看吗？"

褚遂良断然拒绝："我现在记录起居注，就是要记下皇帝的一言一行，以此来作为对皇帝的约束，臣还没听说过皇帝能够亲自查起居注的。"

唐太宗又委婉地问道："朕有恶言恶行，爱卿也会如实记录下来吗？"

褚遂良答道："臣会坚守职责，皇帝的任何言行都必须记下来，自然也包括恶言恶行了。"

唐太宗自讨没趣，碰了一鼻子灰。但这是褚遂良的职责所在，唐太宗又是一位明君，自然不会为难他。非但不会为难，唐太宗还从心底更加佩服敬重褚遂良了。

唐太宗曾对长孙无忌说："褚遂良耿直，有学术，竭尽所能忠诚于朕，若飞鸟依人，自加怜爱。"

"耿直，有学术，竭尽所能忠诚于朕"，这是唐太宗对褚遂良的评价，也是唐太宗敢于在自己驾崩之后将大唐江山和太子李治托付给褚遂良的原因。

唐太宗临终前，把太子李治、长孙无忌和褚遂良召入自己的卧室。唐太宗用微弱无力的声音对长孙无忌和褚遂良说："卿等忠烈，简在朕心。昔汉武寄霍光，刘备托诸葛亮，朕之后事，一以委卿。太子仁孝，卿之所悉，必须尽诚辅佐，永保宗社。"

说着，唐太宗又抬起昏花的老眼，看了一眼早已泣不成声的太子李治，说："无忌、遂良在，国家之事，汝无忧矣。"

唐太宗亲自为太子李治安排了长孙无忌、褚遂良、李世勣三位辅政大臣，为什么在临终托孤之时仅有两位大臣在场？大唐第一名将李世勣此时又身在何处呢？

原来，此时的李世勣已经被唐太宗贬谪了，这是唐太宗为了李氏江山稳固所使用的政治手段。其手段之高明颇令人玩味，从中可以窥见古代优秀政治家的御人之术。

李世勣原名徐世勣，字懋功，曹州离狐（今山东省菏泽市东明县）人。他的祖上曾在北魏、北齐做过郡守一类的官员。尽管如此，徐家也是难以进入山东士族门槛的，充其量可以归为山东豪杰。

李世勣在隋末唐初的作为，第一卷中已经详细记述，不必重复。进入贞观朝后，李世勣被唐太宗倚为干城。在灭东突厥之战、灭薛延陀之战、讨高句丽之战中，李世勣都是唐军主将之一。

李世勣在《隋唐演义》等通俗小说中被描绘成一个诸葛亮、刘伯温式的半人半仙的人物：徐懋功。一个武将为什么会给后世留下这样一个印象呢，这恐怕与李世勣精通医药有关。李世勣曾参与编纂世界上最早的药典《唐本草》，并自撰《脉经》一卷。这样的人物通常被民间认为通神，具有半仙之体。

这位“徐神医、徐半仙”，在贞观年间曾患了一场重病，险些要了他的命。不知是谁，抑或是他自己开了一个药方。药方上有一味药，称作“须灰”，也就是人胡子烧成的灰。唐太宗闻讯亲自剪下胡须，为其配药。

身体发肤，受之父母，皇帝为臣子剪胡须真是非常难得。李世勣大受感动，“顿首见血，泣以恳谢”。

唐太宗则轻描淡写道：“为社稷，非为卿也，何谢之有！”

虽然嘴里说着“非为卿也”，但这句话却既体现了唐太宗与李世勣之间的私人情感，也显示了唐太宗将李世勣引为国之干城的器重之意。李世勣听后自然更为感动。

唐太宗也确实欲通过此事向李世勣表现亲近。通俗小说《杨家将》里有一情节，为了配一服药，需用“雌龙发”，最终只能到辽国萧太后的头上去拔。此番给李世勣治病的药方上只说用“须灰”，却并未说必须要“龙须灰”。有胡子的男人有的是，何必唐太宗自剪“龙须”呢？

李世勣曾长期为晋王李治的长史。李治做了太子后，唐太宗自然也就属意李世勣为托孤大臣。一次闲宴，唐太宗借着酒劲，对李世勣说道：“朕求群臣可托幼孤者，无以逾公，公往不负李密，岂负朕哉！”

对于皇帝的厚望，李世勣非常动容，他“流涕辞谢，啮指出血”，将手指都咬出了血，发誓不负皇帝重托。因为过于激动，李世勣多喝了几杯，在宴会当场就沉沉睡去。唐太宗“解御服覆之”，将自己的龙衣披在李世勣身上为他取暖。

贞观二十二年（648 年），唐太宗拜李世勣为太子詹事，又兼左卫率，加位特进，同中书门下三品。太子詹事是东宫最高行政官员，左卫率是管理东宫宿卫、太子仪仗的最高官员。也就是说，东宫文武两方面的行政长官皆由李世勣一肩挑起。

但就是这样一个被唐太宗委以重任的功勋元老，却在唐太宗病逝之前被意外地贬谪了。

贞观二十三年（649 年），唐太宗卧床不起、病入膏肓。去世前，他秘密地对李治说：“汝于李勣无恩，我今将责出之。我死后，汝当授以仆射，即荷汝恩，必致其死力。”

这便是唐太宗的权术，他唱白脸，做坏人，先将李世勣贬谪，再让儿子即位后来唱红脸，做好人，将李世勣召回长安升任仆射。

唐代三省分立，没有丞相一职，做了仆射便等于拜了宰相职衔。李世勣本来是个贬官，却突然被新皇帝拜了相职，能不对新皇帝感恩戴德吗？

于是，唐太宗将李世勣逐出长安，出任叠州都督。面对突如其来的贬谪，李世勣会有何等反应，唐太宗也做了两手准备。唐太宗告诉李治，“若其即行”，证明李世勣很听话，将来要予以重用；如果李世勣“徘徊顾望”，想搞什么小动作，“当杀之耳”。

在这样一个千钧一发的凶险时刻，李世勣头脑冷静，马上明白了皇帝的用意，“受诏，不至家而去”。 接到命令后，他马上启程，连家都没回，行李都没拿。

李世勣顺利地通过了考验，唐太宗也安心地闭上了双眼。

唐高宗即位没过一个月，马上召李世勣入朝，先是拜为洛州刺史，接着又加开府仪同三司，令同中书门下，参掌机密。没有等到转过年来改元，唐高宗就册拜李世勣为尚书左仆射。

另外再交代一点，虽然当初李世勣被唐高祖赐姓李，也纳入了皇族序列，但是他的名字和李世民实在太像了，按理说早就应该改名避讳了。不过，因为“世”“民”两个字都太常见，所以唐太宗明确宣布，“世”“民”都不用避讳，只要不连用“世民”二字即可。直到唐高宗即位后，为了表示孝道，唐高宗下令天下“世”“民”二字都要避讳，能去掉的都去掉，能更改的都更改。

当时，改名之风到了什么程度？连“观世音菩萨”都改名叫“观音菩萨”了。李世勣一看，连菩萨都改名了，自己算个啥？他也就有样学样，把名字中间的“世”字去掉，改名叫“李勣”了。此后我们以“李勣”来称呼他吧。

无忌欺君

对于不到半年之内的如同过山车一样的贬谪和升迁，李勣心中忐忑不安。永徽元年（650 年），李勣上表请求解除尚书左仆射的职务。唐高宗虽然同意了，但还是命他以开府仪同三司的身份参与机密、执掌政务。

到了永徽四年（653 年），唐高宗更是将李勣册拜为司空。司空属于唐代的三公，是官员所能达到的顶级的荣誉职务之一。唐高宗还令画师为李勣画像，并亲笔为画像作序，以示永远不忘李勣的功勋。因李勣年迈，唐高宗又下诏，特许李勣乘马出入中书省、门下省，每日还有一名卑官专职迎送。

同样是顾命大臣，唐太宗父子为何对长孙无忌与褚遂良直接委以重任，对李勣却要进行一番严酷的忠诚度考验呢？

笔者认为，不能简单地以唐太宗父子信任长孙无忌与褚遂良，而不信任李勣作为答案。毕竟李勣在唐三十余年，论资历，论亲疏，可能不及长孙无忌，但要比褚遂良高出不少。李勣数次主政一方、统率军队，早已经受了多次考验，唐太宗对李勣的信任并无问题。

如果以唐太宗当初所给出的理由，太子李治对李勣并无恩惠，担心李勣以后会尾大不掉作为答案，似乎也不妥。毕竟太子李治对长孙无忌和褚遂良也没有恩惠，相反长孙无忌对太子李治却恩重如山——在唐太宗对立储一事犹豫不决之时，是长孙无忌力挺李治，才使李治登上太子之位的。唐太宗怎么就不担心长孙无忌和褚遂良呢？

唐太宗之所以这样考虑，可能基于两点原因。第一，李勣本是瓦岗寨的山东豪杰，出身相对寒素。由于李勣背后没有士族大家的支持，他的一生都是靠自己在打拼。这样的人特别重视私人情感的建立和私人恩义的布施。说通俗一点，谁对李勣好，李勣就会回报他，而不会过多地考虑是非曲直。

举一个例子。李勣的好友单雄信被唐军俘获后，应处死刑。李勣上表请求用自己的官爵换单雄信一条命，唐高祖李渊不许。单雄信临刑时，李勣对着他号啕痛哭，居然还割下自己大腿的一块肉给单雄信吃，并说："生死永诀，此肉同归于土矣。"李勣要让自己的肉同单雄信一同入土。这种江湖豪义是高门大族出身的人很难做得出来的。

再举一个例子。当初李密被王世充击败后，只得率余众投唐。李密在中原的属地都由李勣管辖，李勣居然没有趁机自立。那样的乱世，李勣能够如此重信讲义，让唐高祖李渊都大为震惊。

李勣之所以不负李密，就是因为李密与李勣在私人关系上甚好。李密反叛被杀后，李勣上表请求收葬李密，并为李密守丧。这在当时是冒着很大的风险的。李勣能够这样做，朝野上下都很感动。

唐太宗剪掉自己的胡须，为李勣配药，将自己的御服披在李勣身上为其保暖，都在体现对李勣的私人关怀。唐太宗那句"公往不负李密，岂负朕哉"，也是有所指的——朕现在比当初的李密对你还好，你一定不会辜负朕。唐太宗之所以对李治说"即荷汝恩，必致其死力"，也是唐太宗基于李勣的出身和性格而作出的判断。

反观长孙无忌，他是关陇贵族，又是外戚，更是太子李治的亲娘舅。维护李治的统治就是维护长孙无忌的地位和长孙家族的政治、经济利益，因此唐太宗不担心在自己死后长孙无忌不肯为李治"站台"。

唐太宗考验李勣的第二个原因是，李勣是世之名将，与李靖齐名。那时，李靖已经去世，更凸显了李勣的军界地位。李勣在大业末年反隋起义时期就是瓦岗军的军事统帅，彼时已威名扬于四海。唐朝建立三十余年来，李勣南征北战，始终是唐军统帅，即使在和平时期也屡任武官要职，在军界的人脉和地位更是无人能够匹敌。

这样的人物，唐太宗在世时自然还可驾驭，一旦幼主登基，李勣若怀有异心，他所带来的麻烦是长孙无忌、褚遂良等文官远远不能比拟的。长孙无忌、褚遂良若是不听调遣，李治下一道圣旨，派遣几名狱卒，便可轻松应对。李勣若是拥兵造反怎么办？

在唐太宗眼中，李治还是个孩子，断不是戎马一生的李勣的对手。防人之心不可无，作为君主，稍有大意就会国破家亡。唐代之前是魏晋南北朝四百余年的乱世，多少拥兵自重的权臣废掉手中的小皇帝而改朝换代？

不计其数。李家父子不就是这样夺了隋朝的江山？隋朝不也是这样夺了北周的江山？唐朝刚刚建立三十余年，谁能保证唐朝就不是先前那些短命小朝廷的翻版？谁能保证太平盛世在李治的手上能够延续下去？

因此，唐太宗才会说出如果李世勣“徘徊顾望”“当杀之耳”的无情话来。看似无情，他实在是被历史教训吓怕了。

李勣“受诏，不至家而去”，虽然使唐太宗非常满意，但仔细想来却有些不近人情。就是小职员出个差还要回家准备一下呢，李勣这样的大员突然出京任职，不管怎么说也要回家打点些行装吧。他连家都没有回，直接就去上任？其中必有蹊跷。

李勣应是看出了唐太宗的用意，故意表现得听话罢了。因此，唐太宗此计是失败的，并没有试出李勣的真心。此后，唐高宗对李勣的升迁，其中的来龙去脉，想必李勣也已经心知肚明了。李勣真的会感激唐高宗的恩德吗？恐怕也未必了。

但李勣至少悟出了这样一个道理，生死荣辱、迁贬奖惩，皆在皇帝一句话，以后唯皇帝的意旨去说话办事也就是了，自然能够永葆富贵。从这点上看，唐太宗此计又是成功的。

李勣既无士族大家作为靠山，更不必为士族大家的利益负责，他自己又领教了皇权的厉害，唯以唐高宗意志是从。而唐高宗要打压的对象自然不是他，而是当时最为炙手可热的政治人物长孙无忌。

当年长孙无忌认为李治懦弱，如果李治即位，自己可以左右朝政，因此屡屡在唐太宗面前提及李治仁孝，促成了李治接替储君之位。

唐太宗在秦岭中的避暑行宫翠微宫病逝后，李治一时没了主张，抱着长孙无忌的脖子号啕大哭。此时又是长孙无忌起到了主心骨的作用，一面秘不发丧，一面带着李治赶回长安，使李治顺利即位。

长孙无忌认为自己是当今皇上的亲娘舅，又有拥立之功，且当今皇帝年幼懦弱，凡事都要依靠于他，遂逐渐得意忘形。长孙无忌的得意忘形已经超出了肆意妄为的程度，变本加厉为口无遮拦。

我们知道很多古代权臣虽然乾纲独断，甚至皇帝都任由其废立，但是在说话上都是很小心的，绝不在语言上让别人抓住一点点把柄。可是长孙无忌却已经突破了语言上的禁忌，如他的名字一样，真的做到了“无忌”。

在一次宴会上，长孙无忌在满朝权贵面前大放厥词：“无忌不才，幸遇休明之运，因缘宠私，致位上公，人臣之贵，可谓极矣！”

他接着顾视群臣，问道：“公视无忌富贵，何与越公？”

“越公”是指隋代尚书令、越国公杨素。面对这样的问题，权贵们面面相觑，不知怎样回答。有人为了拍长孙无忌的马屁，索性说长孙无忌超过了杨素。

长孙无忌满意地点点头说，我自己揣摩着，也确实不在越公之下，但我还是有一点不及越公啊——“越公之贵也老，而无忌之贵也少。”越国公杨素像这样富贵的时候已经老了，而我长孙无忌还很年轻。

此话明贬暗褒，实际上是说他长孙无忌已经超越了越国公杨素。

长孙无忌拿自己同越国公杨素比较，这是很犯忌讳的。读过第一卷的朋友应该知道，杨素是何许人也，他为隋炀帝杨广夺嫡做了什么，杨素的儿子杨玄感又做了什么，杨素家族最后得到了怎样的下场。

如果长孙无忌以杨素自况，那么你心中的“今上”又是谁？

长孙无忌此番言论即使不能说有谋反之心，至少也称得上有欺君之意了。不仅在言谈中口无遮拦，长孙无忌的所作所为更是不将自己的外甥唐高宗放在眼里。自永徽三年至永徽四年（652—653 年），他一手导演、操纵了石破天惊的房遗爱案。此案中，长孙无忌俨然成了皇族大家长，生杀予夺尽凭其好恶。

房遗爱案

房遗爱是元老宰相房玄龄的次子。房玄龄是李世民的秦王府中最重要的谋士，直接参与策划了玄武门之变，位列玄武门之变五大功臣之一。唐太宗即位后，房玄龄拜中书令，封邢国公，后累迁尚书左仆射、司空，封梁国公。房玄龄在贞观时期长期综理朝政。他与杜如晦并称“房谋杜断”，是古代良相典范。对于房玄龄的子嗣，唐太宗也十分器重，并将自己心爱的女儿高阳公主嫁给了房玄龄的次子房遗爱。双方结成了儿女亲家。

房家攀上了这门亲戚，本是光耀门楣的好事，谁承想高阳公主却是个败家的丧门星。她从小受到唐太宗的溺爱，若是有些公主脾气也就罢了，偏偏还有私生活放荡的习气。

这位公主先后与多人淫乱，其中最著名的一位奸夫便是当时的高僧机辩。机辩是《西游记》里那位玄奘法师在现实世界中的徒弟，帮助玄奘法师翻译了许多梵文经卷，并亲自执笔撰成了《大唐西域记》一书。

唐代公主私生活放荡，若仅止于此也就罢了，偏偏高阳公主还不满足于自己丈夫房玄龄次子的身份。贞观二十二年（648 年），房玄龄去世，嫡长子房遗直理应袭封父亲梁国公的爵位，但高阳公主却希望自己的丈夫能够继承房玄龄的爵位。

房遗直对高阳公主有所畏惧，到唐太宗面前提出要将自己的爵位让与二弟。唐太宗断然拒绝，弄清事情的来龙去脉后，还将高阳公主深深斥责了一顿，从此父女之间有了裂痕。唐太宗对高阳公主“宠衰”，高阳公主也变得终日怏怏不乐。

此事也凑巧，御史在处理一起案件的过程中，意外得到了机辩的一方宝枕。这一宝枕乃是宫中之物，和尚从何获得？经过审讯，机辩承认是高阳公主所赐，随即便交代了与高阳公主私会偷情之事。

关乎帝女名誉，御史不敢怠慢，只得上奏皇帝。唐太宗闻讯大怒，下令将机辩腰斩，并诛杀了高阳公主左右知情的奴婢十余人。此后父女感情彻底决裂。据说唐太宗驾崩时，高阳公主连一点悲伤的意思都没有。

情郎死了，可高阳公主却一刻也闲不住。她把自己的心思又放到了如何能让丈夫房遗爱继承梁国公爵位的事情上来。思来想去，她觉得若想得逞，只能给房遗直罗织一个罪名，把他扳倒。

这个罪名不能太大，不能让房遗爱也受到牵连，罪名又不能太小，要足以将其扳倒才行。最终，高阳公主想出了一个主意，到自己的哥哥唐高宗那里状告房遗直对自己“无礼”。

唐高宗将此案交给长孙无忌审理。按唐高宗的意思，此案系皇亲国戚家事，不宜扩大，作为舅舅的长孙无忌，调节一下外甥女的家务纠纷也就可以了。没想到此案却被长孙无忌弄成了永徽年间全国第一大案。

长孙无忌查出，高阳公主私下里与僧人智勖、道士李晃等人勾搭连环，这些僧道以妖术取媚于高阳公主，高阳公主还主使掖庭令陈玄运用妖术窥伺“宫省”。这种行为既可以被认为是怀有反叛社稷的野心，进而抄灭满门，也可以被认为是公主顽皮好奇不懂事，进而大事化小小事化了。但长孙无忌却毅然地选择了前者的处理方式，并迅速将打击面扩大化。

长孙无忌首先将驸马都尉薛万彻牵连了进去。薛万彻是隋代大将薛世雄之子，贞观时期的著名猛将，娶唐太宗之妹丹阳公主为妻。他曾坐事除名，徙宁州刺史。长孙无忌审理出，薛万彻回朝后曾与房遗爱谋划，若国家有变，当奉司徒、荆王李元景为皇帝。

李元景是唐高祖李渊第六子。他的女儿嫁给了房遗爱的弟弟房遗则，由是与房遗爱往来颇为密切。李元景曾经对房遗爱说，梦见自己手中把玩日月，这是做皇帝的征兆。

紧接着，另一位驸马都尉柴令武也被牵扯进来。柴令武是柴绍之子，娶了唐太宗同母姐妹巴陵公主为妻，与其父柴绍是父一辈、子一辈的大唐驸马。他本外放为卫州刺史，却托疾留在京师求医，据说他曾与房遗爱谋议相结。

这么多重量级人物都被牵连进来，大唐上层官场无异于发生了一场地震。事到如今，高阳公主与房遗爱夫妇才意识到事情的严重性。他们悔不当初，却已无可挽回。情急之下，他们想出了一个牺牲别人保全自己的昏着。

他们由原先的拒不承认谋反，转而承认谋反。不但承认谋反，他们还揣测长孙无忌的心意，将同长孙无忌平日不睦的大人物全都牵扯进来，希望以此换取长孙无忌对自己高抬贵手。其中最重要的一位无辜者就是唐太宗第三子，唐高宗李治的哥哥吴王李恪。

吴王李恪文武双全，当年唐太宗常觉得他酷似自己，欲将其立为太子。因其母为隋炀帝之女，并非长孙无忌的妹妹长孙皇后，因此长孙无忌坚决反对，“固争而止”。由此，二人相恶。

进入永徽朝，李恪名望愈重，官拜司空。长孙无忌对其深深忌惮，千方百计地想找机会扳倒李恪。房遗爱夫妇深知此情，便投其所好，污蔑李恪与自己同谋。长孙无忌得知大喜，马上下令逮捕李恪。

长孙无忌继续顺藤摸瓜。不久之后，唐高祖李渊的侄子江夏王李道宗；吴王李恪同母弟、唐高宗李治的六哥——蜀王李愔；唐高祖李渊的另一个女婿，左骁卫大将军、驸马都尉执失思力等人都被卷进了这场莫须有的谋反案。

唐高宗李治见事情闹到这步田地，牵连了如此多的皇亲国戚，也觉得长孙无忌做得过分，决定由自己出面，为这帮亲戚求情。在君臣商议为反叛者定罪时，唐高宗哭着说：“荆王，朕之叔父；吴王，朕之兄长，朕欲免其死，可乎？”

没等长孙无忌说话，兵部尚书崔敦礼就站出来说“不可”。至于为什么“不可”，崔敦礼说起大道理来自然是大义凛然：“陛下虽申恩，不可诎天下法。”

这比长孙无忌直接说“不可”，还要令唐高宗难受。这表明长孙无忌在朝堂上已经形成了一党，不必长孙无忌发话，其党羽就可领会长孙无忌的意思，来公然对抗皇帝了。

最终，以唐高宗名义发布的旨意，对涉案人员做了如下判决：

荆王李元景、吴王李恪、驸马都尉柴令武、巴陵公主、驸马都尉薛万彻等人皆处死。蜀王李愔贬为庶人，流放巴州。江夏王李道宗、驸马都尉执失思力与房遗爱联系密切，但没有参与谋反，流放岭南。一些与房遗爱联系密切的大臣，如侍中、太子詹事宇文节，安西都护、谯国公柴哲威等一并流放。

罪魁祸首房遗爱夫妇虽然为长孙无忌立下“大功”，但是长孙无忌终究没有放过他们。最终，房遗爱伏诛，高阳公主自尽，诸子流放岭南。倒霉的房遗直因父亲房玄龄的功劳被特赦为庶人，总算捡了条命。房玄龄则被请出了祭祀太宗的庙宇，不配再和先皇一起享受香火。

薛万彻在刑场上大喊：“薛万彻大健儿，留为国家效死力，岂不佳，乃坐房遗爱杀之乎！”刽子手连砍三刀才斩下首级，薛万彻临死前还在大吼：“何不加力！”

比起莽撞的武将薛万彻，吴王李恪更加明白这其中的政治斗争，知道求饶是没有任何用处的，不如索性骂个痛快：“长孙无忌窃弄威权，构害良善，宗社有灵，当族灭不久！”

房遗爱案本来是清官难断的家务事，即使房遗直真的对高阳公主“无礼”，也不过是个八卦案件，只会成为街头巷尾的花边新闻，茶余饭后的娱乐谈资罢了。就是这么一个原本无关痛痒的案件，却被长孙无忌操纵成了唐高宗即位以来的第一大政治案。

长孙无忌利用此案彻底打击了朝中的异己势力，实现了他权倾朝堂的夙愿。加之长孙无忌可以凭借他皇帝舅舅的外戚身份，对皇帝的家务事指手画脚，可以说长孙无忌一时在外朝与内宫一手遮天了。

交 锋

在房遗爱案件中，长孙无忌如此“铁面无情”，他是真的秉公执法，对朝臣都一视同仁，还是借机诛杀异己，可以通过永徽朝的另一起案件发现一些端倪。

永徽元年（650 年），有御史上奏朝廷，弹劾中书令褚遂良贪赃枉法，收受贿赂。在长孙无忌的授意下，案件很快办结，褚遂良被贬出京城，出任同州刺史。

褚遂良是当红的顾命大臣，御史敢于弹劾他，手中若无实在的证据恐怕难以成功。况且褚遂良确实受到了贬出京城的惩罚，看来他的经济问题并非子虚乌有。

而大约过了两年，案件的风头过了，褚遂良又大摇大摆地回到长安，拜为吏部尚书，监修国史。一年后，褚遂良又升任尚书右仆射，执掌朝政。而先前弹劾他的御史则受到政治打击，被贬出京城。不得不说长孙无忌有纵容包庇同党的嫌疑。

长孙无忌在当政期间，做了很多党同伐异、徇私舞弊的事情。唐高宗也曾旁敲侧击，质问过长孙无忌：听说现在有司衙门办理案件，通常会讲人情颜面，可有此事？

而长孙无忌居然如此回答：

颜面阿私，自古不免。然圣化所渐，人皆向公，至于肆情曲法，实谓必无此事。小小收取人情，恐陛下尚亦不免，况臣下私其亲戚，岂敢顿言绝无？

人情颜面之事，陛下都避免不了，又何况是臣下呢？

长孙无忌所言确实是事实。人情颜面对于行政和司法的干预是封建专制统治的恶疾顽疾，确实“自古不免”。但既然你知道“陛下尚亦不免”，你也知道皇帝已经看出来了“臣下私其亲戚”，怎么就不知道要给皇帝一点人情颜面呢？

看来长孙无忌不是不知道，只是不想给罢了。

此番房遗爱案件中，唐高宗见到自己哭着求长孙无忌赦免自己的亲戚尚不能行，再联想到上述那番“臣下私其亲戚”“陛下尚亦不免”的言论，这位新任皇帝会是什么心情，也就不言自明了吧——舅舅啊，你太过分了！

长孙无忌不但得罪了自己的外甥唐高宗，而且他似乎也忘记了一点，在满足个人日益膨胀的政治野心的同时，他的政治靠山，所依赖的政治群体已被自己亲手瓦解了。

房遗爱案所打击的对象全是关陇贵族的顶层人物，这些人物与长孙无忌之间的政治分歧是集团内部的利益矛盾。长孙无忌却因这种矛盾而大杀四方。他虽然暂时成为胜利者，但是当那些皇亲国戚、世家贵族被清洗殆尽后，一旦政治风向有变，又有谁来支持长孙无忌所在的那个利益集团呢？

长孙无忌想要同褚遂良搭班子控制皇帝，但出身于南方士族的褚遂良哪有那样的根基，能够在暴风骤雨般的政治斗争中站稳脚跟为长孙无忌加一把力呢？

可以说，作为房遗爱案件中胜利者的长孙无忌，在取得表面胜利的同时，已经挖掉了自己的根基，成为一株无根之木，看似枝繁叶茂，大风一来就要倾倒。

大风很快就来了。

就在房遗爱案结案的同一年，唐高宗将没有家族背景的李勣册拜为司空。此消彼长，在关陇贵族政治势力遭到打击的同时，山东豪杰的代表李勣成为大唐朝堂上最重要的官员之一。

随后，唐高宗开始谋求抬升武则天的地位并剪除王皇后的羽翼，准备以内宫的变动为切入点，由内而外、由点及面，引发外朝的人事变革，最终将本属于自己的内宫、外朝的权力一并夺回来。

此时正是永徽五年（654 年），武则天刚生下那位不幸的小公主。小公主夭折后，唐高宗借题发挥，干脆、明确且严厉地表达了对王皇后的不满。

长安后宫阴云密布。在过去，王皇后的母亲魏国夫人柳氏与王皇后的舅父柳奭被特许能够随意出入宫禁，柳氏与柳奭对待宫人傲慢无礼，在宫中的人缘很不好。眼看王皇后即将失宠于皇帝，宫人也开始对他们不再礼遇。这也是柳奭所能切身感受到的政治环境变化。

柳奭倍感压力，主动向唐高宗请求辞去相位。唐高宗顺水推舟，免去其宰相职务，委任其为礼部尚书。如此一来，等于将柳奭踢出了核心决策班子，很多国家重大议题，他便无法当场发表意见了。

紧接着，唐高宗开始擢升武则天的地位。武则天此时是二品昭仪，再上升一步应是一品的“四妃”。但是，如今“四妃”的位置上都有一位娘娘坐着，贵妃、淑妃、德妃、贤妃一个不缺，没有武则天的职位。

唐高宗急切地要武则天上位，没有职位没关系，可以因人而设位。唐高宗索性生造出一个“宸妃”的名号来，准备授予武则天。此举遭到了宰相韩瑗、来济的反对。来济表谏曰:“宸妃古无此号，事将不可。”最终册封“宸妃”之事只得作罢。

“宸妃古无此号”，但皇后自古就有吧。既然做不得“宸妃”，那就想办法做皇后吧。

转眼到了永徽六年（655 年），又一件对王皇后颇为不利的事情发生了。

王皇后眼见自己失宠，惧不自安，舅父柳奭又失去了宰相之位，她便与母亲柳氏商量对策。一位老妇人与一位小妇人，也商量不出太好的挽回局面的主意来。最终，她们决定求助于巫祝，玩起了“厌胜”的把戏。

“厌”通“压”，“厌胜”即“压而胜之”，是方士的一种巫术，系用法术、法物来达到改变事物发展方向和结果的目的。

当然，这种改变有的是向好的方向改变，也有的是向坏的方向改变。比如，人们认为雕刻一些桃木剑、桃木牌，可以起到辟邪的作用，也是一种“厌胜”；在一些砖瓦或者钱币上刻上“千秋万岁”“天下太平”“长乐未央”“宜室宜家”也是一种“厌胜”，这些都是希望事物向好的方向发展的。

王皇后母女所施的“厌胜”之法不是这些，而是用法术、法物暗中诅咒别人。诅咒的对象自然是武则天。在宫闱之内实施“厌胜”之法历来是大罪，属十恶不赦之列。唐高宗得知此事后怒不可遏，下定决心要快速废掉王皇后，立武则天为皇后。

为了防止王皇后母女再出什么幺蛾子，唐高宗传旨严禁魏国夫人入宫，并将柳奭贬出京城去做遂州（今四川遂宁）刺史。

墙倒众人推。柳奭行至岐州（今陕西凤翔）时，岐州长史上奏朝廷，称柳奭泄露“禁中语”。柳奭被再贬为更加偏远的荣州（今四川自贡）刺史。就此，唐高宗剪除了王皇后的外戚势力，“废王立武”算是有了初步成果。

废立皇后是皇室大事，也是国家大事，唐高宗自然要征询长孙无忌的意见。如果长孙无忌不同意，事情办起来会很困难。但是可以想见，长孙无忌肯定不同意。

作为关陇贵族的代表，怎么可能同意废掉关陇贵族出身的王皇后而转立庶族小姓出身的武则天为皇后呢？再者说，自隋朝统一以来，无论是隋文帝的独孤皇后，隋炀帝的萧皇后，唐高祖的窦皇后，唐太宗的长孙皇后，都出身贵族大姓，从来没有一个庶族小姓出身的女人做过皇后的。怎么能让武则天打破先例呢？

了解到这样的历史背景，就可以体会到唐高宗与武则天想要做成这件事情有多么困难。面对像一座大山一样摆在前进路上的舅父长孙无忌，唐高宗决定先礼后兵，携武则天猥自枉屈到长孙无忌的府上商议此事。

关于这场交锋，《资治通鉴》记载：

（唐高宗）乃与昭仪幸太尉长孙无忌第，酣饮极欢，席上拜无忌宠姬子三人皆为朝散大夫，仍载金宝缯锦十车以赐无忌。上因从容言皇后无子以讽无忌，无忌对以他语，竟不顺旨，上及昭仪皆不悦而罢。

席间，君臣开始是酣饮极欢。唐高宗先是将长孙无忌宠姬所生的三个儿子皆拜为朝散大夫，然后又赐给长孙无忌“金宝缯锦”等宝物十车。

唐高宗如此大的恩典自然是有目的的。话锋一转，唐高宗谈起王皇后无子之事，想以此引出废立皇后的话题来。没想到长孙无忌也是话锋一转，避而不应。唐高宗和武则天几次想把话题引上正轨，长孙无忌都是嘻嘻哈哈地打哑谜，根本就不接皇帝这个茬儿。唐高宗与武则天非常不悦，怏怏而回。

小辈碰了钉子，那就让长辈去说吧，“昭仪又令母杨氏诣无忌第，屡有祈请，无忌终不许”。武则天让自己的母亲杨氏到长孙无忌的府中去通融。为什么皇帝都办不成的事，要让一个老婆子去，这其中是有门道的。

杨氏是隋皇族杨达的女儿，出身关陇贵族弘农杨氏。杨家与长孙家还是世交。她过府说请，背后的意思很简单：

你长孙无忌不是看不上武则天的出身吗？我杨氏的出身你总看得上吧？从我这边论起来，武则天是有关陇贵族血统的，她上位后也不会侵犯关陇贵族的既得利益，你看看通融一下？

“无忌终不许。”没得商量。

此后，一个叫作许敬宗的大臣也出面，数次劝说长孙无忌，但都被长孙无忌劈头盖脸地一顿教训。许敬宗又是谁？为什么半路上会冒出个许敬宗来？

挺　武

提起许敬宗，读者不熟悉，提起许敬宗的父亲，看过第一卷的读者一定印象深刻，他就是隋炀帝的耿耿忠臣，江都宫变时随主遇难的许善心。许善心死后，许善心九十二岁的母亲也绝食而死，堪称一门忠烈。

经此国变家难，许敬宗投了瓦岗，后又投唐。秦王李世民闻其才名，召他为秦王府十八学士之一。许敬宗在贞观朝屡屡升迁，一直做到了礼部尚书。

中国的二十四部正史中，出现《奸臣传》是从北宋编撰的《新唐书》开始的。《新唐书·奸臣传》中第一篇就是许敬宗的传记。可以说，许敬宗是中国正史中有明确记载的第一位奸臣。当然，这一历史定位是根据封建伦理道德作出的，且不说是否正确，公道自在人心。但是分析许敬宗的仕宦之路，将许敬宗钉在奸臣耻辱架上的第一颗钉子，就是他第一个公开明确地支持“废王立武”。

许敬宗本人与王皇后、武则天都没有恩怨，他之所以冒着很大的危险来蹚这一摊浑水，完全出于对自身的考虑。

正史中的许敬宗是一个唯利是图的小人。永徽初，许敬宗代于志宁为礼部尚书。他为了多多收取彩礼，而将女儿远嫁给岭南的少数民族酋长冯盎的儿子。许敬宗是江南士族出身，为了钱财居然出卖女儿给“蛮夷”。这在当时是违法违礼之事，因而许敬宗被有司揭发，丢掉了礼部尚书的官职，贬出京城，降任郑州刺史。

出卖女儿，许敬宗做得确实不够地道。但是，唐朝又有多少公主千里迢迢地去同少数民族领袖和亲呢？许敬宗违法违礼，唐朝皇帝的做法又是什么？只许州官放火，不许百姓点灯。只许皇帝和亲，不许尚书卖女，大概都是一个道理吧。

直到唐高宗即位后，永徽三年（652 年），许敬宗再次入朝担任卫尉卿。永徽六年（655 年），重新拜为礼部尚书。唐高宗将许敬宗召回长安，除担任卫尉卿外，还加弘文馆学士，兼修国史。他自然感激皇帝的恩典，要为皇帝效力。如今皇帝的意思已经很明确，就是要“废王立武”，许敬宗自然要站在皇帝的一边。

另外，看一看许敬宗半生的经历，这个人看惯了王朝更替，也体味了宦海沉浮。在他眼里，政治不过是追求现实利益，哪有什么理想值得坚持。自己确实是士族出身，却是边缘化的江南士族出身，加之前朝遗少的身份，能够做到礼部尚书已经非常难得，若想再进一步，那必然要采取非常手段不可。

如今皇帝明确要废王立武，许敬宗若是支持王皇后，不过是长孙无忌、褚遂良等人的小跟班，锦上添花而已。王皇后若是保住了位置，许敬宗已经是礼部尚书，还能怎样升迁？王皇后若是最终被废，许敬宗却要跟着倒霉。

许敬宗若是支持武则天上位，那便是雪中送炭。武则天一旦被立为皇后，许敬宗岂不是首功一件？届时入阁拜相不在话下。即使废王立武没有成功，至少唐高宗也知道了他的一片忠心。即使暂时会被长孙无忌排挤，将来也有东山再起的机会。

想明白了这一点，许敬宗便敢于同唐高宗与武则天站在一起，挑战长孙无忌的权威了。

《资治通鉴》记载:“礼部尚书许敬宗亦数劝无忌，无忌厉色折之。”时间是永徽五年（654 年），这一记载有偏差，此时许敬宗仍为卫尉卿，还没有恢复为礼部尚书。恰恰是许敬宗挑战长孙无忌之后，唐高宗对其奖赏擢升，重新拜其为礼部尚书。

以区区一个许敬宗，他的公开站队仅能表明自己的立场，却很难改变局势的发展。如果长孙无忌对武则天的母亲弘农杨氏出身的老夫人还留有情面，只是“终不许”的话，那他对许敬宗就是直接“厉色折之”了。

长孙无忌的态度如此坚决，唐高宗会不会退缩？一旦这样的事情发生，唐高宗还是唐高宗、王皇后还是王皇后、武昭仪还是武昭仪、长孙无忌还是长孙无忌，但许敬宗恐怕就不是许敬宗了。在这样一个生死时刻，唐高宗的信心一定不能倒。为了增加唐高宗的信心，许敬宗频频地为他打气：

田舍翁多收十斛麦，尚欲易妇，况天子欲立后，何豫诸人事而妄生异议乎!

平心而论，许敬宗将唐高宗“废王立武”比喻为田舍翁易妇，实在是不够恰当。字里行间的意思似乎是在说，小人乍富就要换媳妇——唐高宗坐稳了皇帝就要换皇后。

当然，这只是许敬宗思维不够缜密、考虑不够周全，加之他半生都常常怀着的小人心态使其本能地说出了这样一句话罢了。他绝没有冒犯唐高宗的意思，这句话仅仅是他惯有的人品、气质、思维方式的外在流露而已。

即便如此，笔者在《资治通鉴》上看到这句话的时候，仍然替许敬宗捏着一把汗——在正常状态下，这一句明显是在贬损皇帝的话足以要了他的命。然而出人意料的是，唐高宗闻后大为高兴。

面对舅父泰山压顶般的反对，这个可怜的孩子终于找到了第一位支持者。在如今孤立无援的情况下，一位稍有地位的大臣能够抱有支持的态度、立场已经十分难得，至于这种态度、立场是通过什么样的词语表现出来，唐高宗实在无力吹毛求疵了。

局面一打开，第二位支持者又出现了。这个人叫作李义府，瀛州饶阳（今河北饶阳县）人，家门寒微，不在士族之列。李治在东宫时，他做过太子舍人，属于太子的秘书官，是东宫旧臣。

李治即位后，李义府由太子的秘书官又成了皇帝的秘书官，任中书舍人，在中书省当值，掌管制诰、起草诏令。永徽二年（651 年），唐高宗又命李义府兼修国史，加弘文馆学士，这算是对东宫旧臣的恩典。然而，长孙无忌看不上李义府这种出身寒微又有点市侩性格的人，总想将其赶离皇帝身边。

永徽六年（655 年），长孙无忌抓住李义府的一招之错，将其贬为壁州（今四川通江）司马。敕书尚未正式下达，因李义府就在中枢任职，就已经提前获知了。

李义府同平日里与自己关系不错的另一位中书舍人王德俭商议对策。王德俭是许敬宗的外甥，脖子上长着个瘿瘤，平日里阴鸷寡言，但多智，善揣摩事情。他见舅舅许敬宗参与“废王立武”之事，准备从中浑水摸鱼，自己心里也多有盘算。

今日李义府向王德俭问计，他也想将李义府拉到自己舅舅的阵营中来，为“废王立武”增添一分力量。因此，他为李义府献策：“武昭仪方有宠，上欲立为后，畏宰相议，未有以发之。君能建白，转祸于福也。”皇帝虽然想立武昭仪为后，但是长孙无忌等重臣不同意。此时，你若能上表支持此事，皇帝必将你引为心腹，怎么还会将你贬走呢。

李义府想到既然已经得罪了长孙无忌，若是长孙无忌永远当政，自己将永无出头之日。富贵险中求，不如拼上一把。事成，飞黄腾达；事败，再去当那壁州司马。

事不宜迟。当晚是王德俭值夜，李义府便和王德俭换了个班，连夜写了一份表章，“叩阁上表，请废后立昭仪”。

唐高宗听说李义府连夜叩阁上表，以为出了什么大事，赶紧取表阅览。一看竟然是提议“废王立武”的表章，唐高宗大喜，顿时睡意全无，马上召见李义府，赏赐珍珠一斗，收回贬官敕书，官复原职。

武则天闻讯，也对李义府的首议非常感激。她秘密派出使者慰劳李义府，旨在将其紧紧抓在自己手中。武则天还暗示李义府串联外朝官员，组成一个支持武则天的朝臣集团，以此打破长孙无忌在外朝冻结的坚冰。

不久，礼部尚书许敬宗、御史大夫崔义玄、中书舍人李义府、中书舍人王德俭、大理正侯善业、大理丞袁公瑜等人结成了一派“挺武”势力。

李义府只是一个小小的中书舍人，论官位连许敬宗也不及，他的一份表章能有什么作用呢？

有作用。皇后废立本在酝酿之中，是极其秘密的事。唐高宗等人就接连在长孙无忌处碰了钉子。“个别酝酿”都没有通过，又如何再“集体讨论”呢。此时，如果没有朝臣提出倡议，这事就很难再推进下去了。

李义府的这份表章就是一个倡议，有了倡议，唐高宗就可以堂而皇之地和大臣们讨论了。

当然，此时的李义府是没有资格参与讨论如此重大的事务的。虽然是李义府率先上表，真正参与决策的人却是长孙无忌、李勣等宰相职位以上的元老重臣。

唐代实行三省六部制，三省的主官都是宰相，这使得唐代统治中枢形成了“群相”的特点。在永徽六年（655 年）这个中国历史上不寻常的年份里，朝廷的宰相一共有七位：

太尉、同中书门下三品长孙无忌；

司空、同中书门下三品李勣；

左仆射、同中书门下三品于志宁；

右仆射、同中书门下三品褚遂良；

侍中韩瑗；

中书令崔敦礼；

中书令来济。

废立皇后的商议与决策，当在皇帝与此七人之间进行。

永徽六年（655年）九月初一，唐高宗终于采取行动了。

就在这一天的早朝之上，唐高宗恢复了许敬宗礼部尚书的职位。从贞观末年被贬，许敬宗离开这个职位已经整整八年了，今日突然被恢复，是唐高宗在向群臣释放一个信号：顺我者升。

按照唐代制度，早朝退后，七位宰相会集中到门下省政事堂议政。此时，圣旨传来，宣长孙无忌、李勣、于志宁、褚遂良入内殿，有要务相商。所有人都知道此时的“要务”指的是什么——“当缘昭仪之事”。

第四章 皇后之路

扑杀此獠

七位宰相中，唐高宗仅宣召了最有地位和权力的前四位入内殿商议要务，可见他仍然想将此事的商讨控制在最小范围内。

如何应对皇帝，在入内殿之前，宰相们相互商议了一下。

或曰“长孙太尉当先言之”。长孙无忌权势最大，由他劝阻皇帝自然是合适的。但褚遂良有不同的看法：“太尉，上之元舅，脱事有不如意，使上有怒舅之名，不可。”

既然如此，那让李勣劝阻皇帝怎么样？

“司空，国之元勋，有不如意，使上有罪功臣之名，不可。”褚遂良仍然不同意。

那么，冒犯圣上的话该由谁去说呢？褚遂良早有了打算：“今日之召，多为中宫，上意既决，逆之必死。”“遂良躬奉遗诏，若不尽其愚诚，何以下见先帝！”褚遂良表示自己是顾命大臣，先帝临终托孤，这个责任自然要由他去承担。

褚遂良的大义凛然，背后自有隐情。就拿长孙无忌一党来讲，长孙无忌是帅，褚遂良是车。两军对垒，自然要先靠车去争杀，一旦有了险情，甚至还要丢车保帅。而李勣，我们早就分析过，他不是长孙无忌一党，其态度不甚明朗，关键时刻若是不与长孙无忌统一口径怎么办？所以索性不要让他开口。

李勣又是何等聪明，在这样形势不明朗的情况下，即使让他开口，他也不会开口。他干脆称疾不入内殿，回家冷眼旁观了。

而至于那个于志宁，也是关陇贵族中第一流的门第出身，西魏、北周八柱国之一于谨的曾孙。他的内心深处，是倾向于王皇后的。但于志宁既不是先帝的托孤重臣，又没有受过长孙无忌的提携之恩，自己也已经是位高权重的宰辅，几乎没有了上升空间，更何况自西魏、北周至隋唐，不要说换个皇后，皇帝不知换了多少，于家照样世代簪缨，他又何必冒着危险卷到这样的政治旋涡中呢？因此，他决定一言不发，明哲保身。

内殿之中，皇帝与三位大臣宰辅面面相觑。最终，唐高宗先开了口：

莫大之罪，绝嗣为甚。皇后无胤息，昭仪有子，今欲立为皇后，公等以为何如？

唐高宗提出的废后理由，并非王皇后“杀”死了小公主，也非王皇后在宫中施行“厌胜”之法，而是王皇后无子，武昭仪有子。由此可见，杀死小公主与施行“厌胜”之法这两件事都没有坐实，只能以无子来作为理由。

但是，唐高宗开口便是破绽，他的理由根本难以成立。

中国古代休妻有七种理由，称为“七出”或“七去”。“七出者：无子，一也；淫佚，二也；不事舅姑，三也；口舌，四也；盗窃，五也；妒忌，六也；恶疾，七也。”《大戴礼记·本命》：“妇有七去：不顺父母去，无子去，淫去，妒去，有恶疾去，多言去，窃盗去。不顺父母去，为其逆德也；无子，为其绝世也；淫，为其乱族也；妒，为其乱家也；有恶疾，为其不可与共粢盛也；口多言，为其离亲也；盗窃，为其反义也。”

“无子，为其绝世也。”无子致使夫君家族绝嗣，这是妇女的大罪，在“七出”之列，故而唐高宗理直气壮地以此作为废后的理由。

但是，正是在永徽年间修成的大唐律法《唐律疏议》中，却有针对“七出”的豁免条款，“三不去”。也就是说，妇女虽犯“七出”之罪，却有三种不应被休去的情况。

《唐律疏议·户婚》规定：“诸妻无七出及义绝之状，而出之者，徒一年半；虽犯七出，有三不去，而出之者，杖一百。”

“三不去”在《大戴礼记·本命》中也有解释：“妇有三不去：有所娶无所归，不去；与更三年丧，不去；前贫贱后富贵，不去。”也就是说，妻子没有娘家可回的，丈夫不能休去；妻子曾为公婆守孝的，不能休去；妻子曾陪伴丈夫经历贫贱而后致富贵的，不能休去。

就王皇后来讲，第一条不符合。她的母亲魏国夫人柳氏还在，肯定是有娘家可回的。但是第二条、第三条，王皇后都符合。

唐太宗驾崩后，王皇后一定为唐太宗守孝了，毋庸置疑。早在李治做晋王时，王皇后就嫁给了他。后来，李治成为太子，进而成为皇帝，王皇后一直跟随左右，这就是“前贫贱后富贵”。“三不去”符合一条就不能休妻，更何况王皇后还符合两条呢？

再者说，王皇后的“无子”之罪，也是很难成立的。王皇后已经过继了宫人刘氏之子李忠为自己的儿子，在法理上她是有子的，且李忠已被立为大唐太子。也就是说，唐高宗已经承认了李忠的嫡子身份，怎么还能以“无子”之罪废掉王皇后呢？

与王皇后无子相对的是，唐高宗说“昭仪有子，今欲立为皇后”。因为武则天有儿子，所以欲立为皇后。这一理由也很难成立。

此时，唐高宗已经有了五个儿子，只有小儿子李弘为武则天所生，李弘的四个哥哥各有其母，为什么就因为武则天有儿子就要立她为皇后呢？萧淑妃也为唐高宗生了儿子李素节，还是跟随李治“前贫贱后富贵”的老夫老妻，她怎么就不能被立为皇后呢？凭什么武昭仪后来居上？

因此，无论是“废王”还是“立武”，唐高宗给出的理由都很难服众。

褚遂良抓住唐高宗的破绽，马上予以还击：“皇后名家，先帝为陛下所娶。先帝临崩，执陛下手谓臣曰：‘朕佳儿佳妇，今以付卿。’此陛下所闻，言犹在耳。皇后未闻有过，岂可轻废！臣不敢曲从陛下，上违先帝之命！”

毕竟是第一次同皇帝商讨此事，还没到撕破面皮的时候，因而褚遂良的回答非常委婉。“先帝为陛下所娶”就已经说明了王皇后曾经随同陛下“前贫贱后富贵”，并且为先帝守孝。先帝称王皇后为“佳妇”，表明了先帝是认可王皇后的，陛下不能与先帝的意见相左。“皇后未闻有过”表明了陛下所说的王皇后“无子”之罪是不成立的。因此，褚遂良才会说：“臣不敢曲从陛下，上违先帝之命！”

褚遂良的回答既无懈可击又绵里藏针，唐高宗一时竟无言以对——“上不悦而罢”。第一次商讨不欢而散。

第二天，唐高宗再次召集四名宰辅商议此事，李勣仍然称疾不往，于志宁仍然一言不发。当日的商讨，唐高宗说了什么话，史籍中并没有记载，仅仅称“又言之”，大概是了无新意，还是昨日那番陈词。

然而，此次褚遂良的回答却与昨日大不相同。他既在原则问题上向后退了一步，又在实际问题上向前逼进了一步。正是这种变化，让他彻底激怒了唐高宗和武则天。

褚遂良回奏说：

陛下必别立皇后，伏请妙择天下令族，何必要在武氏？且昭仪经事先帝，众所共知，陛下岂可蔽天下耳目！使万世之后，何以称传此事？陛下傥亏人子之道，自招不善之名，败乱之端，自此始也！臣上忤圣颜，罪合万死，倘得不负先帝，则甘从鼎镬！

之所以说褚遂良在原则问题上退了一步，是指褚遂良的回答，似乎他已经在“别立皇后”上表现出了松动的态度。

“别立皇后”是可以的，但是要“妙择天下令族”，精挑细选一个天下望族女子。这句话反映出褚遂良和长孙无忌，虽然是同一个战壕的战友，但他们对于废后立后的态度实际上是有一些微妙的差别的。

唐高宗向长孙无忌提及此事时，长孙无忌“对以他言”，根本不予讨论，也就是说没得商量。褚遂良就有些不同了。他虽然是贵族，但不是关陇贵族出身，虽然要维护贵族群体的利益，却不必一定要维护关陇贵族群体的利益。

如果唐高宗一定要废掉关陇贵族出身的王皇后，那么选择其他门阀贵族的女子也是可以接受的——万一唐高宗要选择一位江南士族出身的女子呢？比如那位萧淑妃，她若被立为后，可能比起现在的王皇后对褚遂良的政治生涯更为有利。

之所以说褚遂良在实际问题上向前逼进了一步，是指褚遂良旗帜鲜明地提出，武昭仪不能被立为后。

褚遂良给出了两点理由：第一，武昭仪的门第不够，“何必要在武氏？”这一问的隐喻即是如此。第二，武昭仪侍奉过先皇，若是在本朝被立为后，则唐高宗有乱伦之嫌。尤其是这一点，是出身于江南士族、信奉传统汉族伦理道德的褚遂良所不能接受的。因此，他在提到这一点之后，理智近于崩溃，越说越过激，接连指责唐高宗亏人子之道、招不善之名、开启败乱之端，甚至要以死相搏，“甘从鼎镬”。

说到动情之处，褚遂良突然将手中的笏板扔到殿阶之上，解下头上的官帽，叩头流血，道：“还陛下笏，乞放归田里！”

同昨日的委婉劝解相比，今日的褚遂良没有给皇帝留任何的颜面。这下唐高宗的脸上可挂不住了。他龙颜大怒，命令左右武士将褚遂良拖了出去。

正在事态骤然升级，内殿的空气近乎凝固的时候，戏剧性的一幕发生了。唐高宗背后珠帘之内，突然传来一声女子的呵斥：“何不扑杀此獠！”

喊话的人正是武昭仪。原来她一直在帘后听着皇帝与臣僚的讨论。

笔者读史书到此处也是一惊。“垂帘听政”自古并不新鲜。在武则天之前，先秦赵国赵太后、西汉吕太后、东汉邓太后、东晋褚太后、北魏灵太后都曾经干过，但那都是因为皇帝幼小，没有到亲政的年龄，皇帝的母亲或祖母以太后身份临朝主持政务。

此时，唐高宗正在盛年，武则天不过是一个二品的昭仪，居然能够在皇帝同宰辅商讨机密大事时“垂帘听政”，还听取与自己重大利益息息相关的朝事议论，这是亘古未有之事。武则天在此时已经展现出了与以往任何一位后宫女性都大不同的做派——她在还是个昭仪的时候，就已经不满足于在夜半无人软语温存之时偷偷地向皇帝吹一吹枕边风，而是在大庭广众之下，公然议政干政了。

可以想见，唐高宗在武则天的百般请求之下，同意她在珠帘之内窃听朝政议论。此时，参与讨论的几位宰辅是不知情的。唐高宗不会允许武则天公然发表议论，更遑论如此激烈的言辞。武则天的一声断喝，唐高宗的颜面上也不会好看。不得不说，这是武则天的一个破绽，很容易成为政敌攻击的目标。

武则天为什么会露出这个破绽呢？

陛下家事

武则天实在是情不自禁，在她看来，褚遂良比长孙无忌还要可恶。

长孙无忌不同意武昭仪做皇后，因为长孙无忌认为王皇后没有过错，根本不同意换皇后。就是说皇后不可换，换谁都不行。而褚遂良呢，他的观点却是皇后可以换，但就是不能换武昭仪。两者较之，哪个更让武则天憋气过火也就不言自明了。

褚遂良不但看不起武氏家族，还将自己曾经侍奉先皇于枕席之间的事，在大庭广众之下抖了出来，尤其是在自己现任丈夫唐高宗面前抖了出来。不错，这是众所共知之事。也正因为众所共知，褚遂良才尤为可恶。

——明知是伤疤，明知伤疤下是血淋淋的伤口，褚遂良却还要无情地揭开，晒在阳光底下，给大家看、给当事人看。武则天自然难以接受，情绪一下子失控，才不顾自己的地位和处境，如受伤母兽般发出呐喊，予以回击。

武则天回击褚遂良的用词也值得玩味。“獠”是古代北方人对南方人的辱骂用语，大体相当于“蛮子”。你褚遂良不是凭借江南士族的身份，看不起我武氏北方一寒族吗？在我眼中，你不过是个南方的“蛮子”罢了。

一个“獠”字道出了当时激烈的士庶对立、南北对立。士庶对立、南北对立是本书反复申述的一个推动隋唐历史走向的内在动因。在此次“废王立武”的对峙中，武则天与褚遂良的交锋中，士庶对立、南北对立仍然牵引着历史的进程。

“何不扑杀此獠”，是史籍记载中武则天第一次针对朝政发声。这第一声“雏凤清音”便不同凡响。“何不”以反问表示着决绝，“扑杀”充满了血腥味道，“此獠”则充斥着对政敌的蔑视。

决绝、血腥、蔑视，武则天的性格表露无遗。此后纵横政坛五十载，她基本上都是依此行事的。

此时，褚遂良早已被拖了出去。大殿内，除唐高宗与武则天外，只有长孙无忌与于志宁两位大臣。

面对唐高宗与武昭仪一前一后的双簧戏，于志宁不敢多言，只有长孙无忌能为褚遂良说一句话：“遂良受先朝顾命，有罪不可加刑。”

长孙无忌显然在回答武则天的那句“何不扑杀此獠”，但语气却非常无力。按照长孙无忌往日的作风，此时应是质问唐高宗，何以允许一个小小的昭仪在珠帘之内“窃听”皇帝与众大臣议论国政。

武则天的行为，或者说唐高宗的行为，于法于礼都是不被允许的。长孙无忌完全有理由对此提出质疑。仅凭武则天那一句“何不扑杀此獠”，就是后宫干政，足以要了武则天的命。可长孙无忌没有，他仅仅说了一句为褚遂良抗争的话。加不加刑另当别论，“有罪”你是承认了吧？

长孙无忌败下阵来，败得比褚遂良还不体面。如果说第一天的对决，“保王派”是小胜的话，那么第二天的对决，“立武派”则扳回了一局并扩大了战果。

两番内殿密议，胜利的天平逐渐向唐高宗与武则天倾斜，长孙无忌与褚遂良则只有招架之功了。这下可急坏了不能参与讨论的另外两位宰相——侍中韩瑗与中书令来济。他们曾经反对将武则天立为宸妃，更不要说对“废王立武”持什么样的态度了，只是唐高宗没有给他们参与内殿密议的机会。当他们得知内殿密议形势不利之后，马上加入战团，为保全王皇后做着最后的努力。

偏偏韩瑗因为其他事情入宫觐见唐高宗，他趁此机会涕泣谏言：王皇后是陛下在藩府时先帝所娶，今无过错，如果废黜，四海之士，谁不惕然？并且提出了“国家屡有废立，非长久之术也，愿陛下为社稷大计”。唐高宗哪里听得进去，也命人将其拖了出去。

来济这几日没有机会见到唐高宗，只得采用密表的方式，向皇帝进了一份表章。表章中，来济直言不讳地讲道，选择皇后“必择礼教名家，幽闲令淑，副四海之望，称神祇之心”。如果像汉成帝宠幸赵飞燕那样“以婢为后”，就会“使皇统中绝，社稷沦倾”。

来济出身江南士族，父亲是隋代名将、左翊卫大将军来护儿。他的观点与同样出身江南的褚遂良仿佛一致。换个皇后可以，但是必须要选择“礼教名家”，也就是贵族女子，不可“以婢为后”，也就是说不能选择一个庶族寒门的女子做皇后。

接连不断的反对声音，使唐高宗头疼不已。七名宰辅之中，褚遂良、韩瑗、来济都已明确表示反对，于志宁与崔敦礼唯唯诺诺不敢言，投了弃权票。明眼人一看便知，他们同样持反对意见，只是没有胆量表达罢了。

这样一来，仅剩下一个李勣，一直称病回避，不参与讨论，未发表意见。如果李勣也持反对态度，那么即使唐高宗“废王立武”的决心再坚定，此事也不得不暂且搁置，从长计议了。

九月初三，唐高宗单独召见李勣，对李勣说：“立昭仪之事，褚遂良固执不从。遂良既是顾命大臣，事不可，当止也。”

李勣从容答道：“此是陛下家事，何须更问外人！”

此语颇有一句话点醒梦中人之妙。对呀，让谁做自己的皇后不就是我李治自己的事吗？何必一味地要任凭外人左右呢！唐高宗更加坚定了“废王立武”之心。

那么，李勣的观点到底能不能站住脚呢？应该说完全是强词夺理。多收了十斛麦子的田舍翁想换个老婆自然是他的家事，不必问外人，也不会有外人关心。但皇帝换皇后，那就不是“陛下家事”那么简单了。

皇帝已经化家为国，国便是家，家便是国。皇后是要母仪天下的，她不仅仅是皇帝的妻子，还是天下所有女人的表率，怎么能说“何须更问外人”呢？站在国家的层面上，长孙无忌、褚遂良、韩瑗、来济，这些国之重臣，又有哪个是外人呢？

任何人都更倾向于听取有利于自己的言论，唐高宗也不例外。虽然是一句难经推敲的罔论，但唐高宗却如获至宝。

由于史书记载的简略，我们已经无法判断是唐高宗主动请来李勣商议此事，还是李勣主动进宫面君，只知道此语是李勣在没有外人的情况下同唐高宗讲的。之前李勣连续称病，没有参与针对此事的讨论。

李勣并非摆出一副事不关己高高挂起的姿态，他知道自己迟早要过这一关。自己身处这个位置就不会是局外人，唐高宗不可能不听取他的意见。因此，看似冷眼旁观，实际上李勣却做了非常细致的观察和缜密的思考，已经将局面看透。

此时，李勣丝毫不怀疑皇帝“废王立武”的诚意和决心，曾经在众人眼中柔弱的皇帝，已经不再是六年前刚刚即位的样子了。而长孙无忌等人，虽然是先帝委任的顾命大臣，地位不可动摇，但也许他们正是现在这个“柔弱的今上”最想要动的人。今上想要扳倒他们的迫切之情或许比扳倒王皇后更甚。只是如今皇帝尚有些孤掌难鸣、独木难支，时时还要忍气妥协罢了。此时，如果李勣伸出自己的手掌，做皇帝另一根支撑的木头，势必将得到皇帝更大的信任。

另外，李勣长期在太原任职，武则天父亲武士彟的葬礼就是由李勣亲自主持的。他与武家是有交情的。作为晋王长史的李勣，不可能不同晋王妃王氏家族有密切的交往。因此，李勣对王家与武家的门庭都是非常了解的。他可以通过自己的判断确定出谁坐在皇后的宝座上对自己的前途更加有利。

李勣凭借自己一生的戎马征战，坐到了现在的位置。但是，没有门第背景支撑的他，也没有同贵族群体父一辈、子一辈的世交、姻亲关系。他的父亲不是谁的女婿，他的姑姑也不是哪个高门的夫人。所以，他是难以融入帝国顶级社交圈子的。

就拿与李勣同列宰相之位的其他六人来讲，长孙无忌、褚遂良、于志宁、来济的出身已有所介绍。其他两人，崔敦礼出自山东第一大族博陵崔氏，祖父是隋代礼部尚书崔仲方。韩瑗出身关陇贵族，父亲是唐初刑部尚书韩仲良。

李勣则是宰辅中的另类，虽然借助乱世的洗牌位极人臣，但是在那样一个世家大族盘根错节统治朝堂的时代，孤独感时时萦绕着他，挥之不去。这一点又像极了此时的武昭仪。

在王皇后的核心人际关系网中，是不可能有李勣的位置的。但是，反观他与武昭仪的关系就不同了。

武昭仪的祖父武华，仅仅是洛阳郡丞这样的中级官员，父亲武士彟更是由一个木材商人凭借隋唐易代的风云际会而崛起。武家与李家都是本朝的功勋新贵，不属于老牌的贵族阀阅，他们必须团结起来才能在朝堂上站稳脚跟，维护自己以命相搏来的既得利益。从这点上来讲，李勣与武昭仪的关系要亲近得多。

没有家族背景的支持，李勣的地位与荣誉只能依靠皇帝的赐予。李勣在贞观朝末至永徽朝过山车般的仕宦经历，早已向他昭示了这一点。因此，他不会像长孙无忌那样面对皇帝的期待，顾左右而言他，更不敢像褚遂良那样面对皇帝的询问，将笏板扔在玉阶之上。

在七位辅政大臣已有四位明确反对、两位以沉默表示抗争的情况下，若是李勣此时成为宰辅中唯一的“挺武”者，可以想见，他将在当今皇帝与未来皇后心中获得何等的地位。

但是，站队到“挺武”一侧是有风险的。李勣在隋末选择了投身瓦岗反抗暴政，在唐初选择了归顺唐朝，在秦王争储时站在李世民一边，后来又做了晋王李治的长史，人生的每一步重大抉择他都走对了。此时，虽然是皇帝简简单单的一句问话，却不亚于腥风血雨、刀光剑影中的一次命运抉择。

在七位宰辅中四位反对、两位沉默的情况下，即使李勣“挺武”，真的就能够改变局面吗？能够将“废王立武”的选择由皇帝的内心落实到皇帝的内宫吗？一旦皇帝顶不住压力，“废王立武”就此作罢，那么长孙无忌、褚遂良等人反过手来，会对李勣做些什么呢？

“废王立武”，除了唐高宗的一厢情愿之外，确实没有任何法律和礼教依据，王皇后并无过错，为何要失去六宫之主的地位？武昭仪又有什么功德，能承担得起母仪天下的责任？即使李勣明确表示支持，又以何理由表示支持呢？这么多的为难与不确定性使李勣即使有“挺武”之心，也难以明确示意。

虽然李勣没有明示，但毕竟表现出了宰辅中唯一的支持态度。在唐高宗看来，这样已属难能可贵，至少证明宰辅群体不是铁板一块，是可以分而化之的。

此时，唐高宗或许想起了父亲唐太宗临死前的那句“我死后，汝当授（李勣）以仆射，即荷汝恩，必致其死力”。父亲为自己留下的这枚棋子，果然在最需要的时候，给了自己最大的支持。唐高宗应该在心里感激父亲。只是作为父亲的唐太宗或许想象不到，他苦心孤诣为儿子所做的一切，居然是在将武则天立为皇后的过程中，发挥了至关重要的作用。

“废王立武”

自九月初三之后，史籍中便没有了唐高宗与几位宰辅讨论“废王立武”之事的记载。皇帝是因为几位宰辅的强烈反对而退缩了还是另有打算，所有人心中都打了一个问号。直到四十天后的十月十二日，唐高宗突然下诏：

王皇后、萧淑妃谋行鸩毒，废为庶人。母及兄弟并除名，流配岭南。

直到此时，大臣们才缓过神来，唐高宗不再同几位宰辅商议，并不是退缩了，而是已不屑再与别人商议，他要执行李勣所说的“此是陛下家事，何须更问外人”的建议了。

毕竟只有唐高宗才是至高无上、说一不二的九五之尊，任长孙无忌、褚遂良等大臣再怎么反对，也只能给皇帝施加压力而已。皇帝若是吃了秤砣铁了心，一意孤行要做一件事，大臣们是真没有办法阻止的。除非长孙无忌是王莽、曹操那样的权臣，但他不是。此时的皇帝不是傀儡，此时的天下没有战乱，此时正常的统治秩序都在，此时的皇帝就是皇帝，此时的长孙无忌也并非真的“无忌”。

“废王立武”，讨论的焦点一直在王皇后身上。而当皇帝下诏时，王皇后却连带着萧淑妃一同被贬为庶人。萧淑妃同废立皇后毫无关系，要废的不是她，要立的也不是她，但她却和王皇后一样，是武则天最重要的情敌、政敌之一。武则天将她“一勺烩”，表现出了这位即将成为后宫新主的女人，要一劳永逸解决后宫问题的决心和实力。

唐高宗在同几位宰辅讨论时，给王皇后安上的罪名是“无子”，待到下诏书时，王皇后与萧淑妃的罪名居然是此前从未提到过的“谋行鸩毒”，也就是说要用鸩酒毒死皇帝。不得不说，这是唐高宗和武则天释放出的大招。

其一，“无子”的罪名可以加之于王皇后，却不能加之于萧淑妃。萧淑妃是有儿子的，因此这个罪名用起来并不方便。

其二，上文已经论述过，“无子”的罪名本身就不成立，以此罪名废掉王皇后是没有法律依据的，也难以堵塞天下臣民之口。

其三，即使将“无子”的罪名安给王皇后，也只能剥夺王皇后母仪天下的地位，却不能治她的罪，王皇后还是有翻盘的机会的。“谋行鸩毒”可就不一样了。这个女人居然要用鸩酒弑君弑夫，其心何其毒也！这是十恶不赦的重罪，可以将王皇后与萧淑妃彻底打倒，让她们永无翻身之日。

后来，百官已无一人上表进言为王皇后抗争了。倒是六天之后的十月十八日，百官联合起来上了一份表章，认为中宫不可久虚，请立即择贤德立为皇后。

这样的表章才是唐高宗乐于见到的。他毫不迟疑，马上下诏，立武昭仪为皇后。这份诏书就是前文讲到的《立武昭仪为皇后诏》，也就是唐高宗向天下宣布先皇唐太宗“以武氏赐朕，事同政君。可立为皇后”的那份诏书。

看一看“废王立武”风波是多么曲折，唐高宗在与群臣激烈争辩过程中，即使再被动，也从来没有提到过唐太宗“以武氏赐朕”的事。对自己立武则天为后这么有利的一件事，唐高宗为什么不提呢？非要等到昭告天下时才慢悠悠地说出来，可见此事的真伪了。

十一月初一，唐高宗命李勣与于志宁向武则天献上皇后玺绶。百官、四夷酋长、内外命妇在肃义门朝贺新皇后。武则天正式被册立为皇后。她终于在权力之路上迈出了最重要、最坚实的一步，成为母仪天下的中宫之主，大唐帝国最有权力的女人。

坐在肃义门上，接受朝贺的武则天不知道是否想起了十四岁入宫之前，面对悲伤不已的母亲，脱口说出的那句——“见天子庸知非福？”

武则天终于如愿以偿，坐上了梦寐以求的皇后宝座。但仅仅是坐“上”了，还尚未坐稳。王皇后在这个宝座上坐了六年，不也是被轻而易举地踢了下去。彼时的内宫与外朝，武则天的政敌与情敌们都在，若不小心行事，焉知今天的武皇后不是明日的武庶人。武则天是不允许这样的事情发生的，她要以雷霆手段在内宫与外朝进行一番整肃，干净利落地解决掉所有威胁。

“废王立武”风波自内宫而起，整肃也首先在内宫进行。武则天首先要将王皇后与萧淑妃彻底击垮，这样才能使唐高宗不至于反复，也才能断绝“挺王”大臣的希望，永绝后患。

此时，许敬宗与李义府已经完全投靠武则天，成为武则天新建立起来的“后党”的骨干力量。武则天指使李义府以偏言激怒唐高宗，唐高宗遂下诏将已经废为庶人的王皇后与萧淑妃囚禁在宫苑之中。

紧接着，武则天又指使许敬宗上奏：王皇后的父亲王仁祐，无尺寸之功，仅仅因为王皇后，地位就超过三公。如今王皇后谋乱宗社，已经被贬为庶人，按罪应灭宗族，王仁祐应斫棺暴尸，陛下不斩尽杀绝，仅仅流放宗族已经很仁慈了，王仁祐不宜继续保有官爵，荫庇子孙。于是，唐高宗下诏，收回王仁祐的官爵。如此一来，王皇后一族彻底倾覆。

在王皇后与萧淑妃被囚禁到冷宫没多久，唐高宗不知为什么突然想起了二人，心中泛起一丝情意，颇有些挂念，居然自行到冷宫探望。唐高宗见到冷宫门禁锢严，墙壁上只留有一个小洞供给食物，恻然伤之，起了怜悯之心，对着小洞呼唤："皇后、良娣无恙乎？今安在？"

二人听到皇帝的声音，心中顿时燃起希望，一齐答道："妾等以罪弃为婢，安得尊称耶？"说罢呜咽不止。她们一边哭泣，一边说："陛下幸念畴日，使妾死更生，复见日月，乞署此为'回心院'。"希望皇帝能赦免她们，让她们重见天日。

唐高宗留下一句："朕即有处置。"转身离去。

唐高宗似乎是要有所行动，即使不是改变初衷，至少也是要让二人离开冷宫，重新取得一个较为体面的身份。此事被武则天得知后，顿时醋意大生，她害怕二人东山再起，于是一不做二不休，要置二人于死地。

武则天命人将王皇后与萧淑妃各杖责一百，之后残忍地截去二人的手足，投于酒瓮中，并狠狠地说："令此二妪骨醉！"二人在酒瓮中强忍着疼痛，受尽非人的折磨，数日之后才渐渐死去。

二人死后，武则天还命人将她们首级斩下。随后，在武则天的操纵下，朝廷还将二人改了姓氏。王皇后改姓为"蟒"，萧淑妃改姓为"枭"，以示无以复加的蔑视和唾弃。

在历史上，西汉初年的吕后曾对戚夫人实施"人彘"的酷刑。武则天在"人彘"的基础上，居然还加了"骨醉"，实在是令人觉得太过于恐怖、太过于刺激，触及了人们想象所能承受的底线，因此颇能吸引眼球，引爆舆论。

当然，也有为武则天平反者，认为武则天确实杀害了王、萧二人，却没有实施残酷的“骨醉”之刑。此观点的根据是《太平御览》上的记载：“永徽六年，废后及萧良娣皆为庶人，因之别院。武昭仪令人皆缢杀之。”

“骨醉”之刑在新旧《唐书》中都有记载，《旧唐书》编于五代，《新唐书》编于宋初，《太平御览》也是宋初编纂的类书，可以说这几本书在时间上几乎是同时的。新旧《唐书》皆是正史，严肃性自不必言。《太平御览》是奉敕编纂，供皇帝广闻知识的御用读物。

史料莫衷一是，武则天究竟以何种方式杀害了王、萧二人，后人真的很难说清了。但是，笔者以情理忖之，毕竟武则天刚刚当上皇后，唐高宗对王、萧二人的感情似乎也没有完全断绝，武则天会在此时毫无顾忌地暴露她的残忍本性吗？缢杀王、萧，就已经达到了永除后患的目的，何必要表现得比当年的吕后还要残忍呢？如此行事，武则天在唐高宗心中的形象必然会大打折扣，她真的会这样做吗？这确实值得怀疑。

事实证明，武则天在此时还是竭力想要表现自己宅心仁厚的。比如当初宰辅韩瑗极力反对“废王立武”，武则天做皇后后却对唐高宗说，韩瑗虽然触逆圣意，却是为社稷着想，不应受到处罚。

当然，武则天的“宅心仁厚”一方面是为了树立自己的形象，另一方面也是她分化瓦解政敌的手段。她还没有能力一举干掉所有当初反对她的宰辅，只能选择各个击破，稳住一部分人，打击一部分人。韩瑗、来济没有参加内殿议事，对他们的惩治可以缓一缓。长孙无忌根基太深，也不能轻动。武则天的大棒自然首先就落到了那个“獠子”褚遂良的身上。

武则天被册封为皇后之后不到一个月，褚遂良就被踢出了宰辅班子，远赴潭州（今湖南长沙）去任都督。

转过年来，大唐的年号由永徽改为了显庆。更改年号的原因是大唐换了太子。王皇后被废，她收养的李忠自然也就一损俱损了。武皇后上位，她的儿子李弘，自然也就一荣俱荣了。

褚遂良在潭州都督任上大约一年多，显庆二年（657 年）春，又被远调到桂州（今广西桂林）去任都督。

长沙、桂林，在今天都是旅行的好地方，但在唐代还是边远的蛮荒之地。“伤怀永哀兮，汩徂南土”，一位为先皇执笔遗诏的顾命大臣，居然远走澧沅潇湘之间，辗转十万大山之中，其晚景的凄凉，远甚于徘徊在汨罗江边的屈子。

见褚遂良已被打倒，武则天开始筹划对来济和韩瑗下手。她指使许敬宗与李义府诬告来济和韩瑗串通褚遂良图谋反叛。

许敬宗、李义府奏称：“侍中韩瑗、中书令来济与褚遂良潜谋不轨，以桂州用武之地，授遂良桂州都督，欲以为外援。”当时桂州人烟稀少，山高路远，能是什么用武之地？真是欲加之罪，何患无辞。

显庆二年（657年）八月，韩瑗坐贬振州（今海南三亚）刺史，来济贬台州（今浙江台州）刺史，终身不能回京朝觐。王皇后的舅父柳奭也受到牵连，被贬为象州（今广西来宾）刺史。

而褚遂良则再次被贬。这一次居然被贬到了爱州（即今天的越南清化），是大唐国土的南境边陲。

一年之后，褚遂良抱着最后的希望向唐高宗上了一份陈情表章，历数自己的功勋，如在李承乾被废之后力挺晋王李治做太子，先帝弥留之际又受顾命遗诏，先帝驾崩后，又力主太子李治在先帝柩前即位等，希望唐高宗能念往日的功勋，赦免他回转中原。但这份表章如泥牛入海，再无消息。

又过了一年，褚遂良终究没有等来皇帝的回复，在屈辱之中撒手人寰。

将　军

在“废王立武”的斗争中，长孙无忌是“将”，坐镇指挥；褚遂良是“车”，横冲直撞；韩瑗是“马”，跳来跳去；来济是“炮”，见不到皇帝却靠着上本章隔山打牛。如今褚遂良困死南陲，韩瑗、来济贬谪出朝。“车、马、炮”悉数被吃，朝中的反武派仅剩下长孙无忌这个光杆老将了。

武皇后高抬玉腕，笋指一挥，小卒过河，最后将军的时机到了。

显庆四年（659 年）四月，洛阳人李奉节告太子洗马韦季方、监察御史李巢暗中结党。唐高宗诏令新擢任的中书令许敬宗审理此案。武则天授意许敬宗，要在此案之中将长孙无忌牵连进去。

于是许敬宗加大审讯力度，为的是逼迫韦季方走投无路。后来，韦季方实在挺不过审讯，准备在狱中自杀，结果被人发现，未遂。许敬宗便以此大做文章，诬奏韦季方“欲与无忌构陷忠臣近戚，使权归无忌，伺机谋反，今事觉，故自杀”。

经过“废王立武”的斗争，唐高宗渐渐懂得，原来长孙无忌也不过如此，自己才是这个帝国的主宰，且不再畏惧长孙无忌。此时，唐高宗是否已有杀长孙无忌之心，后人不知，但就他的表现来讲，他似乎不相信长孙无忌真的会谋反：

“岂有此邪！舅为小人所间，小生疑阻则有之，何至于反？”

许敬宗见皇帝有所怀疑，便继续添柴加火：

“臣始末推究，反状已露，陛下犹以为疑，恐非社稷之福。”

唐高宗听许敬宗如此说，长叹一声：

“我家不幸，亲戚中频有恶事。”

“恶事”两个字一出口，似乎已经说明唐高宗更倾向于相信长孙无忌真的谋反了。这个“频”字是指当初的房遗爱案。房遗爱案牵连过广，多位皇亲国戚因此殒命，几个高门贵族亦为此破家。唐高宗的这句话充满了纠结与矛盾，似乎不想再兴起类似的大案。

许敬宗也听出了唐高宗的意思，但是陷害长孙无忌是武则天给他的命令，他必须摇唇鼓舌地打动皇帝，将此案继续推进下去：

房遗爱乳臭儿，与女子谋反，岂能成事？且无忌与先朝谋取天下，众人服其智；作宰相三十年，百姓畏其威，可谓威能服物，智能动众。臣恐无忌知事露，即为急计，攘袂一呼，啸命同恶，必为宗庙深忧。诚愿陛下断之，不日即收捕，准法破家。

唐高宗露出一副半信半疑的神情。许敬宗继续火上浇油：

臣昔见宇文化及父述为炀帝所亲任，结以昏烟，委以朝政；述卒，化及复典禁兵，一夕于江都作乱，先杀不附己者，臣家亦豫其祸，于是大臣苏威、裴矩之徒，皆舞蹈马首，唯恐不及，黎明遂倾隋室。前事不远，愿陛下速决之！

许敬宗这番话是一枚重磅炸弹。他将长孙无忌与隋代的宇文述、宇文化及父子相提并论，其用心是非常险恶的。

今人看唐代，无疑是中国封建社会的巅峰，一个延绵三百年之久的大帝国。但唐初的人们并没有我们今天的认识。由于魏晋南北朝四百年动荡所产生的思维惯性，在无数个短命王朝之后诞生的唐王朝，一开始并不被人们所看好。

根据历史经验判断，唐朝已经立国四十一年，是到该改朝换代的时候了。而许敬宗，作为江都宫变的亲历者和受害者，他的话就更令人胆战心惊了。

事情被许敬宗说得如此严重，唐高宗权衡再三，就令许敬宗继续严查，看看此案是否与长孙无忌确有牵连。

不得不说，许敬宗的办事效率真是高。仅仅过了一天，许敬宗就跑到唐高宗面前说昨晚韦季方已经完全招认，长孙无忌确实参与了谋反。不但长孙无忌参与了谋反，反武派的一干人等都参与了谋反。

许敬宗还说，自己讯问韦季方时说："（长孙）无忌与国至亲，累朝宠任，何恨而反？"韦季方回答，是韩瑗唆使长孙无忌谋反。韩瑗曾经对长孙无忌说："柳奭、褚遂良劝您立梁王李忠为太子，今李忠既废，陛下也开始怀疑您了。"自此长孙无忌忧恐，日夜与韦季方等谋反。

许敬宗说得信誓旦旦，最后他请求唐高宗将长孙无忌收捕，依律制裁。唐高宗听到此处放声痛哭："舅若果尔，朕决不忍杀之；若果杀之，天下将谓朕何！后世将谓朕何！”长孙无忌即使谋反，唐高宗念及舅甥之情，也不忍杀他。

许敬宗进一步劝说唐高宗：“薄昭，汉文帝之舅也，文帝从代来，昭亦有功，所坐止于杀人。文帝遣百官素服哭而杀之，至今天下以文帝为明主。今无忌忘两朝之大恩，谋移社稷，其罪与薄昭不可同年而语也。幸而奸状自发，逆徒引服，陛下何疑，犹不早决！古人有言：‘当断不断，反受其乱。’安危之机，间不容发。无忌今之奸雄，王莽、司马懿之流也；陛下少更迁延，臣恐变生肘腋，悔无及矣！”

许敬宗将长孙无忌与王莽、司马懿类比，唐高宗听后，深以为然。居然没有让许敬宗同长孙无忌当堂对质，他就下诏削夺长孙无忌的太尉头衔和封邑，流放到黔州（今四川彭水）安置。长孙无忌的家族成员也相继受到株连，或被诛杀，或遭贬谪。

当年七月，唐高宗又命司空李勣领衔，与许敬宗、辛茂将、任雅相、卢承庆等人再次审理长孙无忌一案。许敬宗派时为中书舍人的袁公瑜到黔州审讯长孙无忌的谋反罪状。

袁公瑜是个十足的小人，靠告密起家。武则天刚被立为皇后时，长安县令裴行俭曾私下议论国家祸患会就此开始。袁公瑜得知此事后，马上向武则天的母亲杨氏告密。裴行俭因此被贬为西州都督府长史。裴行俭远赴西域，却好似蛟龙入海，从此远离政治旋涡，专心攻守战术，终成一代名将、西域屏障，这是后话。

经此告密献媚，袁公瑜成了武则天身边的红人。此次派员到黔州审讯长孙无忌，武则天一党又选中了袁公瑜。此公“不辱使命”，他哪里是去审讯，分明是去催命。他一到黔州，就逼迫长孙无忌投绳自缢了。长孙无忌这位三朝元老，先后确立两位皇帝的重臣贵戚，居然被一小卒拱到了死角，最终将死。

老将一死，满盘皆输，剩下的任务便是打扫战场了。

此时，柳奭正在象州贬所，前宰相韩瑗正在振州贬所。唐高宗遣御史将二人押解回京审判，并抄没了他们的家产。随后，唐高宗又命令将二人就地斩首。使者杀柳奭于象州。但使者还未到振州，韩瑗就去世了。使者开棺验尸，确认韩瑗已死才作罢。他们二人的近亲属皆流放到岭南为奴婢。

至于早已死去的褚遂良，唐高宗和武则天也没有饶过他，将他的官爵削夺，并把他的两个儿子褚彦甫、褚彦冲杀掉。武则天终于达到了“扑杀此獠”的目的，而且是连“獠”窝都端掉了。

对了，在反对立武则天为皇后的大臣群体中，还有一个来济。

当年来济上书反对立武则天为后，没有同唐高宗产生正面冲突，唐高宗对他的怨恨要小一些。在显庆四年（659 年）长孙无忌谋反一案中，唐高宗与武则天主要针对的是长孙无忌、褚遂良、韩瑗与柳奭，来济侥幸逃过一死，由台州刺史改任为更边远荒凉的庭州刺史。

庭州在今新疆昌吉回族自治州，处于唐朝抗击西突厥的前线。在此地为刺史，不但条件艰苦，更会不时有性命之忧。危险的处境对于来济来讲反而是个机会。但他心里却非常清楚，当初反对武则天为皇后的人皆以贬死，自己岂能独善其身。与其在将来的某一天，自己被罗织一个罪名身败名裂，还不如戍边战死，落得一个英名。

龙朔二年（662 年），西突厥入寇庭州。来济带兵拒敌。眼见突厥骑兵杀了过来，来济对手下军兵一番慷慨陈词：

“吾尝絓刑罔，蒙赦死，今当以身塞责。”我触犯法律，蒙皇帝恩典，赦罪免死，如今当以身赎罪。说完，他不穿甲胄，便冲入敌军。可想而知，来济如愿以偿，捐躯殉国。

消息传到长安，唐高宗心知肚明，来济是在自己找死——与其将来让皇帝杀，不如现在让敌人杀。来济已死，以实际行动证明了自己是大唐的忠臣，唐高宗也就不好再追究他是不是谋反了。

况且，像来济这样的重量级人物居然能够亲自冲锋陷阵，为国家力战身死，这是多么好的宣传鼓动。唐高宗也确实需要树立这样的典型人物来提振士气，号召将士为朝廷尽忠。

一位活着的君主与一位死去的大臣心照不宣，达成默契，扮演着各自的角色，也拿到了各自想要的东西。

唐高宗传旨，褒奖来济的忠勇精神，追赠其为楚州刺史，由国家提供灵车，将其灵柩风风光光地接回家乡厚葬。来济的兄弟和儿子们也沾了光，得以继续在朝为官。

来济以一人之命保住了地位、保住了荣誉、保住了整个家族，恐怕连武则天都会暗挑大拇指，称赞来济聪明。

一段时间以来，我们一直在以详尽的笔墨讲述长安城内的腥风血雨。来济以身殉国，又将笔者的目光引向了大唐帝国的西域边陲。让我们西出阳关，将笔墨泼向大唐辽阔的边疆吧。

第五章 关山月

长云暗雪山

突厥一直是中原王朝的老对手。

北周、北齐、隋、唐数代与突厥人的恩怨情仇，在第一卷中已经讲述颇多。这个北方游牧民族政权自五世纪中叶以来，一直影响着中原王朝的政权变动。其中，唐朝龙兴之初，居然还受制于突厥，身份类似于突厥在中原的代言人。

突厥分裂为东西两部后，东突厥领地与中原王朝接壤。贞观三年(629 年)，唐军趁草原天灾，攻灭东突厥颉利可汗，一举缓解了突厥在中原王朝北方的压顶之势。唐军也趁势收复了西域的郡县。这样一来，唐王朝不可避免地与西突厥发生了摩擦。一方面，西突厥人认为唐人侵犯了他们的牧场；另一方面，唐人认为西突厥人阻断了“丝绸之路”，双方的矛盾难以调和。在贞观年间，唐与西突厥数度战和，唐军逐渐取得了优势。

贞观二十年（646 年），西突厥乙毗射匮可汗遣使向唐朝朝贡请婚。唐太宗应允和亲，但要求西突厥割让龟兹、于阗、疏勒、朱俱波、葱岭五国为聘礼。乙毗射匮可汗勃然大怒，唐与西突厥的关系再次恶化，此后边地警报频传。

贞观二十二年（648 年），唐朝昆丘道行军大总管阿史那社尔平定龟兹，乙毗射匮可汗在西域的势力受到严重打击。

唐太宗为了分化瓦解西突厥，封威震一方的西突厥大将阿史那贺鲁为泥伏沙钵罗叶护（叶护是仅次于可汗的一种世袭官爵），并赐给他象征权力的鼓纛，为的是让他与乙毗射匮可汗分庭抗礼。

这一招在开始阶段果然发挥了积极作用。阿史那贺鲁公开大挖乙毗射匮可汗的墙脚，招抚西突厥各个部落。

但是谁承想，第二年（649 年）唐太宗突然驾崩。此时，阿史那贺鲁已经成为西突厥新崛起的实力派人物，见“天可汗”李世民已死，他的野心迅速膨胀，马上发兵攻打唐朝边境。唐高宗还要利用他牵制乙毗射匮可汗，只得派员前往慰抚，馈赠物品。

永徽元年（650 年），阿史那贺鲁举兵西征，击溃乙毗射匮可汗，招降西突厥众部落。乙毗射匮可汗众叛亲离，最终只得逃往吐火罗。阿史那贺鲁于双河一带（今新疆博乐西之博尔塔那河）建立牙帐，自号泥伏沙钵罗大可汗，成为西域的新霸主。

沙钵罗可汗以其子咥运为莫贺咄叶护，并命其率领处月、处密、哥舒、弩失毕、歌逻禄五姓突厥侵犯唐境，相继攻陷了金满城（今新疆奇台西北）和蒲类县（今新疆奇台），杀掠数千人。此举在西域诸小国中产生了极大的震动。

彼时的西域各都督府均属于羁縻建置，也就是以当地少数民族领袖为官吏进行管理。唐朝不派员，也没有重兵驻扎。如此一来，唐朝的威势对于西域的稳定就起了决定性作用。西突厥攻陷唐朝郡县，必然使唐朝的威势在当地少数民族心中大打折扣，这严重威胁了唐西域地区的安全。

面对这一局面，唐高宗遂以左武侯大将军梁建方、右骁卫大将军契苾何力为弓月道行军总管，发军三万人，并由五万回纥骑兵配合，取道天山北路，挥师西征。永徽三年（652 年）正月，唐军在牢山（约在今新疆奇台东北中蒙交界处之阿尔泰山）同突厥处月部相遇。唐军大破之，取得了牢山之战的胜利。处月部六十余名酋帅被俘，九千余众被歼。此举给了沙钵罗可汗一个不小的教训。但是，唐军因劳师远征粮草耗尽，不得已只得班师东还。

此役唐军虽因补给问题没能更进一步扩大战果，但是在突厥部落中却引起了不小的震动，很多不满沙钵罗可汗驱使的突厥部落开始蠢蠢欲动，希望摆脱其统治。这也是唐军军事胜利所收获的政治战果。

永徽四年（653 年），寄居在西突厥境内的原东突厥残部始毕可汗之孙颉苾达度设自称真珠叶护，带领部众攻伐沙钵罗可汗。

因为沙钵罗可汗没有防备真珠叶护会窝里反，被杀了个措手不及，损失了一千多人。但毕竟沙钵罗可汗的人马远多于真珠叶护。稳住阵脚之后，沙钵罗可汗开始反攻，真珠叶护渐渐独木难支。他遣使向唐朝发出求救信号，希望联合唐军共同对付沙钵罗可汗。这正是唐朝求之不得的好机会。

永徽六年（655 年）五月，唐高宗任命左屯卫大将军、卢国公程知节为葱山道行军大总管，王文度为副总管，全权负责西征事宜。

程知节便是《隋唐演义》中大名鼎鼎的程咬金。程咬金是他的原名，后更名为知节，济州东阿（今山东东平西南）人。程知节属于山东豪杰出身，他的曾祖、祖父曾在北齐军队中做过“州司马”一类的中级武官，父亲程娄曾做过隋代的刺史、都督。

《隋唐演义》中，程咬金以三板斧名扬天下。现实中的程知节并不使用斧，而是惯使一条马槊。《旧唐书》中说他“少骁勇，善用马槊”。

所谓十八般兵器，很多都是仪仗器，并不用于实战。就像关羽不可能使用大刀一样，程知节也不可能使用长斧。武将在厮杀中讲究唯快不破，长斧太过笨拙，恐怕没等挥动起来，就已经被敌人的长矛刺穿了胸膛。现实中不可能有哪个武将能够靠使用一把大长斧子而纵横天下。

因此，武将在实战中都会选择具有格刺能力的细长利器，而不会选择风阻较大的武器。程知节所选用的马槊，是一种锋刃长达半米左右的长矛，这已经属于重型的骑兵武器了。史籍记载中，能够使用马槊的武将，都是有名的悍将、勇将。比如与程知节同时的秦琼、尉迟恭、唐末李存孝，都是用槊高手。

程知节生于隋开皇九年（589年），唐高宗委派他西征之时，他已是一位六十七岁的老人。人生七十古来稀，六十七岁的老人自然早已不能上马提槊，横行戈壁了。但他戎马一生，有极丰富的作战经验，唐军由他来坐镇指挥，皇帝和士兵心里都踏实。

程知节调兵备粮，为这次远征准备了半年之久。在这半年里，长安城内和西域塞外形势都发生了剧烈的变化。在朝廷内，王皇后被废，褚遂良被贬，长孙无忌日益受到皇帝猜忌。在西域，邀请唐朝出兵的真珠叶护被沙钵罗可汗击溃，已经无力同唐军联合作战。

虽然内部不稳，外援又失，但显庆元年（656年）正月，唐军还是毅然决然地开拔了。

出征当天，唐高宗亲至玄武门为程知节等将帅饯行。河西戈壁广阔无垠，唐军正月自长安出发，经历了七个月的漫长行军，才在榆慕谷（今新疆霍城果子沟）与西突厥军队相遇。双方兵锋初接，一场厮杀恶战不可避免。最终唐军获胜，击破西突厥军，俘获了数以万计的牲畜。

唐军趁势追击，挥戈西进，在当年底抵达西突厥重镇鹰娑川。鹰娑川在今新疆裕勒都斯河谷一带，这里水草丰美，牛羊遍野，是西突厥绝不愿失去的地方。沙钵罗可汗派出两万骑兵迎战唐军。

两军前锋接触后，互不相让，各有进退，都付出了惨重代价。战场形势瞬息万变，就在双方角力之时，西突厥援军两万骑兵突然席卷而至，唐军立时陷入困顿，眼看就有灭顶之灾。

此时，正在不远处指挥战斗的前军总管苏定方见到西突厥援军杀入战场，也率所部五百骑兵冲入敌阵。此时，苏定方已是六十多岁的老将，他所率的骑兵数量虽然不多，但他亲自带兵冲杀，极大地鼓舞了唐军士气。

唐军顶住了突厥骑兵的猛烈攻势。渐渐地，西突厥一方反而力不能支，在丢下一千五百具尸体和绵亘山野不可胜计的兵器、甲仗、死伤战马之后，西突厥军队像潮水般退去，唐军乘胜掩杀二十多里方才勒住了马缰。

此战唐军属于惨胜。但不管怎么说，唐军确实杀得西突厥军大败，并夺取了战略要地鹰娑川。捷报传到唐军大本营，副统帅王文度居然嫉妒苏定方的战功，在程知节面前对唐军的战果轻描淡写，只一味夸大唐军的损失："虽云破贼，官军亦有死伤。""贼虽走，军死伤者众。"

王文度出自太原祁县王氏家族，是唐高宗王皇后的本家。在那个门第至上的年代，像这样的关陇贵族子弟，多少都有些看不起寒门出身且以军功取官的程知节、苏定方等人。王文度不但抹杀苏定方的军功，还对程知节的作战部署不以为然。

为显示自己的文韬武略，王文度还自作聪明地为程知节摆出了一套布阵方法，"可结为方阵，辎重并纳腹中，四面布队，人马被甲，贼来即战，自保万全。无为轻脱，致有伤损"。

结为方阵、四面布队，这种阵法看似增强了唐军的防御能力，却也降低了唐军的机动能力。要知道西突厥军队是擅长"闪电战"的骑兵军团。唐军的机动能力本就不如西突厥军，若再如此畏首畏尾、作茧自缚，不要说追击西突厥军队，恐怕连敌人扬起的马尘都看不见。西突厥若是以骑兵游击战法骚扰唐军方阵，冲击一阵便撤退，唐军就只有被动挨打的份儿了。

程知节久经沙场，怎么会不懂这样的道理。面对程知节的迟疑，王文度居然胆大包天，谎称自己奉了皇帝的密旨。皇帝知道程知节恃勇轻敌，密令王文度监督、节制程知节。程知节不明真相，稀里糊涂地将唐军指挥权交给了王文度。结果唐军"终日跨马被甲结阵，由是马多瘦死，士卒疲劳，无有战志"。

见到这种情形，可急坏了苏定方。他对程知节说："本来讨贼，今乃自守，马饿兵疲，逢贼即败。怯懦如此，何功可立！又公为大将，阃外之事，不许自专，别遣军副，专其号令，理必不然。须囚絷文度，飞表奏之。"苏定方看出了王文度的破绽，建议程知节马上抓捕王文度，飞报长安，核实情况。

但是，程知节毕竟不是《隋唐演义》里那个天不怕地不怕的程咬金，多年的宦海生涯早已消磨了他的锐气。若王文度果然假传圣旨，则罪在王文度；若王文度没有假传圣旨，即使唐军失利，主要罪责也在王文度指挥无方。程知节又何必去冒风险拘捕王文度呢？万一王文度确实是奉旨行事呢？

不久，有一批胡人前来降附唐军。唐军远道而来，毕竟不能久在西域，此时正是怀柔西域诸胡的时机，应对这批前来降附的胡人宽厚待之。结果王文度却说："比我兵回，彼还作贼，不如尽杀，取其资财。"他认为当唐军撤回长安后，这些胡人还会反叛，不如将他们全部杀死，还能取得一批财货。

听了此番"高论"，苏定方几乎是跺着脚骂街："如此，自作贼耳，何成伐叛？"如此一来，唐军才是真正的"贼"，还有何颜面说是讨伐叛乱呢？

王文度却置若罔闻。可怜那批胡人，成了唐军的刀下冤魂。"杀人"之后还要"越货"，王文度将胡人的财物分成若干份，大小将领按照职级各取一份。这简直是大秤分金、小秤分银的山大王行径，苏定方不愿同流合污，"一无所取"。

经此一举，唐军在西域失去了民心。此后唐军每到一处，西域各族皆拼死抵抗。在处处碰壁，再无进展，加之方阵战术导致将士们疲惫不堪、裹足不前，唐军士气低落到了极点，已无力在西域继续支撑。

程知节、王文度眼见大势已去，为避免沙钵罗可汗趁机率主力寻觅唐军决战，只好下令班师，沿着"丝绸之路"返回长安。

大雪满弓刀

回师之后，唐高宗下令彻查唐军失利的原因。众目睽睽，王文度的行为哪还能隐瞒得过去。王文度先是被判处死刑，但唐高宗权衡之后，还是饶了他一命，将其除官为民。

程知节也因指挥不利被免职。不久，为了给这位凌烟阁二十四功臣之一的开国元勋一个面子，唐高宗又起用他为岐州刺史。程知节很识趣地上表请求致仕归田。唐高宗顺势批准。从此程知节退出了历史舞台。麟德二年（665 年），他在长安府邸去世，享年七十七岁。虽说晚节不保，但也算得到了善终。

真金须火炼，此次西征，此前名声并不煊赫的苏定方却脱颖而出了。

苏定方和程知节一样，是从隋末战乱走到唐高宗年代的元老级人物。只是因选择的道路颇为曲折，苏定方没能像程知节那样顺风顺水，趁着乱世拜将封侯。

苏定方是冀州武邑县（今河北武邑县）人。他和程知节都属于山东豪杰出身。在第一卷中，我们讲过山东豪杰以黄河为界，分为河北、河南两个系统。

程知节家乡在黄河以南，属于河南系统。这一地区的山东豪杰信仰“李氏当兴”，他们多是投奔瓦岗，跟随李密，像徐世勣（李勣）、秦琼、程知节等人都是如此。当李渊父子兴起后，因为也是李氏，他们能比较顺利地投降唐朝，因为在信仰上没有冲突，思想上没有负担。

而河北系统的山东豪杰则信仰“刘氏主吉”，若让他们辅佐李氏便不那么容易了。苏定方便是山东豪杰河北系统中的一员。他“骁悍多力，胆气绝伦，年十余岁，随父讨捕，先登陷阵”，是一位少年英雄。

父亲去世后，苏定方统率父亲留下的数千兵马，先后在窦建德、刘黑闼领导的河北起义军中效力，每战必有功。武德六年（623 年），刘黑闼彻底失败之后，苏定方也没有归顺唐朝，而是选择回归乡里，退隐林泉。

直到贞观初年，朝廷想要起用苏定方，他见天下已定，“刘氏主吉”的信仰彻底破灭，这才二度出山。此时，程知节等人早已成为开国功臣，而苏定方不过是个中级军官。

贞观四年（630 年），苏定方随名将李靖征讨东突厥。他在夜袭阴山一役中立下大功。此役，苏定方率二百骑为前锋，乘雾而行，待到离东突厥可汗牙帐一里许时，大雾忽然散去。苏定方望见可汗牙帐，疾驰掩杀过去，杀伤数十人。颉利可汗不知唐军多寡，丢弃了部众，惶窘遁去。突厥余众皆伏地请降。此时，李靖才率大军赶到。

回朝之后，苏定方以战功授左卫中郎将。这同样是个四品中级武职，苏定方还远没有进入名将之列。而且，此后二十余年，苏定方的职务没有升迁，一直处于不上不下的尴尬位置。也难怪，苏定方一直以唐朝的对手面目出现，同唐朝战斗到了最后一刻。如今东突厥已被平灭，唐太宗没有“兔死狗烹”就已经不错了。

一晃二十多年过去，曾经参与平灭东突厥之战的老将大部分都已凋零，苏定方自然成了作战的权威。在草原上、在瀚海中，经过长途跋涉的唐军若想战胜熟悉地形的突厥军队，指挥官的作战经验尤为重要。这也是唐高宗此番对西突厥用兵能够起用苏定方的原因。

苏定方没有辜负皇帝的期待，不但取得了鹰娑川大捷，还数次提出正确的建议试图挽狂澜于既倒，只因人微言轻，无力改变败局。当这一切都被唐高宗知道后，苏定方终于成为皇帝所倚重的一方主帅，从此开始了后发制人的名将之路。

显庆二年（657 年）正月，唐高宗决定以苏定方为主帅再次西征。唐高宗希望彻底解决西突厥问题，因此他对此次西征极为重视。他擢升苏定方为伊丽道行军大总管，统率唐军主力部队五万人马。燕然都护任雅相、副都护萧嗣业和隶属于燕然都护府的五万回纥步骑也归苏定方指挥。为了确保西征的万无一失，唐高宗还派出一支偏师作为策应，以西突厥的两位降将阿史那弥射与阿史那步真作为主帅。

苏定方军在北，阿史那军在南，两路大军齐头并进，向西域进发。

苏定方军于显庆二年（657 年）十二月在金山（今阿尔泰山）脚下与突厥处木昆部率先接战。唐军取得胜利，突厥万余帐皆降。苏定方继续向西挺进行至曳咥河（今额尔齐斯河上游）以西，与沙钵罗可汗所率突厥主力部队相遇。此时，沙钵罗可汗所率骑兵有十万之众，苏定方仅有五万唐军，其中四万骑兵，一万步兵。

苏定方见形势不利于唐军，马上列阵备战。他命令一万步兵组成方阵，持槊、矛等长杆武器列于阵前，一致对外，持弓弩等远程武器的士兵居于阵中，伺机发射。苏定方自己则率领四万骑兵列阵于北面高原处，观察战场形势变化。

沙钵罗可汗见唐军骑兵阵容规整，一时不好攻克，而唐军步兵仅有一万之众，势单力薄，就产生了轻敌之心。他认为突厥骑兵铁蹄踏过后，唐军步兵必成烂泥，不如先一举解决掉步兵，以此鼓舞士气，再与唐军骑兵决战。

于是，沙钵罗可汗命令突厥骑兵猛攻唐军步兵。谁知唐军步兵阵法严整，突厥骑兵在远处时则以弓弩射击，即使有冲到阵前的突厥铁骑，也很难突破由槊、矛组成的阵地。

突厥骑兵先后发起三轮冲锋，不但没有冲破唐军军阵，反而大败而归，河谷中遍布突厥骑兵的尸体和发出阵阵哀鸣的伤马。

突厥骑兵士气大落，唐军骑兵将士个个摩拳擦掌。苏定方见时机成熟，毅然挥旗冲锋。唐军骑兵如下山猛虎般向突厥兵冲来。突厥骑兵大败，狼狈西逃。唐军一口气追击了三十余里。

此时，愁云惨淡，天气突变，霎时间北风卷地，雪漫天山。诸将纷纷向苏定方建议停止追击。但苏定方在这一关键时刻却用兵狠辣，要求唐军咬紧牙关，“勒兵冲雪，昼夜兼进”，不给敌人以喘息的机会。

苏定方又命令萧嗣业带领燕然都护府的回纥骑兵向怛罗斯（今哈萨克斯坦江布尔附近）方向迂回包抄，以阻断沙钵罗可汗的退路。

唐军一路追击到碎叶水（今楚河）流域时，与阿史那弥射、阿史那步真率领的南路军会师。南路军一路向西行进也是攻城略地，宣扬唐朝教化，斩获颇多。双方合兵后，渡过碎叶水，向沙钵罗可汗的千泉牙帐进发。

因天气恶劣，沙钵罗可汗根本没有想到唐军会紧追不舍，尾随其至牙帐。唐军行进到牙帐以东约二里处，突厥人才发现了唐军。沙钵罗可汗来不及做应战准备，只得丢弃牙帐继续向西逃亡，一直逃到石国（今乌兹别克斯坦塔什干市附近），才入城避难。

唐军继续追击，在怛罗斯一带与萧嗣业率领的回纥骑兵会师。就这样，十几万大军兵临石国城下，要求石国交出沙钵罗可汗。

石国人哪里见过这样的阵势，怎会为了一个孤家寡人得罪大唐？他们赶紧开城投降，将沙钵罗可汗的手脚捆住送到苏定方的中军大帐。

至此，唐朝在这场长达十余年的战争中取得胜利。西突厥汗国灭亡后，中亚原先附属于西突厥的各小国纷纷向唐朝称臣，唐政府在中亚设立了两个都护府、几十个都督府进行管辖。

当然，西突厥汗国虽灭，但西突厥各部落对于唐朝边县的骚扰还是时有发生的。先前提到的，来济以身殉国的那场战斗便是其中一例。

显庆三年（658 年）十一月，唐军凯旋，献俘昭陵，以示功成。之后，唐高宗又在太庙大会百官及外国君主、使节，举行盛大的献俘礼仪。苏定方满身披挂，将沙钵罗可汗献到皇帝面前。唐高宗升苏定方为左骁卫大将军，封邢国公。为表怀柔，唐高宗赦免了沙钵罗可汗的死罪，将他留在长安居住。沙钵罗去世后，葬在东突厥颉利可汗墓旁。

显庆四年（659 年）冬，葱岭（今帕米尔高原）以西的思结阙俟斤都曼带领疏勒（今新疆西南部喀什一带）、朱俱波（今新疆西南部叶城一带）、喝般陀（又称葱岭国，今新疆西南部塔什库尔干一带）三个国家共同反叛。

“思结阙俟斤都曼”中的“思结”是部族名，属敕勒诸部之一，“阙俟斤”是他们首领的官职名，“都曼”是人名。我们就简称其为都曼好了。

都曼率军攻破了于阗（今新疆和田一带），严重威胁大唐西域的安全。唐高宗诏令苏定方再度挂帅出征。

唐军抵达叶叶水（今锡尔河）流域后，都曼在马头川据守。苏定方仍然使用惯用的奔袭战、闪电战，他挑选了精兵万人、精骑三千匹，一天一夜长途奔袭三百里，到达都曼据守的马头川。都曼大惊，率兵仓促拒战。都曼败绩，退入马保城内自守。唐军将城门堵塞，等待大军赶到后以瓮中捉鳖。

入夜，唐诸军渐至，四面围城，伐木为攻城用具，布阵城下。都曼自知难以逃脱，只得让人把自己捆绑起来，开门出降。自此，葱岭以西全部平定。苏定方一举将唐朝边境线向西推进到今里海附近，这是历代中原王朝统治的极西之处。

显庆五年（660 年）正月，苏定方率军凯旋。此时，唐高宗正驻跸在东都洛阳，苏定方便到洛阳献俘。唐高宗亲临乾阳殿受降。有司请依法处置都曼。苏定方则请求说：“臣向谕陛下意，许以不死，愿丐其命。”唐高宗因而赦免了都曼，并升任苏定方为左武卫大将军。

唐政府巩固西域边疆的胜利，使得“丝绸之路”畅通无阻，中原地区同中亚地区的经济、文化交流更加频繁。唐政府也有了精力再次将目光转向东北海滨，去解决那个几百年来中原王朝一直念兹在兹的棘手问题。

破冰之战

当初隋炀帝三征高句丽，惹得四海鼎沸，李渊父子趁机夺取政权，建立唐朝。但高句丽国内也因此疲惫不堪。双方都需要休养生息，因而唐与高句丽维持了二十余年的和平局面。

贞观十七年（643 年），高句丽王高建武被权臣泉盖苏文所杀。消息传到长安，唐太宗为其举哀，并以此为借口，于第二年亲征高句丽。但“天可汗”亲征并未取得预期的效果。此后唐与高句丽战事不断，尤其是高句丽国境之南的百济与新罗，两个小国也卷入唐与高句丽的纷争，使东北亚局势更为复杂。

百济是中国东北的东胡系统扶余人的一支，占据马韩旧地，同唐朝的胶东半岛隔海相望。高句丽王族也属于扶余人，因而高句丽与百济的关系较为亲密。新罗在百济之东，离唐朝较远，向东隔海与日本相望。

新罗人的主体为辰韩、弁韩人后裔。他们是由历代躲避战乱而自中原迁徙到朝鲜半岛的华夏族人与朝鲜半岛土著结合形成的族群。新罗人在血统上与中原汉人较为接近，而与高句丽人、百济人较为疏远。加之唐朝奉行“远交近攻”的政策，为了对付高句丽而主动加强与新罗的关系，因此，新罗与唐朝的关系比较亲密。

新罗人多以“金”“朴”为姓氏。其中，“金”为新罗人王族姓氏。永徽五年（654 年），统治新罗的女王金真德去世，唐高宗立其弟金春秋为新罗王。新王刚刚登基，高句丽与百济便联兵来伐，侵占了新罗北境三十余城。新罗工金春秋遣使向唐高宗求救。

此时，唐高宗的经略重点还在西域，并没有做好对高句丽开战的准备，仅派出营州都督程名振和当时还是左卫中郎将的苏定方率兵袭扰高句丽和百济。同时，唐高宗还派遣使节到日本，希望日本能够出兵渡海增援新罗。

唐高宗此举虽然减轻了新罗方面的压力，但也使日本开始染指朝鲜半岛事务，为后来日本在百济扶植傀儡政权对抗唐朝留下了隐患。

新罗危机解除后，唐高宗虽然一直将军事行动的重点放在经略西域上，但还是多次派出右领军中郎将薛仁贵率兵袭扰高句丽，以疲惫其国力。苏定方平定西域后，唐高宗终于可以全身心对付高句丽了。

显庆五年（660 年）三月，苏定方刚刚在洛阳献俘两个月后，百济倚仗高句丽的支持，大举攻打新罗。新罗王金春秋再次向唐朝求救。百济是高句丽南面的盟国，如果任由百济打下新罗，唐朝将在朝鲜半岛上失去唯一的盟友，高句丽也将无后顾之忧。如果援助新罗，攻灭百济，唐朝将在朝鲜半岛上开辟出第二战场，使得高句丽腹背受敌。因此，站在唐高宗的角度上来讲，新罗不可不救，百济不可不伐。

三月初十，唐高宗以苏定方为神丘道行军大总管，率十万唐军讨伐百济。在陆地上，百济与唐朝之间隔着高句丽，唐军无法越而取之，只能采取渡海战术。

经过半年多的紧张筹备，同年八月初，唐军从今天胶东半岛最东端的荣成市东部海边扬帆起航，直抵今朝鲜半岛南部锦江口。锦江当时名曰熊津江。百济军沿熊津江修筑堡垒，屯兵据守。

唐军先头部队抢滩登陆成功后，依山列阵，与百济军大战。唐朝后续援军扬帆盖海，相续而至。百济军逐渐难以维持，败绩奔散，死者数千人。

不知是唐军早就算好了潮汐，还是天助唐军，此时正值海潮大涨，唐军主力乘潮而上，连舳入江。唐军纷纷下船，于岸上列阵。唐军水陆齐进，飞楫鼓噪，直去百济首都泗沘城（今韩国忠清南道扶余郡）。

去城二十里许时，百济举倾国之兵来战。一场酣战随即爆发。唐军大破百济军，杀虏万余人，一直追击到城下，并攻破泗沘城的外城。百济王扶余义慈带着太子扶余隆弃城逃跑，向北投奔高句丽而去。苏定方顺势围住内城。

此时，百济王室内部发生分化。扶余义慈的次子扶余泰自立为百济王。扶余义慈的嫡孙扶余文思却说："王与太子虽并出城，而身见在，叔总兵马，即擅为王，假令汉兵退，我父子当不全矣。"此话说得很有道理。若是唐军攻下泗沘城，扶余泰等人难免一死；若是唐军攻不下泗沘城而撤军，百济王与太子回来，扶余泰等人也难免一死。

扶余文思不想跟着扶余泰送死，便率领左右亲信翻过城墙，投降唐军。城里的百姓很多跟从而去。扶余泰本来就是"擅为王"，没有威望，任他再怎么喝止，也控制不住局势。苏定方见城中大乱，命令攻城士卒登上城头竖起唐军旗帜。扶余泰见大势已去，只得开门投降。先前逃跑的百济王扶余义慈和太子扶余隆也被投降的百济军民捉住，送到唐军大营。

百济遂平后，唐政府分其地为熊津、马韩、东明、金连、德安五都督府，并置带方州。苏定方带着百济王室一干人等回国，献俘东都洛阳。

显庆五年（660 年）十一月初一，唐高宗亲临洛阳则天门，接受百济战俘，并赦免了他们的罪行。唐高宗迁苏定方为左武卫大将军，赏赐珍宝，不可胜计。

苏定方这个之前仍然默默无闻的老将军，却在接下来的三年里迸发出耀眼的光芒，自西至东，划破大唐整个版图，成为大唐将星中最璀璨的一颗，"前后灭三国，皆生擒其主"，遂成一代名将。

平灭百济，意义重大。中原王朝已有四百年没有在朝鲜半岛实施过有效统治，此番在百济建立郡县，无疑具有破冰意义，此其一也；此后，唐军可以从容渡海，在原百济领土登岸，对高句丽形成南北夹击之势，此其二也。唐高宗异常高兴，宣布“赐天下大酺三日”，所有的唐朝百姓都可以开怀畅饮三天，以庆祝这场来之不易的胜利。

但是，唐高宗的喜悦并没有持续太久，唐朝百姓也很快从畅饮沉醉中醒来。龙朔元年（661 年）三月，百济僧人道琛及百济大将扶余福信在周留城（今韩国全州西）聚众起义，抵抗唐朝的统治。当时，百济的大部分王室成员已内迁到中原。百济王扶余义慈的第五子扶余丰却因在年幼时被送到日本为人质，而幸免于难。

道琛与扶余福信派人前往日本，希望迎请扶余丰回国继任百济王。日本当然也想趁着朝鲜半岛的乱局从中取利，马上派出舰队护送扶余丰回国，并且承诺帮助百济复国。有了新国王，又有了外援，百济遗民看到了希望，纷纷加入起义军，与唐军作战。

唐朝在百济的统治形势急转直下，刚刚建立的郡县相继丢失。起义军兵锋直指熊津都督府。熊津都督府即百济首都泗沘城故地。若是拿下熊津，百济真的就要复国了。

此时的熊津都督是王文度。不错，就是那个因假传圣旨而使唐军在西域败退的王文度。王文度本已被贬官为民。但不久，唐高宗又重新起用了王文度，命他随苏定方跨海征东。苏定方班师后，王文度留下来做了熊津都督。此时，历史的镁光灯再次集中在王文度身上，他能否一雪前耻，为大唐守住熊津呢？

非常不幸，王文度竟突然暴毙。其暴毙原因一直没有定论。据学者推测可能是因其心理压力过大，引发心脑血管疾病所致。

屋漏偏逢连夜雨。大敌当前，主帅暴毙，这仗还如何去打？即使朝廷再派员接任王文度，也远水解不了近渴。唐高宗在无奈之下，起用当时正在熊津的原青州刺史刘仁轨检校带方州刺史，全权负责百济军务。

刘仁轨，汴州尉氏（今河南尉氏县）人。他出身贫寒，没有家族的荫庇。隋末乱世时，他仅十几岁，不能建功立业，因而一直沉沦下僚，声名不显。

刘仁轨为人耿介不阿，在做陈仓县尉时，居然将骄纵违法的折冲都尉鲁宁当堂杖毙。县尉是八品官，折冲都尉是四品官。此事惹得唐太宗都侧目，曰：“是何县尉，辄杀吾折冲？”后唐太宗亲自召见刘仁轨。刘仁轨不卑不亢，陈说缘由。唐太宗奇其刚正，擢授栎阳丞。后唐太宗授刘仁轨为新安县令，累官至给事中。

刘仁轨的行事方式，在官场上非常容易结下仇家。唐高宗“废王立武”后，李义府在政坛崛起。一次，李义府看上了一名关押在大理寺的漂亮女犯淳于氏。李义府竟让大理寺丞毕正义将其释放，自己欲纳其为妾。此事很快被张扬出去。

唐高宗命刘仁轨审理此案。刘仁轨秉公审理，李义府只得逼迫毕正义自缢才保全了自己。从此，李义府对刘仁轨怀恨在心，找了一个由头将其贬为青州刺史。

这还不算完，青州是征伐百济的前线，刘仁轨担负着海运粮草的重任。李义府明知天气条件不允许，却强行令其运粮出海，结果船队在海上倾覆。刘仁轨随即被捕入狱。唐高宗将刘仁轨免职后，令其以平民之身随军立功。

刘仁轨以戴罪之身随军来到百济。没想到王文度突然暴毙，唐高宗无人可用。就是这样一个偶然的机遇，将原本籍籍无名的刘仁轨推向了历史的前台。

高句丽休矣

当时，百济的战况对唐军非常不利，不要说继续占据百济，即使能全身而退已属不易。唐军将士都希望刘仁轨率领大家渡海西归。

但刘仁轨却力排众议，坚持留下来抵抗。他对诸位将士一番慷慨陈词：“人臣进思尽忠，有死无贰，公家之利，知无不为。主上欲吞灭高丽，先诛百济，留兵镇守，制其心腹。虽妖孽充斥，而备预甚严，宜砺戈秣马，击其不意，彼既无备，何攻不克？”

刘仁轨认为，百济虽然死灰复燃，来势汹汹，但他们是由僧人道琛、大将扶余福信、百济王扶余丰和日本军队等几股势力组成的联军，开始时可以同仇敌忾，一旦战争即将取得胜利就会相互猜忌，貌合神离，势必相害。唐军只要在这个时候顶住压力，分兵据险，坚守观变，在适宜的时机出其不意地发动攻击，是可以战胜百济军队的。只要唐军在百济立住脚跟，在朝鲜半岛上建立起桥头堡，增援的军队就会源源不断地到来。到那时，敌人自然会被歼灭。

而一旦唐军此时撤退，那么“百济余烬，不日更兴，高丽逋薮，何时可灭”？况且现在想要全身而退也不容易，如刘仁轨所言：“今以一城之地，居贼中心，如其失脚，即为亡虏。拔入新罗，又是坐客，脱不如意，悔不可追。”

当然，刘仁轨虽然将客观形势分析得头头是道，但他誓不退兵恐怕也有主观上的难言之隐。刘仁轨本就是戴罪之身，此番做了点校带方州刺史更有守土之责。若是率军西归，就是丢失国土，朝中的李义府将如何中伤他不言自明。因此，对于刘仁轨来讲，是宁可与百济厮杀而死，也绝不能率军西归的。

刘仁轨统一了唐军将士的思想，安定了军心。于是，唐军开始向新罗方向攻击，旨在打通与新罗的联系，获得新罗的援助。唐军接连攻克多个城寨，扶余福信退守真岘城（今韩国大田）。此城临江高峙，易守难攻。刘仁轨带着前来支援的新罗兵，乘夜攀草登城，一举将其拿下，打通了通往新罗的粮道。

不出刘仁轨所料，唐高宗得知唐军站稳脚跟后，马上诏发山东沿海的州县调兵七千人，由右威卫将军孙仁师率领，渡海增援。同样不出刘仁轨所料，百济内部果然出现分裂。先是扶余福信杀死僧人道琛，兼并其部众，后是百济王扶余丰猜忌扶余福信。扶余福信突然称病，企图诱使扶余丰来看望他，趁机杀之。此谋被扶余丰识破，他率众袭杀扶余福信。经过这次火并，百济的实力也大大削弱。

此消彼长，唐军在朝鲜半岛的形势逐渐转好。龙朔三年（663 年）九月，孙仁师率援军与刘仁轨会师，唐军军威大振，开始寻百济军决战。有将领提议先攻取要地加林城（今韩国锦江入海口）。刘仁轨却认为加林城易守难攻，与其费力攻取，不如直下扶余丰的巢穴周留城，“若克周留，则诸城自下”。

最终，唐军兵分两路，由孙仁师与新罗王金法敏率陆军长驱周留，刘仁轨则率水军由熊津沿白江（今韩国锦江）顺流而下，在周留城同陆军会师。

唐水军航行到白江口时，与扶余丰率领的日本水师相遇，随即爆发了白江口水战。这是历史上中国军队与日本军队的第一次大规模冲突。关于这次水战，历史记载得并不详细。仅知道日军有战船一千艘左右，唐军有战舰一百余艘。虽然看起来相差悬殊，但当时中国造船业发达，唐军战舰不但规模巨大，而且工艺先进。日本战船虽多，在唐军战舰面前，很多不过是滥竽充数的小筏子、小艇子而已。

唐军在宽阔的江面上四战四捷，摧毁日军战船四百余艘，一时间“烟焰涨天，海水皆赤”。唐军顺势进攻周留城。百济军与日军无力抵抗，周留城很快被攻下。扶余丰侥幸脱身，逃往高句丽。其子扶余忠胜、扶余忠志等率守军与日军兵将皆投降唐军。

白江口水战彻底消灭了百济抵抗势力，使百济复国成为泡影。更为重要的是，此役粉碎了日本第一次以朝鲜半岛为跳板妄图染指亚洲大陆的企图。直到一千年后的明万历年间，日军才再次踏上朝鲜半岛。当然，那一次日军又被明军打了回去。

百济第二次被平灭后，其将领黑齿常之率众来降。黑齿常之曾经投降唐军，旋即又反叛，因而很多唐军将领不主张接受他的投降。倒是刘仁轨，不但接纳了黑齿常之，还供给他军粮、器仗，让他去收复其他百济城池。后来，黑齿常之奉调到西域，多次击败西突厥和吐蕃军队，成为一位名将。刘仁轨也被赞为有识人之明。

唐高宗正式拜刘仁轨为带方州刺史，诏令其镇守百济，秣马厉兵，等待时机进图高句丽。

在唐军平灭百济并镇压百济残余势力的数年间，唐军仍然不时同高句丽进行着军事周旋。如显庆五年（660年），唐高宗派契苾何力、苏定方、刘伯英、程名振等分兵进攻高句丽；龙朔元年（661年），唐朝招募府兵四万余人进讨高句丽；龙朔二年（662年），唐将庞孝泰与高句丽交战于蛇水等。这些战斗规模不算大，却使得高句丽疲惫不堪，有效牵制了高句丽对百济的救援。

百济彻底平灭后，唐朝将主要作战方向集中到高句丽身上，高句丽的亡国厄运终于到来了。

高句丽的厄运是从内部巨变开始的。乾封元年（666年）五月，高句丽权臣泉盖苏文病逝，长子泉男生继承了泉盖苏文的地位，自任莫离支（相当于兵部尚书）。

泉男生没有多少统治经验，居然在刚刚掌握国政、内部还不稳定之时，离开都城出巡，令其弟泉男建、泉男产留守。两个弟弟早有篡权的野心，泉男生前脚刚走，泉男建、泉男产马上逮捕了泉男生的党徒，并以高句丽王的名义召泉男生回京。

泉男生闻听有变，不敢回京，走保别城，遣子泉献诚向唐朝求救。泉男建自封为莫离支，掌握了政权。

高句丽的这一变故，对唐朝来讲是天赐良机。唐高宗以右骁卫大将军契苾何力为辽东道安抚大使，将兵救援泉男生；并加封泉献诚为右武卫将军，担任向导；又以右金吾卫将军庞同善、营州都督高侃为行军总管，同讨高句丽。

九月，庞同善大破高句丽兵，泉男生率众与唐军合兵。唐高宗下诏拜泉男生为特进、辽东大都督，兼平壤道安抚大使，封玄菟郡公，以此来分化瓦解高句丽的军心、民心。

唐军接连取得几次胜利后，唐高宗下定决心，要以此为契机，彻底解决高句丽问题。既然有了这样的作战目标，就需要一员名将挂帅，统领三军。按说苏定方是最合适的人选，但此时他正在西域抵抗吐蕃的侵扰，无法分身。

为确保辽东前线万无一失，唐高宗此次下了血本，任命司空、同中书门下三品李勣为辽东道行军大总管，全权负责征讨高句丽的一切军务。

李勣是何许人也？从长孙无忌倒台后，他已经是朝堂上最为德高望重的大臣，且已年近七十二岁高龄。此番派他出征，足见唐高宗已经摆出同高句丽决战的架势。

乾封二年（667 年）九月，李勣率唐军主力渡过辽河，开始攻击高句丽在辽东的重镇新城（今辽宁抚顺北高尔山城）。唐军采取筑栅为阵、步步为营的战术，逐渐进逼到新城城下。

城中高句丽军心大乱，不断有人翻越城墙投降唐军。最终，高句丽人居然擒获了城主开城纳降。唐军遂占据新城。李勣留下庞同善与高侃守卫新城，自己亲率唐军一连攻占了高句丽十六座城池。

泉男建得知新城有失，亲自率兵来争夺。李勣则派猛将薛仁贵救援新城。双方在城下展开大战。泉男建不敌薛仁贵，撤围而去。庞同善与高侃尾随追击，行至金山（在今辽宁昌图西）时，与高句丽守军遭遇。

唐军开始打得很艰难，很快薛仁贵率所部赶到投入战斗。高句丽军渐渐不支，再次大败，被歼灭五万余人。此后高句丽军很难在辽东组织起有效抵抗，逐渐退守到鸭绿江以南。

唐军则攻占多座城池，与泉男生部会合。金山之战使薛仁贵名声大振，唐高宗手敕嘉奖："金山大阵，凶党实繁。卿身先士卒，奋不顾命，左冲右击，所向无前。"

当月，水军总管郭待封率战舰由鸭绿江口登陆，接着向鸭绿江以南推进。但因粮草不济，唐军陷于困顿。郭待封向李勣修书求援。因恐书信被高句丽截获，知道军中缺粮的情报，他就写了一首诗，暗藏玄机。

李勣得书不解，大骂道："军事方急，何以诗为？必斩之。"

行军管记、通事舍人元万顷很是聪颖，见诗中有蹊跷，便给李勣解释。李勣这才醒悟，赶紧为前方筹备粮草。

李勣见元万顷聪颖，就让他作一篇《檄高丽文》。没想到元万顷聪明过了头，檄文中居然有一句"不知守鸭绿之险"。泉男建看过檄文，回了封书信说:“谨闻命矣!”他调重兵加强了鸭绿江的防务，使得唐军一时无法过江。此事被唐高宗得知，将元万顷流放到岭南。

唐军在鸭绿江受阻达半年之久，只好暂时放弃南攻平壤的计划，继续攻打高句丽在鸭绿江以北的据点。总章元年（668年）二月，李勣派遣薛仁贵率军进攻扶余（今吉林四平）。薛仁贵仅带领两千军兵出征，并说:“兵不在多，顾用之何如耳!”

唐军到达扶余城下，城内守军见唐军人少，便倾城而出，想要将唐军一举歼灭。让高句丽人没想到的是，薛仁贵带领的唐军十分英勇善战，高句丽万余人都不是对手。唐军顺势攻拔扶余城。

泉男建闻扶余不保，派兵五万援救，在薛贺水（今辽宁丹东西南赵家沟河）与李勣所率领的唐军相遇。唐军大破高句丽军，斩获三万余人。高句丽军全线溃败，唐军终于渡过鸭绿江，一路追奔，直抵平壤城下。

唐军将平壤团团围困一个多月，城中粮草殆尽。总章元年（668年）九月，高句丽王高藏派泉男产持白旗向唐军投降。但泉男建仍关闭城门，拒不投降。

城内的僧人信诚被泉男建委以军务。见泉男建大势已去，高句丽气数已尽，信诚为自己寻求出路，秘密联络唐军，约为内应。五天后，信诚如约开城，唐军蜂拥而入。泉男建自知无力挽回，要自杀殉城，未遂，做了唐军俘虏。高句丽全境宣告平定。

十月，李勣率得胜之师回国。唐高宗命以高句丽王高藏等一众俘虏献于昭陵，以告慰唐太宗的在天之灵。后又献于太庙，告慰列祖列宗。当然，唐高宗对高句丽俘虏还是宽大的，并没有杀害他们，就是顽抗到底的泉男建也仅是流放而已，至于高藏等人，还都赐了官爵。

此时距唐太宗贞观十九年（645年）跨海东征高句丽，已经过去了二十三年;距离大业八年（612年）隋炀帝一征高句丽，已经过去了五十六年;距离开皇十八年（598年）隋文帝对高句丽用兵，更是已经过去整整七十年。

中原王朝历经两个朝代、五位皇帝、七十年时间，付出了百万人牺牲的代价才最终将这一腋下之患、心头之痛除去。此后高句丽故地虽然仍动荡不安、兴替不断，但再也没有出现能够威胁中原王朝的强大政权和军事力量。

第六章 武氏当国

风眩之疾

自武则天被立为皇后的永徽六年（655 年），至唐军平定高句丽的总章元年（668 年），唐朝在东西两线边疆取得了一个又一个的军事胜利。不但将西部国境线推进到历代王朝的统御范围从来没到达过的里海附近，还一举解决了困扰中原王朝七百年的高句丽问题。短短十几年，唐高宗建立了不输于任何一个“千古一帝”的武功。若论对外军事的辉煌，唐高宗不输秦始皇、汉武帝、唐太宗、宋太祖、明成祖、清圣祖中的任何一个人。

但是，唐高宗却没有成为“千古一帝”，他在中国历代帝王中的地位并不甚高，口碑也不甚好。其很大的一部分原因，即是武则天后来的专权和称帝，使唐高宗背上了“惧内”之名，有损其声誉。

中国古代专权的女人不少，但大都是母亲专了儿子的权，或祖母专了孙子的权。妻子能专丈夫的权，屈指算来，恐怕仅有武则天一例。唐高宗真的有“惧内”之癖吗？观察他对王皇后的态度，似乎很难论证这一点。唐高宗“惧”的好像也只是武则天一个人。

试想如果没有武则天存在，仍然是王皇后主管后宫，或者换作另外一个什么人做皇后，唐高宗都会表现得再正常不过。既然如此，便不能称为“惧内”。

唐高宗对武则天的纵容与惧怕，只是他在特殊条件下对特殊的一个人产生的一种特殊行为。一者，当时的现实条件必须特殊；二者，武则天这个人必须特殊，才会使唐高宗出现所谓“惧内”的行为。

那么，特殊的现实条件是什么？武则天又特殊在哪里？我们还要到史料中去寻找答案。

显庆四年（659 年）底，长孙无忌刚刚自缢而死。无论是唐高宗还是武则天，心中都长长地出了一口怨气。他们计划出巡，观观风俗，放松心情。车驾自长安出发，先至东都洛阳，在那里过了新年，又于显庆五年（660 年）正月北上渡过黄河，爬上太行山，到大唐龙兴之地和武则天的家乡并州巡幸游览。唐高宗在太原凭吊祖父与父亲的文治武功，武则天则衣锦还乡好生风光了一番。直到六月，车驾才返回东都。

无疑，旅行是愉快的，却也是劳累的。掌权之后的恣意放纵，加之连日的车马劳顿，使三十二岁的唐高宗的身体出现了一些状况，他得了一种奇怪的病症，“风眩头重，目不能视”。

唐高宗突然害了“风眩”之疾。

因为当时医学不发达，古人难以判断一个人究竟得了什么病。故史书在记录某个人生病时，通常使用“病”“疾”等模糊性的词汇。在某人去世时，也很少说明死因，仅记录为“卒”，而不说明因何卒。

唐高宗是个例外，史书中对他所患疾病的症状描述得较为详细，也明确说明他最终死于“风眩”之疾。唐高宗的“风眩”之疾是武则天得以擅权的主要原因，因此有必要展开讨论一下。

中医上的风是指风邪。中医将外邪分为风、寒、暑、湿、燥、热（火）六种，称为“六淫”。临床上，风邪为患较多，又易与其他诸邪相合成病。故称风邪是“六淫”之首，被认为是百病之始。《黄帝内经》中就有“风为百病之长”之说。

风邪还被分为“外风”与“内风”。“外风”是指大自然中的风，人因受到风的侵扰而生病。“内风”是指因内在原因产生了具有“风”的特点的病，诸如头痛眩晕、抽搐、痉挛、肢体颤抖、麻木、蠕动、口眼歪斜、言语不利、步履不稳，甚至突然晕厥、不省人事、半身不遂等症状。比如，唐高宗的“风眩”之疾，在临床表现上主要为头痛眩晕。之所以归为“风”，是因为风会打破平衡，平衡被破坏就会眩晕。

唐高宗的“风眩”之疾究竟是现代医学上的什么病，史载不详，且难以定论。有观点认为所谓“风眩”就是高血压，也有观点认为所谓“风眩”就是类似于脑血栓的脑血管疾病。古人是难以理解血压这个概念的，脑血管中的栓塞古人也是无法观察到的，因为高血压和脑血栓都会产生让人失去平衡感的眩晕，所以这些疾病在古代都归之于“风”。

但眩晕的产生绝不只和血压、血栓有关。眩晕还有内分泌性眩晕、眼源性眩晕、耳源性眩晕、颈源性眩晕、神经官能性眩晕等，不能根据症状就判定唐高宗具有高血压或者脑血管疾病。

唐高宗的“风眩”之疾是具有一定家族遗传性的。唐朝皇室中有多人患有与“风”有关的疾病。据统计，唐朝皇帝中，明确记载患有“风疾”者就有唐高祖、唐太宗、唐高宗、唐顺宗、唐穆宗、唐文宗、唐宣宗。有唐三百年，“风”始终是皇室的梦魇，并多次改变了历史的进程。

李唐皇室中“风疾”患者的临床表现也有很多相似之处。就拿唐太宗与唐高宗这对父子来讲，唐太宗的“风疾”遇到暑热的天气就会加重，而遇到清凉的天气就会好转。大臣们为了让皇帝疗养，奏请在终南山修葺消暑避夏的翠微宫。唐太宗非常高兴，下了一份诏书，道出了自己的心酸病史：

比者风虚颇积，为弊至深，况复炎景蒸时，温风铿节，沉疴属此，理所不堪，久欲追凉。

唐高宗的“风眩”之疾也有类似的临床表现。唐高宗患病后，修建了多处“凉宫”用于养病避暑。唐高宗对于自己难以忍受暑热的病情并不回避，并将此作为自己大兴土木的一个理由。如将作大匠阎立德在九成宫为唐高宗修建了新的避暑大殿，唐高宗就对左右侍臣说：

朕性不宜热，所司频奏请造此殿；既作之后，深惧人劳。今既暑热，朕在屋下尚有流汗，匠工暴露，事亦可愍。所以不令精妙者。意祇避炎暑耳。

不管唐高宗对于工匠的怜悯是出于真心，还是为标榜自己仁政的说辞，“朕性不宜热”这句话总归是没有必要说谎的。

九成宫就是前朝的仁寿宫，是隋唐皇帝的避暑胜地，许多历史大事发生在此。九成宫的位置在今陕西省宝鸡市麟游县的深山中，虽然离长安不算太远，但是交通很不便利，若常年在此避暑，一旦长安发生政变、谋反等紧急状况，皇帝往往会陷入被动。如我们前文讲过，隋文帝在此避暑时，有人诬告杨勇将要占据长安反叛。隋文帝非常紧张，急忙赶回长安处理。

同理，唐高宗也不可能经常到九成宫去生活。根据历史文献记载，自从显庆五年（660 年）唐高宗初次“风疾”发作，到弘道元年（683 年）唐高宗去世，二十多年的时间里，唐高宗仅到九成宫避暑七次，每次不超过半年。不是唐高宗不愿到九成宫去避暑，而是一者国事缠身，二者担心长安有变，身为皇帝也是身不由己。

那么在寻常的年月里，唐高宗又是如何处理“朕性不宜热”问题的呢？没有空调就开电扇，这是很简单的道理。唐高宗只得在长安权且选择稍微凉快一点的地方作为九成宫的替代之地，这个地方就是大明宫。

《唐会要》载：“龙朔二年，高宗染风痹，以宫内湫湿，乃修旧大明宫，改名蓬莱宫，北据高原，南望爽垲。”

自隋文帝修建新长安城以来，长安的皇宫就一直是太极宫。受曹魏邺城以来都城形制的影响，皇帝所居住的皇宫一般在都城的中轴线的偏北部，一直到明清时的北京都是如此。隋唐时的长安城自然也不例外，太极宫就在长安城中轴线偏北部。这个位置地势低下，造成了在暑期太极宫较为闷热“湫湿”的情况。但是碍于礼制限制，太极宫只能处于这个位置，别无选择。

唐高宗为了自己在长安城内能够避暑，于龙朔二年（662 年）下诏重新修建大明宫。大明宫地处长安城的北城墙以外，北依渭水，南接长安，西接太极宫东北隅。这里地势很高，是自长安西南部终南山绵延而下的一条土原的尽头。

这条土原横亘六十里，酷似一条巨龙，大明宫所处的位置恰为“龙首”处，因而也被称作龙首原。站在龙首原上，南望终南山如指掌，京城坊市街陌如在槛内。龙首原北还有一处湖泊，地高而近水，居住在这样的地方，不知要比长安城中的太极宫风凉多少。

大明宫本是唐太宗为其父亲唐高祖修建的养老之地，于贞观八年（634 年）开始修建。当时，唐高祖已经做了八年郁闷的太上皇，一直居住在太极宫外偏西，宫室卑小的大安宫中。父子两个皇帝住在一起多有不便，唐太宗这才有了为父亲在城外再修建一座宫城的打算。

唐高祖并没有等到乔迁新居的那一天。大明宫工程刚刚开始不到一年，他便撒手归西了。唐太宗一生标榜节俭，在没有“尽孝”这个理由的前提下，肯定是不能大张旗鼓地继续建造大明宫了，工程只能停滞了下来。

唐高宗看中了父亲为爷爷挑选的这块风水宝地，下诏将烂尾工程修成样板工程，并在修成之后，改名为蓬莱宫，带着武则天住了进去。此后，蓬莱宫也成了大内。为了同太极宫加以区分，处在太极宫以东的蓬莱宫称为“东内”，太极宫称为“西内”。

唐高宗大动土木修建蓬莱宫，理由很简单，就是为了不离开长安城，还能够避暑治病。但是，人们不这么看。一千多年来，人们一直觉得唐高宗是武则天的傀儡，修建蓬莱宫这样的浩大工程，一定是出于武则天的意志。那么，武则天为什么要修建蓬莱宫呢？

人们要为自己的猜测给出一个合理的理由，还必须符合宫斗剧的狗血剧情，以此满足看客的观影快感，同时还要满足人们内心中对于宫斗胜利者武则天的报复心理。于是，一个听起来有些恐怖的传说产生了。

处事皆称旨

据说，当初萧淑妃在接受“骨醉”酷刑之前，曾经发下诅咒：“武氏狐媚，翻覆至此！我后为猫，使武氏为鼠，吾当扼其喉以报。”武则天听说此事后深感不安，诏令后宫禁止养猫。

此后，武则天频频梦见二人披头散发、满身鲜血地站在她面前。武则天觉得是二人的鬼魂作祟，请来巫祝作法破解，但效果并不理想，最后索性与唐高宗一起迁居到蓬莱宫。

武则天搬离太极宫，躲避到蓬莱宫，内心依旧没有得到安宁，两个厉鬼仍然频频入梦，搅得她心惊胆战。武则天不敢在长安居住了，她逃离了关中，搬到东都洛阳，且不再回来。

武则天因受到萧淑妃的诅咒而下令宫中不许养猫的事，在新旧《唐书》中都有记载，应该说是有一定根据的。但也有史料记载，当时宫中不但养猫，而且武则天非常喜欢猫。

《资治通鉴》记载：“太后习猫，使与鹦鹉共处，出示百官。传观未遍，猫饥，搏鹦鹉食之，太后甚惭。”

太后指的是武则天，既然已经称其为太后，证明这是唐高宗去世后的事情了。武则天养了猫，却让它和一只鹦鹉同住一处，可能是同一个笼子里面。武则天将猫咪与鹦鹉拿出来向群臣显摆，还没等所有大臣都有机会向太后拍马屁，那只猫就很不合时宜地将身旁的鹦鹉吃掉了。对于眼前羽毛横飞的场面，武则天自然感到十分尴尬。

在《朝野佥载》中，也有对于此事的记载。然而，它的记载已经不是朝中趣闻那么简单了，而是具有了强烈的政治寓意：“则天时，调猫儿与鹦鹉同器食，命御史彭先觉监，遍示百官及天下考使。传看未遍，猫儿饥，遂咬杀鹦鹉以餐之，则天甚愧。武者国姓，殆不祥之征也。”

这则记载将故事的发生时间定为“则天时”，如此称呼，证明武则天已经成为皇帝，下面的“武者国姓”同样也印证了这一点。鹦鹉的“鹉”和武则天的“武”同音，猫儿将鹦鹉吃掉，对于武则天来讲不是个好兆头。

在人们看来，武则天虽然没有变成老鼠，却还是成为猫咪利齿下的美餐——不仅是武则天个人，而且整个武氏家族，武氏的江山社稷都成了猫儿的美餐。当然，人们在满足这种心理发泄的同时，也不得不承认，武则天的宫中确实养猫了。

既然后宫养了猫，也就说明即使武则天命令后宫不许养猫的事真的曾经发生过。武则天在后来的某一天取消了这一命令，也证明了她心中跨越了萧淑妃诅咒的那道坎。既然如此，武则天常常居住在东都洛阳也就不会是为了躲避萧淑妃的鬼魂了。那么，她又是为什么常常居住在东都洛阳呢？

在唐高宗发病之后到离世之前的二十多年里，唐高宗与武则天先后有五次移驾东都的经历。这五次经历都与两件事情有关：逐食与封禅。

“逐食”是本书第一卷中一个老生常谈的问题了。隋唐时，关中平原虽然号称沃野，有着数量不少的耕地，但人口稠密加之自然环境逐渐恶化，实际上已经不再适合作为一个庞大帝国的中心区域了。只是因为隋唐在政治上承袭西魏、北周，当年宇文泰将都城定在了长安，关陇贵族已将长安定位为自己心中的“圣城”，迁都阻力巨大，隋唐皇室才不得已仍然留在长安。

早在隋朝刚刚建立时，隋文帝就有过“逐食”洛阳的经历。隋炀帝之所以修建东都、开凿运河，解决粮食问题也是一个重要原因。唐高宗与武则天常常移驾东都，同样是基于粮食方面的考虑。

除了“逐食”这个老问题之外，封禅是一个新出现的问题。这个问题与武则天的专权息息相关。我们还是要从唐高宗的“风眩”说起。

我们先看一条史料，来自《资治通鉴》：

上初苦风眩头重，目不能视，百司奏事，上或使皇后决之。后性明敏，涉猎文史，处事皆称旨。由是始委以政事，权与人主侔矣。

眩晕症一旦发作起来，头晕目眩，无法站立，病人非常痛苦。之所以"目不能视"，是因为只要稍微睁开眼睛，就会发现房间在飞速旋转，不一会儿就会产生呕吐反应。病人虽闭目静卧，尚且呕吐不止，自然丧失了处理任何事情的能力。这时候，病人会产生一种濒死感，给病人的心理上形成巨大的压力。

唐高宗因"风眩"之疾不能亲自处理政务，百官报请禀奏的国事，唐高宗有时就交给武则天处理。武则天虽然作为一介女流，却"性明敏，涉猎文史"，有能力处理这些国事，而且她对唐高宗交办的事项的处理意见"皆称旨"，很合唐高宗的心思。身边有这样一个贤内助存在，受病症折磨的唐高宗乐得逐渐放权，"由是始委以政事"，武则天也开始逐渐干预政事。

长孙无忌、褚遂良等顾命大臣被打倒后，唐高宗完全收回了大权，随即也带来了一个麻烦。因为随着拥有国家治理经验的佐命之臣的消失，对于政务，唐高宗只得事必躬亲。虽然这是正值二三十岁、年富力强的唐高宗想要的结果，但随着他的突然生病，又变成了一个无比沉重的负担。

"风眩"发作的时候，唐高宗感觉天旋地转、目不能视，此时的他无疑丧失了理政能力，必须要找一个人帮自己分忧。能找谁呢？德高望重的元老大臣中，长孙无忌、褚遂良等人已经悉数被贬死，自不必提。唯一没有被打倒的李勣，则是明哲保身，不愿对朝政过多地发表意见。

有一次，唐高宗问李勣："（隋）炀帝拒谏而亡，朕常以为戒，虚心求谏，而竟无谏者，何也？"李勣回答说："陛下所为尽善，群臣无得而谏！"这话听起来很顺耳，但真相果然如此吗？唐高宗当然不可能"所为尽善"，李勣只是在拍皇帝的马屁罢了。李勣以这样的态度参与朝政，自然是事事求诸圣裁。

当然，即使李勣或其他大臣有决断朝政的能力与担当，唐高宗也绝不敢轻易委任。至于宗室藩王，唐高宗处处提防尚且不及，又怎能委以政务。

看看身边，唐高宗的周围虽然前呼后拥、人头攒动，但是他能够相信的只有妻子和儿子。此时的太子李弘年仅八岁，不具备理政能力，那么就只能将部分政务交给武则天处理了。这就是当时特殊的现实条件。

“上或使皇后决之”，可以想见，唐高宗在将政务交给武则天时是小心翼翼、逐渐放手的。或许唐高宗只在发病时，才将政务交给武则天，或许仅仅将一般性的不重要的政务交给武则天。

机遇摆在了武则天的面前，她必须具备一个“有准备的头脑”。“性明敏，涉猎文史”的她有成为一个政治家的能力，且善于揣摩唐高宗的意图，才有了“处事皆称旨”的结果。这就是武则天的特殊之处，也是过人之处。

虽然“处事皆称旨”，但武则天不同于李勣，她并不是每件事情都揣摩今上的心思去做，有时候也会逆唐高宗的龙鳞。

龙朔元年（661 年），唐高宗的病情稍有好转。朝鲜半岛上，唐军针对高句丽的战争正如火如荼地进行着。当年正月，唐高宗招募河南北、淮南六十七州兵，计四万四千人，攻击高句丽。半个多世纪以来中原王朝对高句丽的战争，已经使得唐高宗没有耐心再继续等待下去。

当年四月，唐高宗决定增兵高句丽。他以任雅相为浿江道行军总管，契苾何力为辽东道行军总管，苏定方为平壤道行军总管，与萧嗣业及诸胡兵凡三十五军，水陆分道并进。“上欲自将大军继之；癸巳，皇后抗表谏亲征高丽；诏从之。”

唐高宗一时冲动，准备像自己的表爷隋炀帝、父亲唐太宗一样御驾亲征高句丽。以半个多世纪的经验判断，这是非常不明智的举措，很可能使唐高宗陷入隋炀帝、唐太宗那样骑虎难下的困境。关键时刻是皇后武则天出面表示反对，唐高宗才打消了这一念头。

武则天在唐高宗“委以政事”的过程中展现出了非凡的能力，逐渐达到了“权与人主侔矣”的政治地位。同时，参与国政决断的锻炼，也令武则天对自己的政治能力更加自信，对自己的政治地位有了更高的希冀。

接下来，就像人们熟悉的那些古代权谋斗争一样，危险随着欲望而来。

上官仪教我

本已“权与人主侔矣”的皇后，还想百尺竿头更进一步，而这势必引起唐高宗的警惕。武则天能够入主后宫，当初不过是唐高宗与元老重臣争夺最高权力的结果使然。没想到唐高宗刚刚得到梦寐以求的最高权力，就被一场突如其来的“风眩”击垮，只能无奈地将最高权力与皇后分享。

武则天经过一段时间的试探之后，权力欲逐渐膨胀，胆子也逐渐大了起来。她对唐高宗的态度由最初的顺从、劝谏而逐渐转为蛮横和控制：

初，武后得志，遂牵制帝，专威福，帝不能堪。

唐高宗对武则天逐渐心怀不满。而偏偏此时，唐高宗的感情生活又出现了一些波澜。武则天有了情敌，而且还是两位。这两位情敌偏偏不是外人，就是武则天同父同母的姐姐韩国夫人武顺，以及武顺的女儿贺兰氏。

武顺早年嫁给关陇贵族贺兰越石，二人育有一子贺兰敏之和一女贺兰氏。贺兰越石去世后，武顺寡居在家。因妹妹武则天的关系，武顺得以经常出入宫禁，逐渐和妹夫唐高宗勾搭在一起并得到宠幸，受封为韩国夫人。

尝到甜头的武顺索性带着自己的女儿一同服侍唐高宗。母女共事一夫的刺激，使唐高宗欲罢不能。武则天看在眼里自然非常不满。但考虑到自己的位置还不够稳固，加之姐妹之间的情面，武则天并没有公开发作。

麟德元年（664 年），武则天聘请一位道士到蓬莱宫中作法，施行“厌胜”之术。武则天究竟为何这么做，史书中并没有明确记载。但是，根据这个时间节点来看，除了韩国夫人受宠这件事之外，此时武则天在宫中并没有不如意之事。因此很多学者认为，武则天请道士行“厌胜”之术，应与韩国夫人有关。

但行“厌胜”之术是宫中的大忌。此时，武则天在宫中还没有完全做到一手遮天，一位叫作王伏胜的宦官很快揭发了此事。

唐高宗获悉后大怒，动了废掉武则天皇后之位的心思，并宣宰相上官仪入宫商议此事。这是武则天入主后宫后所面临的最严重的一次险情，稍有差池，便很有可能重蹈当初王皇后的覆辙。

唐高宗宣来商议废立皇后大事的上官仪，是新近进入宰相班子的一位大臣。上官仪的父亲上官弘是隋炀帝时期的江都宫副监，江都宫变时，与隋炀帝、虞世基、裴蕴、许善心等人一同被叛军所杀。当时，上官仪也在兵变现场。他时年十岁，趁乱藏匿了起来，侥幸没被叛军发现而得以活命。但他的弟弟上官谨就没那么幸运了，随父亲一同死难。国破家亡的上官仪被一寺院收留，剃度做了和尚。

贞观初年，天下大定，上官仪萌生了入仕重整家风的念头。他以才华被扬州大都督杨恭仁器重。后上官仪考取进士，加之杨恭仁的推荐，唐太宗亦闻其名，召授为弘文馆直学士，累迁秘书郎。

上官仪是初唐著名诗人，其词绮错婉媚。唐太宗雅好文学，因而常令上官仪参加宫廷宴集，二人曾相互唱和。此举使参加宴集的李治对上官仪颇为注意。

唐高宗即位，升迁上官仪为秘书少监。唐高宗与武则天的长子李弘被立为太子后，唐高宗任命上官仪为太子中舍人，辅佐太子。可见唐高宗对上官仪的器重。

上官仪显贵之后，他的诗歌也得到了更多人的认可，人多效仿他的诗歌风格，谓为“上官体”。这样的文人有才能、无胆识，好用听话，既能为皇帝解忧，又不会对皇权构成威胁，是历代太平皇帝喜欢的类型。唐高宗自然也对上官仪“爱不释手”。

龙朔二年（662 年），上官仪拜相，升任西台侍郎、同东西台三品（此时，门下省已改称东台，中书省已改称西台）。上官仪的仕途达到顶峰。

此次唐高宗因武则天在宫中行“厌胜”之术而动了肝火，欲废武则天为庶人，召上官仪入宫商议。明为商议，实际上“圣意”已经非常明显，只是唐高宗想借上官仪的口说出来罢了。

此时，上官仪的角色非常难当。他若是劝说唐高宗息事宁人，很容易被皇帝误认为武则天一党。如果唐高宗此时真的已经下了废武的决心，上官仪刚刚做了一年多的宰相之位必然不保，还可能要连累身家性命。如果上官仪顺着唐高宗的“圣意”去说去做，一旦武则天以后有反手的机会，上官仪同样没有好果子吃。

清官难断家务事，更何况是皇帝的家务事，这正是考验上官仪政治智慧的时候。然而，诗人出身的上官仪并没有与其所处的政治地位相匹配的智慧，他所能想到的、做到的只是顾及眼前，于是顺着皇帝的圣意说道：“皇后专恣，海内失望，宜废之以顺人心。”

唐高宗顺水推舟，命令他火速起草废掉武则天的诏书。

就像武则天的身边有揭发她的宦官王伏胜一样，唐高宗的身边也有心向武则天的人。就在上官仪起草诏书的这个节骨眼上，有人飞奔到武则天的宫中密报此事。

武则天闻报大惊，马上起身到唐高宗的宫中自我申诉。武则天向唐高宗说了什么，史书没有详细的记载，只告诉了后人武则天申诉的结果：“帝乃悔。”

唐高宗后悔了，不准备废掉武则天了。不仅如此，为了使武则天不怨恚自己的鲁莽行为，唐高宗还对武则天说：“上官仪教我。”

此时，正在为起草废后诏书而搜肠刮肚、咬文嚼字的上官仪脸上写满了“无辜”。但“无辜”这两个字在武则天的眼中无疑是“可恶”。

为什么唐高宗先前在废王皇后时那样决绝，而此次在废武皇后时却优柔寡断、出尔反尔呢？

很多人认为是因为唐高宗惧怕武则天，细想来也不尽然。在废王皇后时，一是唐高宗想要借此打压元老重臣，二是有武则天这样的强力盟友在，这两点使得唐高宗对废王皇后义无反顾。

此次欲废武皇后，仅仅是唐高宗一次怒火攻心时的应激反应。废掉王皇后，武则天可以代替王皇后的位置；废掉武皇后，谁又能代替她的位置呢？应该说此时宫中还没有人能够同武则天比肩。因此，冷静下来的唐高宗也就同武则天“床头打架床尾和”了。

不过，这场风波也让武则天看到了自己潜在的危险。应该说，此时的武则天在朝野上下已经没有重要的政治对手了。但她却认识到，有一些称不上政治对手的人，有可能在风向不利于自己的时候，给自己带来一些麻烦，比如上官仪。平心而论，上官仪不是一个有强烈政治野心的人，他也不愿意同武则天为敌。

唐高宗为了保全自己，对武则天说“上官仪教我”，武则天也不见得就真的相信。不过，武则天看到的是：虽然废掉自己不一定是上官仪的主意，但是唐高宗想要废掉武则天，上官仪却肯于推波助澜。类似这样的大臣，在朝堂上不在少数。这样一来，相当于武则天的权力是皇帝赋予的，皇帝随时可以收回去。

武则天想要更进一步巩固自己的地位，乃至于在将来的某一天能够架空皇帝独揽大权，就必须让朝臣惧怕自己胜过于惧怕皇帝。哪怕将来皇帝再想要废掉自己，朝臣也不敢有所行动，甚至会劝阻皇帝不要那样做。要想达到这个效果，最好的方式便是杀一儆百。于是，上官仪也就成了那只杀给“猴子”们看的可怜“公鸡”。

如何打击上官仪呢？废太子李忠在做陈王的时候，上官仪曾做过陈王府的谘议。向唐高宗告密武则天在宫中行“厌胜”之术的宦官王伏胜，当时也在陈王府中听差。废太子李忠和宦官王伏胜是武则天一心想要除掉的人，还可以诬陷废太子李忠与上官仪、王伏胜结为一党，以结党谋逆之罪制裁他们。

废太子李忠这几年的日子非常不好过。当初李忠并无过失，而仅仅是因为失去了嫡子的身份才被废黜了太子之位。唐高宗对这个不幸的儿子是怀有一定亏欠之心的。他封李忠为梁王，任为梁州都督，实封两千户，赐五色绸两万段，豪华宅第一座，可以说赏赐非常丰厚。但不久之后，李忠就被改任为房州刺史。从梁州到房州，位置偏远了不少，这也反映出唐高宗对李忠的感情逐渐淡漠。

李忠十分明白自己的处境，他的存在永远是武则天的潜在威胁。自古废太子没有几个能得善终，更何况他的对头是武则天那样一个铁腕皇后。武则天一定会为了自己的儿子能安坐太子宝座而除掉自己。因此，李忠的心理压力巨大，毫无安全感可言，常常做出一些怪异的举动。

显庆五年（660 年）七月，一位服侍李忠的妇人阿刘从房州跑到长安，向朝廷密报李忠在房州的种种古怪行为。

据阿刘讲，李忠在房州有时流露出想要出家的念头，有时又偷偷派遣使者到长安打探消息，甚至利用巫术妖法占卜预测。李忠还经常做一些怪梦，并说有人要刺杀他。为了防备刺客，李忠常常穿着妇人的衣服。李忠居然还经常为那些在“废王立武”事件中遭到政治迫害的大臣哀叹，认为是自己连累了他们。

唐高宗起初不太相信李忠会如此行事。通过派员到房州调查后，阿刘所言竟句句属实。唐高宗大怒，传诏将李忠废为庶人，迁到黔州监视居住。非常具有讽刺意味的是，李忠在黔州的住所，正是当年废太子李承乾的故宅。

李忠在大伯父的房子里战战兢兢地挨过了四年，他的生命终于走到了尽头。武则天指使许敬宗诬告李忠与上官仪、王伏胜等人谋反。李忠远在黔州，又早已是一介囚徒，根本无法联系远在长安的上官仪与王伏胜，又怎么可能同他们谋反呢？真是欲加之罪，何患无辞。然而，李忠的解释早已无人理睬。他被赐死在寓所之中，年仅二十二岁。这种结局比这所房子的上一个主人还要凄凉。

上官仪与王伏胜皆被诛杀。上官仪的儿子上官庭芝一同被害。上官仪的家属被配没掖庭为奴。这其中就有上官庭芝的夫人郑氏和尚在襁褓中的女儿。这个刚刚出生就家遭不幸的女婴小名叫作“婉儿”。当母亲怀抱着她，以罪犯家属的身份进入冰冷的宫廷的时候，谁能想到日后她将是一位举足轻重的大人物。

诛杀上官仪“一党”，对当时的朝堂影响是很大的。谁都知道上官仪结党谋逆是武则天罗织的罪名，也都知道上官仪一干人等死得冤枉，也正因如此，此案才对朝臣产生了巨大的震慑。正如《新唐书·上官仪传》所言：

自褚遂良等元老大臣相次屠履，公卿莫敢正议，独仪纳忠，祸又不旋踵，由是天下之政归于后，而帝拱手矣。

天皇天后

经过此次风波，武则天不但轻易地排除了异己，还加强了对朝堂的监控。她希望对朝堂上发生的每一件事情都能做到了然于胸，对朝堂上任何人的声音都能够亲耳听到。只有一种办法能够使武则天达到这样的目的，那就是垂帘听政。

通常情况下，在皇帝未达到亲政年龄时，太后有垂帘听政的可能性。但由皇后在成年皇帝的身后垂帘听政，是亘古未有之事。这样的事情，武则天居然做到了。

可以想见，皇后垂帘听政对于宝座上的皇帝来讲，并不是什么光彩的事情，甚至还有一定的屈辱意味。不久前还信誓旦旦要废掉武则天的唐高宗，为什么能够容忍武则天这样做，实在是一个令人费解的谜题。

或许是出于保护唐高宗人君尊严的目的，唐代史料对此并没有详细的解释。今人的分析大体是，唐高宗天生柔弱的性格在其中起到了至关重要的作用，此时，他在精神上已被武则天控制，且对于妻子的权威已丧失了反抗的欲望。

在笔者看来，唐高宗属于情感上依赖他人且容易受感动的性格。这样性格的人，在自己的意志被劫持之后，会本能地对劫持者进行反抗。若反抗成功，他的表现与常人无异。唐高宗先前反抗长孙无忌就属此类。若反抗不成功，他则会对强大的对立方产生比先前更强烈的依赖感。

唐高宗在对妻子武则天的权威反抗无果之后，马上转向对妻子依赖且感激，或许此时的他已经患上了“斯德哥尔摩综合征”。

显庆六年（661 年）二月，益州等地纷纷向长安报告，有龙的身影出现在当地。天降祥瑞说明君正臣贤，太平盛世即将到来。唐高宗和武则天都很高兴，当即下诏改年号为“龙朔”，显庆六年即为龙朔元年。

众臣为了附和祥瑞，纷纷上表称，皇帝应到泰山行封禅大礼。封禅，是皇帝向天地昭告天下太平的最高礼仪。在隋唐之前，只有秦始皇嬴政、汉武帝刘彻、汉光武帝刘秀三位皇帝在泰山举行过封禅大礼。

隋文帝统一南陈后，大臣纷纷提议隋文帝应行封禅大礼。因隋文帝崇尚节俭，便以自己的功德不足以封禅为由加以拒绝。到了唐朝统一天下后，贞观年间又有大臣提议唐太宗应行封禅大礼。彼时唐朝国力尚弱，又有隋炀帝劳民亡国的教训在前，唐太宗亦不敢轻易地有此虚耗人力物力财力的举动。

如此一来，自东汉光武帝刘秀之后，中原王朝皇帝已经有六百余年没有过封禅泰山的政治行为了。这六百余年正是中原王朝由盛转衰、由衰转盛的历史过程。举行封禅大礼，向天地昭告中原王朝已经走出魏晋南北朝四百年的分裂与黑暗，由大汉盛世走向了大唐盛世，是民族自信的一种表现，具有积极的政治意义，不能简单地以封建迷信和劳民伤财加以否定。

此次大臣们提议唐高宗行封禅大礼，除了逢迎主上的心理之外，也是封禅泰山的历史客观条件已经具备。武则天在暗地里也积极支持此事。最后，唐高宗被说动，并决定于龙朔三年（663 年）正月封禅泰山。

然而，就在这个节骨眼上，朝鲜半岛的局势发生了急剧变化。倭国开始染指朝鲜半岛问题，并与百济、高句丽联合进攻唐朝与新罗联军。朝鲜半岛战事吃紧，唐高宗自然也顾不上封禅泰山了，只得无奈地取消了封禅计划。

龙朔三年（663 年）九月，唐朝与新罗联军在白江口一战，击溃了倭国与百济联军，朝鲜半岛战事得到缓解。当年十月，有司来报，蓬莱宫正殿含元殿前的草丛中发现了麒麟的脚印，这证明麒麟曾经出现在皇宫之中。

麒麟是传说中的瑞兽，有“致太平”的象征意义。往往麒麟出现在山野就被视为祥瑞，更何况是出现在皇宫大内。唐高宗大为高兴，传旨改年号为“麟德”，以第二年（664年）为麟德元年。

麒麟出现在皇宫，加之唐军刚刚在朝鲜半岛取得大胜，一内一外两个祥瑞叠加在一起，朝廷中再次有大臣进言，皇帝应封禅泰山以示太平盛世的到来。唐高宗也不推辞，下诏定于麟德三年（666年）正月封禅泰山。

整个国家机器开始为这次六百年不遇的国家大祭典礼筹备。麟德二年（665年）正月，唐高宗与武则天起驾前往东都洛阳。就在封禅泰山的筹备过程中，武则天向唐高宗建议，由自己进行祭地典礼中的亚献礼部分。

这个建议暗藏玄机，要理解武则天的用意，还要对封禅进行一下解释。

封禅包括“封”和“禅”两种祭祀仪式。“封”指在高山山顶堆土为坛祭天；“禅”则是在高山之下、小山之上拔去杂草，建立祭场祭地。祭天的时候应由本朝先皇配享，祭地的时候应由本朝先后配享。配享也就是一同享受祭祀和祭品。

唐高宗要进行封禅大礼，祭天的时候应由唐高祖和唐太宗配享，祭地的时候应由唐高祖的窦皇后和唐太宗的长孙皇后配享。祭天、祭地两个仪式都分为初献礼、亚献礼、终献礼三个部分。皇帝行初献礼，公卿行亚献礼、终献礼。

此番武则天之所以公然要求由自己进行祭地典礼中的亚献礼部分，她给出的理由是，祭地的时候由窦皇后和长孙皇后配享，而由男性公卿进行亚献礼和终献礼，是一种失礼。自己作为皇后，应率领众公卿的夫人进行亚献礼，再由越国太妃（唐太宗的燕德妃，越王李贞之母）行终献礼。

武则天的这一倡议不无道理。但是，在男权社会中，由女性主导国家最高祭祀仪式，却是自有信史记载以来未有之事。此时，唐高宗对武则天几乎已经到了言听计从的地步。对于这样开天辟地的提议，唐高宗没有做太多的犹豫，十分爽快地答应了。

封禅典礼如期举行。据说，当武则天带领众多达官显贵的夫人登上祭坛，像模像样地举行仪式的时候，在祭坛下的公卿大都窃窃发笑。可见当时的人们虽然惧怕武则天，但在人们的内心中，对她并没有太多的尊重，且对她主持祭地大典的亚献礼也没有太多的认可。

“国之大事，在祀与戎。”不管怎么说，武则天终究通过亲身主持祭祀仪式，使自己的政治地位又向巅峰攀升了一大截。

封禅典礼结束后，车驾回到东都洛阳。武则天将着手清除她在宫中的最后一个隐患——她的外甥女贺兰氏。此时，武则天的姐姐韩国夫人武顺已经去世，武顺的女儿魏国夫人贺兰氏却正在宫中得宠。唐高宗想纳贺兰氏为嫔妃，却因忌惮武则天而始终没有那么做。

武则天已经是一位年逾四十岁的妇人，即使她再强大，也难抵岁月无情的刻刀。比起她的外甥女贺兰氏来，武则天自然在年龄和容颜上不占优势。一旦贺兰氏成为第二个自己，武则天又当如何呢？即使贺兰氏在政治上对自己构不成威胁，但她天天得到唐高宗的宠爱，武则天的心中也是非常不满，必欲除之而后快。

武则天解决问题的手段可谓一箭双雕。当时，武则天的两位族兄武惟良与武怀运均随驾同在东都。他们二人向贺兰氏进献美食。武则天却秘密命人在美食中下了剧毒。贺兰氏食用后当场暴毙。

武则天命人追究死因，自然把账算到了武惟良与武怀运两兄弟头上。二人被处死。为了不玷污武姓的尊严，二人还被改姓为“蝮”氏。“蝮”是一种毒蛇，这种做法与当初将王皇后改姓为“蟒”，将萧淑妃改姓为“枭”，是一个意思。

古往今来，很多当权的皇后都会重用外戚，为什么武则天反而要陷害外戚呢？在第一章中我们就曾讲过，武则天的父亲去世后，武则天与母亲杨氏没少受武家人的欺辱。可以说武则天对自己的娘家兄弟们，非但没有多少爱意，反而有很深的恨意。

武则天靠自己的能力上位，根本不需要外戚的支持。武则天借除掉情敌的机会，既是打压外戚，又是为自己不幸的童年报仇。另外，武则天要让皇帝和朝臣们看到，自己连外戚都绝不手软，既可以显示自己六亲不认，绝没有扶植外戚的私心，又可以给皇帝和朝臣以强烈的心理震撼，让他们更加惧怕自己，岂不是一举两得。

武则天通过一系列强力且富有成效的手段，不但坐稳了皇后宝座，还牢牢地将皇帝掌控在手中。唐朝政治实际上已经进入了唐高宗和武则天联合执政的时期。当时，宫里宫外将唐高宗与武则天并称为“二圣”。

咸亨五年（674 年）八月，唐高宗又下诏自称为“天皇”，称武则天为“天后”。同时改咸亨五年年号为上元元年。一切看上去是那么圆满、那么完美。但就在此刻，宫中发生了一件影响极为深远的事件：

“二圣”的继承人——太子李弘病逝了。

第七章 谁家天下

摘瓜黄台下

李弘是唐高宗的第五子，唐高宗与武则天的长子。他四岁时被立为太子，素以“仁孝”见称，深得唐高宗与武则天的宠爱，对他寄予厚望。但是，李弘自幼体弱多病，上元二年（675 年）四月，年仅二十三岁的李弘暴逝于东都洛阳合璧宫绮云殿。

唐高宗与武则天对于李弘的不幸早逝异常惋惜与悲痛，追赠李弘为皇帝，给予非常高的评价：“慈惠爱亲曰‘孝’，死不忘君曰‘敬’，谥为孝敬皇帝。”唐高宗“追怀哽咽”，为缅怀李弘，亲自书写了一篇《睿德记》，并刻为石碑，竖立于李弘陵墓之侧。

根据这篇《睿德记》记载，李弘常年患有“瘵病”，并最终死于该病。“瘵病”即痨病，是古代对于肺结核等呼吸道类疾病的称谓。这种病在二十世纪五六十年代还是不治之症，更何况是一千四百年前的唐代。

但是，在《睿德记》中，唐高宗有“将逊于位”的表白。就是说唐高宗苦于“风眩”不能理政，准备将皇位传给李弘，自己做太上皇。这一说法引起了后人的猜测——是不是武则天害怕李弘即位之后，自己将失去政治权力，而将李弘害死？这一传言越传越邪，以至于《新唐书》和《唐会要》等史书中皆记载了李弘可能被武则天鸩杀。

武则天与李弘之间确实存在着一定的矛盾。比如咸亨二年（671 年），唐高宗与武则天巡幸东都，留下李弘在长安监国。李弘在深宫之中发现了两位同父异母的姐姐义阳公主和宣城公主。两个人的母亲都是萧淑妃。二人因母获罪，早已过了出嫁年龄，却仍然被幽禁在深宫之中。

两位公主如今已经丝毫不会威胁到武则天和太子的地位，又何必将她们囚禁终身呢？李弘对两位姐姐的遭遇心生怜悯，于是向父皇启奏，希望准许她们离开深宫出嫁。唐高宗对此表示同意。但李弘此举却被认为有吃里扒外之嫌，武则天对李弘颇为不满。

李弘会不会因为失去了母亲的宠爱，加之父亲准备逊位于他，引起母亲的警觉，因此被母亲毒害了呢？

这种可能性非常小。这一观点明显低估了武则天对当时唐朝政治的掌控能力。即使唐高宗将皇位传给李弘，武则天照样可以执政，只是身份由皇后变成了太后而已。武则天对李弘的影响力绝对不会低于她对唐高宗的影响力。后来，唐中宗、唐睿宗任由武则天废立，也可以说明这一点。

如果武则天真的对李弘不满甚至有所忌惮，她完全可以废掉李弘另立太子，没有必要使用毒杀的手段。接下来李贤的遭遇即是如此。

李弘去世后，武则天的第二子李贤被立为太子。李贤成为太子之初，就被委以重任。在唐高宗与武则天住在东都洛阳的时候，李贤留守长安监国，很令唐高宗满意。唐高宗还亲自写下敕书对李贤褒奖，认为他处事明审、留心政事、抚恤百姓。特别难得的是，李贤在听政之余还能召集学者注释范晔的《后汉书》。

但是，李贤在得到父亲唐高宗褒奖的同时，却同母亲武则天的关系越来越紧张。当时，唐高宗和武则天都十分信任一个叫作明崇俨的术士。此人精通巫术、相术和医术，不但经常参加国家的祭祀仪式，进行占卜活动，还为唐高宗治疗风眩。

明崇俨经常在武则天面前装神弄鬼，把一些国事通过他那套歪理邪说说得神乎其神。他曾经对武则天说，“二圣”的第三子李显有点和唐太宗类似，幼子李旦将来贵不可及。言下之意，李贤不应该被立为太子，将来更不可能做皇帝。李贤闻知此事，非常憎恨明崇俨。

此时，宫中又有一个传说，李贤非武则天亲生，而是武则天的姐姐韩国夫人武顺所生。李贤闻知此事，更是心生疑惧。

武则天对李贤的态度也逐渐冷淡，甚至动不动就斥责他。李贤心中不安，越发感到自己很有可能要步曾经那些不幸太子的后尘。

此时，唐高宗的身体越来越难以处理政务。但是，李贤毕竟刚刚做了太子，不像当年的李弘自幼便做储君，唐高宗对于马上传位给李贤还是有所顾虑的。因此，唐高宗想了一个折中的办法。

上元三年（676 年）四月，唐高宗准备下诏，让“天后”武则天摄政。此前唐高宗与武则天虽然共同执政，但是只有唐高宗上朝听政的时候，武则天才可以垂帘听政。唐高宗若是因病无法上朝，武则天是不可以单独上朝听政的。

如果唐高宗下了让武则天摄政的诏书，等于是宣布，当自己因病无法上朝的时候，武则天可以单独上朝听政。这对于武则天来讲自然是求之不得的。但是，这无疑又将架空太子李贤。

当时，因太子监国的需要，国家的宰相也兼任太子的东宫僚属，如中书令郝处俊兼任太子宾客，中书侍郎、同三品李义琰兼任太子右庶子等。他们不但对于国事有举足轻重的发言权，且处处维护太子李贤的利益。唐高宗的提议马上遭到这些大臣的反对。

郝处俊表示：“天下者，高祖、太宗之天下，陛下正合慎守宗庙，传之子孙，诚不可持国与人，有私于后。且旷古以来，未有此事，伏乞特垂详审！”提醒唐高宗不能将李家的天下传给外人。这话说得已经非常露骨了。李义琰随后附议：“处俊所引经典，其言至忠，圣虑无疑，则苍生幸甚！”

经过这一番辨析，唐高宗也感觉此事不妥，于是“天皇称是，其事遂止”。此事就此不了了之。可以想见，武则天对这些坏其好事的东宫僚属真是恨得牙根痒痒。

此时，李贤已经感到自己渐渐不容于母亲。据说，李贤为了挽回与母亲的亲情，作了一首《黄台瓜》诗，并将其谱成乐章，唱给母亲听。其词如下：

种瓜黄台下，瓜熟子离离。
一摘使瓜好，再摘令瓜稀。
三摘尚自可，摘绝抱蔓归。

“黄台”指的是皇宫、皇家，“藤蔓”则比喻武则天。一棵藤蔓上生长了四个瓜，指李弘、李贤、李显、李旦四兄弟。

不过需要说明的是，《黄台瓜》诗是否出于李贤还存有疑问。这首诗不见于当时的史料。最早引用这首诗的人是八十年后唐肃宗时期的李泌。李泌在对唐肃宗提到这首诗时，唐肃宗居然说“朕不知此”。李唐皇室先辈的著名掌故，恐怕唐肃宗很难说自己不知道。因此，《黄台瓜》诗或许是后人伪造的。

太子李贤终究没有挽回他与母亲武则天的关系。仪凤四年（679 年），术士明崇俨被人所杀，此案一直没有破获。

据说，自从唐高宗身染沉疴之后，就已经无法满足武则天的生理要求。武则天是一个欲望非常强烈的女人，渐渐地，同术士明崇俨产生了暧昧关系。然此说没有确切的正史根据，只是稗官野史所记载的小道消息而已。

虽然无法肯定武则天与明崇俨有不正当关系，但明崇俨受到武则天的宠信却是事实。明崇俨之死对武则天打击很大。明崇俨说过对太子李贤不利的话，因此武则天高度怀疑凶手是受了李贤指使，只是苦于没有证据而已。

自此，武则天费尽心思地到处寻找李贤的把柄，甚至一些细枝末节都不肯放过。调露二年（680 年），太子司议郎韦承庆劝谏李贤不要耽于声色。《资治通鉴》记载：“太子颇好声色。与户奴赵道生等狎昵，多赐之金帛，司议郎韦承庆上书谏，不听。”

李贤生在帝王之家，又有长兄李弘在上。唐高宗与武则天没有按照一个皇位继承人的标准约束过李贤。所以，李贤沾染一些纨绔子弟的习气，是在所难免的事情。这本无伤大雅，李贤只要听从劝谏，有所收敛也就是了。

李贤对韦承庆劝谏的态度是“不听”。但《旧唐书》却记载，韦承庆“又尝为《谕善箴》以献太子。太子善之，赐物甚厚”。看来，李贤是听从了韦承庆的劝谏的。真实情况到底如何，后人不知。

即使李贤听不进去韦承庆的话，由武则天出面教育，相信也会有所改观。总之，这不是一个原则性问题。但是，武则天却小事化大，诏宰相薛元超、裴炎与御史大夫高智周共同审理此事，不但搜查东宫，还将与李贤狎昵的赵道生抓起来严加审讯。

结果还真的发现了一些隐情，《资治通鉴》载：

于东宫马坊搜得皂甲数百领，以为反具；道生又款称太子使道生杀崇俨。

在搜查东宫的过程中，发现太子李贤私藏铠甲数百领，就变成了他将要造反的证据。更对李贤不利的是，户奴赵道生招供说是李贤指使自己杀害了明崇俨。“款”有“不真实”的意思，“款称”也就是谎称了。这说明《资治通鉴》并不认可赵道生所供的是实情。后世的看法改变不了当时的现实，武则天准备以谋逆罪废掉李贤的太子之位。

唐高宗十分宠爱李贤，希望对其能够从轻发落。但是，武则天却不依不饶：“为人子怀逆谋，天地所不容；大义灭亲，何可赦也！”唐高宗执拗不过。最终，太子李贤被废为庶人，先是幽于别所，后被流放到巴州。

在此案中，虽然李贤被废，太子的一些近臣或被杀或被贬，但当初得罪武则天的郝处俊、李义琰却没有受到太多的牵连。不是武则天不恨他们，而是经过一番权衡之后，此时的武则天还不想树敌太多。

后来，在武则天作为太后操纵政权的垂拱年间，郝处俊的孙子郝象贤就坐事伏诛。武则天发其父母坟墓，焚爇尸体，郝处俊亦遭斫棺毁柩。如此处置可能与武则天对郝处俊的恨意有关。

李贤被废后，大唐太子这顶不太好戴的桂冠终于落到了武则天第三子李显的头上。确切地说，此时李显的名字应该叫作李哲。李显是他出生时的名字。仪凤二年（677 年），李显徙封英王时改名李哲。圣历元年（698 年），李显二度被立为太子时又复名李显。李显是他在历史上的通用名，为了方便好记，本书自始至终将其称为李显。

显庆元年（656 年）十一月，李显生于长安，被立为太子时，年二十五岁。论政治素质，李显不如李贤，比李弘差得更远，应该说他是没有能力挑起储君这副担子的。但在他成为太子没多久，饱经风眩之苦的唐高宗便去世了，李显就这样稀里糊涂地成为唐朝的第四位皇帝。

我何罪

开耀二年（682 年），长安所在的关中平原发生了大灾荒，粮价飞涨，一斗米的价格飙升至三百文钱。三百文钱在先前的太平年景可以买到七八十斗米。老百姓苦不堪言，皇宫、军队和政府机构也出现了粮食紧张的局面。“天皇、天后”只好再次摆驾东都洛阳“逐食”。

弘道元年（683 年），“天皇、天后”到嵩山南面新落成的奉天宫居住。此时，“天皇”唐高宗已经病入膏肓，医药罔效。众御医都束手无策。此时，一位叫作秦鸣鹤的御医挺身而出，劝说唐高宗尝试一种新的治疗方法：针灸。秦鸣鹤精于针灸，只是在皇帝身上扎针可不是小事，不到迫不得已、万般无奈之时，绝不敢轻易尝试。

秦鸣鹤说：“风毒上攻，若刺头出少血可愈。”

在帘幕后面的武则天闻言大怒：“此可斩也，乃欲于天子头刺血！”

唐高宗却说：“御医是议病理，不加罪；且我头重闷，殆不能忍，出血未必不佳，但刺之。”可见唐高宗此时的病情已经到了无法忍受的程度，宁愿铤而走险。

秦鸣鹤这才敢于在皇帝头上施针，“乃刺百会、脑户二穴”。这一方法确实收到了奇效。不一会儿，唐高宗便说：“吾目明矣！”他已经能够睁眼视物了。武则天也非常高兴，在帘幕之后向秦鸣鹤拜谢。

唐高宗的病情稍有缓解后，马上离开嵩山，回到东都洛阳。此后，唐高宗的病情迅速恶化，或许这个时候他才发现“吾目明矣”仅仅是回光返照而已。此时的他连宰相都已经无力召见了。自知马上将永绝于人世，唐高宗哀叹道：“天地神祇若延吾一两月之命，得还长安，死亦无恨。”

然而，天地神祇并没有答应人间至尊这一小小的要求。唐高宗在说这番话的当天夜里驾崩，享年五十六岁。驾崩之前，唐高宗召宰相裴炎进入寝殿接受遗诏，裴炎也因此成为唯一的辅政大臣。

裴炎出身于巨族河东裴氏，但他入仕并非完全因为门第的关系。裴炎精通《左传》，早年参加科举考试，明经及第，具有相当的才学。

调露二年（680 年），裴炎升任黄门侍郎，加授同中书门下三品，成为宰相。审理太子李贤一案时，裴炎与薛元超、高智周一同获取了李贤谋反的罪状，得到了武则天的信任。开耀元年（681 年），裴炎进拜侍中。开耀二年（682 年），唐高宗与武则天前往东都洛阳“逐食”，裴炎辅佐太子李显留守长安。

太子李显于唐高宗灵柩前即位，是为唐中宗。裴炎受遗诏辅政，拜中书令，执掌政事堂，成为权倾朝野的第一重臣。

唐高宗去世后，武则天顺理成章地成为太后。在儿子的朝堂上，武则天的权力有什么样的变化呢？唐高宗的遗诏中有这样一句话：“军国大事有不决者，兼取天后进止。”也就是说，国家大事若有什么不能决断的，要听取武则天的意见。

这句话乍看起来无异于保障甚至放大了武则天的政治权力。因为在高宗朝，军国大事有不决者最终拍板的人一定是唐高宗，在今后则要换作武则天了。但是，军国大事的“不决者”能有多少呢？少之又少。一般正常的军国大事，武则天反而不能参与意见了。这就使武则天同儿子唐中宗逐渐产生了矛盾。

而就唐中宗来讲，他对于自己成为皇帝后所得到的权力并不满足。唐中宗是在自己的两位兄长一死一废之后临时替补当上的太子。自当上太子到即位也就仅仅三年，他还没有建立起自己的心腹班底。虽然当上了皇帝，但他发现朝中没有几个是自己的人。他迫不及待地想要进入“一朝天子一朝臣”的用人循环。

先前没有培养心腹，现在到哪里去找自己信得过的人呢？只能在外戚中寻找。重用外戚是古代帝王惯用的手段，历朝历代都没少惹出麻烦。唐中宗的麻烦也就在此时开始了。

唐中宗在做周王时，娶妻韦氏。韦氏出身关陇贵族京兆韦氏。母亲为山东贵族中第一流的门阀博陵崔氏。父系、母系门第都如此高贵，李显对其自然也十分敬重。李显做了太子之后，韦氏成为太子妃。韦氏的父亲韦玄贞也由普州参军任上被擢升为豫州刺史。

开耀二年（682 年）正月，韦氏为李显生下长子李重润。当时，病重的唐高宗得知太子喜得嫡长子，非常高兴，传旨破例将李重润立为皇太孙。这等于隔代指定了李重润为大唐皇位的继承人。母以子贵，韦氏的地位更加巩固了。

唐中宗即位后，韦氏顺理成章地被立为皇后。当唐中宗觉得在朝中没有自己得心应手的重臣之后，他马上就想到了自己的岳父韦玄贞，准备拜其为侍中。侍中是宰相的一种，此事非同小可。

当李显将自己的意思向辅政大臣裴炎透露之后，马上遭到了后者的强烈反对。当初将韦玄贞擢升为豫州刺史，朝中没有什么反对声音，那是因为豫州刺史是外官，对朝堂决策很难发挥影响，但入阁拜相就大不一样了。韦玄贞当初仅仅是普州参军，后来做了豫州刺史，到如今也不过两年的时光，哪有资格入阁拜相呢？

面对裴炎的质疑，唐中宗越发觉得似乎做什么事都被束缚了手脚，不能随心所欲，不是一个真皇帝。他很不耐烦，火撞顶梁，随口说了一句过激的话：“我让国与玄贞岂不得，何为惜侍中耶！”

这句话自然不是唐中宗的本意。但君无戏言，作为一个皇帝张嘴闭嘴就能说出将祖宗留下的江山社稷轻易许人的话，终究是显得过于轻佻了。

君臣之间出现了矛盾，最后的决定权无疑在君。但此时的情况特殊，一个是新任皇帝，一个是顾命大臣，且过失明显在君，能否让韦玄贞入阁拜相，成为唐高宗遗诏中“军国大事有不决者，兼取天后进止”的激发条件。裴炎在无法说服唐中宗放弃主张的情况下，只得入宫求救于太后武则天。而武则天正在等待这样一个机会。

嗣圣元年（684年）二月初六，太后武则天于东都洛阳乾元殿召集皇帝和百官议事。“二月初六怎么会上朝呢？”皇帝和百官心中都在打鼓。由于唐高宗在统治后期身体不好，百官奏请单日上朝，双日不上朝。这项制度一直延续到唐中宗即位还在执行。“初六”是双日，本不应上朝。

乾元殿是洛阳皇宫的正殿，不是重大的朝庆活动绝不会轻易开启。在一个本不应上朝的日子，太后召集皇帝和百官在乾元殿议事，人们都感到了事态的严重性。

当武则天入殿后，左骁卫大将军、羽林军将领程务挺率领众多的羽林军随之持兵刃蜂拥而入，大殿内的空气骤然变得紧张压抑。唐中宗端坐在宝座上，更是如芒在背、如坐针毡。

没有多余的废话，武则天当众宣布废皇帝为庐陵王，马上扶下殿去。

“我何罪？”唐中宗高叫了一声。事已至此，唐中宗面对严母的胆量反而大了起来。

“汝欲以天下与韦玄贞，何得无罪！”武则天答得也干脆。

母后的回答让唐中宗无法反驳，他确实说过那样的话。虽然那是一句气话，但还是那句话——君无戏言。

庐陵王李显被禁锢起来，失去了自由。此时距唐高宗驾崩，唐中宗即位刚满两个月。随后，庐陵王李显和韦氏一起被赶出了京城，先后被软禁于均州（今湖北省丹江口市）、房州（今湖北省房县）。

与此同时，武则天开始着手削剪李显的羽翼。当然，李显也没有多少根羽毛可剪，主要是外戚韦氏一门。韦皇后被降为庐陵王妃。韦氏全家配流到今天南海北部湾一带的钦州。韦玄贞在不久之后客死于荒蛮之地。韦皇后的母亲崔氏被钦州当地的少数民族首领宁承兄弟杀害，她的四个兄弟也一同遇害。

据史书记载，韦玄贞本就不是一个追名逐利的小人，他志在山水，淡泊俗务。他也并不是主动谋求宰相的职务，而是较为被动地卷入政治洪流之中。在时代大趋势面前，个体生命往往显得羸弱不堪。韦玄贞不愿受名利所累，却最终因名利而死，这也算是时代强加给他的一种荒诞性吧。

国不可一日无君。如今唐高宗与武则天的四个儿子中，一子已死，两子被废，仅剩下幼子豫王李旦能够入继大统了。那个高高在上却长满了蒺刺的皇帝宝座只能由他来坐。

嗣圣元年（684 年）二月初七，二十二岁的豫王李旦被立为皇帝，史称唐睿宗。他六岁的嫡子李成器为太子，大赦天下，改元“文明”。从正月初一到二月初六，“嗣圣”这个年号仅仅用了一个月零六天。

两个月前，唐高宗去世时留下的遗诏是写给唐中宗李显的。如今唐中宗被废，新皇帝即位，那份遗诏自然就成为历史档案，不再对现实政治起指导作用了。“军国大事有不决者，兼取天后进止”自然也就不再算数了，需要重新制订游戏规则。游戏规则是由胜利者制订的，自然代表胜利者的意志：皇帝居于别殿，不得预闻政事，太后临朝听政。

就在李旦被立为皇帝二十天后，文明元年（684 年）二月二十七日，他的二哥废太子李贤死在了巴州寓所。李贤之死与武则天有很大的关系。武则天于二月初六废唐中宗，自己亲自当政。二月初九，她便派遣左金吾将军丘神勣前往巴州“检校故太子贤宅，以备外豫”，也就是搜查、监视李贤，以防李贤趁乱发难。但丘神勣一到巴州就将李贤关押在一处石室之中，逼令其自尽。

丘神勣是否带去了武则天处死李贤的命令，多种史书并没有明确的说明，只有《资治通鉴》肯定地说，“其实风使杀之”，是武则天指使丘神勣处死了李贤。但《资治通鉴》写于宋代，没有唐代史料做基础，司马光的说法恐怕也是推理所得，即如果没有武则天的授意，丘神勣便不敢如此行事。

事发后，丘神勣虽然被处理，但结果并不严重，只是被贬到叠州（今甘肃省迭部县）去做刺史了。不久，丘神勣就回京复职，甚至在此后还官运亨通、屡屡升迁。这似乎也证明了丘神勣是奉武则天的旨意办事，即使没有明确的旨意，也是揣摩武则天的意志办事。

彼时的李贤对武则天来讲已经没有威胁，却仍然难逃一死。即使没有明确下达处死李贤的命令，但在李贤死后，武则天也没有为其申冤的意思。这说明武则天对李贤早已没有了半点母子情谊。

母子之间的决裂恐怕与武则天认定明崇俨是死于李贤之手有很大的关系。从这点上来看，武则天与明崇俨之间的关系真的不简单。

然而，令武则天想不到的是，李贤活着的时候无法对她构成威胁，死后却成了她的重大威胁。

有人借李贤的名义造反了。

将门孤子

武则天临朝听政之后，采取了一系列举措，如将东都改称为神都，洛阳宫改名为太初宫；将尚书省改为文昌台，左、右仆射改为左、右相，六部尚书改为天、地、春、夏、秋、冬六官；将监察百官的御史台改为肃政台，并分为左右两台，左肃政台监察中央官员，右肃政台按察地方官员；追尊太上玄元皇帝老子的母亲为先天太后；在一年之内三次变更年号，改文明元年为光宅元年等。

这些举措虽然看似和武则天个人没有多大关系，但细想来都可以进一步提升她的地位，加强她对朝政的控制，甚至还有隐含的政治愿景在里面。

比如，武则天将御史台改为左右肃政台，无疑加强了对大臣的控制；追尊唐皇室始祖老子的母亲为太后，她自己作为当今太后的地位无疑也就提高了，这都是比较好理解的。但为什么要改东都为神都，并改元“光宅”呢？

这里有主客观两方面的原因。

客观原因已是老生常谈。关中凋敝，中原富庶，长安本已不适合作为都城。在东汉、三国、十六国、南北朝时期，中国的政治重心实际上已经东移，洛阳、邺城等中原城市也已经长期作为政治中心存在。只是由于西魏、北周、隋、唐一脉相传，长安才成为唐朝的都城。隋炀帝重建东都洛阳，就是在重启政治中心东移。武则天将东都改为神都，并长期居住在神都处理政务，则进一步认可了政治中心的东移。

就主观原因来讲，武则天认为武氏发源于姬姓，自己的父亲因功被封为周国公，因此她认为自己与当年的周朝冥冥之中有着某种联系。

洛阳是周朝都城，当时被称作成周。周武王灭殷商后在中原建立新都，到周成王五年（公元前1039年）建成。周成王五年的“何尊铭文”有“唯王初迁宅于成周”的记载。这一历史事件被称作“宅兹中国”。“宅”指住所，“中国”指中原。这也是“中国”这个词语第一次出现在历史记载中。

武则天以周朝的后人自居，对于自家的“旧宅”洛阳自然有着天然的亲近感，改元“光宅”也就好理解了。至于改变一些机构和官职的名称，也并不是心血来潮地胡乱起名，而是按照《周礼》的记载进行修改，如天、地、春、夏、秋、冬六官即是如此。这些都是武则天的政治隐喻或者说政治愿景。

除了隐喻还有明示，除了愿景还有现实。武则天在作出一连串政治布局的同时，还向朝堂公然提出了一项令人难以接受的提议：她希望追封父祖为王并立武氏七庙。

一般来讲，只有皇室宗亲才可以被称为王，外戚是不能被封王的。但外戚封王，唐之前也有先例。西汉吕后曾封诸吕为王，但下场悲惨，因此被历朝历代引以为戒。

至于七庙，《礼记·王制》曰：“天子七庙，三昭三穆，与太祖之庙而七。”只有天子才能够为自己的祖先立七庙，武则天作为太后焉能如此呢？

当时，最炙手可热的大臣裴炎站出来公开反对：“皇太后，天下之母，圣德临朝，当存至公，不宜追王祖祢，以示自私。且独不见吕氏之败乎？”裴炎翻出西汉吕后的典故警告武则天，这话说得已经相当重了。

面对诘难，武则天也有自己的一番理论：“吕后封生人为王，授以事权”，而她自己则是“今朕追尊前代，存殁殊迹，岂可同日而语？又有何伤”？

注意，此时武则天在同朝臣对话时，是自称“朕”的。虽然秦始皇规定，“朕”是皇帝的专有自称，但在秦朝之后，中国历史上有很多太后也都自称“朕”，这并不奇怪。

武则天认为当年吕后封活着的吕氏宗族为王，并让他们掌握权柄，自己则是追尊先人而已，不可同日而语。但无论如何，这是不合礼法的。裴炎已经看到背后的隐忧，对于这种原则问题，一定要在刚有苗头时就加以制止。因此，他再次提醒道：“蔓草难图，渐不可长，殷鉴未远，当绝其源。”

武则天闻听此言非常不悦，但她也感到时机尚不成熟，只得暂且作罢。但从此她在内心中也对裴炎产生了深深的怨恨。

裴炎在先前的两次出场中，都在客观上给武则天帮了很大的忙。一次是他奉命审理太子李贤谋反一案，在李贤府中搜出数百领铠甲，坐实了李贤谋反的证据。另一次是他将唐中宗想要将天下让给岳父的气话告诉了武则天，并协助武则天废掉了唐中宗。这让很多人都认为裴炎是武则天一党，或许连武则天自己也这样认为。

但通过此次公然反对武则天追封父祖为王并立武氏七庙的事来看，裴炎又似乎并不是武则天一党。那么，裴炎这位唐高宗钦定的唯一的托孤大臣的政治立场究竟如何呢？其实，裴炎一直在秉承唐高宗的旨意办事，是唐高宗的忠臣。但是，他缺乏变通，因而让武则天在客观上得利。

比如裴炎在审理太子李贤谋反一案时，确实在东宫马房中搜出了数百领铠甲，然后如实上报。在唐中宗被废风波中，裴炎也是严格按照唐高宗遗诏中“军国大事有不决者，兼取天后进止”的旨意执行。

武则天提高自己权威的种种举措，不但在朝廷上引起诸如裴炎这样的元老重臣的反对，在地方上也引起很多人的反对，这其中不乏一些政治投机分子。

此时，英国公李勣的孙子李敬业正寓居扬州。李勣已于总章二年（669年）去世。朝廷册赠他为太尉、扬州大都督，谥号“贞武”，陪葬昭陵，可以说哀荣备至。

由于李勣的儿子李震早亡，李震的儿子李敬业便隔代承袭了英国公的爵位。李敬业自幼随同祖父征战，有才智，善骑射，是一位将才。但是，李勣却并不喜欢他。据说因为李敬业的面相不好，是破家之相，这样的孩子有可能连累整个家族蒙难。李勣觉得“此儿相不善，将赤吾族”，因而曾想趁着打猎，纵火烧死李敬业。当李敬业进入深林时，李勣便点火烧林。李敬业在林中无法脱身，他立即杀死所骑的战马，并将战马剖腹，自己蜷缩在马腹中。待大火烧过后，李敬业才从马腹中滚了出来。此时，战马已经烧焦，而李敬业却逃过一劫。李勣见此大为震惊。李勣认为李敬业命不该绝，也就不再害他了。

唐高宗时，眉州（今四川眉山）一带的民众反抗朝廷，官军讨伐不利。唐高宗就委任李敬业做了眉州刺史。

李敬业来到眉州，问左右“贼皆安在”，曰：“在南岸。”李敬业没有派遣军队，而是只带着一两名佐史前去和反叛者谈判。他对大家说：“国家知君等为贪吏所苦，非有他恶，可悉归田里。后去者为贼。”反叛者见新任刺史有如此胆略，都扔下武器散去了。

李敬业就这样仅用三言两语便平息了叛乱。李勣闻之也壮其胆略，但也说：“吾不办此。然破我家者必此儿。”

李勣认定了李敬业会给家族带来破门之祸。谁承想这样的祸患还真的到来了。唐中宗即位初，李敬业被贬为柳州司马，原因是“坐赃”。据说李敬业曾在眉州刺史任上贪墨。他的弟弟原周至县令李敬猷也受到株连，被免去了官职。兄弟二人怏怏南下，去柳州赴任。周至县尉魏思温和李敬猷友善，也一同跟随前往。

这几个人走到扬州，遇见了同样被贬官的给事中唐之奇、詹事府司直杜求仁。这几个人共诉被贬官、免官的不满，“各自以失职怨望”。偏巧“初唐四杰”之一的大诗人骆宾王也寓居在扬州，此时他正怀才不遇，郁郁寡欢。仪凤三年（678 年），在京担任侍御史期间，骆宾王多次上书针砭朝政，因此得罪武则天而身陷囹圄。在狱中，他创作了咏物名诗《在狱咏蝉》：

西陆蝉声唱，南冠客思深。
不堪玄鬓影，来对白头吟。
露重飞难进，风多响易沉。
无人信高洁，谁为表予心。

“露重飞难进，风多响易沉”抒发了骆宾王多年沉于下僚又遭无端陷害的悲愤心情。后来，他遇赦而出，辗转来到扬州。闻一多曾说骆宾王“天生一副侠骨，专喜欢管闲事，打抱不平、杀人报仇、革命，帮痴心女子打负心汉”，这样的性格加之自身的遭遇，使他与李敬业等人一拍即合。

同是天涯沦落人，几个失意的人自此凑在一起，整日里怨天尤人，唉声叹气。这里面李敬业的地位最高，胆子也最大，虽然他已被贬官，但英国公的爵位还在，自然成了这群人的领袖。

李敬业接触宫廷秘闻、上层消息最多，当唐中宗被贬为庐陵王，武则天临朝听政的消息传来时，他认为国家将乱，这是一个改变自己前途命运的良机。唐朝宗室、朝廷众臣早已对武则天的专横跋扈不满，如果此时敢为天下先，举兵勤王，匡复庐陵王为帝，自己必然是首义功臣，将建立不世功勋。这远比去荒僻的柳州做个司马好得多。

打定主意，李敬业便对其他几个人透露了心思。众人一拍即合，与其困在扬州城中，不如铤而走险大干一场。

扬州是隋炀帝建立的南方都城。在六朝古都建业被平毁之后，扬州就成为当时南方最大的城市，同时这里也是长江与大运河的交汇处。若据此起兵，则进可攻退可守，占据了地利优势。凭借“勤王”的漂亮口号，加之两代英国公的威名，必然会极大地震动朝廷。届时再与不满武则天统治的唐朝宗室和朝廷重臣里应外合，焉有不成功的道理？

他们越想越觉得此事可行，决定立即付诸行动。举事的第一步是占据扬州城。此时，扬州的地方行政长官叫作陈敬之。这几个人手中无权无兵，如何能够拿下陈敬之呢？

魏思温献策说，自己曾经做过御史，与监察御史薛仲璋是好友。薛仲璋还是当朝宰相裴炎的外甥，可以拉他入伙。随后，魏思温秘密派人到朝中告诉薛仲璋，让他来扬州查一查陈敬之。

薛仲璋到达扬州后，果然被魏思温说服，加入了李敬业的造反团队。魏思温故意派人到薛仲璋面前诬告陈敬之谋反。薛仲璋马上将陈敬之抓入监狱。由于薛仲璋本身就是朝廷的监察御史，所以没有人对他产生怀疑。

过了数日，李敬业大摇大摆地来到扬州官署，说自己奉朝廷旨意前来上任扬州司马。由于他是英国公，因此也没有人怀疑他。就这样，李敬业窃取了扬州地方政权。

上任后，李敬业又说自己“奉密旨，以高州酋长冯子猷谋反，发兵讨之”。于是开始聚兵。此时，扬州的一些僚吏才感觉到苗头不对。刚要反抗，李敬业就将陈敬之枭首示众，又接连杀了几个人，其他僚吏便不敢轻举妄动了。李敬业遂起一州之兵，复称嗣圣元年，并开三府：一曰匡复府，二曰英公府，三曰扬州大都督府。李敬业自称匡复府上将，领扬州大都督。以唐之奇、杜求仁为左、右长史，李宗臣、薛仲璋为左、右司马，魏思温为军师，骆宾王为记室，旬日间就聚拢了兵卒十余万人。

李敬业又命骆宾王写了一篇讨伐武则天的檄文，正式昭告天下，举兵倒武。

扬州兵变

骆宾王这篇以笔为矛的宣战书就是著名的《代李敬业讨武曌檄》。这篇奇文实在太过精彩，每每读来，必击节赞赏、拍案称快，故而不惜篇幅，全文录于下：

伪临朝武氏者，性非和顺，地实寒微。昔充太宗下陈，曾以更衣入侍。咱乎晚节，秽乱春宫。潜隐先帝之私，阴图后房之嬖。入门见嫉，蛾眉不肯让人；掩袖工谗，狐媚偏能惑主。践元后于翚翟，陷吾君于聚麀。加以虺蜴为心，豺狼成性。近狎邪僻，残害忠良，杀姊屠兄，弑君鸩母。人神之所同嫉，天地之所不容。犹复包藏祸心，窥窃神器。君之爱子，幽之于别宫；贼之宗盟，委之以重任。呜呼！霍子孟之不作，朱虚侯之已亡。鷰啄皇孙，知汉祚之将尽；龙漦帝后，识夏庭之遽衰。

敬业皇唐旧臣，公侯冢子。奉先君之成业，荷本朝之厚恩。宋微子之兴悲，良有以也；袁君山之流涕，岂徒然哉！是用气愤风云，志安社稷，因天下之失望，顺宇内之推心，爰举义旗，以清妖孽。

南连百越，北尽三河，铁骑成群，玉轴相接。海陵红粟，仓储之积靡穷；江浦黄旗，匡复之功何远！班声动而北风起，剑气冲而南斗平。喑呜则山岳崩颓，叱咤则风云变色。以此制敌，何敌不摧；以此图功，何功不克！

公等或家传汉爵，或地协周亲，或膺重寄于爪牙，或受顾命于宣室。言犹在耳，忠岂忘心。一抔之土未干，六尺之孤何托？倘能转祸为福，送往事居，共立勤王之勋，无废旧君之命，凡诸爵赏，同指山河。若其眷恋穷城，徘徊歧路，坐昧先几之兆，必贻后至之诛。

请看今日之域中，竟是谁家之天下！移檄州郡，咸使知闻。

骆宾王此篇檄文言辞之犀利不由得让人想起汉末陈琳那篇《为袁绍檄豫州文》。当年陈琳的檄文传至许都，曹操正头风发作，卧床不起。他读罢此文，惊得一身冷汗，连自己的头风病都忘记了。那是因为陈琳的檄文处处切中了曹操的要害。

骆宾王的檄文若论对对手的挖苦辱骂，比陈琳的檄文有过之而无不及。文中说武则天“昔充太宗下陈”“秽乱春宫”“狐媚偏能惑主”等，远比陈琳说曹操“赘阉遗丑”还要狠，还要毒。

那么，武则天读到这篇檄文又是什么态度呢？据说武则天在读这篇檄文的时候，开始是“微哂”，有一些嘲笑的意思，丝毫没往心里去。

待读到“一抔之土未干，六尺之孤何托”的时候，武则天问左右从人：“此语谁为之？”

答曰：“骆宾王之辞也。”

武则天叹息道：“宰相之过也！人有如此才，而使之流落不偶乎！”

武则天居然还在为文章的作者骆宾王怀才不遇而扼腕。武则天如此表现是因为她重视人才、求贤若渴吗？当然会有这方面的原因，但这还不是主要的。

武则天首先要镇定自若，才有可能想到这一层面。而她之所以镇定自若，是因为她根本没把叛军放在眼里。她清楚叛军不可能威胁到她的统治，自己稳操胜券。所以，她才会在这样一个看似千钧一发的时刻，面对一篇将她骂得狗血淋头的文章，不是暴跳如雷、咬牙切齿，而是先“微哂”，后又想到了一些并不急迫、关键的问题。

相反，李敬业一方，大兵在扬州城内未动，就已经为下一步究竟该怎么走争得不可开交了。

魏思温建议李敬业马上挥师北上占领洛阳：“明公以匡复为辞，宜帅大众鼓行而进，直指洛阳，则天下知公志在勤王，四面响应矣。”

薛仲璋则认为应该引兵南渡，先争取割据江南半壁：“金陵有王气，且大江天险，足以为固，不如先取常、润，为定霸之基，然后北向以图中原，进无不利，退有所归，此良策也！”

魏思温认为这是自缚手脚、坐以待毙的下策：“山东豪杰以武氏专制，愤惋不平，闻公举事，皆自蒸麦饭为粮，伸锄为兵，以俟南军之至。不乘此势以立大功，乃更蓄缩自谋巢穴，远近闻之，其谁不解体！”

魏思温与薛仲璋所争论的，其实还是我们在第一卷中常常提到的一个问题。江南士族与山东豪杰，究竟谁才是值得依靠的力量。薛仲璋还是本着魏晋南北朝一贯传承下来的思路，认为江南足以立国，可以与北方划江而治，然后再徐图统一。魏思温则根据北魏六镇起义之后的历史经验，认为山东豪杰可以有一番作为。

魏思温与薛仲璋究竟谁的意见正确？应该说，双方的客观实力摆在那里，无论李敬业选择哪一条进军路线，几乎都没有胜算。如果李敬业能够听从魏思温的主张北向以图中原，给武则天带来的麻烦会大一些。而李敬业偏偏选择了薛仲璋的保守政策。他命令唐之奇守扬州，自己率兵渡江南下攻打润州（今江苏镇江）。

魏思温见李敬业如此安排就知道大势已去，他对杜求仁说："兵势合则强，分则弱，敬业不并力渡淮，收山东之众以取洛阳，败在眼中矣！"

李敬业为了蛊惑人心，又在扬州城中寻到一位和废太子李贤长相十分相似的人。他对众人说："贤不死，亡在此城中，令吾属举兵。"奉这个假李贤为主。李敬业此举弄巧成拙，反而使队伍的思想产生了混乱：

既然已经打起了庐陵王的旗号，又找来一个废太子李贤，你李敬业到底要拥护谁？李贤是先帝所废的太子，如今又将他搬出来，你李敬业哪是只反对武太后，分明是连先帝一起反了？！

而此时，洛阳方面关于如何平灭叛军的问题也在紧张的商议中。武则天的两个侄子——武承嗣与武三思认为叛军是以恢复李唐皇室的实权作为叛乱旗帜的。如今唐高祖李渊的两个小儿子韩王李元嘉与鲁王李灵夔还健在，他们是皇族中辈分最高的人，在唐高宗李治活着的时候就德高望重，更不要说现在了。他俩认为应当找一个借口斩草除根，以绝宗室之望。

武则天将此事与宰相们商议。宰相们都心怀畏惮，唯唯诺诺，不敢轻易发表意见。只有裴炎以为不可，据理力争。武则天只好作罢，但在心中对裴炎的怨恨更深了。

既然如此，那就商议如何出兵征讨李敬业吧，没想到裴炎却认为叛军不用征讨。裴炎对武则天说："皇帝年长，未俾亲政，乃致猾竖有词。若太后返政，则此贼不讨而解矣。"

即当今的皇帝并不是不能理政的孩子，且又有诸多大臣辅政，太后为什么还要把持着权柄不放手呢？既然叛军的目标是要太后归政于皇帝，那么太后照做就是了，叛军没有了借口，自然也就瓦解了。

言下之意，此次李敬业的叛乱是由于太后临朝听政引起的。这等于裴炎不但威逼武则天还政于皇帝，还将李敬业叛乱的罪责归于了武则天。可以想见武则天听到裴炎的这样一番高论，心中会做何感想。

御史崔察很会揣摩武则天的心思，他知道裴炎的好日子到头了，不如趁机在武则天面前告上裴炎一状。他上本说："裴炎伏事先朝，二十余载，受遗顾托，大权在己，若无异图，何故请太后归政？"

裴炎是顾命大臣，他逼迫太后归政自然是要自己掌握朝政，这话真是说到了武则天的心坎里。武则天马上令人以勾结李敬业谋反的罪名将裴炎逮捕入狱，命侍御史鱼承晔严加审讯。

当然，除了崔察这样的小人之外，更多的大臣知道裴炎根本没有反意，更不可能勾结李敬业，因此很多人冒险奏本，替裴炎说话。例如，纳言刘齐贤、左武卫大将军程务挺、凤阁侍郎胡元范、吏部侍郎郭待举等，他们认为："炎社稷忠臣，有功于国，悉心奉上，天下所知，臣明其不反。"

武则天解释说："炎反有端，顾卿未知耳。"

"若裴炎为反，则臣等亦反也。"大臣们却没有顺着太后给的台阶下来。

那好吧，你们就陪着裴炎一起反吧。

九月十八日，裴炎被斩于洛阳都亭驿的大街之上，籍没其家。据说抄裴炎家的人发现，堂堂一国宰相，家中却连一石米粟的积蓄都没有。此时距裴炎劝说武则天归政皇帝，还不到二十天。

裴炎曾经写过一首《猩猩铭（并序)》。说是在武平郡封谿县（今属越南）有一种猩猩，它的血可以染毯子，色鲜不黯，所以非常昂贵。但是，人们很难捉到猩猩。

猩猩特别爱喝酒，又爱穿草鞋。捕猩猩的人就把酒和酒糟摆在路旁，并把草鞋用绳子勾连起来，也放在路旁。猩猩一见，就知道其中有埋伏，说道："你们这些人想诱捕我们吗？休想！"说完就走了。

猩猩虽然看出了人们的计谋，却舍不得美酒。过了一会儿，它们返回来，但还是没敢喝酒，又走开了。如此几次，猩猩实在忍不住了，就互相商量：“咱们少尝一点吧，不会醉的。”说着就喝了起来。

你一口我一口，左一口右一口，它们越喝越多，最后都喝醉了。它们又把草鞋穿上。就这样，猩猩全被人们捉住了。

写到这里，裴炎借一位僧人之口感慨地说：“财色名利，溺人也。曷若猩猩好酒乎？爵赏禄位，羁人也。曷若猩猩爱屐乎？”裴炎有感于此，为自己写了一首座右铭：

> 尔形惟猿，尔面惟人，言不忝面，智不逾身。
> 淮阴佐汉，李斯相秦。曷若箕山，以全吾真。

可以说裴炎已经将名利禄位的风险看得非常透彻了。但很遗憾，他仍然做了自己笔下的猩猩。

收拾完裴炎，武则天还要收拾那些“若裴炎为反，则臣等亦反也”的大臣。为裴炎出头的左武卫大将军程务挺曾经在武则天废唐中宗的政变中立下大功，但他并非武则天一党。事实上，在武则天攫取政权的这段时期，很多人虽然听从她的命令，但并非一党。只是因为武则天是太后而已。

比如，武则天废掉唐中宗后不久，有参与逼宫的羽林军“飞骑”十几人在长安的酒家饮酒。席间就有人说：“早知别无勋赏，不如仍奉庐陵王！”

可见他们对于废不废皇帝、究竟谁做皇帝没有特别的政治要求，完全是出于执行命令的服从意识，并希望因此得到一些赏赐而已。

十几名羽林军饮酒时的谈话能够被写入史书，是因为其中有一人听到这句牢骚后，马上到玄武门向长官告了密。结果酒席未散，抓捕他们的军队就已经到了。聚饮者悉数被捕。说那句话的人被斩首，其余人以“知反不告”的罪名被绞杀。

羽林军的首领程务挺也是如此，他当时只是奉命行事而已。虽然他当时所做的事客观上有利于武则天，但他主观上并不是忠诚于武则天的。如今裴炎案将其牵扯进去，武则天并没有放过他。此时，程务挺正任单于道安抚大使，在西域前线防备突厥。武则天派遣左鹰扬将军裴绍业远赴军中将程务挺斩首，籍没其家。

程务挺是与突厥作战的名将，突厥人很惧怕他。闻听程务挺被杀，突厥人竞相欢庆。突厥人还为程务挺修建了一座祠庙，将其作为神明供奉起来，每每出征，还要到祠庙中祷告一番。

其他为裴炎说话的人，武则天也一一收拾了。凤阁侍郎胡元范被流放到琼州，最终死在那里。纳言刘齐贤被贬为吉州长史，吏部侍郎郭待举被贬为岳州刺史。武则天借此大案，不说将朝中的异己势力一网打尽，至少此后再也没有人敢于公开反对自己临朝听政了。

当然，处理几位朝中大臣，派遣几个狱卒足矣。但扬州的军情可不等人。武则天一边处理裴炎谋反一案，一边快速反应，大规模集结军队。光宅元年（684 年）九月初六，接到骆宾王的檄文仅仅七天，武则天就集结了三十万大军。她任命左玉钤卫大将军李孝逸为扬州道行军大总管，拔寨起兵，征讨李敬业。

李孝逸是淮安王李神通之子，胶东王李道彦之弟，唐高祖李渊的堂侄。李敬业反对武则天临朝听政，起兵勤王，而来围剿他的统帅居然是李唐皇室宗亲，现实狠狠地给了李敬业一巴掌。

在派兵征剿的同时，武则天还削夺了李敬业祖父李勣的官爵，并收回了皇家姓氏，恢复了徐姓。当然，此后我们也就称李敬业为徐敬业了。

当初李勣去世后，陪葬昭陵。唐高宗为了表彰李勣平定高句丽的功勋，为李勣修建了高大的坟墓。武则天则命人刨开了李勣的坟墓，毁坏了他的棺椁。

武则天倒台后，唐朝又给李勣平反，墓葬也得到恢复。李勣墓遗址今天仍存在，位于陕西省咸阳市礼泉县烟霞镇西侧，已经被开辟为昭陵博物馆，展示唐太宗昭陵及其众多陪葬墓的地上和地下文物。

徐敬业主张渡江南下攻打润州，除妄图割据江南半壁外，还有另外一层考虑。时任润州刺史恰巧是他的叔父李思文。李思文是李勣的次子，徐敬业父亲李震的弟弟。有这样一层亲密的关系在，徐敬业幻想着叔父若是和自己一条心，同自己共举大事，润州不就不战而下了嘛。

但是，李思文并没有投降的意思，或许他早已看到徐敬业起兵是没有出路的，并不想陪着侄子一起身败名裂。因此，他据城自保，拼死抵抗，但终因寡不敌众，城破被俘。不过，润州之战也消耗了徐敬业约一个月的时间。

魏思温建议杀掉李思文。念在至亲骨肉，徐敬业没有那么做，而是出了一个羞辱李思文的主意："叔党于武氏，宜改姓武。"叔父既然和武太后沆瀣一气，那么你也不要姓李了，更不要姓徐了，还是姓武吧。没想到徐敬业这个略带嘲讽的惩罚，却让李思文因祸得福。

徐敬业兵败后，李思文被官军救出。但按照连坐制度，李思文也是非死不可。武则天却认为李思文忠于自己，不但赦免了李思文之罪，还说："敬业改卿姓武，朕今不复夺也。"还真的赐李思文姓了"武"。

就在徐敬业在江南鏖战之时，李孝逸挺进到淮河以南，向扬州方向进逼。徐敬业渡江北还，在高邮、淮阴一线阻击李孝逸。此时，徐敬业已经失去了挺进中原的战机，转为战略防御。

徐敬业拥兵十余万，虽然看上去实力也不算弱，但那是临时拼凑起的乌合之众。当失去了举兵之初"出其不意，攻其不备"的有利条件之后，想要在阵地战、防御战中抵挡住三十万正规军的进攻又谈何容易。

几个回合下来，徐敬业在江北的地盘丧失殆尽，只能逃到江南继续抵抗。武则天又命左鹰扬大将军黑齿常之为江南道行军大总管，统兵助战。李孝逸与黑齿常之合兵，徐敬业更是没有了还手之力。他率残部逃到海陵（今江苏泰州），准备乘船逃往朝鲜半岛，却遇到了大风，水面上波涛汹涌，船只根本无法出港。

此时，前方一片汪洋，后方喊杀声阵阵，徐敬业已陷入绝境。树倒猢狲散，倾颓之际，徐敬业军中出现分裂。一个叫作王那相的将领为求自保，突然发动兵变，杀死了徐敬业、徐敬猷兄弟，拿着他们的首级向官军投降。

大诗人骆宾王也在此役中失踪，一说其在混战中被王那相杀死；一说其侥幸逃出了战场，从此皈依佛门，隐姓埋名地度过了残生。

徐敬业发动的扬州兵变就此彻底失败。虽然打着恢复唐中宗帝位的名义起兵，但徐敬业起兵与隋朝的杨玄感起兵相似，都是大贵族看准政治时机，准备孤注一掷、拼死一搏，借此攫取更大的利益而已。杨玄感并非真的为民请命，徐敬业也并非真的忠于李唐皇室。就像明代王夫之在《读通鉴论》中评价的那样：

李敬业起兵讨武氏，所与共事者，骆宾王、杜求仁、魏思温，皆失职怨望，而非果以中宗之废为动众之忱也。敬业以功臣之裔，世载其奸，窥觎闲隙，朝权不属，怀忿以起，观其取润州、向金陵，以定霸基而应王气，不轨之情，天地鬼神昭鉴而不可欺。

第八章 武周代唐

告密之风

朕事先帝二十余年，忧天下至矣！公卿富贵，皆朕与之；天下安乐，皆朕长养之。及先帝弃群臣，以天下托顾于朕，不爱身而爱百姓。今为戎首，皆出于将相群臣，何负朕之深也！且卿辈有受遗老臣，倔强难制过裴炎者乎？有将门贵种，能纠合亡命过徐敬业者乎？有握兵宿将，攻战必胜过程务挺者乎？此三人者，人望也，不利于朕，朕能戮之。卿等有能过此三者，当即为之；不然，须革心事朕，无为天下笑。

这是《唐统纪》所记载的在平灭扬州兵变之后，武则天临朝大会群臣时所说的一段话。武则天认为，公卿的富贵前途都是她赐予的，百姓的安居乐业也是她赐予的，她没有辜负天下臣僚和百姓。如果有人对自己不忠诚，在背后搞一些小动作，裴炎、徐敬业和程务挺三个人就是下场。

听到这一番话之后，“群臣顿首，不敢仰视，曰：‘唯太后所使’”。所有人都臣服于武则天了。

对于这段记载，司马光不肯轻信，他认为“恐武后不至轻浅如此”。作为中国古代最杰出的女政治家，武则天不可能当着群臣的面，像一个泼妇似的，在赢得了一场家庭战争之后，历数一番自己为这个家如何如何，别人又怎样对不起自己云云。

这番话或许不是真的出自武则天之口，却是当时人们的内心独白。裴炎、徐敬业和程务挺三人，确实是元老重臣、贵族子弟、沙场名将的代表。武则天在短短三个月时间里，轻而易举地化解了从地方到中央、从文官到武将对自己的威胁。武则天所展现出的铁腕能力确实达到了朝野震怖的效果，一时间没有人敢于公然反对她临朝听政了。

在这样的政治环境下，武则天将光宅二年（685 年）改元为垂拱元年。“垂拱”出自《尚书·武成》：“惇信明义，崇德报功，垂拱而天下治。”指君王垂衣拱手而坐，不做什么事也能使天下达到太平。

武则天改元“垂拱”，其背后的含义是什么呢？是觉得自己的德行已经能够“垂拱而天下治”，还是暗示唐睿宗应当垂衣拱手而不要过问政事呢？关于这个问题的答案就见仁见智吧。

徐敬业在扬州起兵后，武则天一直在思考两个问题：

第一个问题：为什么像徐敬业这种狂悖之徒纠合了那么多人图谋不轨，甚至直到他扯旗造反，朝廷都没有察觉？

第二个问题：为什么像骆宾王这样的人才没有为朝廷所用，却甘心让反贼驱使利用？

徐敬业不是个小人物，他是嗣英国公、将门贵种，到哪里都会引起人们的注意，他的一举一动别人也不是不知晓，只是没有一个畅通的渠道将他的情况反馈给朝廷而已。

至于骆宾王怀才不遇，以至于委身事“贼”，武则天早就说过是宰相的过失。其实本质上还是没有一个畅通的渠道，能将骆宾王这样的人才推荐给朝廷。

问题出现了，症结也找到了，那怎么解决这两个问题呢？武则天没有因为徐敬业的失败、政治环境的松缓而停止对这两个问题的思考。当然，这也是杰出政治家同一般暴君、昏君之间的区别。

改元“垂拱”之后，武则天在当年就推出了两项措施：

其一：“朝堂所置登闻鼓及肺石，不须防守，其有挝鼓、立石者，令御史受状以闻。”

中国古代自汉朝以后，朝廷阙门之外就设有登闻鼓和肺石。“人有穷冤则挝鼓”，当百姓有了重大的冤屈，无法在地方官那里申诉的时候，就可以进京告御状，敲响朝廷的登闻鼓。

肺石是一块像肺的形状的赤色石头，作用和登闻鼓类似。当老百姓有了重大情况需要向朝廷报告，或有了重大冤屈需要申诉的时候，也可以到朝廷门前敲响肺石。宋代沈括在《梦溪笔谈》中曾经描述过唐朝的肺石：“长安故宫阙前，有唐肺石尚在。其制如佛寺所击响石而甚大，可长八九尺，形如垂肺。”

登闻鼓和肺石虽说是为老百姓告御状准备的工具，但平时都有军兵把守，普通人想要敲动也不容易。老百姓往往还没有接近登闻鼓和肺石，就被相关人员接走了。

武则天下令撤掉守卫登闻鼓和肺石的军兵，无疑就是任由老百姓鸣冤申诉和报告情况，这自然是对武则天了解下情颇为有利的。

其二，武则天“制内外文武九品以上及百姓，咸令自举”。文武百官哪怕是布衣百姓，只要觉得自己有经世济国的才干或者有某一方面的突出才能，就可以自己举荐自己。朝廷经过一番考察之后，再按才能大小委任官职。

此后，武则天又多次发布《求贤制》《搜求贤良诏》《求访贤良诏》等，明令“无论士庶，具以名闻”。武则天觉得这样还不够，万一有才能的人不愿意毛遂自荐，不屑于为朝廷效力怎么办？她又派遣使者到各个州县巡查，“大搜遗逸四方之士”。

如此大规模地搜罗人才，自然有爱才、惜才的一面，但终究是为了扩大自己的统治基础。武则天希望天下所有的“骆宾王”都为她写歌功颂德的文章，而不是什么口诛笔伐的檄文。

垂拱二年（686年）正月，武则天下诏，还政于皇帝。当然，现在武则天已经完全控制了政局，还不还政都一样，即使今日还政，明日也能复临朝听政。武则天这么做不是真心想要退隐，而是一来要试探一下儿子唐睿宗的心思，二来要堵住天下臣民的悠悠之口。

唐睿宗自然不傻，他清楚自己的前任是如何被贬到穷乡僻壤的。唐睿宗赶紧"奉表固让"，说自己虽然二十四岁了，但论品德、能力，都不足以统御万民，还是由太后代劳吧。武则天也不推辞，继续临朝称制。

又过了大约两个月，神都的朝堂上，突然出现了四个精致的铜匣子。每个铜匣子上面各有一小缝隙，可以向里面投递文书，颇似今日的邮筒。原来这个东西叫作铜匦，是武则天为检举工作新配备的工具。

铜匦的发明人叫作鱼保家。在有的文献中，鱼保家记作鱼保宗。"家""宗"字形相似，应是在文献传抄过程中发生了讹化，本书中且记作鱼保家。鱼保家的父亲就是当初负责鞫审裴炎的侍御史鱼承晔。

鱼保家和徐敬业关系不错。徐敬业举兵时，他曾经秘密帮助徐敬业制造武器。作为酷吏鱼承晔之子，鱼保家当然知道朝廷审讯犯人的手段。因此，徐敬业失败后，鱼保家惶恐不安，生怕自己受到牵连。好在他与徐敬业的关系非常隐秘，一般人不清楚，也就没有追究到他的头上。

在风波平静之后，鱼保家自认为已经逃过了一劫。他看到武则天接连实施举措，鼓励大家上书言事，也想趁机讨好武则天，在仕途上有所进晋。

既然武则天希望听到最基层、最真实的声音，那么发明一种搜集民间言事的意见箱，一定会得到武则天的认可。他就苦思冥想地发明了铜匦。

铜匦的雏形在前代已有。汉时，陈广做颍川太守，就在衙门设立了"缿筩"。这是一种陶器，类似于存钱的扑满，言事者投书其中。南梁时，梁武帝在朝廷的谤木和肺石旁各置一函，有意见的人可以将意见书投放在谤木旁的函中，求闻达进仕的人可以将自荐信投放到肺石旁的函中。

这些都是很简单的信箱，既没有推广开来，也没有形成定制。相比之下，鱼保家所制作的铜匦则要复杂得多，影响也深远得多。

铜匦分东西南北四个方位摆放。按照古老的阴阳五行学说，各有不同的用途，并施以不同的颜色：

东方象征着春天和仁爱，东面的铜匦叫作延恩匦，施以青色，那些怀材抱器、想要报效朝廷的人可以将自荐书投于其中；

南方象征着夏天和诚信，南面的铜匦叫作招谏匦，施以红色，那些想要匡政补过、为朝政和时事提意见的人可以将意见书投入其中；

西方象征着秋天和道义，西面的铜匦叫作申冤匦，施以白色，那些怀冤受屈、无辜受刑的人可以将申诉书投入其中；

北方象征着冬天和智慧，北面的铜匦叫作通玄匦，施以黑色，那些想要进献赋颂、为朝廷解释大道玄象的人可以将自己的高论投放其中。

武则天还置匦使一人、判官一人，由谏议大夫或拾遗、补阙充任匦使，专门看管铜匦，收揽天下上书。

铜匦铸成之后，武则天非常高兴。鱼保家也认为自己巴结上了太后，从此将飞黄腾达。但颇为讽刺的是，过了没多久，铜匦中就收到一封告密信，状告鱼保家“曾与敬业造刀车之属”。

武则天下令严查此事，最终查明鱼保家确实曾经为徐敬业制造武器。鱼保家被判腰斩于市，其父鱼承晔也坐贬为义州司马。

铜匦的发明人以自己之血祭了铜匦。从此，四面八方的告密文书像雪片一样飞入铜匦之中，告密之风一发不可收拾。

圣母临人

武则天是一个欲望极强的女人。对于权力的追逐，仅仅是她欲望强烈的一个表现而已。得到至高无上的权力后，又会助长其他欲望。武则天在临朝称制，实际掌握政权之后，表现出了极强的生理欲望。

唐高宗自显庆五年（660 年）患上风疾后，身体每况愈下，经常卧床不起，目不能视。唐高宗与武则天之间的夫妻生活，必然也会受到很大的影响。自麟德二年（665 年）生下太平公主后，武则天便没有再为唐高宗生育子女，可以算作证明。

唐高宗去世之前，武则天没有表现出强烈的欲望，更没有闹出什么宫廷绯闻来。仅仅有术士明崇俨被后人怀疑为武则天的情夫，却没有实凿的证据。

唐高宗去世之后，武则天已是一位年近六旬的老妪，但是她的欲望却突然迸发，从此她的身边情夫不断，男宠换了一个又一个，直到八十岁左右被迫退位。甚至她的退位、武周的灭亡，都和男宠有着扯不断的联系。

武则天的第一位男宠叫作冯小宝。他是长安附近鄠县（今陕西西安市鄠邑区）人，“伟形神，有膂力”，但出身贫贱，在神都的市井做一名卖药的货郎。

唐高祖李渊的女儿千金公主家中有一位侍女，经常光顾冯小宝的生意。两人一来二去勾搭成奸。此事被千金公主得知后，召见冯小宝。公主觉得冯小宝身材魁伟，仪表堂堂，遂“嬖之”。

千金公主对冯小宝的表现很满意，但她没有独享美男。她想，若是将其献到宫中侍奉武则天，必能得宠，自己也会因此功劳而受到奖赏。对于千金公主来讲，这是更重要的。

原来千金公主极其卑劣龌龊，惯于见风使舵，虽然贵为大唐公主，在武则天面前却极尽献媚邀宠之能事。她是唐高宗李治的姑姑，自然也是武则天的姑姑。然而，她为了讨好武则天，居然要拜武则天做母亲，还请求改为武姓，连皇室姓氏都不要了。最终，武则天纳她为义女，并改封为安定公主。

当李唐皇室被武则天屠戮殆尽之时，安定公主却因这层关系而自由出入宫禁，继续保持着她那可怜又可悲的富贵。

这样一个寡廉鲜耻之徒，能想出向武则天进献男宠这样的主意，也就不足为怪了。千金公主对武则天说：“小宝有非常材用，可以近侍！”

“后召与私，悦之。”冯小宝果然身手不凡，武则天对他的表现也很满意，要留下他陪侍左右。但人多嘴杂，宫里头突兀地出现一个男人算怎么回事？当年秦始皇的母亲赵太后将面首嫪毐假扮成宦官才留在宫中，今日的武则天自然也要给冯小宝找一个身份。

武则天崇信佛教，僧人可以进入宫禁之中诵经。武则天就将冯小宝装扮成了一个僧人，取法名为“怀义”。冯小宝出身寒贱，在贵族时代是上不了台面的。武则天又将他与太平公主的驸马薛绍合族，算作薛绍的叔父。薛绍出自河东薛氏，和名将薛仁贵同族。从此，冯小宝成了关陇贵族河东薛氏的子弟，人称薛怀义。

做了僧人，总要有一座寺院可以栖身。汉魏洛阳与隋唐洛阳之间的白马寺，兴建于东汉明帝时期，是中国汉地的第一座佛教寺院，武则天便将这座著名的伽蓝赐给了薛怀义。

白马寺在此前一直是一座印度建筑形式的寺庙，虽然中国第一古刹的名头仍在，但是几经战乱，早已破败不堪。为了让情夫住着舒心，武则天又拨下巨款，为薛怀义重修白马寺。此后白马寺进入历史上最辉煌的时代，成为唐代皇家第一寺院。

除了住持白马寺之外，武则天还委薛怀义以重任，令他督造洛阳宫城的正殿明堂。明堂即“明正教之堂”，也有解释称“天称明，故命曰明堂”。明堂是传说中上古天子教化、布政的场所。《逸周书·明堂解》：“明堂者，明诸侯之尊卑也，故周公建焉。”传说中第一个建造明堂的人是周公，建造的地点就在洛阳。但这只是传说，并没有遗存加以佐证。

到了东汉，光武帝刘秀于建武三十一年（55 年）在洛阳修建了明堂。这座明堂一直到魏晋时仍在使用。今天汉魏洛阳故城之明堂遗址已经在考古中被发现。

北朝《木兰辞》中有“归来见天子，天子坐明堂”的句子，这里的明堂是实指还是虚指，仍存在很大的争议。即使诗中指的并不是真正的明堂，也足以证明，天子应在明堂处理政务是被人们普遍认可的。

隋炀帝修建新的东都洛阳城后，也曾有过修建明堂的打算，但一直没有实行。进入唐代，唐太宗、唐高宗都想重建明堂，但因修建明堂耗费巨大，最终也没有付诸实施。

武则天执政后，加紧了代唐的步伐。明堂源于周代，此时武则天下定决心重修明堂，无疑是具有政治意义的。垂拱三年（687 年），武则天下诏拆除乾元殿，在原地修建明堂。

垂拱四年（688 年）四月，武承嗣根据上古“河出图，洛出书，圣人则之”的灵感，亲手导演了洛河出现“祥瑞”的闹剧。他派人在一块石头上雕刻了“圣母临人，永昌帝业”八个字，用碎紫石和药物填充到字体中，然后沉于洛河中。他又派遣一个叫唐同泰的人故意将其打捞出来，献给武则天。

“圣母临人，永昌帝业”无疑是指武则天应当称帝，且帝业会永远昌盛。天降祥瑞，武则天自然十分高兴，她将这块石头命名为“宝图”，并表示要亲自祭拜洛水，接受天降的“祥瑞”，就连献石有功的唐同泰也被破格擢升为游击将军。

根据工程进度，垂拱四年（688 年）底明堂即将修建完成。于是，武则天下诏，诸州都督、刺史及宗室、外戚都要在明堂修建完成前十日到洛阳集合，随自己一同祭拜洛水，瞻仰明堂。

诏书传到地方上，李唐宗室诸王及外戚却都感到大事不妙。一个小道消息不胫而走。武则天要借祭拜洛水的机会“尽收宗室，诛之无遗”。谁也不会忘记，大约一百年前，杨坚在篡位称帝之前，就将北周的宇文氏诸王诓骗进京城，而后全部杀害。难道这一幕历史又要重演？

唐高祖李渊之孙申州（治所在今河南信阳）刺史、东莞郡公李融派遣心腹密探到神都打探消息：“可入朝以否？”知情人回答说：“来必取死。”

消息传到李唐宗室耳中，大家更加惶恐不安。既然奉诏入京必是一死，不如铤而走险起兵一搏，兴许还能匡复唐室，挽狂澜于既倒。

当时的宗室领袖是越王李贞与其子琅琊王李冲。越王李贞是唐太宗第八子，其母是燕德妃。唐高宗即位后，封燕德妃为越国太妃，在皇室中地位很高，曾经随武则天一同封禅泰山。燕德妃的母亲是观德王杨雄的女儿，论起来她还是武则天的堂姨姐。

李贞少善骑射，涉文史，兼有吏干，在宗室诸王中颇具威名，被称为“材王”。他先后担任多个地方的都督、刺史，在地方上表现出很强的行政能力，很受百姓称道。此时，越王李贞正在做豫州刺史，距离洛阳很近。

琅琊王李冲是越王李贞长子，此时正为博州（今山东聊城）刺史。韩王李元嘉之子黄国公李撰伪造了一份唐睿宗李旦给琅琊王李冲的密诏，说“神皇欲移李氏社稷以授武氏”，号召天下宗室起兵勤王。

李冲便开始招募士兵，并派人联络自己的父亲越王李贞以及韩王李元嘉、霍王李元轨、鲁王李灵夔、江都王李绪（李元轨之子）、范阳王李蔼（李灵夔之子）、东莞郡公李融（虢王李凤之子）、常乐公主的驸马赵瑰等人。

常乐公主让密使带话鼓励大家：“诸王必须以匡救为急，不可虚生浪死，取笑于后代。”范阳王李蔼也遣使对李贞父子说：“若四方诸王一时并起，事无不济。”

然而，这个范阳王李蔼一转眼就派人向武则天密报诸王谋划起兵之事。武则天闻讯，立即派左金吾将军丘神勣率兵讨伐。琅琊王李冲得知事泄，于八月十七日仓促起兵，其父越王李贞也起兵响应。

此时，琅琊王李冲手下约有五千人马，这点军事实力抵挡各地地方武装尚且不足。事实上，李冲还没有遇到丘神勣，就已经失败了。李冲起兵后，攻打的第一座县城是武水（今聊城西北）。武水守军拼死抵抗，邻近的莘县又派兵来援助武水，李冲一时难以拿下。他命令纵火烧城，不想风向突然变化，大火蔓延到自己军中。

进攻受挫，李冲军心动摇，将领董玄寂对士兵说：“琅琊王与国家交战，此乃反也。”大家都清楚不久前徐敬业的下场，于是纷纷逃散。李冲虽然将董玄寂斩首，却也无法遏制士兵逃亡。最终，李冲连一座小小的武水县城都没有攻打下来，身边的士兵就都跑光了，仅剩下童仆几十人还追随左右。

李冲无奈，只好撤回博州固守。李冲刚进入博州，就被门吏所杀。此时是八月二十三日，距离李冲起兵仅仅七天。李冲被杀之后，丘神勣才抵达博州城下。博州属官开城迎接丘神勣入城。丘神勣寸功未立，觉得十分扫兴，索性以叛乱的罪名将博州属官全部逮捕处死。

李冲兵败后，武则天削除李贞、李冲的皇族属籍，并将他们改为虺氏，以免玷污皇家姓氏。随后，武则天下诏以左豹韬大将军麹崇裕为中军大总管，内史岑长倩为后军大总管，宰相张光辅为诸军节度，集结十万大军，兵发豫州，讨伐李贞。

之所以如此兴师动众，是因为越王李贞的实力在其子李冲之上，武则天不得不谨慎应对。李贞起兵后很快就攻陷了上蔡。此时李贞部距离神都洛阳约二百公里，对武则天还是有所威胁的。但是，马上就传来了李冲兵败的消息。加之李贞父子起事之后，其他诸王因害怕武则天的手段，并没有跟着起兵，都在惶恐中持观望态度。

说好的“四方诸王一时并起”，最后却演变成了越王李贞孤军奋战。李贞也一下子没有了底气，他甚至一度想“自锁诣阙谢罪”。但泼出去的水又怎能收得回来？武则天本就想置李唐诸王于死地，“自锁诣阙谢罪”又岂能得生？

正在李贞犹豫不决之时，新蔡县令傅延庆却聚集了两千余人突然起兵响应李贞。消息传来，李贞大喜过望，他又看到了一丝胜利的曙光，决心和武则天拼到底。为了鼓舞士气，李贞明明知道李冲已经兵败，却对属下士兵谎称：“琅琊王已破魏、相数州，有兵二十万，朝夕至矣。”他还强行命令僧道在军中诵经，并让士兵佩戴辟兵祥符，乞求神佛保佑，旗开得胜。

但打仗拼的是硬实力，战场上见的是真章，这些装神弄鬼的东西又怎能是胜利的保障。当李贞部遇官军后便立即溃败，李贞只能退到豫州城内自守。麹崇裕的十万大军将豫州围得水泄不通。等待李贞的只有死路一条。李贞顿感绝望：“王岂可坐待戮辱！”遂服毒自尽。李贞的幼子李规先是缢杀了自己的母亲，随后也自缢身亡。李贞的女儿良乡县主和丈夫裴守德也一同自缢。

麹崇裕冲入城中，斩下李贞、李规、裴守德等人的头颅，传首神都。武则天命将这些脑袋挂在皇宫门前示众。在他们的旁边，李冲的脑袋早已挂在那里了。

至于曾经与李贞父子联络的韩王李元嘉、霍王李元轨、鲁王李灵夔、黄国公李撰、常乐公主等人，也都悉数被逮捕入狱，或令其自杀，或流放边地，李唐宗室的成员几乎被一网打尽。

此后，更没有人能够阻止武则天代唐称帝了。能够阻止武则天的，只剩下一个叫作“思想观念”的东西。

天　授

在中国儒家传统的思想观念里面，没有女人可以做皇帝这一提法。男人代表“阳”、代表“天”，女人代表“阴”、代表“地”。皇帝是天子，在人间代天行政，自然应由男子担当。理论上如此，实践上亦是如此。自古至唐，从来没有过女人做皇帝的先例。

武则天想要做皇帝，她的政治实力自然已经具备了。如果武则天是一个男人，她只需像前朝的那些权臣那样，通过禅让从傀儡皇帝手中抢过玉玺也就行了。但她是一个女人，如何迈过儒家“思想观念”这道门槛，如何开启亘古未有之先例，还是需要颇费一番周折的。

起初，武则天利用的还是洛水中伪造的那块石头。那块石头上镌刻着上天的启示，“圣母临人，永昌帝业”。毕竟这已经表明上天是允许女子君临天下了，在没有其他更好的理论支撑的条件下，这块石头勉强可以拿来应付。

武则天为了凸显这块石头的神圣性，将这块石头命名为“天授圣图”，并改洛水为“永昌洛水”，甚至洛水神都被封了“显圣侯”。她还将洛水这条并不独立入海的黄河支流，提升到与四渎（黄河、济水、淮河、长江）同等的地位，并禁止百姓在洛水中捕鱼。

在肃清了越王李贞等李唐宗室的反叛之后，武则天于当年十二月亲临洛水祭拜，接受“天授圣图”。唐睿宗、太子和文武百官、各国君长使节都随行前往。武则天名为祭拜授图，实则在为自己的称帝造势。

此时，明堂也如期完工。明堂高约八十八米，加上顶部金凤（约三米），总高度达九十一米，在洛阳城百余里外，即可遥望见之。这座明堂是中国历史上体量最大的木质建筑，是古代建筑的巅峰之作。武则天将其命名为“万象神宫”。建成后，武则天允许百姓进入万象神宫内部参观，参观结束后还要赐给酒食。普通百姓可以参观皇宫正殿，这也是中国历史上从来没有过的事儿。

参观一直持续了九天，直到垂拱五年（689年）正月初一才停止。这一天，武则天在万象神宫举行盛大的祭祀集会，她自己行初献礼，唐睿宗为亚献，太子李成器为终献。接受祭祀的除了唐高祖、唐太宗、唐高宗之外，还有武则天的父亲武士彟。武则天随即宣布大赦天下，改元“永昌”。这个年号无疑来源于“圣母临人，永昌帝业”。

就在这一年，在武则天的授意下，时任凤阁侍郎的宗秦客制作了十二个新字，是对“照、天、地、日、月、星、君、臣、初、载、年、正”这十二个字的改写。这批硬造的字被称作“则天新字”。

武则天从中选取了一个“曌”字，作为自己的专用之字，此后武则天便自称“武曌”。至于武则天为何会选取“曌”字，据说她的闺名本叫“武照”。也有的说法认为武则天的闺名本叫“武明空”。但这些说法并没有史实根据。武则天的闺名至今仍然是个谜。

“照”之所以要被改写为“曌”，武则天之所以取这个字作为自己的专用字，应是“曌”字字形本身有“日月当空”之意。日月代表了阴阳，武则天作为女性想要登基称帝，是以阴代阳、阴阳不合的表现。而“日月当空”代表了阴阳相合、阴阳一体，是对以阴阳五行理论反对武则天称帝的一种回击。

“则天新字”的寓意大体是为了维护武则天统治而生搬硬套的牵强附会之词，为此还闹出了不少笑话。

幽州有个叫作寻如意的人，他为了拍武则天的马屁，上书说“國”字中间是个“或”字，很不好，应该把中间变成“武”字。言下之意，这个国家不就成了武家的天下了吗？武则天觉得寻如意言之有理，非常高兴，马上昭告天下推行。

刚刚过了一个多月，又有人上书说，"'武'退在'囗'中，与'囚'字无异，不祥之甚"。武则天一看吓了一跳，又马上传旨废止。当然，她又不想将废止的原因如实告诉臣民，免得让天下耻笑，也不能再改回"國"字了，只能再改成其他的写法加以掩饰。她将"國"字"囗"中的"武"字改为"八方"，取"八方朝拜，天下一统"之意。于是，"國"字就写作"圀"了。

当然，这个传说不一定完全真实，它反映的是百姓对于武则天乱造新字且强力推行的一种看法。很显然，"则天新字"并不被百姓接受。因此，"则天新字"压根儿就没有在民间完全推行开。当时的很多书籍、经卷都只是在显著的标题上使用"则天新字"，以蒙混过关，里面的正文还是使用旧字。

武则天称帝后还陆续造过一批"则天新字"，具体数目尚无定论。十多年后李唐复国，这些生涩难写的"则天新字"旋即被废。只有"曌"字因是武则天的专用字，历史记载总要用到，才流传至今。

除"曌"字外，其他"则天新字"的写法也逐渐被人们忘记了。因此，在唐代之后，"则天新字"的真容就成了谜团。直到二十世纪初敦煌莫高窟藏经洞被打开，人们在第十七号洞窟中发现了《大云经疏》写卷，上面还原汁原味地保留着"则天新字"。

《大云经疏》正是我们接下来要讲到的内容。《大云经疏》是对《大云经》的注疏。《大云经》是一部佛教经书，最初是梵文。它的汉语译本有两种：北凉昙无谶译为《大方等无想经》、姚秦竺佛念译为《大云无想经》，简称《大云经》。经文中有这样一段：

尔时佛告天女。且待须臾。我今先当说汝因缘。是时天女闻是说已。即生惭愧低头伏地。佛即赞言。善哉善哉。夫惭愧者。即是众生善法衣服。天女。时王夫人即汝身是。汝于彼佛暂得一闻大涅槃经。以是因缘今得天身。值我出世复闻深义。舍是天形即以女身当王国土。得转轮王所统领处四分之一。得大自在受持五戒作优婆夷。教化所属城邑聚落男子女人大小。受持五戒守护正法。摧伏外道诸邪异见。汝于尔时实是菩萨。为化众生现受女身。

大意是说，佛陀告诉净光天女，她可以以女人之身成为国王，得到转轮王统领疆土的四分之一。儒家虽然没有女人做皇帝的提法，佛教经典里却有这样一段记载，这无疑给正在为称帝而苦苦寻找理论根据的武则天带来了极大的利好。薛怀义等人在武则天的授意下对《大云经》进行注疏，通过对经文的曲解附会，将武则天比附为《大云经》中所言的净光天女下生，理应"以女身当王国土"。

后世很多人认为《大云经》根本就是一部伪经，是武则天为了给自己称帝寻找理论依据而唆使薛怀义等人伪造出来的。《旧唐书·则天皇后本纪》记载："载初元年，有沙门十人伪撰《大云经》。"《旧唐书·薛怀义传》："怀义与法明等造《大云经》，陈符命，言则天是弥勒下生，作阎浮提主。"

实际上，《大云经》确实是一本古印度佛教的真经，在十六国时期就已经被译为汉文。在古印度，女子为王并不是匪夷所思、耸人听闻的事件，佛经中有类似的记载并不奇怪。不要说女性称王，更为离奇的异事怪谈在佛经中也随处可见。只是武则天利用了《大云经》中的这一情节，为自己称帝造势而已。

由于佛教长期盛行，唐人普遍对佛经很熟悉。伪造一部经书，绝不像在洛水中发现一块石头那么简单。如果一部经书从来没有出现在常人的视野中，却突然被拿出来当作佛教经典、当成佛陀的意志，又有谁会相信呢？

武则天确实与佛教有着不解之缘。她从小就生活在一个佛教信徒家庭中，其母杨氏极为虔诚。武则天幼年时经常穿着僧侣所穿的缁衣。武则天第一次出宫后，曾在感业寺落发为尼，虽说是掩人耳目，为她二度进宫做一个过渡，但毕竟是真正的剃度皈依。

武则天成为皇后之后，还曾于咸亨三年（672 年）舍出脂粉钱两万贯，支持洛阳龙门石窟中最宏伟的佛像卢舍那大佛的开凿。卢舍那大佛高 17.14 米，丰颐秀目、仪表堂堂，是唐代佛教雕刻艺术的杰作。至今仍然有传说称卢舍那大佛那高达四米的慈祥面容，就是以武则天的相貌为原型的。

武则天同佛教的这些渊源，使人们也容易相信净光天女下生为女主的预言会应验在她的身上。载初元年（690 年）七月，《大云经疏》被薛怀义等人炮制出来之后，武则天传旨颁行于天下，每个寺院各藏一本，令高僧开坛说法，进行广泛的宣传。

这些宣传无异于政治动员，将全国支持武则天称帝的气氛推到了最高潮。仅仅过了大约两个月，载初元年（690 年）九月初三，侍御史傅游艺率领关中百姓九百余人诣阙上表，请求武则天称帝，并改国号唐为周。武则天虽然没有答应，但是擢升傅游艺为给事中。

古代权臣从傀儡皇帝手中夺取政权的时候，也会假装推辞。武则天没有答应傅游艺等臣民的请求也在情理之中。但是，傅游艺却因此而升官，武则天的心迹已是昭然若揭。武则天并不是真的反对此事，只是要做出一副姿态来，一个小小的侍御史加上九百个老百姓就能够劝进自己称帝，那也显得她太不够矜持了。

随后，文武百官、皇室宗戚、远近百姓、四夷酋长、沙门道士等共计六万余人，纷纷上表，支持傅游艺所请。连皇帝唐睿宗也上表请求母亲即皇帝位，并请求母亲赐自己姓武。但武则天还是没有答应。

九月初八和九月初九，各色人等又连续两天劝进。这些人甚至说看到了凤凰从神都的南方飞来，飞越了皇宫，有数千只鸟紧随其后，遮天蔽日。又有数百只赤雀从东方飞来，更多的黄雀跟在后面，在皇宫上方徘徊。神都的天边还出现了“庆云”。他们绘声绘色地描述着自己见到的异象，并信誓旦旦地说是“倾都毕见，群臣咸睹”。

这几个异象被解释为上天昭示着武则天应以周代唐称帝：周文王时凤鸣岐山，预示着大周将要兴盛。如今又有凤凰飞来，预示着大周将要复兴。在本书第一卷中，杨坚以隋代周时，长安就曾出现过“庆云”。如今武则天要以周代唐，神都洛阳又出现了“庆云”，这似乎昭示着一个循环。周属火德，其颜色尚“赤”；唐属土德，其颜色尚“黄”。黄雀跟随赤雀，是李唐将要跟随武周的象征。所以，唐睿宗要子随母姓。

事态发展至此，武则天称帝已经不再是民意的问题，而是天意的问题了。

“天意如彼，人诚如此，陛下曷可辞之？”

“陛下若遂辞之，是推天而绝人，将何以训？”

时机已经完全成熟，武则天便不再推辞：

“俞哉，此亦天授也！”

于是“建大周之统历，革旧唐之遗号”，武则天登基称帝，群臣上尊号为“圣神皇帝”，改国号为“周”，改元“天授”，以示周政权得之于天意，拥有充分的合法性。

吾家朝堂

武周建立后，武氏成为新的皇室。一个尖锐的问题摆在武则天面前，究竟谁才是武周政权合法的继承人？

前面已经讲过，武则天与娘家武氏族人的关系势同水火。武则天的两位兄长武元庆与武元爽是父亲武士彟的原配相里氏所生，武则天则是继室杨氏所生。武士彟去世后，武元庆与武元爽对杨氏和武则天姐妹百般刁难欺凌，给幼年武则天的心灵刻下了极深的伤痕。

一般的女人成为皇后之后都会倚重外戚，以至于外戚专权的现象在中国古代屡禁不绝。但是，因为童年的不愉快经历，武则天成为皇后之后却一反常态，她利用一切手段打击报复武氏族人，尤其是两位同父异母的哥哥武元庆与武元爽。

武则天借机将武元庆外放为龙州刺史。龙州在今广西壮族自治区崇左市。广西本身已经是中国的大西南，龙州还位于广西的西南部，这个地方在唐代是什么样的自然条件和社会面貌可想而知。武元庆到了地方没多久便死在了任上。

武元爽就更惨了，他因先前提到过的武惟良、武怀运案坐罪被流放到振州。振州即今天的海南省三亚市。这里在今天是中国的度假胜地，而在唐代，振州却是流放犯人所能到达的最远的地方。武元爽在振州的生活苦不堪言，最终死在了那里。

武则天的父亲武士彟原本封为应国公，武则天成为皇后之后，唐高宗改封武士彟为周国公。武元庆与武元爽两兄弟被贬谪或流放到了岭南，该由谁来继承周国公的爵位呢？总不能看着自己的父亲绝祀吧。

武则天倒也有办法，她将自己的外甥，韩国夫人武顺的儿子贺兰敏之立为武士彟之嗣，改姓武氏，袭爵周国公。武顺是武则天同父同母的姐姐，她们从小同病相怜，在武顺还没有同唐高宗传出绯闻之前，姐妹的关系是非常融洽的。

但是，贺兰敏之是个纨绔子弟，品行极为不端。他成为周国公后，自然要居住在周国公府中，与自己的姥姥、武则天的母亲杨氏同居一处。贺兰敏之年少色美，一来二去居然与自己的姥姥勾搭成奸。

司卫少卿杨思俭之女有殊色，唐高宗与武则天将其选为太子李弘的正妃。贺兰敏之闻讯，也要看一看这个佳人究竟有多美。待见到杨思俭之女后，贺兰敏之难以把持，"逼而淫焉"。当时，武则天之女太平公主尚幼，经常来周国公府看望姥姥杨氏，每次都有大量宫人侍行。贺兰敏之又逼淫这些宫人。

虽然说唐朝风气开放，宫闱之内经常有丑闻发生，久而久之人们也不以此为意，而贺兰敏之又是鲜卑族人，更带一些草原民族的豪放之气，但是他的所作所为确实太过分，已经超越了当时人们所能容忍的限度。

俄而奸污事发，唐高宗与武则天大怒，将贺兰敏之流配雷州。贺兰敏之一个膏粱纨绔之徒哪受过流配之苦，行至韶州，绝望的贺兰敏之以马缰自缢而死。

贺兰敏之一死，周国公的爵位又空了出来。武则天只好将武元爽之子武承嗣自岭南召还，让他袭爵周国公。

除武承嗣外，武则天还有一个侄子，即武元庆之子武三思。由于武则天与两个哥哥不和，她对这两个侄子也没有好感。他们在年少时受了不少苦，一直在边远的岭南生活。但随着两个哥哥的去世，武则天的心结也逐渐打开了。

而就客观利益来讲，武则天想要对抗李唐皇室，不加强外戚武氏的力量也不现实。尽管武则天有许多党羽，但拼到最后，真正最为支持自己称帝的人，也只能是武氏族人。

这不是在讲什么血浓于水的亲情，事实上，在政治上也没有什么亲情可言，只有利益而已。如果武则天仅仅做一个太后，武氏族人永远是风一吹就倒的外戚。如果武则天称帝，那么天下就是武家的了，武氏族人就成了皇室，与外戚有本质的区别。当然，如果武则天倒了台，武氏族人的下场也不言自明。

一损俱损，一荣俱荣。这种关系使得武氏族人成为武则天可以依靠的最核心、最忠诚的力量。因此，武则天也趋于同两个侄子和解，并将他们引为最重要的心腹。武承嗣与武三思从此官运亨通，他们也从自身的利益出发，为武则天政权的巩固立下了汗马功劳。

武则天称帝后，大封诸武。在神都立武氏七庙，追谥武士彟为无上孝明高皇帝，庙号太祖；追谥武元庆为梁宪王，武元爽为魏德王；封武三思为梁王，武承嗣为魏王。其他武氏族人也尽封王。如武攸宁为建昌王，武攸归为九江王，武重规为高平王，武载德为颍川王，武攸暨为千乘王，武懿宗为河内王，武嗣宗为临川王，武攸宜为建安王，武攸望为会稽王，武攸绪为安平王，武攸止为恒安王，武延基为南阳王，武延秀为淮阳王，武崇训为高阳王，武崇烈为新安王，武延晖为陈王，武延祚为咸安王。

武氏阖门成为新王朝炙手可热的皇室新贵。而反观李唐旧皇室，境遇就大不相同了。唐睿宗李旦被降为“皇嗣”，赐姓武氏，太子李成器，依次被降为皇太孙。

李旦失去帝位之后，必须要离开皇宫，回到东宫居住。和他一起出宫的还有五个年幼的儿子。而且，这些武则天的孙儿们还要定期入宫朝拜。

天授二年（691 年）的一天，万象神宫前来了一队严整的车骑。当职的宫中禁卫首领是武则天伯父武士逸的孙子河内王、金吾将军武懿宗。

武懿宗早已接到通报，今日皇嗣李旦的第三子楚王将要进宫拜见祖母武则天。望着严整的车骑队伍，武懿宗心生忌恨，如今已是武家的江山，李唐皇室还摆什么排场？！于是，他故意找茬儿，让队伍停下来，想给楚王一个下马威。

此时，楚王只是一个年仅六岁的孩子，他见武懿宗如此嚣张，断喝道："吾家朝堂，干汝何事？敢迫吾骑从！"

这位颇有胆魄的年幼楚王即是后来创造了开元盛世，也惹出了安史之乱的唐玄宗李隆基。

李隆基出生在垂拱元年（685 年）仲秋时节的八月初五。后来这个日子成为唐人的全国性节日"千秋节"。每逢这个日子，李隆基总要在长安兴庆宫内花萼楼或在东都洛阳宫城内的广达楼前举行盛大的乐舞宴饮活动，庆祝自己的降诞日。"千秋节"也是中国最重要的传统节日之一中秋节演变过程中的一个重要环节。

李隆基是唐睿宗李旦的第三子，宫中称其为"三郎"。李隆基出生时政治地位并不高，既不居长，也不居嫡。论年龄，他的上面还有两位哥哥。

大哥李成器是唐睿宗的正妻刘皇后所生，身为嫡长子，自然被立为太子。二哥李成义的母亲柳氏是一位掖庭宫人，地位卑贱。但武则天宠信一位叫作万回的僧人，经常请他到宫内设坛讲法。万回说李成义"是西域大树之精，养之宜兄弟"。就这样，李成义也得到了武则天和唐睿宗的另眼相待。

李隆基排行在三。他的母亲窦德妃是唐初宰相窦抗的曾孙女。窦抗是唐高祖李渊妻子窦皇后的族兄，唐太宗李世民的舅舅。窦抗的母亲是隋文帝杨坚的姐姐万安公主。因此，李隆基的身上是有杨隋皇室血统的。

李隆基出生后的两年之内，唐睿宗又接连得了三子：李隆范、李隆业、李隆悌。其中，李隆悌早夭，其余五兄弟合称为"五王"。此次李隆基入宫拜见武则天，在朝堂前对着武懿宗一声断喝，引起了祖母的注意。武则天对这个小孙儿的胆魄颇为赞赏，从此之后对他“特加宠异之”。

年仅六岁的李隆基为什么敢于如此说话？武则天又为什么会赞赏李隆基这样一句看似蔑视武氏的言论，后世史家有很多说法。有人认为这证明李隆基年幼时就有匡复李唐之志，若真如此，武则天还会“特加宠异之”吗？

应该说李隆基恐怕还没有想的那么长远，自己的父亲是皇嗣，无论是先前的李唐，还是今天的武周，将来是要由他来继承大统的，李隆基说这里是“吾家朝堂”并没有说错。武懿宗虽然是武家人，但他是武则天伯父武士逸的孙子，同武则天的关系要比李隆基远得多。像这样的宗室，历朝历代的皇帝都是要严加提防的。李隆基呵斥他，武则天也是认可的。而李隆基小小的年纪就展现出如此胆魄，作为祖母的武则天自然心中爱惜。

当然，李隆基日后的作为是武则天此时绝对无法想到的。

子侄之争

自古以来，宗室因觊觎皇位而引发祸乱的事屡屡发生。武则天不但对李唐皇室不放心，对武周皇室同样不放心。这是李隆基呵斥武懿宗之后，武则天非但不怪罪他，还对他“特加宠异之”的主要原因。

不要说像武懿宗这样的宗室，就是亲侄子武承嗣，武则天也并非完全不设防。自武周建立以来，武承嗣就官拜文昌左相，这个官职是宰相之首。身为宰相之一的李昭德就提醒武则天，武承嗣既是魏王又是宰相之首，恐怕权力过重了。武则天解释说：“承嗣，吾侄也，故委以腹心。”

李昭德对这一解释颇不以为然，再次上表提醒道：

> 承嗣是陛下之侄，又是亲王，不宜更在机权，以惑众庶。且自古帝王父子之间犹相篡夺，何况姑侄，岂得委权与之？脱若乘便趁势，宝位宁可安乎？

李昭德的这一番话使武则天为之一惊，大呼“我未之思也”！

是啊，自古以来的帝王家有几个不被权力之争弄得鸡飞狗跳、人仰马翻。“吾侄也”难道就能“委以腹心”吗？父子之间相搏相杀的例子都不在少数，更何况姑侄之间。正因为武承嗣同武则天之间关系亲近，就更容易觊觎最高权力，也更应该严加防范。

武则天马上罢免了武承嗣的相位，转任其为太子少保。武承嗣耳目众多，很快探知是李昭德在暗中捣鬼。武承嗣由此深恨李昭德，就到武则天面前进谗言，诬告李昭德图谋不轨。此时，李昭德正受宠信，而武承嗣方受猜忌，女皇自然听不进去武承嗣的谮告。她以一句“自我任昭德，每获高卧，是代我劳苦，非汝所及也”，就把武承嗣打发了。

在这场武周初年的权力交锋中，武承嗣受到了打击。但令人匪夷所思的是，就在这个时候，武承嗣居然出现了一次政治上的高光时刻，使得人们的思想更加混乱，朝野上下纷纷猜测他有可能成为武则天的继承人。

长寿二年正月初一（由于武周时期以阴历十一月为正月，长寿二年正月初一是 692 年 12 月 3 日），武则天在万象神宫举行祭祀，由武则天初献，武承嗣亚献，武三思终献。祭祀活动由武家人包办，皇嗣李旦居然没有出场。这样的安排所释放出的政治信号对李旦非常不利，而武承嗣、武三思却因此大出风头。

为什么会是这样的安排呢？第二天发生的事似乎说明了什么。正月初二，皇嗣李旦的正妻刘氏与李隆基的母亲窦氏，一同进宫给婆婆武则天拜年，但是她们进了宫就没有再出来——“既退而同时遇害，梓宫秘密，莫知所在”。

这两个女人人间蒸发了，甚至连尸体都没有留下。所有人都知道是武则天杀害了她们，女皇对此也并不隐晦。就武则天来讲，杀两个人是家常便饭。那是什么样的罪过，至于让武则天对这两个女人毁尸灭迹呢？

据说让这两个女人招致厄运的是一个叫作韦团儿的宫人。韦团儿是武则天身边的贴身近侍，深得女皇信任。她因此起了非分之想，想让皇嗣李旦临幸她，这样一来她就能跻身嫔妃的行列。

临幸宫人对李旦来讲并不算什么，他的六个儿子中至少有三个是宫人所生。但是，李旦偏偏对韦团儿不感兴趣，或者说鉴于韦团儿是武则天的近侍，李旦不敢感兴趣。总之，李旦拒绝了韦团儿的求欢。

韦团儿心怀怨望，继而对刘氏、窦氏起了强烈的妒忌之心。她制作了两个铜人，让人埋在刘氏、窦氏居住的院落之中，然后告发二人用巫术诅咒武则天。

武则天大怒，便将两个儿媳杀害。韦团儿随后也被武则天处死，这件事情变得更加扑朔迷离。

刘氏、窦氏被杀时，李旦连一句话都不敢说，“居太后前，容止自如”，好像什么事都没有发生过，生怕这件事和自己扯上关系。尽管如此，这件事对李旦的影响还是非常大的，他逐渐失去了母皇武则天对自己的信任。

在刘氏、窦氏被杀一个月后，武则天将李旦的五个儿子接入宫中幽禁起来，这其中自然包括八岁的李隆基。

“五王”若是在宫外开府，拥有一些自己的属官，这样肯定会培植起自己的势力。如果他们与李旦的东宫势力抱作一团，就有可能对武则天构成威胁。而将“五王”幽禁在宫中，无异于剪除了李旦的羽翼。自此后，“五王”开始了长达七年的幽禁生活。李隆基自八岁到十五岁的全部少年时代都是在这种幽禁中度过的。

除此之外，武则天对李旦的看管也更加严格了，尤其是对朝官私自拜谒李旦深恶痛绝。她时时提防李旦与朝官相交通，图谋自己的皇位。不久，少府监裴匪躬与内常侍范云仙被查出来私谒李旦，武则天将二人处以腰斩的重刑。

自此之后，公卿百官谁也不敢在私下里见李旦了。即使这样，也仍然有人诬告李旦暗中谋逆。于是，武则天令当时著名的酷吏来俊臣对李旦周围的人严加审讯。

其中有一个叫安金藏的人，他本是西域粟特人，因是“昭武九姓”中安国首领的后裔，故以“安”为姓。他在李旦身边负责乐舞。安金藏自知难以挺过来俊臣的刑讯手段，索性拼死一争，大呼道：“公不信金藏之言，请剖心以明皇嗣不反。”说着，他趁人不备抽出一把佩刀，剖腹自尽，顿时肠子流了出来，自己也昏死过去。

来俊臣飞报武则天。武则天对安金藏的壮举颇为动容，马上派人将安金藏抬进宫中，遣太医为其医治。太医给安金藏做了手术，将脏器复归原位，“以桑白皮为线缝合，傅之药”。

第二天，安金藏居然慢慢苏醒了过来。武则天亲临探视，叹道：“吾子不能自明，不如尔之忠也！”当即下令停止对李旦的调查。李旦由是逃过一劫。

在理论上，李旦和李成器父子仍然是武则天的第一顺位和第二顺位继承人。只是他们不能再以李唐皇室的身份继承大唐的皇位，而是要以女皇武则天的子孙身份来继承武周的皇位。

李旦虽然被赐姓武氏，可本质上仍然姓李，让他来继承皇位，武周皇室是不满意的。尤其是魏王武承嗣，他是武士彟的法定继承人，在他看来，武则天去世后，应由他来继承武周的皇位，怎么能传给外姓李氏呢？武承嗣不敢明着和姑姑武则天提这个事，就开始在暗地里搞小动作，制造虚假民意，让老百姓为其代言。

武承嗣让自己的党羽凤阁舍人张嘉福到处串联，找到一个叫王庆之的人，让他组织了神都附近数百名老百姓上表，请武则天废掉皇嗣李旦，立武承嗣为大周的太子。其实，王庆之纠集的这些所谓的老百姓哪里是什么安善良民，都是一些祸害乡里的轻薄恶少。

武则天接到上表，召见王庆之问道：“皇嗣我子，奈何废之？”

王庆之却反问道：“今是谁有天下，而以李氏为嗣乎？”

这句话触动了武则天。确实，女性成为皇帝是亘古未有之事，在选择继承人上面也无先例可依。就武则天来讲，自己本姓武，而自己的儿子却姓李。若选择娘家侄子做继承人，就可以确保江山永远属于武家，可娘家侄子又不是自己的亲生骨肉。若选择自己的亲生骨肉做继承人，可以确保江山永远属于自己的子孙，但江山却不再是武家的了。

虽然说皇嗣李旦已被赐了武姓，但连武则天自己都清楚，不过是儿子摄于自己的权威，不得已才接受罢了。子随父姓是几千年的历史传统，即使武则天再是铁腕人物，也仅能改变一时的政治格局而已，却不能改变绵延千年的历史传统。一旦武则天去世，李旦二度登基成为掌握实权的皇帝，他一定会恢复李姓、复辟唐朝。所以，皇位究竟是应传子还是传侄，一直困扰着武则天。

武则天听到王庆之的反问，心中再次动摇，起了改立武承嗣之意。兹事体大，武则天不可能马上做决定，只得谕令王庆之先回去。王庆之趴在地上，涕泪横流，就是不肯离去。武则天送给他一张手谕，告诉他："欲见我，以此示守门者。"这等于给了王庆之再次入宫与武则天谋划的机会。

王庆之离开后，武则天连续接见了几位大臣，征求他们对于改立武承嗣的意见。王庆之就是一介草民，虽然带着数百名百姓上表，但充其量只是代表了一部分民意，朝中大臣对于改立武承嗣持什么态度，换句话说，武承嗣到底在朝中拥有多高的支持率，是武则天必须要了解的。

征求的结果是，岑长倩、格辅元等宰相没有一个人支持立武承嗣为太子。这至少证明武承嗣在朝中的根基尚不稳固，即使武则天动了改立武承嗣的心思，也是为时过早。武则天因此作罢，暂时不再考虑此事。

但是，那个王庆之却很不识趣，他自从得到了可以进宫觐见女皇的特权之后，就认为这是一个飞黄腾达的好机会。若是说服了女皇立武承嗣为太子，荣华富贵岂不是唾手可得。因此，他一而再再而三地求见武则天，说他那番陈词滥调。渐渐地武则天也听厌烦了，最后命李昭德将王庆之轰了出去，并赐仗。

"赐仗"只是要杖责王庆之，但李昭德却趁机要了王庆之的命。李昭德出自陇西李氏，虽身为武周的宰相，却心怀李唐的江山。他早就看不惯王庆之的嘴脸，这次得了圣旨，正好发泄一番。

李昭德命人将王庆之拽出宫门，对禁军说："此贼欲废我皇嗣，立武承嗣！"并下令杖责。大家纷纷上前一顿好打，竟然将王庆之毙于杖下。"赐仗”是武则天的圣旨，王庆之挺刑不过也怨不得旁人。随后，李昭德上奏，解释自己为什么要杖毙王庆之：

臣闻文武之道，布在方策，岂有侄为天子而为姑立庙乎？以亲亲言之，则天皇是陛下夫也，皇嗣是陛下子也，陛下正合传之子孙，为万代计。况陛下承天皇顾托而有天下，若立承嗣，臣恐天皇不血食矣！

李昭德不但阐明侄子不可能为姑姑立庙祭祀的道理，还将已经去世的天皇唐高宗搬了出来。言下之意，陛下的天下得之于天皇，不立天皇的子孙为嗣，恐怕也太说不过去了吧？

正是有李昭德、岑长倩、格辅元这些表面奉迎武周、暗中心系李唐的大臣在，皇嗣李旦才保住了武周皇位继承人的位置，也为后来的李唐复辟保留了希望。

第九章 则天女皇

酷吏政治

李昭德杖毙王庆之，又搬出已故的唐高宗来，以此对武则天“道德绑架”。武则天哑口无言，没有怪罪李昭德。

嘴上没有怪罪，不代表心中没有想法。武则天隐约感到李昭德这个人似乎有些独断专行，而且在政治倾向上对“旧唐”颇有感情。武则天对李昭德“代我劳苦”渐渐不那么放心了。可以说，杖毙王庆之这件事对李昭德后来的悲剧做了不大不小的铺垫。

当时，很多谀佞者靠向武则天进献祥瑞而在朝廷中获得进用，甚至有时候都不需要进献什么珍禽异兽、奇珍异宝，只需要说自己梦到了什么就可以官运亨通。

有一个叫作朱前疑的人，他向武则天上书说自己梦到了陛下“寿满八百”。武则天非常高兴，即拜其为拾遗。尝到甜头的朱前疑没过多久又上书说梦到了“陛下发白再黑，齿落更生”，武则天遂升迁其为驾部郎中。做梦梦到了什么，谁能够证明呢？然而，朱前疑却能因此而升官，真是千古奇事。

后来，朱前疑又上书：“臣闻嵩山呼万岁！”这不是患了妄想症就是睁眼说瞎话了。武则天赐他佩戴绯算袋。算袋是百官贮放笔砚的袋子，类似于现在的文具袋。但是，绯色的算袋只有五品以上的官员才有资格佩戴，朱前疑的品级本不及此，武则天赐他佩戴绯算袋也是一种荣誉。

靠溜须拍马、胡说八道得来的荣誉并没有给朱前疑带来尊严，朝野上下都在耻笑他。不过也有一些小人，看到了其中的机遇，纷纷向朝廷进献祥瑞。有一个人在洛水中获得一块白石，石头上有数块红色斑点，觉得这是一块瑞石，就赶忙到宫门前进献。

诸位宰相听说洛水中又出了瑞石，不敢怠慢。但是摆在他们面前的却是一块平淡无奇的石头。宰相们询问这块石头有什么特别之处，进献者回答：“此石赤心，所以来进。”李昭德呵斥道：“此石赤心，洛水中余石岂能尽反耶？”左右人听了一阵哄堂大笑。

洛水出了瑞石是支撑武则天称帝的核心祥瑞，李昭德虽然揶揄的是洛水中的另一块石头，但对武则天那块刻着“圣母临人，永昌帝业”的石头也在客观上形成了讽刺，对其神圣性是有消解作用的。

不知这是李昭德有意为之，还是无意之举，但对于武则天这样一个连有人梦见她长寿都会感到高兴的人，还是很愿意看到洛水中有一块赤心石出现的。李昭德却自作主张，丝毫没有给进献者留情面。

不久，就有鲁王府功曹参军丘愔弹劾李昭德，说他擅权揽政，并提醒武则天千万要小心被李昭德架空：“天下之重，可轻委寄乎？履霜坚冰，须防其渐。大权一去，收之良难。愿陛下察臣之言。”紧接着又有几位大臣附和此事。

武则天这次不再说有李昭德在自己高枕无忧了，态度发生了很大的转变，对大臣说：“诚如所言，昭德固负国矣！”随后她不问真伪，将李昭德贬为钦州南宾县尉。

由宰相贬为县尉，这是降了多少级？万岁通天二年（697 年），李昭德又被召回朝廷，任监察御史。这次升迁不是李昭德的触底反弹，而是更大噩运的开始。酷吏来俊臣诬告其谋反，武则天遂将李昭德逮捕下狱。

当年六月，李昭德被斩于洛阳闹市。李昭德有此命运似乎已经不足为奇了，但奇怪的是，与他一同被杀的还有来俊臣。作为“原告”，他怎么会和“被告”李昭德一同被杀呢？

来俊臣是武则天身边一条出了名的恶犬，女皇推行酷吏政治的得力干将。关于他，我们要详细说说。

来俊臣是长安本地人，他的父亲叫作来操，是当地一个出了名的赌徒。他与同乡一个叫蔡本的人结为好友，却与蔡本的妻子私通。不久，蔡本的妻子身怀有孕，腹中的孩子就是来俊臣。

来操一直想把这个女人弄到手，就和蔡本赌了一局。蔡本一下子输了数十万钱，无力偿还。来操就提出用蔡本的妻子来抵账。蔡本也只好同意了。过门之后，女人生下了来俊臣。

来俊臣从小跟着父亲到处坑蒙拐骗，长大之后更是不事生产，成为一个专做害人勾当的小人。后来，他因盗窃被关在和州（今安徽和县）大牢中。当时正值武则天大开告密之风，即使是囚徒，只要能向朝廷告密，就可以免除刑罚，甚至入仕为官。

来俊臣自然不会放过这样的机会，他向和州的衙门报告，说自己有重要的秘闻要报。其实，以他的身份不可能知道什么重要的秘闻。时任和州刺史的是唐宗室东平王李续。李续怕他胡乱说话、到处咬人，就将其杖责一百，根本没有给他告密的机会。

正当来俊臣在牢房里万念俱灰之时，越王李贞父子起兵反武了。事态平息后，李续受到牵连被杀。来俊臣便谎称自己当初就是要向朝廷报告越王李贞父子起兵的事，可惜被李续制止了。

这下子哪位官员也不敢压下他的状子了。状子被直接递到了武则天的手上。武则天一见大悦，原来市井之中还有这样的忠臣啊，不但免除了他的罪名，还破格提拔他为侍御史，加朝散大夫，专司刑狱。

要说武则天识人、用人还真有一套，让来俊臣干整人这种事可谓人尽其才。来俊臣召集无赖数百人，专门告密，共为罗织。往往欲诬陷一人，马上千里响应，数地都有告发此人者，且众口一词、事状如一，令人不得不信。犯在他手上被灭族的就有千余家。

来俊臣如鱼得水，很快成为酷吏中的翘楚。一时间，他的身边聚集了如侯思止、王弘义、万国俊、朱南山、郭霸、李仁敬、康暐、卫遂忠等很多臭味相投的酷吏，他们同恶相济，形成一股令人谈之色变的势力。其他一些老牌的酷吏如丘神勣、索元礼、周兴、傅游艺等，也和来俊臣一党沆瀣一气，在武周初期的朝堂上下形成了恐怖的政治氛围。

武则天对此心知肚明，这正是她想要看到的局面。武周刚刚立国，女皇正是想利用这些酷吏来为自己立威树信，铲除异己。在最高统治者的默许下，武周时期的酷吏政治达到中国古代历史上的顶峰。

为了整人，酷吏们无所不用其极，不但将原有的刑具运用到极致，还颇有创新发明，捣鼓出许多新名目来，如：

“凤凰晒翅”是将犯人的手脚张开，绑在木架上飞快地旋转；

“驴驹拔撅”是将犯人的腰捆住，再将手上的枷锁向前牵引；

“仙人献果”是让犯人跪于地上，在枷锁上置一大瓮；

“玉女登梯”是将犯人绑在高杆上，再将枷锁往后牵引。

除此之外，他们还动辄将犯人倒挂于悬梁上，在脖颈上坠上大石；或将醋灌入犯人鼻腔，使人呛出血；或用铁圈紧箍在犯人头上，再打入木楔，使人脑浆迸裂；等等。种种卑劣恐怖的手段不一而足。

其中，光是他们发明的大枷锁就有十种花样：一曰定百脉，二曰喘不得，三曰突地吼，四曰著即承，五曰失魂胆，六曰实同反，七曰反是实，八曰死猪愁，九曰求即死，十曰求破家。

听听这些名字，戴上这些枷锁，死猪都要发愁，求着赶紧死掉，甚至祈求全家获罪，也不愿再受这种惩罚。据说囚犯见到这些刑具后，“魂胆飞越，无不自诬矣”。

当然，也有硬骨头拒不认罪的，来俊臣一伙往往会采取更为极端的手段。大将军张虔勖被来俊臣诬告谋反，张虔勖拒不承认、言辞激烈，来俊臣竟命人将他乱刀砍死。在审理内侍范云仙私谒李旦一案时，范云仙同样拒不认罪，还申诉辩解。来俊臣便当场割掉了他的舌头。

为了培训徒子徒孙，来俊臣还和党羽万国俊、朱南山等辈一起，编撰出了一本酷吏界的经典教材《罗织经》。这本书详细教授了怎样罗织罪名、制造证据、告密拘捕、逼供诱供等招数。理论清晰明确，还配有多个历史案例加以佐证，具有很强的操作性。

《罗织经》是中国古代阴谋学的巅峰之作，自问世以来，就被人们强烈批评，注定了遗臭万年的命运。

来俊臣不可谓无才，但是阴谋本身就是不能见光的东西，将自己对阴谋的体悟和盘托出，本身就不是明智之举。据说武则天读罢《罗织经》自叹不如，认为以来俊臣的心机和城府，自己未必是其对手。一个依附于皇帝的酷吏竟让皇帝都忌惮三分，他还能活得久吗？武则天只不过是暂时利用他们加强统治罢了。

牺牲品

当时，朝中除了酷吏势力，还有其他两股重要的政治力量。一是诸如李昭德等清流名臣。他们表面奉迎武周，暗中却心系李唐，其最终目的是维护正常的封建统治秩序。二是诸如武承嗣、武三思、太平公主等武周皇室。他们是武周政权坚定的拥护者，其最终目的是为了武周国祚长久，个人权力私欲得到满足。

这两股势力对酷吏恐怖政治都不满意。清流名臣认为酷吏干扰了正常的政治秩序，武周皇室认为酷吏和他们争权夺利，打压了他们的风头。首先与酷吏交锋的是清流名臣。

来俊臣发达后抛弃了故妻，逼娶了太原王庆诜之女。太原王氏是一等一的大族，来俊臣却出身寒微，他如此做，不仅是对贵族门第，即使是对国家也是一种耻辱，这在舆论上引起了轩然大波。

另一个出自寒门的酷吏侯思止是个无赖诡谲的小人，他也想学来俊臣，娶一位贵族女子为妻。他看中了赵郡李自挹之女，上书奏请朝廷定夺。

在第一卷中曾经讲过，李唐皇室虽然自称出自陇西成纪，但其实本是赵郡李氏之后。至今唐祖陵仍在今天的河北省境内。赵郡李氏是山东士族中的大家。作为一个出身寒门的酷吏，想与赵郡李氏联姻，遭到了清流名臣的抵制。

李昭德看到奏章拊掌大笑，对诸宰相说："大可笑。往年来俊臣贼劫王庆诜女，已大辱国。今日此奴又请索李自挹女，无乃复辱国乎！"将酷吏娶贵族女子定义为辱国，酷吏自然同李昭德结下了怨仇。

还有一个叫王弘义的酷吏，此人靠告密起家，整人更是一绝。"每暑月系囚，必于小房中积蒿而施毡褥，遭之者斯须气绝矣。苟自诬引，则易于他房。"夏天审问犯人时，他将犯人放在小房中，房子里铺上蒿草，再铺上褥子和毛毡。小房闷热，犯人若是不承认罪状，很快就会被热死。

有一次王弘义在乡下行走，口渴了想吃路旁地里的瓜，但瓜主没有给他。王弘义就到官府告发说在那片瓜园中见到了一只白兔。县官命人捕逐，整个瓜园都被踩烂了。为什么县官一定要抓一只白兔呢？

白兔在今天看来不稀奇，似乎是兔子基本都是白色的，连儿歌都要唱"小白兔，白又白"。但在唐代真正野生的兔子基本上没有白色的。想想也是，兔子在野间生活，自然会披着一身灰黑色的毛。白兔极为少见，便被看作祥瑞。做梦梦见武则天长寿都能加官晋爵，如果县官能向武则天献上一只白兔，那可就平步青云了。王弘义就是利用了县官的这一心理，一句话毁了老百姓的一片瓜园。

李昭德闻听此事，挖苦王弘义为"白兔御史"，朝野上下将他当作了笑柄。李昭德多次与酷吏结下梁子，等到李昭德逐渐失去武则天的信任后，来俊臣一伙就开始诬告李昭德，并最终将李昭德定为死罪。

来俊臣被权力冲昏了头脑，在朝堂上，他将谁都不放在眼里。刚刚陷害了李昭德，他又将矛头指向了武周宗室。他向武则天举报武承嗣、武三思、太平公主、武则天的男宠张易之等人密谋反叛。

此举引起了武则天的警觉。这些人都是武则天的心腹，如果将他们一网打尽，李昭德等人又已经被打倒，这朝廷岂不是来俊臣说了算了？一旦武则天警觉到这一点，酷吏的末日马上就要到了。

酷吏虽然是一股邪恶而强大的势力，但酷吏都是势利小人。正所谓小人同而不和，他们之间并没有形成政治集团，反而都只为个人私利着想，相互倾轧、自相残杀是常有的事。比如，来俊臣和周兴之间就曾经留下“请君入瓮”的故事。

有人告发周兴谋反，武则天下密旨让来俊臣查办。来俊臣假意请周兴过府饮酒。酒宴间，来俊臣问周兴，如果有罪犯不招供怎么办？周兴回答说，那就把犯人装在一个大瓮里，周围点起柴火，不怕他不招供。来俊臣马上令人搬上一口大瓮，对周兴说，有人已经告发了老兄，请老兄入此瓮吧。周兴惶恐，马上叩头伏罪。周兴被判流放，在中途被仇家所杀。

可见为了权势，酷吏与酷吏之间窝里斗、狗咬狗并非什么稀奇的事。就在来俊臣举报武周皇室的这个节骨眼上，举报他的人也出现了。

有一个叫卫遂忠的无赖与来俊臣旧有交情，后来也成了一名酷吏。卫遂忠觉得和来俊臣关系不错，经常到来俊臣府中饮酒。有一天，他又带着酒去找来俊臣。此时，来俊臣正在府中与妻子的亲属宴饮，便不想见卫遂忠，就让下人出府回禀卫遂忠，说自己不在家。

卫遂忠知道来俊臣就在府中，他认为是来俊臣看不起自己才不想见，一时怒火中烧，大骂着闯入府中。来俊臣的妻子就是那个被强逼来的太原王氏之女。卫遂忠嘴里没什么好话，把来俊臣、王氏女和王氏女的亲属羞辱了一通。来俊臣恼羞成怒，令人将卫遂忠暴打了一顿。王氏女嫁给来俊臣本来就心中委屈，又遭此羞辱，居然自杀了。来俊臣与卫遂忠就此结下了怨仇。

卫遂忠见来俊臣居然敢得罪武周皇室，认为报仇的机会来了。他向武氏诸王及太平公主、张易之等告发来俊臣的诸多罪状，甚至说来俊臣有异图，常自比后赵石勒，待削掉武则天的亲支近派后就要谋反。

这些人为了自保，当然要扳倒来俊臣。于是，他们共同在武则天面前告发来俊臣。武则天正想铲除来俊臣，如此一来，来俊臣的下场也就可想而知了。来俊臣被判处弃市，而且是与李昭德同一天开刀行刑。

万岁通天二年（697 年）六月初三，神都洛阳天降大雨。一忠一奸，武则天朝堂上的两位最重要的大臣同时被杀于繁华的西市。官民士庶争相说道：“今日天雨，可谓一悲一喜矣。”百姓莫不为李昭德被杀而哀叹，更为来俊臣伏法而欢庆。

来俊臣之死是罪有应得，李昭德却是遭来俊臣陷害而含冤被杀。一悲一喜两种情绪在人们的心中混合，产生了一种奇妙的心理反应，最终都归为对来俊臣的刻骨仇恨。对来俊臣“国人无少长，皆怨之”，他们“竞剐其肉，斯须尽矣”。

当时，人们评价来俊臣等辈有一个经典比喻：

昔有狮子王，于深山获一豺，将食之。豺曰：“请为王送二鹿以自赎。”狮子王喜。周年之后，无可送。王曰：“汝杀众生亦已多，今次到汝，汝其图之。”豺默然无应，遂咬杀之。俊臣之辈，何异豺也！

来俊臣罪大恶极、死有余辜，自不必说。但是，像这样的恶魔又是谁擢升他到如此高位，又是谁默许甚至怂恿他推行亘古未有的恐怖手段的呢？女皇武则天恐怕难辞其咎吧。

武周朝法律直接脱胎于唐律，唐律是中国古代甚至是世界古代最为成熟的法典之一。对于如何审讯、如何用刑都有明文规定。唐高宗甚至还曾专门下诏书，禁止在审讯中使用酷刑。酷吏们那些令人谈之色变的拷问方式、刑罚措施，明显是凌驾于法律之上的。如果没有武则天的支持，恐怕酷吏在侦办第一起案件时，就会成为被追究的对象，焉能兴风作浪十余载？

垂拱四年（688 年），彼时酷吏政治刚刚兴起，正是武则天要给酷吏们打个样看的时候。太子通事舍人郝象贤被人诬陷谋反。郝象贤是原宰相郝处俊之子。郝处俊大家不陌生，他曾坚决反对唐高宗“逊位”给武则天。从此武则天对他心怀怨恨。此次有人告发郝象贤谋反，她派遣酷吏周兴负责审讯，自然是要置郝象贤于死地。但是，郝象贤确实没有反状，最后判了个免官。

武则天不同意这个审理结果，坚决要处斩郝象贤。郝象贤临刑时破口大骂武则天，当着众多围观百姓的面揭发了许多宫闱丑事。武则天恼羞成怒，下令将郝象贤肢解，并刨了郝象贤祖父、父亲的坟墓，毁棺焚尸。此后定下规矩，犯人行刑时要先以木丸塞口，不让他们在刑场上胡乱讲话。各位看看，武则天比酷吏如何？

武则天平灭了扬州兵乱后，“疑天下人多图己，又自以久专国事，且内行不正，知宗室大臣怨望，心不服，欲大诛杀以威之，乃盛开告密之门”。亲自导演恐怖悲剧的人是武则天，酷吏们只是她的政治打手，她赖以维护统治的恶犬。

这些恶犬不但活着的时候狗仗人势，到处狂吠撕咬，被主人打死之后，还要被拿来煮肉，榨取它们最后一点可以利用的价值。

来俊臣被杀后，武则天“知天下恶之，乃下制数其罪恶，且曰：‘宜加赤族之诛，以雪苍生之愤，可准法籍没其家’”。武则天利用对酷吏的惩罚收买人心。

李唐恢复后，朝廷列了一份“自垂拱以来枉滥杀人”的二十七名酷吏的名单：

周朝酷吏来子珣、万国俊、王弘义、侯思止、郭霸、焦仁亶、张知默、李敬仁、唐奉一、来俊臣、周兴、丘神勣、索元礼、曹仁哲、王景昭、裴籍、李秦授、刘光业、王德寿、屈贞筠、鲍思恭、刘景阳、王处贞二十三人，残害宗枝，毒陷良善，情状尤重，子孙不许与官。陈嘉言、鱼承晔、皇甫文备、傅游艺四人，情状稍轻，子孙不许近任。

武则天豢养的酷吏至此算是被永远打倒、不得翻身了，甚至祸及子孙，连他们的后人都无法进入统治阶层。然而，武则天的子孙却堂而皇之地做着这个庞大富庶帝国的最高统治者。

当然，新的酷吏也会随着新主子的诞生而摇头摆尾地涌现出来。在貌似神圣的庙堂之上，酷吏是永远不会缺席的。

狄仁杰

来俊臣被清洗之后，武周一朝的酷吏政治结束。酷吏虽然一直存在，但并非中国古代庙堂政治生态的主流，它只是政治机体上生长出的“脓包”而已。尽管在特殊时期、特殊条件下，这个脓包对政治机体的损害巨大。

酷吏政治衰落了，与其对立的“清流”，却江山代有才人出。他们秉承了儒家修身、齐家、治国、平天下的思想，在“内圣外王”的道路上不懈追求、砥砺前行。继李昭德之后，扛起儒家经世治国这面旗帜的是狄仁杰。

狄仁杰是武周时期除武则天外最著名的历史人物，他的探案奇闻不仅在民间广为流传，在正史上他也发挥了举足轻重的作用，直接影响了历史的进程。

狄仁杰，字怀英，并州晋阳（今山西太原）人，他通过科举考试走上仕途，朝廷授其一个汴州（今河南开封）判佐的小官。此时还是唐高宗当政。工部尚书、大画家阎立本被朝廷委派为河南道黜陟使，到河南道考核官吏。阎立本巡视到了汴州时，有人在阎立本面前诬陷狄仁杰犯罪。阎立本马上召讯狄仁杰。

当时，阎立本已经名满天下，而狄仁杰还是个籍籍无名之辈，两人在官位上的差距更是天地之别。但是，狄仁杰却异常冷静沉着，很快说清了案件缘由，为自己洗刷了清白。

阎立本是大画家，颇懂得观察人的神色。见狄仁杰如此不卑不亢、气度非凡，阎立本赞赏道：“君可谓沧海遗珠矣。”他立即向朝廷举荐狄仁杰。狄仁杰随后顺利升任并州都督府法曹。“沧海遗珠”也成了著名的典故。

阎立本有所不知，狄仁杰此人向来沉毅。早在狄仁杰还是个孩子的时候，家中出了一起人命案，一个下人被害。官府派遣吏卒来家中调查，家里人大都争着应对吏卒，唯有狄仁杰手不释卷，诵书不止。

吏卒责难狄仁杰不懂规矩，狄仁杰却回答说："黄卷中方与圣贤对，何暇偶俗吏语耶？"世间的官吏与俗务，他多半看不上眼。但是命运弄人，他却成了一辈子同官吏与俗务打交道的人——国家律法的执行者。

狄仁杰在科举考试中参加的是明经科。"明经"即"明习经学"，考的是考生是否通晓儒家经典。狄仁杰崇尚在"黄卷"中与"圣贤"对，而并州都督府法曹是一州的司法官员。《新唐书》载："法曹，司法参军事，掌鞫狱丽法，督盗贼，知赃贿没入。"任了此官，狄仁杰将不能与"圣贤"对，而要经常与"俗吏"语了。

就在由汴州赴任并州的路上，狄仁杰登上太行山，向南望去，见一片白云孤飞。当时，狄仁杰的父母就居住在太行山下，黄河北岸的河阳（今河南孟州）。狄仁杰一边眺望，一边对左右说："吾亲所居，在此云下。"他伫立瞻望了良久，直到白云渐渐飘远，才转过身向北方的并州走去。

"白云亲舍""白云孤飞"成为后世他乡思亲的常用之词。但在笔者看来，狄仁杰的伫立瞻望不仅是怀念父母，也有同他心中的"黄卷"告辞的意思。此后的狄仁杰将拥抱现实，拥抱俗务，由一介儒生成为挑起家国重担的循吏。

在并州，狄仁杰的同事，另一名法曹郑崇质将要远赴绝域执行任务。并州连着大漠，官吏到北方草原出差是常有之事。但郑崇质的母亲年老多病，狄仁杰就对郑崇质说："太夫人有危疾，而公远使，岂可贻亲万里之忧！"

狄仁杰到并州长史蔺仁基那里主动申请代替郑崇质远行。蔺仁基原与并州司马李孝廉不睦，他见狄仁杰对待同事如此仁义，再反观自己，深感惭愧，他对李孝廉说："吾等岂独无愧耶？"由是二人和好。蔺仁基逢人便称颂狄仁杰是"北斗以南，一人而已"。

狄仁杰在并州都督府法曹任上颇有政绩。仪凤（676—679年）年间，狄仁杰升任大理寺丞。当时大理寺积压了大量案件，狄仁杰却在一年之内"断滞狱一万七千人，无冤诉者"。很难想象，一个原本不愿与"俗吏"语的儒生处理起复杂烦琐的司法事务来，竟能如此得心应手。阎立本没有看错，狄仁杰确实是一颗“沧海遗珠”。

狄仁杰由此留下了善于断案的名声。后世也根据这一记载发挥想象，逐渐在民间演绎出很多狄仁杰断案的故事来，他也就成为中国古代著名的断案清官。到了清末，出现了一部公案小说《狄公案》，专讲狄仁杰平断冤狱的故事。

《狄公案》与先前的《包公案》《施公案》《彭公案》等公案小说相比，很有自己的特色。《狄公案》之前的公案小说，破案过程并不复杂，甚至从案件发生的开始就知道凶手是谁。但是，凶手往往是有钱有势的人物。处理这类以强凌弱的案件，难度不在于侦破，而在于如何审理、如何定罪，甚至如何执行。对于清官的要求，多半是铁面无私、秉公执法，而不在于破案的技巧。

《狄公案》则不同，其中所写的很多是疑难案件，凶手也许就是邻居张三李四，或者是路人甲乙，只要能将凶手揪出来，定罪不是难事，难的是如何将凶手揪出来。从这方面来讲，《狄公案》已经算是早期的侦探小说了，这为后来《大唐狄公案》的出现做了准备。

历史上的狄仁杰并不是什么神探，如同包拯、海瑞等清官一样。狄仁杰能够在一年之内“断滞狱一万七千人，无冤诉者”，靠的是对法律的敬畏和一颗正直的心。

狄仁杰坚持国家既有法律便要遵循，不可有法不依、因人废法。在断狱的过程中，他按唐律审案、判案，甚至不惜触怒龙颜。

左武卫大将军权善才误砍了唐太宗昭陵陵园中的柏树，按照唐律应当免官。唐高宗却不依不饶，一定要杀权善才。狄仁杰上奏说权善才罪不当死。唐高宗却作色道：“善才斫陵上树，是使我不孝，必须杀之。”

狄仁杰苦劝道：“岂有犯非极刑，即令赐死？法既无常，则万姓何所措其手足？”唐高宗深思熟虑之后，觉得狄仁杰说得有理，权善才因而免死。

武则天镇压越王李贞反叛后，派遣狄仁杰为豫州刺史处理善后事宜。有六七百人被定为李贞党羽要连坐处死，被籍没者也达五千余人。狄仁杰细察之后，认为这些人都不应处死。他向武则天说明情况，将这些人全部改判为流放丰州（今内蒙古五原）。

死里逃生的人们途经宁州（今甘肃宁县），因狄仁杰曾任宁州刺史，当地有狄仁杰的德政碑，这些囚徒哭伏于碑下，感念狄仁杰的再生之德。

宰相张光辅是讨伐越王李贞时的诸军节度，胜利后，他竟放任有功将士劫掠百姓。狄仁杰及时制止。张光辅非常不满，认为狄仁杰和他对着干。狄仁杰却说，“乱河南者，一越王贞耳”，如果纵兵暴横，使“无罪之人，肝脑涂地”，那所做的事岂不是比一万个李贞还要可恶？

狄仁杰越说越气，甚至说了一句过激的话：“如得尚方斩马剑加于君颈，虽死如归。”“尚方斩马剑”即尚方宝剑。

这句话真的吓住了张光辅，他收敛了许多，却心中衔恨。回到神都，张光辅就上奏武则天，参狄仁杰傲慢无礼。狄仁杰被贬为复州刺史。

天授二年（691 年）九月，通过宰相娄师德的推举，狄仁杰入京升任地官侍郎，并加授同凤阁鸾台平章事，第一次成为宰相。

娄师德和李昭德一样，是一位清流能臣。他与狄仁杰素无交往，举荐狄仁杰完全是因为狄仁杰的德才堪为大用。

狄仁杰对娄世德举荐自己的事情丝毫不知。狄仁杰同娄师德的政见颇有不合之处，成为宰相后，曾多次排挤娄师德，并最终致使后者外放。

一次，武则天询问狄仁杰，娄师德是不是一个知人善任的人。狄仁杰回答说，自己与娄师德虽为同僚，却“未闻其知人也”。

武则天见狄仁杰这个表现，确信娄师德与狄仁杰之间未结党营私，很高兴地说：“朕用卿，师德荐也，诚知人矣。”说着，武则天便将娄师德举荐狄仁杰的奏章拿给他看。狄仁杰很惭愧，叹曰：“娄公盛德，我为所容乃不知，吾不逮远矣！”

酷吏之间蝇营狗苟不相容，清流之间光明磊落不相党。因此，酷吏与清流虽然都是很强大的政治势力，却不是团结的政治派别，对皇权构不成威胁。武则天可以轻而易举地让来俊臣收拾掉周兴，也可以借助狄仁杰与娄师德的政见相左，将娄师德外放出朝廷。

酷吏与清流都是武则天为维护皇权所要利用的群体，她既重用酷吏，也重用清流，既利用酷吏打压清流，也利用清流惩治酷吏。中国古代有作为君主的那套高明的御人之术，武则天用得十分娴熟。这使得武周朝堂上呈现出一种黑白势力既对立又混合的局面。

直臣之气

狄仁杰任宰相后不久，即被来俊臣罗织了谋反的罪名，关入大狱。来俊臣提审狄仁杰，问其是否承认谋反。狄仁杰心里清楚，自己根本挺不过来俊臣的那些手段，还不如先承认下来，免得皮肉受苦，然后再做打算。于是，狄仁杰很痛快地承认：“大周革命，万物惟新，唐朝旧臣，甘从诛戮。反是实。”

另一个酷吏王德寿见狄仁杰如此识时务，就对狄仁杰说：“牵杨执柔，可乎？”杨执柔是另一位宰相，王德寿想让狄仁杰将其牵扯进来，诬告他们一同谋反。狄仁杰听罢，以头触柱，血流满面，宁死也不肯将杨执柔牵扯进来。

王德寿也只能暂时将狄仁杰关押起来。狄仁杰在狱中偷偷撕下被子上的一块布，写了一封诉冤的书信，藏在自己的棉袄里面。狄仁杰对王德寿说，现在天气太热了，请将棉袄转交给我的家人，给我改一件单衣吧。

王德寿一时大意，没有起疑心。棉袄到了狄仁杰儿子狄光远的手里，他发现了父亲的书信，拿着去见武则天申诉。武则天览之愕然，她召见狄仁杰问道：“你既然已经承认了造反，怎么又来申冤了呢？”

狄仁杰答道：“不承反，臣已死于枷棒矣。”我若不承认造反，早就死在那些刑具下面了。武则天下令彻查此事，最终狄仁杰死中得活，被贬到彭泽去做县令了。

危难之中更见人的智慧。落到酷吏手中，鲜有全生者。狄仁杰却有惊无险，不但全身而退，甚至连绝免不了的皮肉之苦都没有经受，不得不令人叹服。

细细分析狄仁杰的此次遇险，还真能从中看出一些门道来。首先，狄仁杰是一个颇识时务的人，好汉不吃眼前亏。若是不承认谋反，狄仁杰必遭酷刑，与其挺刑不过，还不如痛快地承认，然后再做下一步打算。没有机会便创造机会，他利用一件破棉袄，成功地将自己的申辩书交给儿子，并最终取得了到武则天面前申辩的机会。

狄仁杰心怀李唐，却委身武周，在接下来的历史中，他以“曲线救国”的手段，在复唐的道路上起到了决定性作用，这正是他以退为进的大智慧淋漓尽致的表现。

但是应该看到，尽管狄仁杰颇懂避让迂回之术，但也有自己做人的底线。

酷吏王德寿示意狄仁杰“牵杨执柔”。杨执柔是隋代观德王杨雄的玄孙，论起来还是武则天母亲杨氏的族孙。杨执柔在当时属外戚身份，和狄仁杰这种以科举入仕的大臣在政治立场等各方面差异较大，史书中也没有记载二人有什么亲密的过从。可是狄仁杰宁可承认自己谋反，也绝不牵连无辜的杨执柔。狄仁杰的正直可见一斑。也正是如此，才让狄仁杰一直心怀李唐，并伺机复唐。

不知是不是武承嗣看出了狄仁杰身上所蕴藏的危险，在狄仁杰被贬为彭泽县令之后，武承嗣竟屡次奏请武则天尽快诛杀狄仁杰。

武则天说：“朕好生恶杀，志在恤刑。涣汗已行，不可更返。”“涣汗”指圣旨。武则天以皇帝不可出尔反尔为由没有诛杀狄仁杰，使他得以在远离政治旋涡神都的江湖草莽间安稳地度过了酷吏最为凶残的几年。

转眼到了万岁通天元年（696 年），契丹人入寇冀州，河北震动。武则天重新起用狄仁杰为魏州刺史去前线御敌。前任刺史独孤思庄惧怕契丹铁骑，将百姓尽驱入城，闹得人心惶惶。狄仁杰上任后则悉数将百姓放归农亩，并说：“贼犹在远，何必如是。万一贼来，吾自当之，必不关百姓也。”契丹人见魏州百姓都在田中劳作，以为狄仁杰必有防备，便不战自退了。

武则天对狄仁杰的表现很满意，升任其为幽州都督，赐紫袍、龟带。武则天还亲自在赐给狄仁杰的紫袍上题字，作为表彰。

转过年来，李昭德、来俊臣同日被诛。来俊臣先前对狄仁杰的构陷也就没有人再提起了。加之朝中缺少宰相，狄仁杰便二度入朝拜相，担任鸾台侍郎、同凤阁鸾台平章事，加授银青光禄大夫。不久，狄仁杰又做了代理纳言，兼右肃政台御史大夫。至此，狄仁杰真正成为朝中举足轻重的大臣。

晚年的武则天非常倚重狄仁杰，狄仁杰也是直言劝谏。他们二人一唱一和，很有一番贞观年间唐太宗与魏徵那样明君贤臣的样子。武则天崇信佛教，晚年尤甚，狄仁杰对此屡次劝谏。如武则天想造一尊大佛像，算着要花费数百万钱。因国库不能足，武则天就准备下诏，让天下僧人每人捐助一钱。

狄仁杰谏道，虽然钱由天下僧人来出，但是工役却要由百姓来做，失了农时最终还是损害百姓。如今边陲未宁，内地就应该轻徭薄役，不是当务之急，就应暂缓，像这种既费官财又竭人力的事还是不做为好。武则天由是罢役。

有一次，武则天到三阳宫避暑，有一位胡僧邀请她去瞻观安奉佛舍利的盛况。武则天欣然准备前往。狄仁杰跪于马前曰:“佛者戎狄之神，不足以屈天下之主。彼胡僧诡谲，直欲邀致万乘，以惑远近之人耳。山路险狭，不容侍卫，非万乘所宜临也。”武则天也接受了狄仁杰的意见，打道回宫了，并说:“以成吾直臣之气。”她说这么做是为了成全狄仁杰的忠直之气。

佛教在武周时期是地位最高的宗教。早在武则天登基之后的第二年，即天授二年（691 年）二月，她就颁布诏书:“自今以后，释教宜在道法之上，缁服处黄冠之前。”她将佛教地位置于道教之上。因武则天以佛教《大云经》中女主降世的理论而称帝，而唐朝皇室则将老子认作祖先，她抬高佛教、贬低道教背后的政治内涵是用意明显的。

狄仁杰多次阻拦武则天对于佛教的支持行为，其背后也是有自己的政治倾向。尤其是他在武则天面前公开说“佛者戎狄之神，不足以屈天下之主”。这句话就颇为耐人寻味。狄仁杰将佛置于“戎狄之神”的位置上，明显是不赞成佛教学说在理论上的权威意义。既然佛仅仅是“戎狄之神”，那么中土百姓有必要听信佛教理论吗？佛经上所记载的事还具有权威意义吗？明说了吧，《大云经》中女主降世的事在中土可行可信吗？

这可是直指武则天作为女皇帝的统治合法性的重大政治问题。奇怪的是，武则天对此并无反驳，甚至还要成全狄仁杰的“直臣之气”。

在人才的擢拔上，武则天也十分看重狄仁杰的意见。武则天曾经问狄仁杰：“朕欲得一佳士用之，谁可者？”她希望狄仁杰给她推荐人才。狄仁杰反问，不知道陛下想要什么样的人才。武则天回答，想要一位能做宰相的人才。于是，狄仁杰趁此机会推荐了张柬之：“荆州长史张柬之，其人虽老，宰相才也。”随后，武则天擢升张柬之为洛州司马。

数日后，武则天又问狄仁杰，可否给他推荐一位能做宰相的人才。狄仁杰回答说：“前荐柬之，尚未用也。”武则天说已经升张柬之做洛州司马了。狄仁杰却说：“臣所荐者可为宰相，非司马也。”执意要让张柬之做宰相。于是，武则天将张柬之召入朝中，拜为秋官侍郎，后来果然任用他做了宰相。

张柬之出生于唐高祖武德八年（625 年），年少时即有盛名，到了六十四岁才考中进士。武则天调他入朝时，他已经是一位七十多岁的老人了。可以说，如果没有狄仁杰的举荐，张柬之将终老于地方官的任上，更不可能在八十岁时有重整乾坤的大作为。

武则天素来以知人善任著称，可她却任用了那么多的酷吏，造成了许多冤假错案。可要说武则天昏庸无能、用人无方吧，她却提拔了很多能臣，不单单是狄仁杰，还有后来缔造了开元盛世的著名宰相姚崇、宋璟。

为什么会出现这种情况，还是要从武周政权的根基上寻找原因。唐代之后，历朝历代的人们看待武则天，都将其咒骂为狐媚惑主的“女祸”，这种看法存在历史的局限性。

因为武则天是一个女人，就认为武周政权是一种历史的退步，是有失公允的。在一个持续几千年的男权社会中期，突然出现一个女人做皇帝的政权，只会被认为不合传统礼制。这样的政权太过于不稳定了，它以不正常的方式开始，也只能以不正常的方式结束。

说得明白一点，如果武则天重用刚正清直的大臣，这些人深存内心的是非观与正义感，一定会将他们的政治倾向推向李唐一侧。这些被武则天亲手提拔的大臣，最终会成为武周政权的掘墓人。接下来的历史将证明这一点。

如果武则天想避免这一切，不用有是非观与正义感的清流大臣，而是用高压政治维护其统治，势必造成禽兽当道的局面。酷吏司政、小人弄权是不可避免的。

当酷吏与小人在朝堂上达到一定的数量，高高在上的武则天就会成为他们围猎的对象。来俊臣罗织武周皇室，即是这一事态发展的表现。好在武则天及时发现，果断结束了酷吏政治。

这种左右是死的两难局面是武周政权从立国之初便注定的宿命。这就像搭积木，根基如果是斜的、歪的，层层叠叠越向上就越不知该怎么摆放是好，越想稳定却越是摇摇欲坠。即使搭积木人的手艺再高超，最终“哗啦”一声散落一地，也只是早晚的事儿。

莲花似六郎

晚年的武则天对狄仁杰的恩宠冠绝当朝。武则天不但对狄仁杰十二分敬重，而且凡是狄仁杰的劝谏，女皇也基本都能接受。武则天在群臣面前常呼狄仁杰为“国老”，而不直言其名。狄仁杰屡以年老体衰为由，希望退休致仕。武则天却绝不允许。狄仁杰拜见武则天时要行大礼，女皇却每每阻拦，并说：“每见公拜，朕亦身痛。”见到狄仁杰跪拜，武则天都会感到自己身子痛。

对于这些超乎常规的恩宠，一个有趣的解释是武则天爱上了狄仁杰，甚至有稗官野史认为武则天与狄仁杰之间有私情。这一观点在史籍上没有任何记载，在情理上似乎也说不过去。

当时，宰相都要定期到宫中值宿，武则天见狄仁杰年老，特许他不必入宫值宿。应该说，入宫值宿是约会的好时机，武则天与狄仁杰之间若有私情，她又何必弃此良机呢。

自唐高宗李治驾崩后，武则天确实情夫不断，直至去世。但武则天对于内闱之事还是有自己的分寸的。武则天的情夫全都是单纯的面首，没有任何朝臣同她传出过绯闻。

武则天第一个正式的面首是薛怀义。二人刚开始接触时，武则天还没有豢养面首的经验，也不能完全拉下脸面，还有些遮遮掩掩。

比如忠謇敢言的左拾遗王求礼曾经上表说，唐太宗时，西域进献了一名善弹琵琶的胡人罗黑黑。唐太宗想让他教宫人弹琵琶，就把他给阉割了，这样才能留在宫中。"陛下若以怀义有巧性，欲宫中驱使者，臣请阉之，庶不乱宫闱"。王求礼建议武则天将薛怀义阉割之后，才能将其留在宫中。

若将薛怀义阉割了，留在宫中还有什么用途呢？这样的表章如何批复，同意还是不同意？武则天自觉理亏，索性将王求礼的表章藏了起来，不予批复。王求礼如此挑衅，若放到后来，恐怕难逃一死。不过，此时的武则天还是有所顾忌的。

那时，皇宫南部为朝堂，是皇帝问政、宰相理政的地方；皇宫北部为后宫，是皇帝的起居之所。薛怀义这样的皇帝私奴自然不能到南面的朝堂去，只能从皇宫后门进出。

薛怀义却不知天高地厚，闯入了朝堂，被宰相苏良嗣遇到。苏良嗣遂命左右从人"掌其颊数十下"，即抽了薛怀义几十个巴掌。薛怀义向武则天告状，武则天却说："阿师当向北门出入，南衙是宰相所往来，勿犯也！"

但是，这样的忌惮没有持续多久。随着统治逐渐稳固，武则天开始忘乎所以，薛怀义更是狗仗人势，甚至宰相都要匍匐在他的面前。

长寿二年（693 年），突厥犯塞，武则天命令薛怀义为朔方道行军大总管，统兵征伐突厥。武则天又以内史李昭德为行军长史，凤阁侍郎、平章事苏味道为行军司马，堂堂的宰相李昭德、苏味道竟然充任薛怀义的助手。其间，薛怀义居然因为李昭德与其意见相左而对其拳脚相向，李昭德也只能忍气吞声，认罪求饶。

武承嗣、武三思这些当朝贵戚为了通过薛怀义讨好武则天，皆对薛怀义“执僮仆之礼以事之”。甚至薛怀义欲乘马时，武承嗣、武三思都争着执辔。

薛怀义越来越放肆，最终居然发展到不将武则天放在眼中。与薛怀义相识时，武则天已经年逾花甲。但因武则天天生丽质，加之后天保养得好，周围的人都不觉得她衰老。薛怀义本是一个市井游民，偶然接近至尊，自然也颇为新奇。但是，随着时间的推移，女皇身上神秘的光环渐渐褪去，化成了一个衰颓的古稀老妪。薛怀义越来越反感武则天，经常推托与武则天的相会。最终，薛怀义索性长期住在白马寺中，不再入宫侍奉。

从垂拱元年（685 年）至证圣元年（695 年），薛怀义已经做了武则天十年的面首，武则天也对他怀有很深的感情。虽然薛怀义不再履行面首的职责，武则天还是放任他为所欲为。但武则天在宫中精神空虚，逐渐和她的贴身御医沈南璆传出绯闻。

薛怀义得知此事后，觉得自己的地位受到了威胁，一时间醋意大发，居然跑到宫中一把火将明堂焚毁。明堂是当年武则天令薛怀义督造的，彼时两人的关系如胶似漆。薛怀义可能将明堂视作了他与武则天之间感情的信物，得知武则天移情别恋后，才赌气将其焚毁。

薛怀义此时的心境，可能与汉乐府《有所思》中遭遇爱情波折的女主人公复杂的情感表现相似：

闻君有他心，拉杂摧烧之。摧烧之，当风扬其灰！从今以往，勿复相思，相思与君绝！

在武则天看来，明堂并不是简单的爱情信物，而是她政治权力的象征。心爱之人火焚自己的心爱之物，虽然对武则天的打击很大，但是她仍未怪罪薛怀义，甚至传旨让薛怀义主持重建明堂的工作。

武则天对薛怀义可谓仁至义尽，不过却没有挽回薛怀义的心。之后，薛怀义更加肆无忌惮，甚至传言他有可能对武则天的人身安全不利，以至于武则天不得不秘选百余名身强体壮的宫人以作应对。

种种事端终于让武则天对薛怀义失去了爱与信心。证圣元年（695 年）二月初四，武则天命令自己的堂侄武攸宁率禁军将薛怀义殴杀于神都宫城内的瑶光殿前。薛怀义死后，尸体送白马寺火化。

随着薛怀义一缕青烟散尽，武则天经历了大约两年的空窗期，她没有再寻觅固定的面首，御医沈南璆似乎也仅是昙花一现。直到万岁通天二年（697 年），武则天的宝贝女儿太平公主为武则天献上一件“宝物”——一个叫作张昌宗的男人。

张昌宗，定州义丰（今河北安国）人，在家中排行在六，小名六郎。张昌宗的出身要比薛怀义优越得多，他出自中山张氏，属于不太显赫的山东士族。

张昌宗的叔祖张行成曾经追随王世充，授为度支尚书。后张行成降唐，深受唐太宗李世民的器重。贞观十九年（645 年），唐太宗征高句丽时，命太子李治留守定州监国。张行成是辅佐者之一。唐高宗李治即位后，张行成一度成为宰相。

张昌宗生长在这样的家庭，其气度和学识自然不是市井卖货郎薛怀义所能比拟的。加之张昌宗年少英俊，很快就取得了年迈的女皇的欢心。

之后，张昌宗又趁机将自己的五哥张易之介绍给武则天，张昌宗说张易之的“器用”超过自己，而且懂得采阳补阴的长生妙术。武则天马上将张易之宣进宫来试用。一试，果然不俗。自此，张易之、张昌宗兄弟专宠内宫，成为武则天驾前的大红人。

很多权贵争相攀附他们，呼之为“五郎、六郎”。武承嗣、武三思把当初用在薛怀义身上的那一套，原封不动地换到了张易之、张昌宗身上。每次出入宫廷，武承嗣、武三思都争着为五郎、六郎执鞭牵辔。宰相杨再思甚至谄媚说：“人言六郎似莲花，非也；正谓莲花似六郎耳。”

张易之、张昌宗的家人兄弟也一道鸡犬升天，成为当朝显贵。司礼少卿张同休是张氏兄弟的兄长。一次，张同休宴请公卿，酒酣后，他对宰相杨再思道："公面似高丽。"说杨再思长得像高句丽人。杨再思非但不怒，居然反披紫袍，跳起了高句丽的舞蹈，举手投足，有模有样，满座皆鄙笑，他竟不以为意。

当然，也有很多正直的官员看不惯这一幕幕丑剧，如狄仁杰。他发自内心地鄙夷张易之、张昌宗兄弟，即使在武则天面前，也丝毫不给他们留情面。

一日，南海郡进贡来一件珍贵华美的裘袍，称为"集翠裘"，价值连城。武则天见后非常喜爱，此时正好张昌宗侍奉在左右，陪武则天下"双陆"。武则天便让张昌宗披上"集翠裘"。美男配华裘，武则天越看越喜欢，索性将"集翠裘"赐给了张昌宗。恰逢狄仁杰入内奏事，武则天兴致正高，就命狄仁杰与张昌宗下几局"双陆"。二人刚要下棋，武则天问："卿二人赌何物？"

见张昌宗身上的裘袍华美，狄仁杰说："三局两胜，就赌张昌宗身上的那件裘袍。"武则天问："那爱卿拿什么和张昌宗赌呢？"狄仁杰回答说："我就用身上的紫袍和他相赌。"

武则天笑着说："爱卿有所不知，此裘价逾千金，你那件紫袍可是不能等价呀。"狄仁杰却说："我的这件紫袍是大臣朝见皇帝的礼服，张昌宗的那件裘袍不过是小人受到宠幸所得的赏赐。两袍相比，我还吃着亏呢。"

狄仁杰一句话说得武则天和张昌宗都十分尴尬。张昌宗含羞带愧、心神不宁，一连输了两局，只好脱下"集翠裘"，拱手让给了狄仁杰。

狄仁杰拜恩下殿，刚出了皇宫，就将"集翠裘"随手送给一个家奴，策马而去。

第十章 光启大唐

解梦复唐

武则天执政二十余载，前期是酷吏政治，后期是面首政治。比如杨再思，他是关陇贵族弘农杨氏出身，门第不可谓不高，身为宰相十余载，身份不可谓不贵，却唯唯诺诺，不但要奉迎张氏兄弟，还要被他人取笑。

有人也曾问过杨再思：“公位尊，何自屈折？”杨再思答曰：“世路孔艰，直者先祸。不尔，岂全吾躯？”杨再思的所作所为虽然不可取，不足为道，但也是一个经历了宦海沉浮，看惯了阴谋杀戮的过来人不得已而为之的选择。

而像武承嗣、武三思这样的武周宗室，他们谄媚张氏兄弟的目的就更为复杂了。“人生七十古来稀”，在唐代很少有人能够活到七十岁。女皇此时已经年逾七旬，她的生命如风口之烛，随时都可能熄灭。

一旦女皇驾崩，皇位将重回李唐一脉，武周的江山将不复存在。这是武家人难以接受的。因此，他们希望五郎、六郎能在武则天面前吹一吹枕边风，让武承嗣取得武周皇位的继承权。

张氏兄弟也在考虑如何利用自己在武则天面前的影响力，在武周皇位继承人选上提出自己的主张。倒不是他们有什么政治抱负，只不过女皇年事已高，他们要为自己的荣华富贵找一条好的退路。

面对武氏兄弟的谄媚，张氏兄弟没有廉价地出卖自己的影响力。他们的头脑很清醒，不认为武氏兄弟可以掌控女皇驾崩后的政局。即使武则天将武氏兄弟中的一人立为武周太子，一旦武则天去世，不论是武承嗣还是武三思，都很难真正坐稳原本属于李唐的江山。

武则天曾经动过立武三思为太子的心思，并召集宰相讨论此事，只是众莫敢对。只有狄仁杰说："臣观天人未厌唐德。今欲继统，非庐陵王莫可。"

狄仁杰认为无论是上天还是臣民，都心向李唐，要立太子就要立曾经的唐中宗，如今的庐陵王李显，不能立武氏兄弟。其他宰相不敢说话，但是心迹是向唐的。若是他们觉得武氏兄弟可以当此大任，早就表明立场以讨武则天的欢心了，何必不敢对呢。

武则天曾经多次在梦中与别人对弈"双陆"都不能够获胜，她觉得很奇怪，就召狄仁杰和另一位宰相王方庆为自己解梦。狄、王二人异口同声地对武则天说："双陆不胜，无子也。天其意者以儆陛下乎！且太子，天下本，本一摇，天下危矣。"

"双陆"是唐代非常流行的一款棋类游戏，据说是三国时曹魏陈思王曹植发明的。对弈双方靠投掷骰子决定棋子所走的步数。狄、王二人说武则天梦到双陆不胜，是因为没有棋子了。这是上天在给她暗示，应当选立儿子做太子。太子是社稷的根本，若是根本动摇，社稷也就危险了。

过了几天，武则天又梦到一只大鹦鹉，两翅皆被折断，她又找来狄仁杰解梦。狄仁杰解释说："武者，陛下之姓，两翼，二子也。陛下起二子，则两翼振矣。"武则天姓武，鹦鹉代表了武则天，两翼代表了她的两个儿子，李显与李旦。两翅被折断是因为两个儿子都被废掉了。只有起用两个儿子，鹦鹉才会两翅振飞。

解梦自然是无稽之谈。且不说梦境是如何产生的，就说梦中的一个情节究竟应当作何解释，也是完全凭借解梦人的一口之词。就拿鹦鹉折翅来说，凭什么说鹦鹉的两翼就是李显与李旦，而不能是武承嗣和武三思呢？

狄仁杰与王方庆只不过是利用武则天对于梦的迷信，间接劝说女皇立自己的儿子为太子罢了。当然，在劝说的过程中，两个人也表达了自己的观点：将来的武周政权应由李唐皇室继承。

狄仁杰还曾对武则天晓之以理、动之以情地说："当年太宗文皇帝栉风沐雨，亲冒锋镝，以定天下，传之子孙。唐有天下，实属不易。高宗皇帝以二子托陛下，陛下却要将社稷传给其他姓氏，恐怕天意也不会答应吧！况且姑侄与母子孰亲？陛下若是立子，则千秋万岁后，配食太庙，承继无穷；若是立侄，则未闻姑姑能够在侄子的家庙中享受祭祀的。"

武则天为立储的事颇为头疼，因此很不耐烦地说："此朕家事，卿勿预知。"

狄仁杰却力争："王者以四海为家，四海之内，孰非臣妾，何者不为陛下家事！君为元首，臣为股肱，义同一体，况臣备位宰相，岂得不预知乎！"

立后也好，立储也罢，究竟是朝廷的国事还是帝王的家事，自古就是说不清道不明的问题。当年唐高宗欲立武则天为皇后时，李勣就曾以"此是陛下家事，何须更问外人"为由变相支持。

此时，武则天也想以"此朕家事"来搪塞狄仁杰。而狄仁杰的回答显然要比当年长孙无忌、褚遂良等辈高明得多。但如果不是武则天本身就在立李氏子孙还是立武氏子孙之间犹豫，恐怕狄仁杰如此干预女皇家事，也会给他带来许多政治凶险。

以狄仁杰为领袖的朝臣同武氏兄弟之间的斗争，张易之、张昌宗兄弟是看在眼里的。女皇年迈，龙驭宾天只是早晚的事儿。他们必须要为自己找好下一座靠山。究竟是挺李还是挺武，他们一时拿不定主意，就去找好友天官侍郎吉顼商议。

吉顼这个人在历史上毁誉参半，《旧唐书》中将他与来俊臣、周兴等辈同列入《酷吏传》。而《新唐书》则将他与裴炎、李昭德、魏元忠等清流能臣合作一传。身后评价如此判若云泥，在历史上实不多见。

吉顼的为人处世也很特别，他在政治立场上坚定地站在李唐皇室一方，同狄仁杰等人可谓志同道合。但是，他也和张易之、张昌宗等辈交情莫逆，整日厮混在一起。当张氏兄弟向其问起眼下朝野都极其关注的立储之事时，吉顼说道："公兄弟贵宠如此，非以德业取之也，天下侧目切齿多矣。不有大功于天下，何以自全？窃为公忧之！"

这正是张氏兄弟一直担忧的事情，他们忙问有什么妙策。吉顼答道："天下士庶未忘唐德，咸复思庐陵王。主上春秋高，大业须有所付；武氏诸王非所属意。公何不从容劝上立庐陵王以系苍生之望！如此，非徒免祸，亦可以长保富贵矣。"

武氏兄弟经常谄媚张氏兄弟，而庐陵王李显远在房州，与张氏兄弟素无交往，按理说"二张"力挺武氏兄弟才更符合人之常情。但是，张氏兄弟却听从了吉顼的建议，每每在武则天面前提起庐陵王李显，足见武氏兄弟在朝中不得人心。

至于吉顼，他的父亲吉哲做易州刺史的时候，因收受贿赂被判死刑。吉顼去见武承嗣托人情，希望武承嗣能出面救父，并答应将两个妹妹送给武承嗣做妾。吉顼这两个妹妹入了魏王府后，武承嗣果然上表免了吉哲的死罪，并给吉顼升了官。

按说武承嗣对吉顼全家有恩，但这种"恩"却是建立在吉顼妹妹的屈辱之上的，可以称之为有恩无情、有恩无德。此后，吉顼一生与武氏为敌，恐怕与此相关。从这件事情上可以看出，武氏兄弟多行不义，这也是他们在朝中不得人心的原因之一。

不要说武周的臣民，甚至连当时起兵反周的契丹人都以支持庐陵王为借口。契丹首领孙万荣就在公开写给武周朝廷的檄文中说："何不归我庐陵王！"

武则天读到檄文，没想到连番邦外族都支持庐陵王，联想到连日来自己身边的人，无论是宰辅还是面首，都一再劝说自己立庐陵王为太子，不禁慨然长叹。她对狄仁杰说："卿曾为我占梦，今乃应矣。朕欲立太子，何者为得？"武则天将一锤定音的机会留给了狄仁杰。

狄仁杰已经明白了武则天的心意，而他却不再直接给出答案了："陛下内有贤子，外有贤侄。取舍详择，断在圣衷。”在时局不明朗的时候，狄仁杰曾经无数次给出暗示与建议，而如今答案不言自明，他却将皮球踢给武则天，让皇帝来决断。

武则天至此下定了立子不立侄的决心：“我自有圣子，承嗣、三思是何疥癣！”

关于庐陵王李显是如何回神都的，《旧唐书·狄仁杰传》中有这样一段记载：圣历元年（698 年）三月，武则天以庐陵王李显身染重病，需要进京医治为名，秘密派遣使节到房州迎请李显回神都。因怕武氏兄弟反对，更担心李显在中途出现不测，这一行动是在绝密的情况下进行的。朝中所有大臣，包括狄仁杰在内，俱不知情。

为了谨慎起见，武则天先让李显与狄仁杰见面，然后君臣再商议如何昭告天下。某日，武则天将狄仁杰传到宫中一小殿内，小殿置一幔帐，李显事先已坐在帐中。狄仁杰入殿后，武则天赐狄仁杰坐在阶下。武则天故意和狄仁杰商议是不是应该召回庐陵王。对于庐陵王早已回朝之事，狄仁杰完全蒙在鼓里，更不知道庐陵王就在离他不远的幔帐之中。狄仁杰见皇帝主动同自己谈及召回庐陵王，十分激动，他慷慨陈词，声泪俱下，将自己的一番主张又苦口婆心地向武则天讲述了一遍。

武则天见此情景，知道人心皆在庐陵王，便很动情地说：“还卿储君！”

狄仁杰一时没有明白皇帝的意思。武则天走到狄仁杰面前，抚着他的手背说：“卿非朕之臣，是唐社稷之臣！”遂命宫人掀开幔帐，庐陵王从中缓缓走出，武则天让他拜见狄仁杰：“拜国老，今日国老与尔天子。”

狄仁杰大喜过望，免冠顿首，涕血洒地，左右扶持，久不能起。狄仁杰趁热打铁，说：“自古已来，岂有偷人作天子？庐陵王留在房州，天下悉知。今日在内，臣亦不知。臣欲奉诏，若同卫太子之变，陛下何以明臣？”

是啊，现在天下人都知道庐陵王在房州，京城内突然出现一个庐陵王，天下人有谁会相信呢？势必会出现一些真假难辨的流言蜚语。于是，武则天让李显秘密回到龙门驿等候，又命狄仁杰率领百官到龙门驿正式迎接李显还都。

这段记载颇具戏剧性，读来令人感慨万千。但很早就有人质疑它的真实性，如司马光就说：“武后若密召庐陵王，宫人十人既知其谋，洛阳至房陵，往来道路甚远，岂得外人却不知乎？”

这番分析很有道理，像庐陵王李显这样身份的人怎么可能秘密离开房州？沿途又怎么可能不被他人探悉真相呢？

庐陵王回神都后，没过几个月，武承嗣便怏怏病终。如此一来，武氏宗室的实力大受打击，李唐子孙将成为武周皇位继承人的事实已成定局。

皇嗣李旦屡次请求逊位于兄长庐陵王李显。当年（圣历元年，698 年）九月，武则天正式确立庐陵王李显为太子，大赦天下。李旦在不久之后被封为相王。

需要说明的是，此时李显早已被赐姓武氏，叫作武显。他所做的也是武周太子，而不是李唐太子。依武则天的用意，她希望自己去世后，武显能继承武周的江山，并世世代代姓武。当然，谁都知道这只是女皇的一厢情愿。一旦武则天真的去世，武显必然会恢复自己的本来姓氏，复辟大唐。

子随父姓、父子相继是数千年来人们的习惯使然。武则天凭借强权可以改变人们嘴上的称呼，却终不能改变人们心中的想法，这样做不过是掩耳盗铃、自欺欺人罢了。

所有人都清楚，武周将会在武则天晏驾之后偃旗息鼓。然而，令所有人都没有想到的是，武周居然在武则天尚在人世时就黯然收场了。

朝堂不空

700 年，历史进入了八世纪。这一年也是武周圣历三年。

当年，武则天得了一场病，洪州僧人洞真天师胡超研制出一种长生药，进献给武则天。武则天服用后感觉神清气爽，病也好了一大半。当年五月改元为“久视”，久视有长生不老之意，因此圣历三年也是久视元年。

这一年朝堂上发生了两件大事。第一件大事是德高望重的狄仁杰病逝了。武则天废朝三日为之举哀，并叹道："朝堂空矣。"在李唐、武周政权交替变换的时代，狄仁杰居然能够历经数朝而屹立不倒。在立储这样重大而敏感的问题上，他始终坚持立李氏后裔，却深得武则天的信任，不能不说是个奇迹。

狄仁杰去世后，武则天追赠其为文昌右相，谥号"文惠"。唐朝复辟后，唐中宗追赠狄仁杰为司空，唐睿宗追封狄仁杰为梁国公，唐玄宗将狄仁杰配享太庙，附祭于中宗庙廷。

狄仁杰不止在庙堂受到历代尊崇，在民间他也成为中国古代清官、能官的代表，其探案传奇一直广为流传。

第二件大事是重要的挺李派大臣吉顼被贬官了。

吉顼与武氏宗族不睦，打心眼里瞧不起诸武。通过他的努力，武则天最终确定庐陵王李显为太子，吉顼此后更加不把诸武放在眼中。吉顼身材高大，走路时喜欢昂着头，被人戏称为"望柳骆驼"。

一次，吉顼与武懿宗在殿下争论。武懿宗身材矮小，又佝偻着身子，和吉顼形成鲜明的对比。吉顼低头数落武懿宗，颐指气使、盛气凌人。这一幕刺激了武则天敏感的自尊心，她勃然大怒："（吉）顼在朕前，犹卑我诸武，况异时讵可倚邪！"朕活着的时候，你就敢这样对待朕的宗族，他日朕若驾崩，诸武还不得让你欺负死呀？

诸武正因失去皇位继承权，恨吉顼恨得牙根痒痒。他们见吉顼惹恼了武则天，马上在女皇面前告发，吉顼的弟弟冒官，吉顼应连坐贬官。于是，武则天将吉顼贬出朝廷。

临行之时，吉顼来向武则天辞别："臣今远离阙庭，永无再见之期，愿陈一言。"在得到武则天的许可后，吉顼说："宗室、外戚各当其分，则天下安；今太子已立而外戚犹为王，此陛下驱之使他日必争，两不得安也。"吉顼不忘利用最后的机会压制诸武，希望武则天考虑免除诸武的王爵。对此，武则天当然不可能同意。

狄仁杰的去世、吉顼的被贬使朝堂上挺李派的力量大大削弱，不久之后便出现了乱象，原本已经清晰的政治走向再次变得不明朗了。

事情出在太子李显的嫡长子李重润、女儿李仙蕙、女婿武延基身上。

李重润原名李重照，为避武曌的名讳，改名为李重润。早在唐高宗李治还健在的时候，李重润就被立为皇太孙，并允许其开设府署，设置官属。可以说，李重润是唐高宗隔代指定的继承人。

后来，李重润跟随父亲李显贬居房州。李显再次被立为太子后，李重润被封为邵王。虽然没有被重新立为皇太孙，但以李显嫡长子的身份，李重润仍然是武周下下代继承人的第一人选。

李仙蕙是李显的第七女，被封为永泰公主。武则天为了李武两家世代姻亲，将其嫁给武承嗣的嫡长子武延基。此时，武承嗣已经去世，武延基袭爵魏王，是武家正统的继承人。

李重润、李仙蕙、武延基这三个人可以说是武则天隔辈的至亲。但是，大足元年（701 年），他们却因私下里议论张易之、张昌宗与武则天之间的关系而被告发。武则天十分震怒，命令太子李显审理、处置此事。

这三个人一个是李显的儿子，一个是李显的女儿，一个是李显的女婿，武则天让李显处理此事，无疑是给他出了一道巨大的难题。究竟怎样处理才能让母亲满意，李显拿捏不好分寸。

经过多年来的折磨，李显早已经被母亲吓破了胆。面对这个棘手的案件，他只好一不做二不休，从重从快处理。于是，李重润、李仙蕙、武延基三个人在此案中都死于非命。三个人究竟是如何被处死的，史书记载得颇有出入。有的说是棒杀，有的说是缢杀，有的还说李仙蕙是受惊吓难产而死。

总之，这三位凤子龙孙只因议论内闱的“秘事”便惨遭屠戮。此事在朝廷内外引起了轩然大波，朝臣们刚刚开朗的心境，又被蒙上一层重重的阴霾。

眼看女皇的年纪越来越大，身体越来越糟，心智也越来越不明，一旦哪一天她在张易之、张昌宗兄弟的蛊惑下，在继承人问题上变了卦，那又当如何是好？

此时，朝臣中德高望重者当属魏元忠与张柬之。魏元忠早年平定李敬业扬州叛乱有功，在酷吏当道时期也遭受过周兴、来俊臣的陷害。魏元忠曾前后三次被流放，时人多称其无罪。武则天感到很奇怪，曾问道：“爱卿为什么总是被人构陷呢？”魏元忠对曰：“臣犹鹿也，罗织之徒，有如猎者，苟须臣肉作羹耳。”

魏元忠并不是一头鹿，他其实是长有獠牙的。朝堂上有看不惯的事情，他总是要挺身而出多说上两句或有一番作为，这恐怕才是他屡次遭人构陷的原因。久视元年（700年）之后，酷吏已全军覆没，武氏势力遭到严重削弱，朝堂上的邪恶势力只剩下了张氏兄弟，魏元忠又将矛头对准了他们。

张易之、张昌宗权宠日盛，朝野多有依附者。魏元忠上奏武则天说：“臣承先帝顾眄，受陛下厚恩，不徇忠死节，使小人得在君侧，臣之罪也。”明着是自己在请罪，实际上是在提醒武则天，张氏兄弟是小人，须多加防范。武则天听后不高兴，张氏兄弟更是对他心生忌恨。

魏元忠与张氏兄弟之间冲突不断。张易之家中有个狗奴，仗着张氏兄弟的势力在闹市中欺凌百姓，魏元忠知道后将其杖毙。打狗看主人，魏元忠当然是在给张氏兄弟传递一些信号。

张易之与张昌宗有个兄弟叫张昌仪，当时正在做洛阳令。他仗着两个哥哥的势力卖官鬻爵，为所欲为。他猖狂到了什么程度呢？举个小例子说明一下。

有一次，在上朝过程中，一位薛姓候补官员向其行贿求官，送给他黄金五十两和一张求官表。上朝后，张昌仪随手将求官表交给天官侍郎张锡，让他负责安排一下。没想到张锡将那张求官表遗失了。张锡记不住薛姓求官人的名字，就去询问张昌仪。

张昌仪更是记不清了，他将张锡痛骂了一顿，说：“我亦不记，但姓薛者即与之。”只要是姓薛的，就给个官做吧。张锡回去一查候补官员花名册，居然有六十多个姓薛的人，就给他们每个人都封了官。

张昌仪如此猖狂地蔑视秩序，向魏元忠汇报工作时也是傲慢无礼。依仪制，张昌仪本应立于庭下，却满不在乎地登上听事堂。魏元忠见状，大声呵斥，令其退下。张昌仪碰了一鼻子灰。张氏兄弟觉得有伤颜面，对魏元忠更是衔恨在心。

武则天想提拔张昌宗的一个弟弟张昌期为雍州长史，为此先问诸宰相。张昌期并无治国才干，却“恃宠骄贵，酷暴群僚”，属下都很怕他。

一次，张昌期做官的地盘里来了一只白色喜鹊，命令属下司户杨楚玉不惜一切代价去抓。杨楚玉捉到喜鹊后，张昌期笑着说：“此鹊赎君命也。”言下之意，若抓不到这只白色喜鹊，杨楚玉也就活不成了。杨楚玉叩头说：“此天活玉，不然，投河赴海，不敢见公。”

像张昌期这样的人很有做酷吏的潜质，让他上位，绝称不上什么好事。但很多朝臣为讨好武则天和张氏兄弟，都说“陛下得人矣”。独魏元忠认为张昌期不堪任用，表示反对。女皇默然而止。

魏元忠屡次与张氏兄弟作对，后者时时都在找机会报复。但魏元忠并无过错，张氏兄弟一时找不到把柄，只能凭空捏造。

张氏兄弟在武则天面前诬陷魏元忠与司礼丞高戬密谋将要依附太子架空武则天，据传，魏元忠曾对高戬说：“主上老矣，吾属当挟太子而令天下。”

高戬，“太平公主之所爱也”，是太平公主的一个情夫。张昌宗本也是太平公主的一个情夫，太平公主不敢独享，才将他献给母亲武则天。张昌宗同高戬之间可能因太平公主有一些矛盾，才使其在陷害魏元忠时将高戬牵扯了进来。

武则天得到张氏兄弟的密报，反问道：“汝何以知之？”

张氏兄弟答：“凤阁舍人张说可以为证。”原来他们早已经同张说进行了串联，许给张说高官厚禄，令其在武则天面前做伪证。张说也满口答应。

次日，武则天宣张说入宫对质，并召集太子李显、相王李旦及高级官员共同听证。张说上殿之前，凤阁舍人宋璟、殿中侍御史张廷珪、左史刘知几等朝臣纷纷劝说张说，不要受了张氏兄弟的蛊惑而陷害魏元忠，以免留下千古骂名。他们哪里知道，张说心中已早有打算。

上殿后，张说慷慨陈词："臣今对广朝，不敢不以实对。臣实不闻元忠有是言，但昌宗逼臣使诬证之耳！"

一语落地，气得张氏兄弟大呼："张说与魏元忠同反！"

此时，谁都知道是怎么回事了，"则天乃悟元忠被诬"。但是，武则天居然为了照顾张氏兄弟的情绪，在没有任何人证物证的情况下，硬要处理魏元忠与高戬。甚至她不但不认可张说不惧权贵、挺身而出、伸张正义，反而认为张说是一个反复无常、说话不算数的小人。

很多具有正义感的朝臣实在看不下去了，密表申奏，为魏元忠等人开脱："魏元忠素称忠正，张说又所坐无名，俱令抵罪，恐失天下之望，愿加详察！"并指责张氏兄弟是指鹿为马的小人："豺狼其心，指鹿以献。"然而，武则天置若罔闻。

最终，魏元忠被贬为高要（今广东高要）尉，高戬、张说俱被流放岭外。魏元忠临行前，面辞武则天，对女皇说："臣老矣，今向岭南，十死一生，陛下他日必有思臣之时。"

女皇问其故。魏元忠指着女皇身侧面带得意之色的张易之、张昌宗说："此二小儿，终为乱阶。"

果然，魏元忠走后不久，祸乱就来了。

神龙政变

《资治通鉴》上讲了一则关于张昌仪的趣闻：

张昌仪新建了一座豪华府邸，规格超过了诸王和公主。有人趁着夜色，在其门上题了一行字："一日丝能作几日络？"意思是不能长久。张昌仪发现后命人把字迹涂掉，谁知道第二天夜里大门上又被人题上了那句话。张昌仪又命人把字迹涂掉。如此反复六七次。张昌仪干脆也不涂抹字迹了，而是提笔在门上答了一句："一日亦足。"意思是得过且过，能富贵几天算几天。张氏兄弟之不得人心，可见一斑。

魏元忠被贬之日，很多朝臣都到郊外为之送行。这本是人之常情，在此之前也很多见。张氏兄弟却抓住此事不放大做文章，污蔑那些送行的朝臣与魏元忠结党营私、伺机谋反。武则天让监察御史马怀素负责审问此案。马怀素审查后认为绝无结党谋反之事。

武则天与张氏兄弟对这个结果很不满意，希望能重新审理。马怀素则说："陛下当生杀之柄，欲加之罪，取决圣衷可矣。若付臣推鞫，臣敢不守陛下之法？"武则天这才无话可说。

此事使朝臣人人自危。大家逐渐看透，武则天对张氏兄弟的宠幸已经达到丧失理智的地步，每个人都有可能成为张氏兄弟陷害的对象。张氏兄弟就像当年的酷吏来俊臣一样，如果不将其扳倒，大家睡觉都"背不贴席"。

长安四年（704 年）冬季，神都的天气异常阴晦寒冷，风雪交加。都城内居然有人冻死，人们传言这是小人当道引起的天变。

天怒人怨，张氏兄弟的"一日丝"终于要用尽了。

神都流言四起，不断有人以密奏的形式向武则天报告，张氏兄弟包藏祸心，将趁着女皇年迈发动政变，窃取政权。

这些密奏本身也是毫无根据，大概是一些朝臣以彼之道还施彼身的手段罢了。对张氏兄弟深信不疑的武则天，面对这些密奏当然是置若罔闻。有朝臣举报说，张氏兄弟趁着建造兴泰宫和修建佛像的机会大肆贪污。但经济问题也击不垮张氏兄弟。

当年底，武则天一病不起，张氏兄弟在内宫服侍，女皇的制谕都要靠两兄弟传递，等于张氏兄弟变相控制了中央权力。至于武则天得的是什么病，史籍上并没有明确的记载。但后来出土的《唐王同皎墓志》中，有这样一段记载：

则天皇帝春秋高，加有风疾。张易之及弟昌宗……居中专制，朝右慑伏。

原来，武则天也同唐高宗一样，罹患了风疾，丧失了执政的能力。王同皎是太子李显的女婿，定安公主的驸马，神龙政变的关键人物，他墓志中的记载是有很大的参考价值的。

面对这种情况，朝臣们想将张氏兄弟调离武则天左右，再伺机处置。宰相崔玄暐建议说："皇太子、相王仁明孝友，足可亲侍汤药，宫禁事重，伏愿不令异姓出入。"希望女皇能够让李显与李旦代替张氏兄弟入宫侍疾。武则天一日也离不开张氏兄弟，对于这样的建议不可能采纳。

种种办法都试过了，张氏兄弟就是岿然不动。到了十二月十九日，有一个叫作杨元嗣的许州人站出来实名举报，说张昌宗曾召术士李弘泰占相，李弘泰妄言张昌宗有天子相，但一定要在定州造佛寺，才能够让天下归心。此事若是坐实，则张氏兄弟必死无疑。

事后看来，这应是最后的可以在法律框架范围内处置张氏兄弟的机会。然而，武则天虽然责令有司查处此案，但最终却相信了张氏兄弟的清白。

朝臣们最后的努力破产了。既然无法以常规手段解决掉张氏兄弟，那非常规手段就提上了日程。首倡以政变措施解决问题的，是大器晚成的老臣张柬之。

张柬之受狄仁杰的举荐入朝为官，逐渐晋升为宰相。至神龙元年（705年），他年已八十岁，是德高望重的群臣之首。他联合另一位宰相崔玄暐、中台右丞敬晖、司刑少卿桓彦范、相王府司马袁恕己等人，密谋入宫强行诛杀张氏兄弟。

可以想见，诛杀张氏兄弟后，如果武则天仍然执政，张柬之等五人必定是死罪。因而即使为了自保，也要强逼武则天退位，扶正太子李显。

几位朝臣虽然达成了共识，但是若想政变成功，必须要取得宿卫宫廷的禁军的支持。张柬之将突破口放在了右羽林卫大将军李多祚的身上。

选择李多祚，是因他是唐高宗的旧臣，对李唐怀有深厚的感情。李多祚本是东北靺鞨族的酋长，后归顺大唐。唐高宗任用他宿卫玄武门，尔来已有二十余年。李多祚在禁军中有着崇高的威望，若是将他拉到同一战线，何愁大事不成。

张柬之秘密联络李多祚，对他说："将军今日富贵，谁所致也？"

一句话触动了李多祚的心事，他潸然答道："大帝也。"

"今大帝之子为二竖所危，将军不思报大帝之德乎！"

李多祚指着天地发誓："苟利国家，惟相公处分，不敢顾身及妻子。"

张柬之联络的另一位重要禁军将领是杨元琰。杨元琰曾与张柬之同泛江中流，舟中别无他人，二人敢于直抒己见。语及武周代唐，杨元琰唏嘘不已，慨然有匡复之志。于是，张柬之知道杨元琰是大唐的忠臣。及张柬之为相，他擢升杨元琰为右羽林将军，并暗中提醒他："君颇记江中之言乎？今日非轻授也。"言下之意，我让你做禁军将领，就是为了"匡复"大唐。杨元琰心领神会。

张柬之又委任敬晖、桓彦范做左、右羽林将军，掌握禁军兵权。对于这样的人事安排，张氏兄弟也曾疑惧。但张柬之同时委任张氏兄弟的党羽武攸宜为右羽林大将军以作平衡，张氏兄弟心中乃安。

实际上，武攸宜处于被架空的状态，一旦张柬之率禁军起事，他并不能起到什么实际作用。一切准备就绪，敬晖、桓彦范暗中将朝臣们的密谋告诉了太子李显，李显没有表示反对。

神龙元年（705 年）正月二十二日（另有二十日、二十三日两种说法），张柬之等人正式发难。政变的队伍分为三路：

张柬之、崔玄暐会同右羽林将军杨元琰、左威卫将军薛思行，率领禁军五百余人自玄武门入宫，是为第一路，这支部队也是政变的主力部队。

袁恕己随同相王李旦控制宫城以南的国家行政机关"南衙"，是为第二路。

李多祚与原中书令李义府之子李湛、李显的女婿王同皎率羽林军五百余人到东宫迎请李显入皇宫，是为第三路。

几十年来，李显早已被母亲的淫威吓破了胆，虽然在密谋时，也没有反对，但事到临头，他却害怕起来，不敢随禁军入宫。女婿王同皎急谏道："先帝以神器付殿下，横遭幽废，人神同愤，二十三年矣！今天诱其衷，北门、南牙，同心协力，以今日诛凶竖，复李氏社稷，愿殿下暂至玄武门，以副众望。”

李显却说：“凶竖诚当夷灭，然上体不安，得无惊怛！诸公更为后图。”他以害怕惊扰武则天病体为由推托，以孝道来掩饰自己的懦弱。

政变已是箭在弦上，不得不发。即使李显不肯入宫，另两路人马也已经行动。密谋已经泄露，武则天与张氏兄弟必然会获悉。政变若在此刻戛然而止，必定满盘皆输。

李湛急切地说道：“诸将弃家族，共宰相同心勠力，匡辅社稷。殿下奈何不哀其恳诚，而欲陷之鼎镬？湛等微命，虽不足惜，殿下速出自止遏。”

千钧一发，此时此刻已由不得李显愿不愿意了。王同皎抱起李显，不由分说，扶他上马。禁军护卫着李显径直冲入玄武门。张柬之等人早已在此等候。

当时，武则天正在迎仙宫集仙殿养病，张易之、张昌宗伺候在左右。听到外面有骚动，张氏兄弟出殿查看，张柬之一不做二不休，将他们斩于庑廊之下。张柬之命令禁军将集仙殿包围。武则天在殿内闻变惊起，问道：“乱者谁邪？”

张柬之对曰：“张易之、昌宗谋反，臣等奉太子令诛之，恐有漏泄，故不敢以闻。称兵宫禁，罪当万死！”

武则天久历政坛六十余载，怎会不懂这套说辞，她马上明白发生了什么事。张氏兄弟已死不可复生，如今是要最大限度上挽回危局，因此她既肯定了张氏兄弟谋反，太子命令禁军诛杀他们是正确的，同时又命令众人速速退兵，对太子说：“小子既诛，可还东宫！”

只要解除了当夜的危局，武则天第二天即可为“二张”平反，并将政变的朝臣一网打尽。显然，太子的地位也将不保。李显毫无政治经验，听到武则天如此说，一时不知所措。

桓彦范马上进言：“太子安得更归！昔天皇以爱子托陛下，今年齿已长，久居东宫，天意人心，久思李氏。群臣不忘太宗、天皇之德，故奉太子诛贼臣。愿陛下传位太子，以顺天人之望！”

武则天闻听此言，知道群臣、诸将这是要逼她退位了。事已至此，武则天即使再有手段，也已没有了回天之力。她的心态有些失衡，言语由方才的力图补救变为了牢骚埋怨。

武则天一眼看到了人群中的李湛。李湛的父亲李义府在世时是武则天的心腹，女皇质问道："汝亦为诛易之将军邪？我于汝父子不薄，乃有今日！"李湛惭不能对。

武则天又看了看崔玄暐，他是武则天一手提拔的朝臣，没想到连他也会反对自己。"卿朕所自擢，亦在此邪？"武则天问道。

"此乃所以报陛下之大德。"崔玄暐道。

崔玄暐的回答颇有深意，值得细细品味。

然而，无论曾以铁腕著称的女皇如何婆婆妈妈地牢骚埋怨，也都于事无补了。武则天在此夜失去了其赖以寄托精神和肉体的两位面首，也失去了最高权力。

控制住皇宫之后，张柬之迅速派人到张氏兄弟的府邸将张昌期、张同休、张昌仪抓获斩首，并在神都天津桥南连同张易之、张昌宗一起陈尸示众。他们得到了同当年来俊臣一样的下场。

唐人张鷟在《朝野佥载》中记载，张氏兄弟虽然貌美似莲花，却心狠似蛇蝎，简直是人面兽心。就拿他们对待动物来讲，张易之曾经做了一个大铁笼，置鹅、鸭于其内，在笼中生起炭火，铜盆中装着五味汁。鹅、鸭被烘烤得口渴了，就去饮用五味汁。烤熟后，肉也入味了。张昌宗还曾将活驴关在一小室内，起炭火，置五味汁，如法炮制，以此制作鲜美的驴肉。张昌仪曾在地上钉下铁橛，将狗的四肢缚在铁橛上，放鹰鹞啄食狗肉，肉尽而狗未死。狗的哀号声嘶力竭。人们都不忍去听，张昌仪却以此为乐。

张氏兄弟落得如此下场，人们纷纷说这是他们虐杀那些动物所得的报应。

"二张"是美男子也是才子，《新唐书》说他们"颀皙美姿制，音技多所晓通"。女皇武则天何等样人，能得其青睐自然非同凡响。但是，美人不一定是善人，他们“淫蛊显行，无复羞畏”。

淫乱之行与蛊惑之言通常是见不得天日的，而“二张”却将其公开化。羞耻心与畏惧心是让人不越底线的两扇大门，然而“二张”的大门却是敞开的。天令其亡，必令其狂，天理昭彰，报应不爽，张氏兄弟最终得到了应有的下场。

无字碑

政变过后的第一个清晨，武则天颁布了制令，命太子李显监国。对于帝国最高层突然的人事变动，武则天在制令中是这样解释的：

朕因为多年来操劳国事过度，身体染了风疾，张易之、张昌宗兄弟善于制作丹药为朕调理。但谁想到二张兄弟居然会趁机谋反，幸亏太子与禁军识破了他们的阴谋，围剿扑杀了众凶徒，这真是朕躬之幸、兆庶之福。由于政务繁忙，朕的身体已经难以摄理政务，所以命令太子来监国。

官方文件总是说得冠冕堂皇，政变者转眼成了救驾的功臣，张氏兄弟也仅仅是炼丹制药的术士。如果说有一种话语叫作“外交辞令”，那么类似这样的官方文件可以称之为“内政辞令”，是被统治者运用得烂熟的欺民遮羞的话术罢了。

再一日，武则天禅让。

再一日，李显正式登基。

再一日，武则天移驾上阳宫居住。

移宫之时，百官都面露喜色，相互庆贺。独有姚崇流涕不止，甚至呜咽出声。桓彦范和张柬之都提醒他：“今日岂是啼泣时？恐公祸从此始！”

姚崇回答：“事旧主岁久，乍此辞违，情发于衷，悲不能忍。且日前从公诛凶逆者，是臣子之常道，岂敢言功；今辞违旧主悲泣者，亦臣子之终节，缘此获罪，实所甘心！”

一问一答，凸显的是鼎革之际臣子的两难与两全。似乎大多数人都处在历史的无奈之中，为了演好自己的角色而倾尽所有。

随着政变当晚“太子安得更归”的呼声，武则天的统治实际上已经结束了。她到达上阳宫后，由政变功臣李湛率领禁军负责宿卫。明眼人可以轻易看破，一代女皇已经被软禁了起来。

但需要说明的是，武周的统治并没有结束。此时，李显仍然叫作武显。他所做的皇帝也不是大唐的皇帝，而是大周的皇帝。这或许还能给失势的女皇些许心理安慰，但这样的安慰不会太久。

二月初四，李显下制书宣布：“光启大唐之国”，复国号为唐。武周一朝正式结束了。

很多学者认为武周仅有一位皇帝，武则天是开国之君，也是亡国之君。这样的提法不是特别严谨，毕竟李显是做过武周皇帝的。他应该才是武周的亡国之君，同时也是李唐的中兴之君。为了叙述简便，此后我们仍以“唐中宗”这个官方称谓称呼他。

在唐中宗李显下达的复唐制书中提到，“光启大唐之国”的提议来自武则天，这显然又是一次“内政辞令”的巧妙运用。通过武则天政变之前的种种言行可以看到，她绝不愿意“光启大唐之国”，即使她同意传位于李显，也是做武周的皇帝。

“光启大唐之国”从来没有在武则天的考虑范围之内，她能够在短短十天之内改变为之奋斗了二十余年的初心吗？

武则天的政治生命已经结束了，她成为上阳宫内的一个活死人。虽然唐中宗仍定期或自行或率百官前来问安，但是这样的“问安”似乎还不如不来。武则天见到儿臣一次便伤心一次，她曾向唐中宗哭诉：“我自房陵迎汝来，固以天下授汝矣，而五贼贪功，惊我至此。”唐中宗悲泣不自胜，伏地拜谢死罪。

“五贼”指张柬之等五人。可见武则天对神龙政变持完全否定的态度。唐中宗是一个软弱的人，他的悲泣与伏拜不一定是演戏。但他同样处于历史的无奈之中，同样需要饰演好自己的角色。

“问安”对于这对母子来讲，都是一种折磨。这样的折磨大约维持了十个月，母子二人便全都解脱了。

神龙元年（705年）十一月二十六日，武则天驾崩于上阳宫仙居殿。她的生命终结于多少岁？传统上认为是八十三岁，也有八十一岁、八十二岁等说法。若按本书第一章中的分析，或许是七十八岁。总之，她是那个时代很高寿的人。

临终前，武则天留下遗制：

祔庙、归陵，令去帝号，称则天大圣皇后；其王、萧二家及褚遂良、韩瑗等子孙亲属当时缘累者，咸令复业。

祔庙是指配享、附祭于太庙。这里的太庙是指李唐的太庙。归陵是指与唐高宗合葬于乾陵。祔庙、归陵表示武则天仍然是李家的人，李家的媳妇。王皇后、萧淑妃及褚遂良、韩瑗等人的后代也不再是被镇压的对象。在自己最后的时刻，武则天完成了与自己的敌人的和解。

这份遗制究竟是不是武则天的本意，后人已经很难去判断了。或许是人之将死其言也善，或许是唐中宗越俎代庖，替母亲为之。

转过年来的正月二十一日，唐中宗护送武则天的灵驾还归长安。从此，中国的政治中心由洛阳再次回到了长安。此后二百年，唐朝皇帝基本居于长安处理政务。

706年五月二十八日，武则天被葬于乾陵，她的丈夫唐高宗李治已在幽暗阴冷的地宫中默默等了二十二年。

兜兜转转，作为中国古代最具铁腕手段的女强人，武则天仍然没有逃脱女性固有的命运。她与丈夫合葬在一起，身份仍然是李家的媳妇。

国子司业崔融执笔为武则天撰写了《则天大圣皇后哀册文》。崔融是初唐著名的文学家，“文章四友”之一，与杜甫的祖父诗人杜审言齐名。崔融文辞典丽，当时罕有其比，朝廷公文多出自其手。

武则天登基之前，为武周代唐制造舆论的《洛图颂》就是出自崔融之手。如今《则天大圣皇后哀册文》同样由崔融来作，一前一后、一生一死，着实令人感慨。

据说，崔融为写作武则天的哀册文，苦思过甚，发病而卒。一位文章大家居然为一篇文章而耗尽了心神，足见这篇文章有多难作。不是崔融才思不敏，而是以当时的政治环境，想要评价武则天实在是太过于艰难了。

张易之、张昌宗兄弟得势时，曾经广揽天下文士，崔融也在其列。神龙政变后，崔融遭到了贬谪。一年多来，崔融始终诚惶诚恐、神经紧绷。究竟如何写武则天的哀册文，才能让各方势力都满意，恐怕才是他真正需要苦思的。

让主人满意，以换取主人的豢养，这是历代御用文人的悲哀。很多御用文人之所以不能够成为大文豪，并非因其才智不足，多半是因为他们舍不得扔掉拴在自己脖子上的那条名缰利锁。

崔融还曾作过一篇《则天皇后挽歌》，以哀吊武则天，其辞云：

前殿临朝罢，长陵合葬归。
山川不可望，文物尽成非。
阴月霾中道，轩星落太微。
空余天子孝，松上景云飞。

这首诗不涉及对武则天的评价，却凸显了天子对母亲的孝道，作起来想必要容易得多了吧。

对于武则天的评价，不仅使崔融感到词穷，就连包括唐中宗在内的所有人都感到困难。因此，这才有了那通著名的无字功德碑。

唐乾陵神道一东一西，立有两块高大的石碑。西侧的石碑是为唐高宗李治歌功颂德的《述圣纪碑》，碑上的文字由武则天撰写、唐中宗书丹。东侧的石碑即《无字功德碑》。这块石碑本应记述武则天的功德，却为何没有文字，后世众说纷纭。

有人认为无字碑要的是此处无声胜有声的效果，更加彰显武则天的功德之大，已无法用文字来记述。这种说法恐怕难以成论。立碑之时，武则天已经去世，李唐既然已经复辟，她的功德又怎么会高于唐高宗呢？既然唐高宗的功德碑上都有文字，凭什么武则天的功德就无法用文字来记述？

有人认为武则天自感罪孽深重，羞于提起自己一生的所作所为，因此立碑而不书字。这种说法更难成立。在武则天那个时代，石碑还不是陵墓前的必需品。即使是十年之后，唐玄宗刚刚即位时，他想为自己冤死的母亲窦太后立碑，仍然被大臣上书劝谏："帝王及后，礼无神道碑。"如果真是武则天自感罪孽深重，或是唐中宗认为武则天罪孽深重，大可不立碑嘛，何必要立上一通无字碑呢？

有人认为之所以要立无字碑，是武则天希望自己的是非功过任由后人评说。或许是唐中宗希望自己母亲的是非功过任由后人评说。这也不符合统治者的一贯做法。若真如此，为什么还要让崔融搜肠刮肚地写《则天大圣皇后哀册文》呢？那里面的大量言辞本身就是对武则天的评价。

无字碑究竟为何无字，可能永远只能是一个谜。不过，细心的后人却发现，无字碑上隐约已经被打上了格子。这些格子四点五厘米见方，共有八十四列，四十四行，约能填充三千五百个汉字。这证明无字碑本是要被刻上文字的，甚至都已经有了三千多字的定稿，只是由于某种特殊原因，工程被迫突然叫停了。

某种特殊原因究竟是什么，不清楚。但很有可能与武则天葬入乾陵之后，最高层的政局动荡有关。从武则天入葬的706年到唐玄宗即位的713年，唐朝最高统治层经历了一场又一场的角逐与厮杀，对武则天的评价也变得更为复杂困难。

无论是唐中宗，还是后来即位的唐少帝、唐睿宗、唐玄宗，抑或是一度掌权的韦皇后、武三思、太平公主等人，都不敢轻易地对武则天进行评价，这就造成了武则天功德碑镌刻工作的搁浅，从而促生了这通举世罕见的无字功德碑。

第十二章 再三祸变

武韦之乱

神龙政变之后，武则天口中咒骂的“五贼”成为李唐复辟的大功臣。张柬之等人虽然是功臣，也一度控制了政局，但他们铤而走险是为了复兴大唐，并非有权倾朝野的私念，更无功高欺主的野心。因此，在政变成功之后，唐中宗李显掌握了完全的实际权力。

但唐中宗懦弱且昏庸，守成尚且不足，更不要说做一个合格的中兴之主了。他之所以能够达到今天的地位，皆因形势使然。当时，李唐刚刚复兴，天下士庶皆引颈而望，期盼着唐中宗能有经天纬地的作为。然而，他却交出了一份令人失望的答卷，并险些使唐王朝再一次滑向泥潭。

《新唐书》记载，唐中宗即位后的政坛景象是：

韦氏蛊乱，奸臣同恶，政以贿成，官以宠进，言正者获戾，行殊者见疑，海内寒心，人用不保。

唐中宗时期的政治生态比武则天统治后期还要糟糕得多。为什么会出现这种“海内寒心”景象呢？还要从“韦氏蛊乱”说起。

韦氏指唐中宗的韦皇后。当年在唐中宗第一次即位仅仅数月后，韦皇后便被太后武则天废掉，书面理由是唐中宗宠幸韦皇后及外戚。而唐中宗甚至说出了“我让国与玄贞岂不得”这样过激的话。

唐中宗李显被废为庐陵王，韦皇后也被降为庐陵王妃。随后，夫妻二人不得不踏上被贬远乡的旅途。庐陵王李显先是被软禁于均州，所居住的是他的伯父李泰的故宅。

不久，李显又被迫前往房州。当时，韦氏已怀有身孕，并于途中分娩，生下一个女儿，即后来的安乐公主。女儿出生在马车上，李显只能以衣服包裹女儿，因此安乐公主小名“裹儿”。

到了房州，李显一家遭到软禁幽闭，备尝艰危。其间，李显背负着巨大的心理压力。因母亲心狠手辣，当时又是酷吏当政，李显十分害怕自己会像二哥李贤一样被处死。每当听说有神都洛阳的使节到来时，李显就认为是母亲派人来杀他。他惶恐失措，每每欲先行自杀。这个时候韦氏就会劝阻他：“祸福无常，宁失一死，何遽如是！”即使使节是来杀咱们的，最多也不过一死，你又何必着急自行了断呢？

在韦氏的宽慰与鼓励下，李显度过了一场又一场虚惊。李显对韦氏非常感激，逐渐产生了精神上的依赖，他曾私下对韦氏发誓说：“异时幸复见天日，当惟卿所欲，不相禁制。”意思是说，将来自己若有再次出头的一天，韦氏可以为所欲为，做什么都不会禁止。

就这样，夫妻二人相濡以沫、情爱甚笃，一起在房州挨过了漫长的十四个春秋。李显“复见天日”的一天终于到来了。武则天下定决心，重新立李显为太子。

以后发生的事情，前文已经讲过了。李显一家回到神都后，本以为八十一难已经过去，谁想到还有一难等着他们。李显与韦氏唯一的儿子邵王李重润被“二张”构陷，武则天命李显审理。为了自保，李显忍痛将李重润处死。彼时彼刻，李显与韦氏的心情可想而知。对于李显来说，他越发觉得亏欠韦氏。一旦做了天子，他一定要加倍报偿。

如今李显做了皇帝，韦氏理所当然地被册封为皇后。韦皇后自恃有功，开始干预朝政。唐中宗李显本来就是个没有主意的人，加之早已对韦皇后形成了精神依赖，也愿意凡事与韦皇后商议，并让韦皇后做最后的决断。于是，唐中宗每临朝，皇后必施帷幔坐殿上，预闻政事，如唐高宗在世时的武则天一样。

很多大臣看不过去，担心武则天的故事重演。政变功臣桓彦范上表说："臣窃观自古帝王，未有与妇人共政而不破国亡身者也……伏愿陛下览古今之戒，以社稷苍生为念，令皇后专居中宫，治阴教，勿出外朝干国政。"对于这样的正确建议，唐中宗置之不理。

这便是"韦氏蛊乱"。"奸臣同恶"则指武三思一党的势力复振。按理说，武周灭亡、唐朝复辟，武三思应是被清洗的对象，即使苟全性命，也应如一潭死水慢慢地干涸。而令人大跌眼镜的是，这潭死水却兴起了武周尚在时都不曾有过的风浪。

武三思之所以能够起死回生，宫中的一个女人起到了至关重要的作用，她就是上官婉儿。上官婉儿在历史上名气很大，是唐代著名的才女。但是，在之前的章节中，除了在讲述上官仪的悲惨命运时，曾对上官婉儿有过一笔交代，此后没有给她安排过半点笔墨。主要原因是她虽声名显赫，但在历史上所起的作用却非常有限。她对当时政局所作出的最重要的影响，便是将武三思引荐给唐中宗和韦皇后。

2013 年 8 月，陕西省考古研究院在西咸新区空港新城的考古勘探中，发现一座唐代单室砖券墓，墓主人正是上官婉儿。考古人员在墓中发掘了《大唐故昭容上官氏墓志铭》。墓志铭清晰地勾勒了上官婉儿的一生，可与史书中对她的记载相照应。

当初祖父上官仪、父亲上官庭芝被害后，尚在襁褓之中的上官婉儿随母亲郑氏入宫为奴。郑氏对上官婉儿悉心教导，加之她天生聪慧，十二三年过去，便成长为宫中一位小有名气的才女。

根据墓志铭的记载，十三岁时，上官婉儿被选为唐高宗的才人。原来上官婉儿还曾嫁给唐高宗，这是以往史籍中未曾提及的新史料。

大约过了一年，武则天召见上官婉儿，命她作文章。上官婉儿才思敏捷，很合武则天的心意。因此，在武则天当政之后任用上官婉儿在宫中掌管诏敕的写作，实际上成为武则天的秘书，“百司表奏多令参决”，有“巾帼宰相”之称。在此期间，上官婉儿与武三思私通，成为武三思的情人。

神龙政变后，武则天失去权势，上官婉儿又被唐中宗收入后宫，册为昭容——上官婉儿与武则天一样，也是嫁了父子两代皇帝。

昭容是宫中正二品的女官，与昭仪、昭媛、修仪、修容、修媛、充仪、充容、充媛并称为“九嫔”，要比正五品的才人地位高得多。上官婉儿因其特殊的文才，受到唐中宗的重用，命她继续参决机要，起草诏书。

地位的特殊性使上官婉儿有更多的机会接触到唐中宗、韦皇后、安乐公主，并向他们施加影响。上官婉儿撺掇韦皇后学习武则天揽权专政，这一提议正中韦皇后的下怀。上官婉儿因此取得了韦皇后的信任，并借机将自己的情人武三思推荐给了韦皇后。韦皇后与武三思逐渐勾搭在了一起，甚至有了宫闱丑闻：“三思遂与后通，由是武氏之势复振。”

而唐中宗对于二人的私通却充耳不闻、熟视无睹。韦皇后与武三思一起下“双陆”棋的时候，唐中宗还在旁边亲自为之点筹。甚至武三思有几日不入宫禁，唐中宗还要陪着韦皇后亲自过府探望。韦皇后与武三思公然在唐中宗面前调笑戏谑，对饮亲狎，唐中宗在一旁却丝毫不以为意。

当初“二张”刚刚伏诛之时，洛州长史薛季昶曾向张柬之、敬晖建议：“二凶虽除，产、禄犹在，去草不去根，终当复生。”

“产、禄”指西汉的外戚吕产、吕禄。吕后专政时，吕产、吕禄皆被封为王爵，权倾一时，后被太尉周勃等人发动政变杀死。薛季昶以“产、禄”指武氏外戚武三思等人，希望今日的政变领导者能够学习昔日的周勃，斩草除根，永绝后患。

张柬之、敬晖却回答说：“大事已定，彼犹机上肉耳，夫何能为！所诛已多，不可复益也。”他们认为武则天已经倒台，武三思之辈兴不起什么风浪。

薛季昶摇头叹息：“吾不知死所矣！”

朝邑尉刘幽求也曾对桓彦范、敬晖说："武三思尚存，公辈终无葬地；若不早图，噬脐无及。"政变领导者们仍然没有听从这个建议。

如今，韦皇后与上官婉儿等人结成朋党，她们共同向唐中宗推荐武三思。唐中宗本就对韦皇后言听计从，此时又受惑于上官婉儿的花言巧语，"上遂与三思图议政事，张柬之等皆受制于三思矣"。唐中宗逐渐信任起武三思，并与其商议政事，而神龙政变的功臣张柬之等人反而受制于武三思了。

七月初六事件

神龙功臣为什么不趁热打铁歼灭武氏宗族，轻敌思想自然是其中一条原因，除此之外，还有其他更为重要的原因。

武则天虽然失去了政治权力，但是她自为皇后起五十年来积累起的政治影响依然巨大。而且，武则天虽然失势，但并没有被打倒搞臭，她仍然是当今皇帝的母后。即使是周勃，也是在吕后去世之后才一举铲除了诸吕。在武则天在世时铲除诸武，所要冒的政治风险实在过大。

以张柬之为首的政变者本身实力并不强大，而他们的对手"二张"早已形成自己的政治势力，诸武的政治势力更是遍布朝野。政变者靠的是裹挟着太子李显，出其不意攻其不备地以斩首行动才完成了江山巨变。

神龙政变时所打的旗号是诛"二张"，并非诛诸武。如果在诛"二张"之后紧接着诛诸武，势必会引起诸武势力的强烈反抗。此时，诸武早已警觉，先前"出其不意"的条件已经消失。诸武势力若是与"二张"残余势力沆瀣一气联合起来反扑，政变派恐怕并不见得就能守住胜利果实。

待局势稍稍稳定之后，张柬之等确实也曾数劝唐中宗诛诸武。张柬之曾说："革命之际，宗室诸李，诛夷略尽；今赖天地之灵，陛下返正，而武氏滥官僭爵，按堵如故，岂远近所望邪！愿颇抑损其禄位以慰天下！"但是，唐中宗并没有采纳这一意见。

张柬之等人眼见唐中宗的懦弱，或抚床叹愤，或弹指出血，曰："主上昔为英王，时称勇烈，吾所以不诛诸武者，欲使上自诛之，以张天子之威耳。今反如此，事势已去，知复奈何！”

可见政变派是希望诛杀诸武的。先前是时机不成熟，不得已而不为之。其后时机成熟了，而武三思却已重新取得唐中宗的信任，政变派无法再下手了。

唐中宗之女定安公主的驸马王同皎也是神龙政变的功臣之一，政变之夜正是他将犹豫不决的李显抱上了马鞍，拥簇着进了玄武门。可以说他是坚定的反武派、反后派。如今看到武氏势力复兴，韦皇后有可能成为“武则天第二”，而唐中宗却执迷不悟，王同皎急在心头。既然常规办法无法解决问题，不如再来一次非常行动。

神龙二年（706 年）初，王同皎暗中联络了张仲之、祖延庆、周憬、李悛、冉祖雍等一众人士，准备趁为武则天送葬之际，在道旁以弓箭射杀武三思。

谁承想王同皎一党中出了奸细，将这一惊天密谋泄露给了武三思。充当这一下作角色的是初唐著名诗人宋之问。

宋之问在中国诗歌史上享有大名。他是促成诗歌由古体诗向近体诗发展的关键人物，更是五言律诗的改进者和七言律诗的开创者。虽有如此成就，但德才不匹，宋之问人品极差，追名逐利可谓无所不用其极。

宋之问的外甥刘希夷写了一首《代悲白头翁》，诗中有“年年岁岁花相似，岁岁年年人不同”的佳句。宋之问读后既羡慕又嫉妒，居然无耻地请求刘希夷将这两句诗让与自己。刘希夷不答应，宋之问竟然命家奴用土袋将刘希夷压死。

武周时期，宋之问极尽逢迎谄媚之能事，创作了一批歌功颂德的诗文，以讨武则天的欢心。此公很是过了一段优渥的御用文人生涯。

宋之问“伟仪貌，雄于辩”，常幻想自己能够充当武则天的男宠，总是明里暗里地在女皇面前毛遂自荐，作诗挑逗女皇：

明河可望不可亲，愿得乘槎一问津。

无奈他患有齿疾，口有奇臭，即使天天含着鸡舌香遮挡气味，女皇对他也从来没有产生过兴趣。女皇让崔融委婉地告诉宋之问："吾非不知之问有才调，但以其有口过。"宋之问得知后"终身惭愤"。

见自己爬不上龙床，宋之问又攀附张易之、张昌宗兄弟，靠出卖自己的诗才，甘心充当权贵的玩物。随着张氏兄弟的被杀，武则天的失势，宋之问也受到牵连而被贬到岭南做泷州（今广东罗定）参军。

如果宋之问在远离权力风暴的岭南痛定思痛、甘守清贫，于人生的磨砺中充分发挥自己的诗才，相信他还能写出一批优秀的诗篇。但是，宋之问不甘寂寞，又偷偷地潜回洛阳，希望寻觅新的主子东山再起，继续过他那被权贵豢养的奴才生活。

宋之问在北上渡过汉江时，留下一首《渡汉江》，堪称千古名作：

岭外音书断，经冬复历春。
近乡情更怯，不敢问来人。

这首诗历代评价颇高。但想想宋之问为什么会到岭外，近乡"怯"的又是什么，实在是令人深思。

宋之问逃归洛阳，隐匿在好友张仲之宅中。此时，正值张仲之与王同皎密谋刺杀武三思以安王室。张仲之冒着生命危险收留了宋之问，自然与其倾心相交，并没有过多地避讳宋之问。谁承想宋之问人面兽心，居然恩将仇报，卖友求荣。

宋之问认为这是自己攀附武三思的好机会，急令兄长宋之逊之子宋昙到武三思处告变。李悛、冉祖雍也闻讯反水。行刺计划失败，王同皎、张仲之、祖延庆等遭擒遇害。周憬逃亡，在走投无路之时，遁入比干庙中，自刎身亡。

宋之问由是擢鸿胪主簿，再次官运亨通。然而，"天下丑其行"，世人提起宋之问则嗤之以鼻，皆相谓曰："之问等绯衫，王同皎血染也。"

后来，这个用别人鲜血染红官服的无良诗人怎样了呢？这里略作闲笔说上几句。宋之问后来又谄事于太平公主。安乐公主权盛后，宋之问旋即弃太平公主而投奔安乐公主，因此而得罪了太平公主。太平公主在唐中宗面前将宋之问贪污的丑事揭发出来，他被贬为越州长史。

唐睿宗即位后，宋之问以狯险盈恶的罪名被流放到钦州。宋之问聪明反被聪明误，兜兜转转地还是回到了音书断绝的岭外。唐玄宗即位后，传旨将其赐死。宋之问得诏震恐流汗，慌悸得连最后的家事都无法交代了。

平息了王同皎风波，武三思更加有恃无恐，加紧结党营私。当时有“三思五狗”的说法，指的是周利用、冉祖雍、李悛、宋之逊、姚绍之五个依附武三思的大臣。

为了在朝堂上一手遮天，武三思与韦皇后指使唐中宗将神龙政变的五大功臣明升暗降，一方面，五大功臣都被封为郡王，以示尊崇；另一方面，他们又被罢知政事，被拿掉了实权。

其中，张柬之为汉阳郡王；崔玄暐为博陵郡王；敬晖为平阳郡王；桓彦范为扶阳郡王；袁恕己为南阳郡王。后又借故将他们放任出京，去做地方官。这样一来就基本消除了“五王”在朝廷的政治影响。

此后，武三思“令百官复修则天之政，不附武氏者斥之，为五王所逐者复之，大权尽归三思矣”。

掌握了中央大权，武三思又与韦皇后密谋在唐中宗的继承人问题上面做文章。韦皇后与唐中宗生有一子四女。他们唯一的儿子懿德太子李重润已经在武则天时期被赐死，唐中宗只得立生母不详的李重俊为太子。

李重俊不是韦皇后所出，这一直是她的一个心结。然而，自己又实在没有亲生儿子，韦皇后与武三思最终想出了一个主意，就唆使韦皇后的亲生女儿安乐公主李裹儿，到唐中宗面前请求立自己为皇太女。

对于韦皇后来讲，如果亲生女儿做了皇太女，乃至将来做了女皇，她成为“武则天第二”的梦想自然也就更好实现了。安乐公主下嫁了武三思之子武崇训，如果她能够成为皇太女，并在唐中宗去世后继承皇位，自然对武三思也是非常有利的。甚至还有可能促成武则天时期都不曾做到的事情：将唐朝皇位改为武氏一系。

韦皇后与武三思各怀鬼胎，虽利益不一致，但实现各自利益的途径却是一致的。而对于安乐公主来讲，女儿身的她本毫无可能成为皇位继承人，既然有母亲与公公的支持，为何不“有枣没枣打一竿子”呢，反正也不会失去什么。更何况唐中宗本就宠爱安乐公主，万一这事成了呢？

于是，安乐公主经常在唐中宗面前恳求父亲立她做皇太女，韦皇后与武三思也在一旁帮衬。唐中宗却始终没有答应。唐中宗虽是愚弱之辈，但当时根本没有立女子做继承人的传统。即使有自己一向言听计从的韦皇后支持女儿，唐中宗也断不敢冒天下之大不韪如此行事。

安乐公主见此事不成，逼问道：“阿武子尚为天子，天子女有不可乎？”安乐公主也是糊涂，她越是搬出来武则天这个先例，唐中宗反而越是不敢答应。

就在一个胡搅蛮缠，一个敷衍推托之际，现任太子李重俊沉不住气了。韦皇后、武三思、安乐公主等人“以其（李重俊）非韦氏所生，常呼之为奴”。双方的关系本来就很差，“或劝公主请废重俊为王，自立为皇太女，重俊不胜忿恨”。

忿恨之余，李重俊害怕父皇哪一天昏了头脑，真的废掉自己。与其坐以待毙，不如铤而走险，发动政变杀掉韦皇后、武三思、安乐公主等人，再逼宫迫使父亲将皇位禅让给自己。

杀掉政敌再逼宫，要求皇帝禅让，这是唐朝政变者的一贯做法。远有李世民，近有李显，都是这样坐上皇帝宝座的。但是，同李世民、李显不同，李重俊这个太子刚刚被确立不久，先前又毫无功绩可言，在朝中几乎没有影响力，更没有形成自己的党羽，也就没有重量级的大臣肯为之出头。最终，李重俊联络的党羽中，最有声望者仅仅是左羽林大将军李多祚。

神龙三年（707 年）七月初六，李重俊与李多祚率领羽林兵三百人假传圣旨，自言奉了唐中宗之命诛杀武三思父子。他们先是闯入武三思、武崇训的府邸，杀掉武氏父子。随后，他们又率兵攻打玄武门，希望可以控制皇宫，胁迫唐中宗就范。

就在双方在玄武门下厮杀之际，唐中宗与韦皇后、安乐公主突然出现在玄武门城楼之上。唐中宗在城楼上对下喊话："汝并是我爪牙，何故作逆？若能归顺，斩多祚等，与汝富贵。"

李重俊与李多祚是矫诏行事，三百羽林军一直以为自己是在奉旨行动，不承想皇帝突然出现在面前。他们这才明白自己受了利用，纷纷倒戈投降请罪。李多祚也被人所杀。李重俊见大势已去，率领亲随逃出长安，奔向终南山。逃了一天，李重俊身边仅剩下几个家奴。家奴们趁李重俊休息之机将其杀死，然后拿着他的首级请功受赏去了。

中宗之死

唐中宗李显一系相互倾轧、骨肉相残之际，相王李旦一系一直在冷眼旁观。李旦、李隆基父子低调沉默，从不对朝政发表过多的议论，更是尽量不让自己卷入皇族的血腥纷争。他们是在等待一个取而代之的时机吗？倒也谈不上。

如果根据以后的历史演进，就硬是要说李旦、李隆基当时就在伺机而动，恐怕并不客观。当时，他们最主要的希冀是在纷繁残酷的政治旋涡中苟活性命、保全富贵，至于后来的"飞龙在天"，似乎只是一种奢望。对于这种奢望，他们并没有太多的妄想。

即使如此，相王李旦一系也险些遇害。神龙三年（707 年）七月初六的政变平息之后，武三思的党羽冉祖雍曾经上奏："安国相王及镇国太平公主，亦与太子连谋举兵，请收付制狱。"后因查无实证而作罢。相王和太平公主也算逃过一劫。

转过年来，景龙二年（708 年）四月，二十四岁的临淄王李隆基被伯父唐中宗调出京城，外任为潞州别驾。李隆基在潞州韬光养晦，大约盘桓了一年半，于景龙三年（709 年）冬返回长安。李隆基能够重回京城，很大一个原因是当年十一月唐中宗要在长安南郊举行盛大的祭祀仪式，祭拜昊天上帝。按制，在外诸王都要返回京城。

李隆基重新回到了他在长安的宅地兴庆坊。兴庆坊南侧有一池塘，广约数顷，深约数丈，据说常有帝王之气弥漫，神龙时隐时现。李隆基称帝后，后人将这一池塘称为龙池。这一传说自然是无稽之谈。景龙四年（710 年）四月，唐中宗还曾亲自到兴庆坊与弟弟相王李旦会面，并乘舟在该池塘中游玩。若此处真发生过云龙隐现的异象，唐中宗不可能不加以关注。

不过，李隆基在寓居兴庆坊的这段岁月中，异象虽然不见得存在，异动却是真实地发生过。他在这里偷偷地结交大臣，组织党羽，收拢心腹。尤其是他注重结交有才能的中下层人才，以及掌握中枢军权的禁军将领。刘幽求、钟绍京、王毛仲、葛福顺、陈玄礼、李仙凫等人都是在此时成为他的心腹的。史称“中宗末年，王室多故，上（李隆基）常阴引材力之士以自助”。这些人在后来都对李隆基的事业给予了很大的帮助。

其中，刘幽求是冀州武强县（今河北武强县）人，进士出身，担任朝邑县尉。官位虽不高，但刘幽求却是一个难得的人才。据说，他“风云玄感，川岳粹灵，学综九流，文穷三变”，是一个军师型人才，遇事可以为李隆基出谋划策。

钟绍京是虔州赣（今江西赣州）人。其人善于书法，武周时曾因工于书法而在中枢任职。宫中明堂门额、九鼎之铭，及诸宫殿门榜，皆钟绍京所题。此时，他正任禁苑总监一职。这个职务甚是要害，可以方便地出入于宫苑之间，且对宫苑的值守情况了如指掌。

王毛仲是高句丽人，早年因父亲犯罪而被没入官府，成为李隆基的家奴。他虽然起于微贱，但“性识明悟”“骁勇善骑射”，对主人忠心耿耿，是李隆基豢养的死士。

至于葛福顺、陈玄礼、李仙凫，他们都是禁军将领，负责宫中的宿卫，重要性自不必说。此时，李隆基刻意结交这一干人等，其意已经不仅仅在于自保了。如果说此时的李隆基是在等待一个机遇，想要成就一番比优游的亲王更大的作为的话，还是说得过去的。

不过，这里需要说明的是，李隆基所做的准备工作，他的父亲相王李旦是不太知情的。当时，政治环境过于险恶，相王李旦作为一个曾经做过皇帝的“御弟”，其身份是非常敏感的。尤其是在太子李重俊被杀，国家没有储君的情况下，相王李旦的一举一动就更加引人关注。相王深居简出、韬光养晦，尚觉得避嫌不足，更何况是参与结交朝臣、豢养死士、联络禁军这样的事呢。李隆基瞒着父亲闷声搞动作，也是不得已而为之。

景龙四年（710 年）六月初二，李隆基苦苦等待的那个机遇终于到了——唐中宗突然驾崩。一直以来，唐中宗的身体都不是太好，但还没有到突然就一命呜呼的程度。因此，无论是当时还是后世，人们都认为唐中宗并非善终。而谋害唐中宗的，正是他的妻子韦皇后和女儿安乐公主。

至于理由，也非常充分。安乐公主一直想要谋求皇太女的位置，而唐中宗始终没有答应。太子李重俊叛乱事件发生后，东宫虚位，韦皇后和安乐公主再次燃起了希望。

安乐公主的丈夫武崇训死后，又再嫁武承嗣之子武延秀。武延秀长得英俊潇洒，善于唱突厥民歌，跳胡旋舞蹈，很能吸引当时的上层女性。他与安乐公主早已是秘密情人关系。武崇训死后，二人名正言顺地结合在一起。如此一来，安乐公主仍然是武家的媳妇。

武延秀接替武三思与武崇训，扛起了复兴武氏的重任。武氏一伙始终认为“今天下苍生，犹以武氏为念，大周必可再兴”。而大周再兴最便捷的方式，就是安乐公主成为女皇，再将皇位传给武氏后代。

然而，唐中宗仍然丝毫没有考虑让安乐公主接班的意思。在男权社会中，女性执掌江山具有太多的不确定性，武则天尸骨未寒，前车之鉴历历在目。唐中宗虽然昏庸，但是还没有糊涂到准备将江山传给女儿的地步。他还是要在自己的儿子中选择继承人。

唐中宗共有四子，长子李重润、三子李重俊早已死于非命。次子李重福受到韦皇后的陷害，被贬出京城，任均州（今湖北省丹江口市）刺史。韦皇后对李重福非常忌惮，景龙三年（709 年）冬，唐中宗祭拜昊天上帝，在外诸王都返回京城时，李重福独不得返京。

李重福几乎没有被唐中宗立为太子的可能。这样一来，唯一能够成为太子的只剩下唐中宗的四子李重茂。李重茂生于延载元年（695 年），景龙四年（710 年）时，他仅是一个十五六岁的孩子。如果唐中宗再活上几年，李重茂长大成人再继承皇位，那么韦皇后想要像武则天那样临朝称制就难上加难了。毕竟李重茂并非韦皇后所生，韦皇后也没有武则天那样的手段与影响，能够在嗣皇帝成年的情况下垂帘听政。

韦皇后希望做“武则天第二”，安乐公主希望过一把女皇瘾，武延秀希望大周复兴，这些人的愿望都要靠唐中宗的死亡来实现。

另外，在唐中宗死前一个月还发生了一件事，使韦皇后一伙感觉受到了威胁。韦皇后在武三思死后又有了情人，这在朝野上下是公开的秘密，只有唐中宗被蒙在鼓里。许州司户参军燕钦融冒死上书，指责韦皇后、安乐公主等人淫乱后宫、干预国政，宗族强盛、朋党为奸，“将图危宗社”。

不明真相的唐中宗看到这份奏章大怒，命人将燕钦融捉拿到京师问罪。唐中宗亲自质问燕钦融，为何要如此诽谤皇后与公主。这反而给了燕钦融陈述与辩解的机会。他“顿首抗言，神色不桡”。唐中宗受到触动，默然不语。

为了使韦皇后脱险，早已经投靠韦皇后的大臣宗楚客矫制，令飞骑将燕钦融扑杀。死法是“投于殿庭石上，折颈而死”。即活活地将燕钦融摔死了。

面对这样的悲剧，“上虽不穷问，意颇怏怏不悦；由是韦后及其党始忧惧”。唐中宗虽然没有深究此事，但是很不高兴，显然已经对韦皇后产生了疑虑和不满。韦皇后一党恐惧生变，因此才在六月初以毒药谋杀了唐中宗。

总之，唐中宗是在景龙四年（710 年）六月初二死去了。对于历史的演进，这已经足够了。韦皇后秘不发丧，与上官婉儿、太平公主等人秘密订立遗诏。如此大事，居然没有请相王李旦参与，代表李唐皇室的仅仅是太平公主。

太平公主与韦皇后并非一党，她在参与意见时，是倾向于维护李唐皇室利益的。因此，最终定下的遗诏内容是：立唐中宗幼子李重茂为皇帝，韦皇后为太后，总揽政事，相王李旦参谋政事。其中，相王李旦参谋政事这一提法并不合韦皇后的心意。

仅仅过了一天，六月初三，韦皇后召集心腹党羽商议。大臣宗楚客非常了解韦皇后的心意，说道："今须请皇太后临朝，宜停相王辅政。且皇太后于相王居嫂叔不通问之地，甚难为仪注，理全不可。"以叔嫂共同过问政事多有不便为由，韦皇后一党轻描淡写地就将相王李旦排除在了决策圈子之外。

一切安排妥当，六月初四，韦皇后为唐中宗发丧，宣布遗诏，改元"唐隆"。六月初七，李重茂即皇帝位，韦太后临朝称制，朝政尽归其手。

刚刚复兴的唐朝，再次走到了悬崖边上。

唐隆政变

韦太后靠着唐中宗的暴毙取得了垂帘听政的政治特权。与当年的武则天相比，她的政治基础明显薄弱。要知道武则天在唐高宗李治去世前，早已取得了"天后"的封号，与李治同掌朝政多年。特别是李治晚年风疾加重后，武则天可以一手操纵朝政，已经成为唐朝实际的统治者。而韦太后缺少了这一步的锤炼。

为了使自己的政治根基稳固，韦太后在临朝称制后，马上在重要部门安插自己的亲信，尤其是韦氏宗亲受到重用。她委任堂兄韦温以军权，总知内在兵马。她的侄子韦播，族弟韦璇、韦捷、韦濯等人都成为禁军将领，统率守卫宫廷的左右羽林军。唐朝前的历次政变多发生在京城和宫闱之内，使政局在一夜之间发生骤变。韦太后吸取教训，加强了京城的戍卫力量，调集地方府兵五万人进京驻守，皆由韦氏子弟统领。

在唐朝宗室中，让韦太后最不放心的是与唐中宗亲缘关系最近的三个人：唐中宗之子李重福；唐中宗之弟相王李旦；唐中宗之妹太平公主。

此时，李重福正在均州任职，为了防止他趁乱起兵，韦太后命令左屯卫大将军赵承恩将兵五百到均州“保卫”李重福。名为保卫，实则监视。

韦太后“深忌相王及太平公主”，他们二人是唐高宗李治与武则天仅剩的骨血，如今俱在京师，政治威望非常高。韦太后自然也加紧了对他们的防范，并将他们排除在中枢决策层之外。

当初在拟定遗诏时，太平公主是参与了的，且力挺相王李旦辅政。韦皇后由此看出太平公主心向李旦，不但没有同意李旦辅政，反而疏远了太平公主，不让她对朝政参与意见。

这样一来韦太后无疑得罪了太平公主，将太平公主推向了李旦的阵营。此后，太平公主的儿子薛崇简、太平公主府的属官王师虔等人，开始频繁地出现在兴庆坊相王李旦的府邸。

自认为安排妥当后，韦太后一党有些忘乎所以，他们“共劝韦后遵武后故事”，大臣宗楚客甚至暗地里教唆韦太后“韦氏宜革唐命”。

从唐中宗暴毙到少帝登基，再到韦太后临朝遍插党羽，逐渐得意忘形，临淄王李隆基都看在眼里。他默默地观察着这一切，准备伺机而动。作为相王李旦众多儿子中的一员，且并非嫡长子，李隆基在当时并没有过多地受到韦太后一党的瞩目。只要相王李旦老老实实地正襟危坐，不搞小动作，韦太后就会认为李旦一系不会兴起太大的风浪。正是这一失误使李隆基能够在父王巨大的阴影下面，安心策划大计。

就在此时，禁军将领葛福顺、陈玄礼等人突然秘密地出现在李隆基的面前。原来韦氏子弟刚刚执掌禁军，就急于在禁军将士面前立威，为此采取了激烈的手段，动不动便体罚将士。

彼时的禁军号称“万骑”，这是一支具有极为光荣历史的禁卫军部队。“贞观初，太宗择善射者百人，为二番于北门长上，曰百骑，以从田猎……武后改百骑曰千骑。”它最初是唐太宗李世民亲自精选出来的一支贴身骑射卫队，仅有百人，号为“百骑”。

到武则天时期，为增强禁卫力量而扩编了这支队伍，号称“千骑”。不久前，“千骑”刚平定了太子李重俊之乱，唐中宗又将其扩充为“万骑”。虽然名字改为“万骑”，实际上并无万人之多，大约是数千人的规模。

这支光荣而骄傲的禁卫军同皇权联系紧密，是唐帝国中地位最高的军事力量，他们怎能甘心忍受韦氏子弟的欺压甚至体罚。韦氏子弟的行为不但没有增长他们的威信，反而激起了禁军将士的不满，“众皆怨，不为之用”。葛福顺、陈玄礼等人此次来到兴庆坊，就是代表禁军将士前来向李隆基诉冤的，并表示“皆愿决死从命”。这自然是李隆基求之不得的机遇。

李隆基幼时号称“阿瞒”，言下之意他行事酷似曹操，既谨慎又果断。在禁军将士表示“皆愿决死从命”之前，他只是暗中培植党羽、积攒力量，却从没有任何实际行动，甚至连过激的话都不肯说一句。

尚衣奉御姜皎是李隆基的少年好友。即使李隆基即位后，他也能出入内宫欢聚宴饮、击球斗鸡，甚至与后妃连榻。李隆基常呼之为姜七，而不呼其名。就是这样一个人，他曾秘密地对李隆基说“相王必登天位，王且储副”。李隆基听后怒叱而止。足见李隆基言谈行事是何等的小心谨慎。

但李隆基也绝非裹足不前、胆小误事之人。只要看准了机遇，他绝不优柔寡断，一定会将自己的计划付诸行动。

唐隆元年（710年）六月二十日，此时距唐中宗去世仅仅十九天。唐中宗的灵柩仍然停放在太极殿上。李隆基脱掉自己的亲王服饰，改换成不起眼的平民着装，在两位随从的护送下，悄悄离开兴庆坊，在一个僻静之处与刘幽求、薛崇简等人会合。

他们挨到傍晚时分，趁着夜幕偷偷潜入禁苑，来到苑总监钟绍京的廨署。是夜的行动过于秘密，连钟绍京事先都不知情。对于李隆基等人的到来，钟绍京显得有些慌乱，多亏他妻子在一旁提醒，才明白今夜将有大事发生。钟绍京“乃趋出拜谒，隆基执其手与坐”。苑总监廨署便成了李隆基的前方指挥部。

待到夜色全都暗了下来，葛福顺、李仙凫等禁军将领也来到钟绍京处与李隆基会合。是夜，天星散落如雪。众人团团围坐，商议今晚的行动。

葛福顺、李仙凫手下有数百禁军士兵，钟绍京手下有二百多名负责打理禁苑的园丁和匠人，这些人成为政变的主要军事力量。

李隆基说道:“与公等除大逆,安社稷,各取富贵,在于俄顷,何以取信?”诸公要同我一起扭转乾坤,总要先纳个“投名状”吧。李隆基不信任这些人吗?自然不是。若不信任,他就不会邀请他们一同行动了。李隆基是想听听他们的意见,先从何处下手。

葛福顺、李仙凫等人请求先出其不意、攻其不备,杀死统率禁军的韦氏诸将。到那时禁军群龙无首,即使其中有人想为韦太后效忠,也无能为力了。

李隆基批准了这一行动方案。葛福顺等随即潜回羽林营,斩杀了毫不知情的韦播、韦璇等人,并提着二韦的头颅回到苑总监廨署,向李隆基献上一份沉甸甸的“投名状”。

李隆基取火视之,心中顿时有了底气,行动正式开始。李隆基、刘幽求与钟绍京率领园丁和匠人秘密向玄武门进发。这些人手中只有锛凿斧锯,战斗力并不强,只能在玄武门外听着宫中的动静伺机而动。葛福顺、李仙凫率领手下的禁军士兵分别攻打玄德门和白兽门,约定突入宫门后在凌烟阁会合,随后“大噪”,发出信号,与李隆基里应外合夺取玄武门。

事态的进展非常顺利,因“羽林军士相率来应,无有拒者”,葛福顺、李仙凫很快斩关破门地攻入宫中,并按约定在凌烟阁前“大噪”。李隆基听到信号也率众突入玄武门。随后,双方合兵一处向太极殿进发。

太极殿是最高权力的象征,那里停放着唐中宗的灵柩,有大量的禁军守卫。但是,卫兵居然没有作出一点像样的抵抗,或是四散奔逃,或是缴械投降,没有给政变的军队带来一点麻烦,可见韦太后的统治丝毫不得人心。

韦太后对这一切丝毫没有察觉,直到在深宫中听到鼓噪之声,才知是有人发动政变。但她对目前的形势一无所知,既不知道政变的发起者是谁,也不知道政变一方都占据了哪些要害部位。她惶惑而逃,妄图躲入飞骑营中避难,可她哪里知道飞骑营的禁军早已归顺了李隆基。韦太后自投罗网,被禁军斩首。

“大噪”时,安乐公主正在寝宫中照镜画眉。听到政变的躁动,她起身而逃。但不及逃出宫门，她便被军士所斩。武延秀勉强逃出了肃章门，也被追杀。此时，天光已经微亮，李隆基下令关闭长安城门，搜捕韦氏一党。

太子少保、同中书门下三品韦温被杀于长安东市之北。中书令宗楚客改换平民服装，乘青驴出逃，至通化门，守门人认出了他，曰："公，宗尚书也。"一把扯去了宗楚客的布帽，执而斩之。

昨日还是紫袍金带招摇过市，今日欲麻衣布帽苟且而生，也不可得了。

至此，韦氏集团的主要人物全部覆亡。唐隆政变以李隆基的完全胜利而告终。

韦氏是关陇豪门，当时与另一大豪门杜氏聚居在长安城南终南山下的杜曲一带。李隆基将兵到杜曲诛杀诸韦。他采取了无差别的消灭政策："诛诸韦略尽，绷子中婴孩，亦捏杀之。诸杜滥及者非一。"连襁褓中的婴孩也不放过，甚至很多杜氏族人也被误杀。

如此滥杀无辜，在唐时的宫廷政变中是不多见的。时人张鷟批评道："此逆韦之罪，疏族何辜？亦如冉闵杀胡，高鼻者横死；董卓诛阉人，无须者狂戮。"将李隆基与历史上的董卓、冉闵作比。

李隆基虽非昏庸残暴之君，但他在政治起家之时，手上所沾染的血腥之气却是丝毫不曾少的。

第十二章 唐明皇

争让天下

从武太后到韦太后，两个女人都在自己夫君去世后临朝称制，并动了改朝换代的心思。但两个女人的结局却判若云泥。一个成为中国历史上唯一一位女皇帝，另一个却在宫廷政变中身首异处。之所以造成这一强烈的反差，很多人都会归结为武太后和韦太后两人政治能力的不同。虽然一个人的能力大小与其在历史中所处的地位有着重要的关系，但历史条件也不应被忽视。

唐高宗晚年，武则天掌握国家实权多年，早已形成了强大的政治势力。而韦太后的大部分时间都在流放地庐陵度过。待唐中宗即位，自己成为皇后，才开始培植政治势力，其根基是非常浅的。而且，她的重要政治盟友武三思、上官婉儿等人又悉数死于神龙三年（707 年）七月初六的太子李重俊之乱。韦太后执政后，韦氏宗族大多是临时被任命到关键位置。从表面上看这些人位高权重，实际上也是无根之萍。

武则天临朝称制时，京城中没有重量级的李唐皇室成员可以与之抗衡。而到韦太后临朝称制时，相王李旦与太平公主都是不可忽视的政治力量。武则天接连废掉的两个皇帝，都是自己的亲生儿子。在封建礼法的约束下，两位儿皇帝不敢忤逆武则天的意志，群臣更是不敢表示反对。而少帝并非韦太后的亲生子，这使少帝、宗室和群臣在心理上对韦氏有所轻视。

当然，一个更重要的因素是，武则天是开天辟地第一个敢于称帝的女人。谁也没有想到，这位临朝称制的太后真的敢于一脚踢开儿皇帝，自己坐在皇位上。待到人们缓过神来，朝堂上下已经遍布武则天的党羽爪牙，即使有人不同意、不认可，也只得同意、认可了。

此时的韦太后与彼时的武太后所处的环境截然不同。有了前车之鉴，人们对韦太后是否会效法武则天给予十二分的关注，加着十二分的小心。韦太后已经没有了当初武则天的政治环境。

从现有的史料来看，李隆基在发动唐隆政变之前，没有同李唐皇室的任何人商议。当时，曾有人认为此等涉及社稷安危的大事，应先告知相王李旦。李隆基却拒绝说："我拯社稷之危，赴君父之急，事成福归于宗社，不成身死于忠孝，安可先请，忧怖大王乎！若请而从，是王与危事；请而不从，则吾计失矣。"

李隆基担心将政变的计划泄露给父亲会"忧怖大王"。知子莫若父，同时知父也莫若子。李隆基非常清楚父亲的性格和能力。一旦让父亲知道了政变的计划，恐怕不会起到什么正面作用。不如自己甩开膀子单干，先斩后奏。若是成功，功劳当然全都是自己一个人的。若是失败，也不会连累父亲，给相王一系留一个回旋的余地，自己的兄弟们将来或可东山再起。

待大事已定后，李隆基乃驰谒父王，谢不先启请之罪。李旦见到满身血迹的李隆基，上前一把抱住，泣曰："宗社祸难，由汝安定，神祇万姓，赖汝之力也。"

至此，李隆基已经不再是相王李旦众多王子中的一员，而是李唐皇室中以只手之力安定宗社的英雄。可以说，唐隆政变为李隆基日后驾登九五之尊奠定了不可动摇的基础。

父子相拥哭罢，李隆基迎请父王入宫辅佐少帝。前夜宫中激战之时，刘幽求曾建议趁热打铁废掉少帝，让相王重登大宝。李隆基却认为这样做恐怕操之过急，会让父王背上篡位的骂名，还是应先以皇叔的名义辅佐少帝，略作缓冲。少帝不过是任人摆布的傀儡，早废一两日晚废一两日，无碍大局。

相王辅政后，以少帝的名义拜李隆基为殿中监、同中书门下三品，兼押左右万骑，进封平王。“同中书门下三品”是相职，可以在外朝参与处置军国大事，“兼押左右万骑”等于将宫中的戍卫之权悉数赋予了李隆基。外朝、内宫，李隆基都成了举足轻重的人物。

为了拉拢太平公主，相王和李隆基以太平公主之子薛崇简为立节郡王。太平公主则受命劝说少帝让位于相王。此事相王不好自己去说，太平公主是少帝的亲姑姑，由她从中斡旋是再好不过的了。

六月二十三日，少帝传旨以天下让与叔父相王：

王室多难，义择长君，思与群公，推崇明圣。叔父相王，高宗之子，昔以天下，让于先帝，孝友宽简，彰信兆人……择今日，请叔父相王即皇帝位。朕退守本藩，归于旧邸。

相王李旦假意推辞，后经太平公主、李成器、李隆基和众大臣苦苦劝说，才似乎很不情愿地“勉强”答应下来。

六月二十四日，让位典礼在太极殿举行。少帝东隅西向而坐，相王立于唐中宗的灵柩前。太平公主问道：“皇帝欲以此位让叔父，可乎？”

此时，少帝仍在御座，手足无措。太平公主对他说道：“天下之心已归相王，此非儿座！”遂一把将其提下。

相王李旦端端正正地坐在了御座之上。此时距他上次从这把御座上起身，已经过去了二十六年。

从此，我们又要称他为唐睿宗了。大唐帝系也由唐中宗李显一系转为唐睿宗李旦一系。从这儿直到唐朝灭亡的近二百年里，唐朝皇帝都是李旦的后代。

李旦坐上了皇位，一个棘手的问题紧接着摆在了面前——究竟该确立谁为太子。

此时，李旦共有五子在世。嫡长子李成器、次子李成义、三子李隆基、四子李隆范、五子李隆业。早在嗣圣元年（684 年），二十二岁的李旦第一次被立为皇帝时，就已经立李成器为太子。垂拱五年（689 年）正月初一，武则天在万象神宫举行祭祀时，李成器还曾主持过终献礼。此时，李旦二次登基，于法、于礼都应再立李成器为太子。但于情、于理，却应立在唐隆政变中有再造之功的李隆基为太子。

时将建储贰，以成器嫡长，而玄宗有讨平韦氏之功，意久不定。

在唐代之前，立嗣应立嫡或立贤，这是普遍共识，并没有立有功之人的考量。比如杨广当年被立为太子，也是因其所表现出的贤德，而并非其有平陈之功。但是，经过了唐初的玄武门之变，历史经验告诉人们，若是平衡不好嫡、贤、功之间的关系，很有可能造成皇室内部的流血冲突。对社稷立有大功的皇子往往拥有超出其他皇子的能力、实力和勃勃的野心。

在人世间最难以抵御的诱惑——皇位面前，众皇子很难不有所觊觎而甘于守藩。储位之争说到底是实力之争，至于谁是嫡长，谁有德行，谁有功勋，都是表面现象而已。

还好，李成器对自己所处的尴尬境遇有着清晰的认识，他自知无力同李隆基争夺储君之位，于是累日涕泣固让，言辞甚恳切：

储副者，天下之公器，时平则先嫡长，国难则归有功。若失其宜，海内失望，非社稷之福。臣今敢以死请。

李成器的做法无疑是明智的。但他为自己的退让所找的理由是“时平则先嫡长，国难则归有功”，却又是不能令人满意的。还是那句话，立功不足以得天下。儒家传统是重礼、重德，不重功。

心向李隆基的刘幽求非常明白这一点，他支持李隆基晋位太子的说辞更为圆全：“臣闻除天下之祸者，当享天下之福。平王拯社稷之危，求君亲之难，论功莫大，语德最贤，无可疑者。”论功劳李隆基最大，论德行李隆基最贤，两点叠加自然是“无可疑者”。当然，贤与不贤，是谁有话语权谁说了算。

“语德最贤”的观点一经提出，李隆基被立为太子的条件才算充分。六月二十七日，唐睿宗宣布立李隆基为太子。七月二十日，朝廷举行隆重的太子册命典礼。据说，这一天长安上空出现了祥瑞的云彩。这样的吉兆，李旦、李隆基父子不会不加以利用，于是改元为“景云”。

李隆基被确立为太子后不到一个月，一则消息自东都洛阳传来。留守洛阳的官员挫败了一起政变，政变的主角正是那位被边缘化的皇子李重福。

李重福是唐中宗李显庶长子，生母不详，应是一个没有什么地位的宫人。李重福不是韦皇后所生，又因年长不好控制，因而始终被排除在唐中宗皇位的继承人之外，且受到韦皇后的忌惮和防备。

李重福对于唐隆政变后叔父李旦废掉少帝，后取而代之的行为非常不满。他认为自己是先帝长子，若少帝因是韦皇后所立、不宜君临天下的话，李旦父子应迎立自己为帝。此时，一个叫张灵均的洛阳人偷偷地对李重福说：

大王地居嫡长，自合继为天子。相王虽有讨平韦氏功，安可越次而居大位！昔汉诛诸吕，犹迎代王，今东都百官士庶，皆愿王来。王若潜行直诣洛阳，亦是从天上落，遣人袭杀留守，即拥兵西据陕州，东下河北，此天下可图也。

“今东都百官士庶，皆愿王来”只是狂妄之辈的一厢情愿而已，毫无根据可言。然而，这番话却说动了志大才疏的李重福。偏赶上此时朝中的宰相郑愔被贬为江州司马。郑愔先后依附武三思和韦皇后，唐睿宗即位后被贬。他暗中派人勾结李重福，希望辅佐李重福称帝，自己也可凭此东山再起。

诸多政治投机者的支持态度，使李重福错误地判断了当时的局势，他决定按照张灵均、郑愔等人的规划，突袭东都，和长安的李旦父子分庭抗礼。

八月十五日，李重福在东都洛阳发动叛乱。叛军数百人，很快攻到了天津桥。侍御史李邕命令掖门闭关据守，又到右屯营号令坚守。有顷，李重福果然率军来夺右屯营。营中矢射如雨。李重福难以攻下，又攻打掖门。门闭，遂纵火以烧城门。左屯营兵来救掖门，李重福兵败，出东门而遁，匿于山谷间。第二天，东都留守裴谈等出兵搜索。李重福窘迫，投漕河而死，后遭磔尸示众三日。

消息传到长安，唐睿宗下诏，谴责李重福"子而不子，自绝于天"，以三品官之礼为其安葬。

李重福之乱在没有长安指挥的情况下即遭平灭，对于大唐政局几乎没有产生影响。然而，一场影响大唐政局数十年的祸变正在长安的萧墙之内酝酿着。

太平公主

"太子非长，不当立。"

李隆基被立为太子后不久，一条政治流言在长安坊间开始流传，认为李隆基不是唐睿宗的长子，不应当被立为太子。这样的言论了无新意，李隆基坐上国家储君之位前，就已经被反复议论过。这本是一个早已解决掉的问题，又怎么会再次甚嚣尘上呢？难道是李隆基的长兄李成器为自己的谦让产生了悔意，出来故意搅局吗？

非也。"太子非长，不当立"看似是在为李成器鸣不平，实际上他也只是被利用的工具而已，背后的主谋另有其人。这个人就是李成器与李隆基的姑母太平公主。

太平公主是唐高宗与武则天最小的女儿，唐中宗与唐睿宗的妹妹。她大约出生在麟德二年（665年），成年后体态丰硕，方额广颐，长得很像母亲武则天。

不单单是外表，太平公主还沉敏多权略，性格上与武则天也非常相似。于是，“武后以为类己，故于诸子中独爱幸，颇得预密谋。”武则天执政期间，遇到重要决策，常会与其商议。此举不但增加了太平公主的权势，更锻炼了她的才干，培养了她的野心。

虽然说得到了母亲武则天的百般宠爱与器重，但太平公主毕竟是李家公主，在政治上是心向李唐的，因此在诛“二张”、灭韦氏时，她一直站在自己的两位兄长李显、李旦一方。《大唐新语》中说太平公主：“诛二张，灭韦氏，咸赖其力焉。”“咸赖”显然有夸大的成分，但太平公主确实在历次政变中为李唐复兴立下大功。

灭韦氏后，太平公主又主张少帝李重茂让位于相王李旦，使李旦顺利即位。在李旦确立太子的过程中，太平公主采取支持李隆基的态度，最终李隆基获得太子之位。因此，李旦、李隆基父子都感激太平公主，而对其愈加尊重。

唐睿宗常与太平公主共议大政。有时太平公主没有进宫朝谒，唐睿宗还要命宰相到她的府邸咨询。每当有宰相奏事，唐睿宗辄问：“尝与太平议否？”又问：“与三郎议否？”三郎即太子李隆基。确认太平公主与太子都同意后，政令才可发布。

在唐睿宗的纵容下，太平公主权势熏天。《资治通鉴》记载了这一情形：

公主所欲，上无不听，自宰相以下，进退系其一言，其余荐士骤历清显者不可胜数，权倾人主，趋附其门者如市。子薛崇行、崇敏、崇简皆封王，田园遍于近甸，收市营造诸器玩，远至岭、蜀，输送者相属于路，居处奉养，拟于宫掖。

作为皇帝唯一的亲妹妹，太平公主有多少田园、器玩，府邸是否拟于宫掖，都不是重要的问题，关键是太平公主试图干政。

外戚及诸公主干预朝政是自唐高宗时期以来的一大弊政，武周代唐以及接踵而至的数次宫廷政变，根源都是本不应该参与朝政的女性权力欲膨胀，导致高层争权绞杀。太平公主在朝堂上本无一官半职，完全是凭借同皇帝的私人关系，获得国政系其一言的权势，这个局面是不正常的，更是危险的。

太子李隆基对这样的局面当然很不满意。他不希望自己在唐隆政变中拼命取得的政治成果毁于一旦。此时，百废待兴，朝中一些有才干的大臣，如姚崇、宋璟也在极力恢复正常的政治秩序。他们进行了大量拨乱反正的工作，如为唐中宗时期受迫害的大臣恢复名誉和爵位，将一些靠攀附贵戚上位的官员革除罢免等。

太平公主干政自然是与正常的政治秩序相反的，因而引起了他们的警觉与担忧。他们与太子李隆基相交结，力图共同遏制太平公主的势头。这样一来，在唐隆政变中原本站在同一战壕的姑侄二人，迅速成为利益相悖的两股势力的代表。此时，太平公主已经后悔当初支持李隆基为太子，她很快在暗中找到李成器，挑拨说："废太子，以尔代之。"

幸好李成器是个识大体、顾大局的人，明白自己在能力上与弟弟的巨大差距，没有选择同姑母站在一队以身犯险。即便如此，太平公主也仍不死心，屡屡在各种场合扬言要"易置东宫"。有一次，她甚至邀请宰相们在通往中书省的光范门内集合，当众宣称要废黜太子。宰相们面面相觑，宋璟反驳道："东宫有大功于天下，真宗庙社稷之主，公主奈何忽有此议！"

鉴于太平公主与太子已经势同水火，为了保护太子的地位，姚崇、宋璟向唐睿宗提出三点建议：

第一，将宋王李成器与豳王李守礼外放为刺史。李守礼是章怀太子李贤之子，唐高宗在世的孙辈中最年长的一位。因李成器不肯与太平公主合作，如果太平公主发动政变，控制政局，那李守礼是最有可能被立为皇帝的。将李成器与李守礼一同外放到地方做官，自然就断绝了这种可能性。

第二，将岐王李隆范与薛王李隆业任用为东宫左右卫率，执掌东宫仪仗羽卫。李隆范、李隆业与李隆基自小生活在一起，兄弟间感情颇深。他们二人又不具备争夺太子之位的资历与实力，让他们到东宫任职是为了给太子找两个值得信赖的帮手，同时增强东宫的卫戍力量。

姚崇、宋璟提出的第三条建议更是厉害，他们希望唐睿宗降诏，将太平公主安置到东都洛阳。如果这条建议得以实现，太平公主就失去了干涉朝政的条件，与太子李隆基一东一西，也避免了针锋相对的接触。

这三条建议不失为化解矛盾的良方。唐睿宗考虑再三，对前两条建议表示接受。然而，对最重要的第三条建议，唐睿宗表现出了儿女情长。他对姚崇、宋璟说："朕更无兄弟，惟太平一妹，岂可远置东都？"

在这件事的处理上，唐睿宗难当一个"睿"字。既然"更无兄弟，惟太平一妹"，就应想方设法地保全太平公主，让其能够颐养天年，并将富贵传之子孙，这才是对妹妹的大爱。要知道，太平公主留在长安，早晚有一天要与太子李隆基擦枪走火，到那时二虎相争必有一伤，以李隆基的手段，败下阵来的很有可能是太平公主。岂可因儿女情长，而不忍将其远置东都？

景云二年（711 年）二月初一，唐睿宗任命李成器为同州刺史，李守礼为豳州刺史，即日离京任职。而对于太平公主，唐睿宗在群臣的苦劝之下，采取了一个折中的做法，将太平公主就近在蒲州安置。蒲州与关中仅隔一条黄河，距离长安要比洛阳近得多了，好歹算是离开了京城。

第二日，唐睿宗对侍臣说，有术士上言，五日内有急兵入宫，可能要有大变，卿等要做好防备。朝中的另一位宰相、同中书门下平章事张说得知此事，对唐睿宗说："此是谗人设计，拟摇动东宫耳。陛下若使太子监国，则君臣分定，自然窥觎路绝，灾难不生。"

张说建议让太子李隆基监国，以定君臣之分。唐睿宗大悦，接受了这一建议，当即宣布由李隆基监国，处理一般性的政务。太子监国通常是在皇帝离开京城时施行，而唐睿宗本身就在京城，还要让太子监国，目的就是让天下人看到皇帝将李隆基立为皇位继承人的决心。

这一招果然奏效，使太平公主看到了李隆基在唐睿宗心中不可动摇的地位。太平公主只得对李隆基松嘴，不再妄图一口咬断他的喉咙。但是，太平公主并没有完全放弃同李隆基斗法。在离京之前，她开始着手剪除李隆基身边的羽翼。

太平公主在唐睿宗面前状告姚崇、宋璟离间骨肉、挑拨是非。唐睿宗和李隆基只好将姚崇、宋璟贬为地方刺史。这样做既是有意缓和李隆基与太平公主之间的矛盾，又是对太平公主默许李隆基监国做一个交换。

在姚崇、宋璟离京的同时，太平公主也按计划离京到蒲州安置。大约过了两个月，有一天唐睿宗突然向三品以上的官员发问："今欲传位太子，卿等以为如何？"他想趁太平公主不在京城，势力稍有削弱之机，坐实李隆基的皇位。

唐睿宗此番言论一出，马上遭到太平公主在京城的党羽的反对。而李隆基自然也不敢答应此事。经过一番推让，虽然唐睿宗最终决定暂时不让位于李隆基，但是却颁布制书："政事皆取皇太子处分。"这实际是让李隆基做了有实无名的皇帝。李隆基执意推辞，加之太平公主一党的阻挠，此事最终也没有施行。但是，唐睿宗无疑通过此事再次向天下，尤其是向太平公主昭告了将李隆基确立为皇位继承人的决心。

出乎意料的是，让位风波大约过了一个月，李隆基竟向父皇提出，想将太子之位让与兄长李成器，并恳请父皇准许姑母太平公主回京居住。这两件事都是太平公主朝思暮想企盼之事。李隆基为什么会在形势对自己有利的情况下全面退让，难道他要向姑母投降吗？

当然不是。如今的李隆基确信，自己的太子地位十分稳固，父皇是不会同意自己的让位主张的。李隆基的让位只是向天下人、向姑母做一个姿态而已。对于为姑母求情，其用意大约如此：

李隆基清楚父皇与姑母情深意厚，将姑母安置到蒲州只是权宜之计。即使自己不主动提议，父皇也会很快找个借口将姑母请回，不如自己做个人情，以缓和同姑母之间的关系。如果姑母见到自己地位稳固且主动示好，能够顺坡下驴，不再与自己为难，那么皆大欢喜。从此，我做我的太子，你做你的公主，我实现我的政治抱负，你享受你的富贵荣华。如果姑母不识好歹，仍然要专权擅政，那么我也做到了仁至义尽，将来真撕破脸皮动起手来，也休怪我不念天伦之情。

果然不出李隆基所料，唐睿宗断然拒绝了让太子位之请，却痛快地答应了准许太平公主回京居住。

太平公主回京后，唐睿宗、太子以及满朝文武都眼巴巴地看着她会有什么样的作为，是痛改前非还是变本加厉。很遗憾，太平公主选择了后者。她加紧了干预朝政的进程，并将一批党羽推荐到朝中任职。特别是在宰相这样重要的职位上，她安插了一批亲信，其中有窦怀贞、岑羲、崔湜等人。这些人同太平公主结成死党。比如窦怀贞本是益州长史，太平公主将其推荐为御史大夫、同平章事，后又升任侍中。窦怀贞每次退朝后不是回家，而是先到太平公主的府邸汇报工作。

尽管太平公主如此猖狂，但她不再提“太子非长，不当立”的事了，李隆基也就隐忍不发。殊不知，太平公主又在酝酿着更大的阴谋。延和元年（712年）七月，一颗彗星划过都城长安西侧的天际。于是，太平公主唆使懂得占星的术士向唐睿宗报告，根据天象“皇太子合作天子，不合更居东宫矣”。

这句话看似是支持李隆基即位，实际上是在暗示李隆基要抢班夺权，逼唐睿宗让位。根据历史经验，如果皇帝收到这样的报告，太子则大事不妙，会以谋反罪被废黜。太平公主之所以这样做，是见“太子非长”的理由不足以撼动太子之位，而以天象诬告太子谋反。

这一招不算不狠毒。然而，唐睿宗的做法让所有人大跌眼镜，他决定“传德避灾”，即让位于李隆基。不是天象说“皇太子合作天子”吗，那就顺天应人，让太子做天子就是了。

李隆基闻讯，不知父皇是真心还是试探。他马上入宫觐见，以头触地：“臣以微功，不次为嗣，惧不克堪！未审陛下遽以大位传之，何也？”

唐睿宗答道："社稷所以再安，吾之所以得天下，皆汝力也。今帝座有灾，故以授汝，转祸为福，汝何疑邪！"

李隆基还想推辞，唐睿宗却急切地说："汝为孝子，何必待柩前然后即位邪！"你若是孝子，就不要等到将来在我的棺材前再继位了。李隆基固辞，唐睿宗不许。李隆基只好流涕而出。

随后，唐睿宗下了传位诏书。李隆基即皇帝位，唐睿宗自为太上皇，大赦天下，改元"先天"。

从此，我们可以称李隆基为唐玄宗了。因为李隆基去世后被谥为"至道大圣大明孝皇帝"，所以他还有一个人们更为熟知的称呼：唐明皇。

姑侄相杀

太平公主再次棋输一着。她万万没有想到自己本欲陷害太子谋反，结果换来的却是"不幸言中"，太子真的做了天子。此时，这位姑母还是有机会同侄子和解的。但她仍然执迷不悟，誓要与侄子斗个鱼死网破。

太平公主的权力欲望之强烈，在中国古代的所有公主中绝无仅有。即使想要让唐中宗封自己为皇太女的安乐公主，也仅仅是说说而已，没有多少实质的争权行动。她的"皇太女"之梦，更像一个被父母宠坏了的女儿的任性。但太平公主则不然，她是将自己捆绑在权力欲望的战车上，义无反顾地冲向政治斗争的战场。这样的性格不知道是否与其母武则天的基因遗传或言传身教相关。

在"皇太子合作天子"的阴谋弄巧成拙后，太平公主变本加厉，广树朋党，继续在宰相班子里安插心腹，时称"太平公主依上皇之势，擅权用事，与上有隙，宰相七人，五出其门"。正是在这种局面下，唐玄宗对太平公主终于起了杀心。

早在唐玄宗还做太子时，有个叫王琚的人就走进了他的视野。王琚本为驸马王同皎的党羽，王同皎被宋之问告密所害，王琚亡命扬州。后来，李隆基铲除韦氏，王琚才遇赦回京，并被选补为会稽诸暨主簿。王琚因此对李隆基心怀感念。

王琚到东宫谢恩时，故意在李隆基面前傲慢无礼，徐行高视。有官员警告他，太子殿下就在眼前，王琚却说："何谓殿下，当今独有太平公主耳！"李隆基听出王琚话里有话，便将其留下密谈。

王琚力劝李隆基寻机解决掉太平公主及其党羽。李隆基则以太平公主是父皇唯一的亲妹妹为由，表示不忍下手。王琚反驳道："天子之孝，易于匹夫，当以安宗庙社稷为事。"李隆基遂将王琚引为心腹。

唐玄宗登基后，当初首倡太子监国的宰相张说成了太平公主的眼中钉、肉中刺。太平公主借故罢免了他的宰相职位，转为尚书左丞，并将其赶出京城，到东都去做留守。张说知道太平公主阴怀异计，乃让人将自己的佩刀秘密地献给唐玄宗，暗示他当断则断，尽早铲除太平公主。

此时，刘幽求是宰相班子中为数不多的心向唐玄宗的人。他也劝说唐玄宗应尽快解决太平公主的问题，并提出最佳方案是发动羽林军，诛杀太平公主及其党羽。刘幽求与右羽林将军张暐谋划行动，使张暐密言于唐玄宗："窦怀贞、崔湜、岑羲皆因公主得进，日夜为谋不轨。若不早图，一旦事起，太上皇何以得安！请速诛之。臣已与幽求定计，惟俟陛下之命。"唐玄宗深以为然。

然而，太平公主党羽太众，还未等唐玄宗行动，太平公主已经知晓。她到唐睿宗面前状告刘幽求离间骨肉。刘幽求被流放岭外。太平公主及时以心腹萧至忠为中书令，顶替了刘幽求空出的宰相名额。这下子唐玄宗更加被动了。然而，唐玄宗要诛杀太平公主的心意却更加坚决了。

唐玄宗隐忍了大约一年的时间。此时的宰相班子中，只有郭元振属于唐玄宗一派，另有魏知古立场中立，其他宰相都是太平公主一党。除宰相班子外，太平公主还有太子少保薛稷、雍州长史新兴王晋、左羽林大将军常元楷、知右羽林将军事李慈、左金吾将军李钦、中书舍人李猷、右散骑常侍贾膺福、鸿胪卿唐晙等一众党羽，实力不容小觑。

先天二年（713 年）七月初，魏知古得到消息，太平公主与诸多宰相并联合羽林军将领常元楷、李慈，准备在七月初四发动政变，弑杀唐玄宗，另立其他皇子为帝。魏知古虽然是中立派，并非唐玄宗的心腹，但他忠于传统道德，致力维护正常的封建政治秩序。因此，他急忙向唐玄宗密告此事。

唐玄宗闻讯大惊，马上召集弟弟岐王李隆范、薛王李隆业、宰相郭元振，心腹龙武将军王毛仲、殿中少监姜皎、太仆少卿李令问、尚乘奉御王守一、内给事高力士、果毅李守德等人商议对策，最终决定在七月初三晚抢在太平公主之前行动。

是夜，唐玄宗取闲厩马及兵三百余人，自武德殿入虔化门，召常元楷、李慈来见。二人不敢不来，刚一露头，马上被斩杀。就这样，唐玄宗轻而易举地再次控制了羽林军。随后，他派王毛仲、高力士等人分头去捉拿宰相窦怀贞、萧至忠、岑羲等人。这些文官很快被擒杀。窦怀贞虽侥幸外逃，但很快因走投无路而投水自杀。太平公主闻变，带着一些党羽逃往山寺避难。

此时，唐睿宗也听到宫内外的阵阵喊杀声。他不知出了什么变故，急忙率众登上承天门观察动向。宰相郭元振奏称："皇帝前奉诰诛窦怀贞等，无他也。"随后，唐玄宗带着王琚也赶到承天门，说是奉了唐睿宗的旨意诛杀逆贼窦怀贞等人。

唐睿宗一生经历了多次政变，顿时明白了是怎么回事。自己何曾下过圣旨，不过此时也只得认可。唐睿宗现在只希望儿子能留太平公主一命。然而，唐玄宗已下定决心不能再留姑母的性命了。他先是允许太平公主从山寺回到府邸居住，然后一纸诏书将其赐死家中。

太平公主之死标志着自武则天临朝称制以来，不正常的政治局面的结束，也标志着自神龙元年（705 年）张柬之等发动神龙政变后，唐朝宫廷"再三祸变"的结束。当然，这也标志着唐玄宗李隆基正式全面接掌政权，唐睿宗李旦彻底退出历史舞台。

开元四年（716 年），唐睿宗病逝，享年五十五岁，谥号玄真大圣大兴孝皇帝，庙号睿宗，葬于桥陵。唐睿宗一生命运多舛，始终处于权力旋涡的中心，历史上对他有"三让天下"之称。当初被母亲夺了江山是第一次；

后来做皇嗣时，将太子之位让给三哥李显是第二次；如今又将皇位让给了儿子李隆基，自己做起了太上皇，是为第三次。

正因为有多次“让天下”之举，唐睿宗也被戏称为史上“关系”最硬的人。他的父亲是皇帝、母亲是皇帝、哥哥是皇帝、本人是皇帝、侄子是皇帝、儿子是皇帝。但他一生受母亲的气、受哥哥的气、受嫂子的气、受妹妹的气、受儿子的气，似乎过得也不如意。

从“五王”逼宫武则天下台，到唐玄宗铲除太平公主，八年的时间里共发生了六次宫廷政变，几乎一年一次。风云变幻、光怪陆离，令人目不暇接。因为当时交通与通信不便，有时长安已经换了多次统治者，而边远地区甚至还不知情。

如此高频次的江山易手，在整个中国古代史中都是十分罕见的。更令人不可思议的是，这一现象并非出现在乱世，而是发生在以国泰民安著称的初唐与盛唐。

时人针砭时政说：“五六年间，再三祸变，享国不永，受终于凶妇人。”人们将一而再再而三祸乱的根源归结为“凶妇人”。如此总结历史教训，自然带有历史的局限性，更是封建社会中“红颜祸水”狭隘思想的体现。但是，我们又不能不沉浸到历史情境中，去梳理历史规律，寻找历史动因。

武则天作为中国古代杰出的女性政治家，在唐朝走向盛世的历史过程中，起到了无可替代的作用。但是，她的横空出世，确实破坏了传统政治道德，打乱了传统政治秩序，也搅乱了传统政治思想。

女性在政治生活中可以发挥重要的作用，这一点在今天已经被证明。但是，在唐朝，女性当政还是不能被接受。虽然武则天凭借自己的能力强行打破了这一禁忌，但是也给政权带来了极大的不稳定因素。

一方面，一旦武则天对于朝政的掌控能力有所下降，信守传统的政治力量一定会要求政治回归传统。如果武则天不肯放手，那么只能以非常手段回归。另一方面，武则天开了女性当政的先河，也给后来者诸如韦皇后、太平公主等辈带来了当政的希望——“阿武”做得，旁人为何就做不得？

她们会将武则天作为榜样效仿。但有了武则天的前车之鉴，信守传统的政治力量会变得异常敏感，他们绝不允许有第二个武则天出现。一旦有女性当政的苗头出现，就会引起他们的激烈反应，“再三祸变”的现象也就出现了。从某种意义上来讲，“再三祸变”仍然是人们对武则天畏惧而表现出的战栗。

今天我们回看历史，“再三祸变”的闹剧随着太平公主的香消玉殒已经结束了，大唐将在唐玄宗李隆基的掌舵之下，驶入开元年间的全盛之世。而在当时，人们不可能有这样的认知。李隆基虽是多次政变的胜利者，却也被政变弄得胆战心惊。他不希望在今后的岁月里发生针对自己的政变，那就一定要痛下狠手，整顿从皇族到大臣在内的整个统治阶层。

先天二年（713 年）十月十三日，距离七月初三的宫廷政变已整整过去了一百天。在这样一个日子里，唐玄宗在骊山脚下进行了一次规模盛大的阅兵。唐玄宗满身戎装检阅兵马，时人记录当时的场面是：“戈铤金甲。耀照天地。列大阵于长川。坐作进退。以金鼓之声节之。三军出入。号令如一。”

唐玄宗身着戎服，手持大枪，立于阵前。看到兴起处，他在阵前亲自击鼓。就在此次盛大的阅兵中，唐玄宗以军容不整之罪撤掉了宰相兼兵部尚书郭元振的职务，并将他流配到新州；又以军礼不肃之罪斩杀给事中、知礼仪事唐绍。一时朝堂震动。唐玄宗的用意很明显，杀鸡儆猴，树威立规。

这一年的十二月初一日，唐玄宗宣布改元“开元”，唐朝历史正式进入开元时代。在随后的两三年里，唐玄宗渐渐地疏远了刘幽求、张说、钟绍京、王琚、崔日用、魏知古等众多功臣，并利用各种手段将他们从重要岗位上替换下来，或委以闲差，或远放外地。

唐玄宗提醒功臣“西汉诸将，多以权贵不全，南阳故人，并以优闲自保”。“南阳故人”是指东汉光武帝刘秀手下的功臣。唐玄宗希望自己的功臣可以学习东汉的功臣退守自保，做到“避荣公府，守靖私第，自弘高尚之风，不涉嚣尘之境，沐我恩贷，庇尔子孙。宜放归田园，以恣娱乐”。

应该说，唐玄宗要比刘邦、朱元璋之流仁慈。“狡兔死、走狗烹”是称不上的，“走狗”没有烹，最多是拴起来免得伤人罢了。

纵欲抑欲

在削夺功臣实权的同时，唐玄宗也开始着手处理皇族中存在的隐患。此时，唐朝立国已经百年，根基稳固，不轨之徒很难打着改朝换代的旗号反叛。就是有人要造反，也总要推举一位皇室成员做幌子，或者皇室成员本身就是不轨之徒，唐玄宗本人就是如此。

为了避免自己的兄弟们向自己学习，开元二年（714 年）六月，唐玄宗恭恭敬敬地将兄弟们礼送出京，外放为地方刺史，并规定诸王每季要有二人轮流入朝。当然，这些亲王虽然名为刺史，却没有行政权力。亲王所在地方的一切公务，都由长史和司马等官员主持。

这样的日子大约过了五年，唐玄宗已经牢牢掌控了政局，才分批将诸王召回京城加以控制。表面上，唐玄宗标榜“我兄弟友爱”“吾若有心猜阻兄弟者，天地神明，所共咎罪”，但同时规定皇族不得与任何朝臣交结：

诸王、公主、驸马、外戚家，除非至亲以外，不得出入门庭，妄说言语。

若有朝臣违反规定，在私下里同宗室亲王见面，或者是议论与宗室亲王相关的话题，都可能遭受严厉的制裁。因此而被流放者、被杖杀者皆有之。

如此一来就断绝了皇亲国戚同朝臣结党营私的可能，当年太平公主府门庭若市的场面再也见不到了。唐玄宗此举于公是希望政局稳定，于私是希望皇位稳固，虽然矫枉略有过正，但也颇有效果。自唐玄宗登基到安史之乱爆发，凡四十余载，没有皇室反叛作乱的严重事件发生。政治稳定是经济繁荣的保证，从天下苍生的福祉角度来讲，唐玄宗此举也是一项善政。

唐玄宗不愿皇室成员过问政治，而希望他们沉迷于享乐之中。当他听说大哥宁王李宪（即李成器，后改名李宪）痴迷于音乐，连平时所读之书都是龟兹乐谱的时候，心中大悦，满意地说：“天子兄弟，当极醉乐耳。”

兄弟们醉生梦死，纵欲享受，这样就不会觊觎皇位了。而唐玄宗却已经开始了一番克己抑欲的励精图治。

隋氏纵欲而亡，太宗抑欲而昌。

唐玄宗深刻地明白这个道理。刚刚发动政变、坐稳皇帝宝座时，唐玄宗年方二十八岁。事有凑巧，他的曾祖父唐太宗李世民同样也是在这个年纪发动玄武门之变，成为大唐的主宰者。处处以曾祖父为楷模的唐玄宗，不会忽略掉这个历史细节，他一遍又一遍地问自己，曾祖父在这个年纪为什么能够成为一位优秀的皇帝。“抑欲”，是他为这个问题得到的答案。

二十八岁，血气方刚，又刚刚荣登大宝，踌躇满志，任谁也难以不生“春风得意马蹄疾”之念，想要“一日看尽长安花”。隋炀帝当年如此，唐太宗当年如此，如今的唐玄宗也是如此。但是，越欲有远大的作为、长久的作为，就越要抑制欲望而不是纵容欲望。这是唐玄宗在两位前辈身上学到的教训与经验。

唐玄宗做太子时沉溺于女乐，太子舍人贾曾提醒他要注意影响，“好妓之声，或闻于人听”。刚刚做了皇帝时，他再次下令挑选民间女子充斥宫廷。这样的行为在当时的舆论上颇受非议，甚至“人颇喧哗，闻于道路”。唐玄宗深为自责，表示：

见不贤莫若内省，欲止谤，莫若自修，改而更张，损之可也。妃嫔已下，朕当拣择，使还其家。宜令所司将车牛，今月十二日赴崇明门待进止。

开元二年（714年）八月十二日，长安城大明宫崇明门外，忽地来了许多辆牛车。随着崇明门的开放，一队队宫女鱼贯而出，纷纷坐上牛车。牛车载着这些后宫丽人，转眼消失在长安城的里坊。这是唐玄宗下令裁汰宫女并遣送回家的一幕。唐玄宗希望以此昭示世人，自己不是那种好女色、喜宴乐的昏君。当然，至于宫中为什么充斥着这么多宫女，唐玄宗曾解释说:“往缘太平公主取人入宫，朕以事虽顺从，未能拒抑。”将责任一股脑地推到了太平公主身上。

宫中女性过多，除了容易让君主沉迷女色、消磨斗志之外，还要消耗大量的“奢侈品”。比如在唐玄宗即位的第一个上元节之夜（先天二年正月十五），长安城燃起彩灯，举行了盛大的庆祝活动。唐玄宗陪着太上皇唐睿宗共同赏灯。时人张鷟在《朝野佥载》中记录了当时的盛况：

上元灯节正月十五、十六夜，于京师安福门外作灯轮高二十丈，衣以锦绮，饰以金玉，燃五万盏灯，簇之如花树。宫女千数，衣罗绮，曳锦绣，耀珠翠，施香粉。一花冠、一巾帔皆万钱。

这还仅仅是宫女。至于贵族女性的服饰装扮就更为奢侈华贵了。比如安乐公主有一条用百鸟羽毛纺织的裙子，正看一色，旁看一色，光下一色，影中一色，五光十色，价值连城。

皇室如此奢靡，必然造成巨大的财政负担。而“楚王好细腰，宫中多饿死”，上有所好，下必甚焉。自从“安乐公主作毛裙，百官之家多效之。江岭奇禽异兽毛羽，采之殆尽”。整个唐朝的统治阶层都沉浸在奢靡之风中，这是有识之士绝不愿看到的。因此，不断有人上书要求皇帝刻厉节俭。比如宰相姚崇就“屡以奢靡为谏”。

唐玄宗也逐渐认识到，皇室奢靡浮华对统治集团乃至整个社会所产生的不良影响。他决定以身作则，标榜节俭。早在宫女出宫的前一个月，开元二年（714年）八月，唐玄宗就开展了一场毁弃宫廷奢侈品的运动。

唐玄宗命人将从内宫中搜罗出来的珠宝玉器和绫罗绸缎堆放在宫殿前，当着文武百官的面一把火烧掉，并传下圣旨，从今往后天下各地都不得再“采取珠玉，刻镂器玩，造作锦绣珠绳”，如有违命者，杖责一百。长安、洛阳及各地的官办织锦坊全部停办。唐玄宗还收集宫中用不到的金银器皿，交给有关部门熔化，重新铸造为标准化的金铤、银锭，收回国库。

当然，唐玄宗的做法都是在保障宫廷日常用度的前提下进行的。但即使如此，也已经十分难得，遍览中国历史也是十分罕见的。不要说是在太平盛世，即使是到了王朝末日，很多君主宁可眼睁睁地看着亡国，也不愿将宫中私财拿出来以供军国之用。

物质上的欲望虽然抑制起来十分困难，但对于一个君主来说，最难抑制的还是精神上的欲望——无人可以限制的权力欲望。当年隋炀帝虽然对于美女、珍玩并没有太大的兴趣，但是他却对无人可以限制的权力欲望极度地迷恋。

隋炀帝说一不二、独断专行、文过饰非、拒不认错。当时，没有人敢于指出他的错误，最终只能由历史来证明他的错误。唐太宗吸取了表叔的惨痛教训，虚心求谏也因而成为贞观之治的一大特色。倾慕贞观之治的唐玄宗自然要在这一点上向曾祖父学习。

早在开元元年（713年）时，唐玄宗想要任命姚崇为宰相。姚崇却提出，皇帝必须答应他十件事，自己才肯做宰相。这就是著名的“十事要说”：

垂拱以来，以峻法绳下；臣愿政先仁恕，可乎？

朝廷覆师青海，未有牵复之悔；臣愿不幸边功，可乎？

比来壬佞冒触宪网，皆得以宠自解；臣愿法行自近，可乎？

后氏临朝，喉舌之任出阉人之口；臣愿宦竖不与政，可乎？

戚里贡献以自媚于上，公卿方镇浸亦为之；臣愿租赋外一绝之，可乎？

外戚贵主更相用事，班序荒杂；臣请戚属不任台省，可乎？

先朝亵狎大臣，亏君臣之严；臣愿陛下接之以礼，可乎？

燕钦融、韦月将以忠被罪，自是诤臣沮折；臣愿群臣皆得批逆鳞，犯忌讳，可乎？

武后造福先寺，上皇造金仙、玉真二观，费钜百万；臣请绝道佛营造，可乎？

汉以禄、莽、阎、梁乱天下，国家为甚；臣愿推此鉴戒为万代法，可乎？

姚崇从稳定政局、整顿吏治、改善财政等方面总结了历史上的经验教训，提出了施行仁政、不求边功、宦官不干政、皇室外戚不任中央行政官员、实行法治、租庸赋税之外不加杂税苛役、禁止新建扩建寺庙宫殿、礼待大臣等十条建议。

其中，“臣愿群臣皆得批逆鳞，犯忌讳，可乎？”就是姚崇在向唐玄宗提问，臣下是否可以谏诤。唐玄宗当时的回答是：“朕非为能容之，亦能行之。”唐玄宗表示不但允许谏诤，不因谏诤而开罪臣下，而且还会按照臣下所提的意见改过。

当然，姚崇的“十事要说”本身就是十条谏言。唐玄宗对每一条都逐一答复，悉数采纳，并潸然良久。姚崇见唐玄宗如此开明，也十分感动：

再拜曰：“此诚陛下致仁政之初，是臣千年一遇之日，臣敢当弼谐之地。天下幸甚，天下幸甚！”又再拜，蹈舞称万岁者三。从官千万，皆出涕。

在封建专制的历史时代，最高统治者拥有至高无上的绝对权力，臣民能够得到一点点可怜的议政权，就已经实属不易了。所以，姚崇才会蹈舞再拜，口称万岁。众官员才会“皆出涕”。

唐玄宗在开元前期基本上能够做到他所承诺的这一点。因此，这段时期在政治上取得了直追贞观时代的开明局面。后人评价此时的政治开明，说："贞观、开元之政，思理不遑食，从谏如顺流。"关于唐玄宗执政早期从谏如流的事例，史书上亦多有记述。

比如唐玄宗的宫苑中缺少珍禽异兽。唐玄宗便派宦官到江南去捕捉各种珍稀的水禽，想将它们豢养在宫苑的水塘中观赏。宦官在江南发动当地百姓捉鸟，捉到之后又要沿着运河和陆路传送到京师，这一举动无疑劳民伤财。汴州刺史倪若水上表谏诤："道路观者，岂不以陛下贱人贵鸟也。"

唐玄宗感到此事不妥，下诏罢停，并将已经捉到的鸟全部放飞。当然，他贵为天子，错误是不肯轻易承认的。他为自己辩解说："朕先使人取少杂鸟，其使不识朕意，采鸟稍多。"朕就是想捉几只杂鸟玩玩，但是使者没有理解我的意图，抓得有些多了。

再如开元七年（719年），唐玄宗的王皇后的父亲王仁皎去世。唐玄宗想为他修筑一座五丈一尺高的大墓。这是超越礼制的行为。况且，唐玄宗刚在不久前下诏倡导薄葬，并信誓旦旦地说："冥器等物，仍定色数及长短大小；园宅下帐，并宜禁绝；坟墓茔域，务遵简俭；凡诸送终之具，并不得以金银为饰。"而此时，自己却给外戚修筑超规格的大墓，实在不妥。

宰相宋璟与苏颋提醒说："岂若韦庶人父追加王位，擅作酆陵，祸不旋踵，为天下笑！"韦庶人指唐中宗的韦皇后。唐玄宗当即表示接受意见，并且赏赐给两位宰相绢四百匹以资奖励。

又如开元十年（722年），唐玄宗的女儿永穆公主准备出嫁，皇帝准备以昔日太平公主出嫁的规格操办婚礼。此时，僧人一行正在朝中奉命主持修编新历书，即《大衍历》。他认为此事不妥，建言道："太平骄僭，竟以得罪，不应引以为例。"当时，敕书已经下发，唐玄宗没有顾及"金口玉言"的皇帝面子，赶忙命人追回敕书，然后依照正常的礼节为女儿操办了婚事。

韦皇后与太平公主都是唐玄宗政治上的对手，时人居然敢于将他的皇后与女儿比作此二人，对皇帝提出严厉批评，反而得到了皇帝的肯定和褒奖，足见当时的政治风气，更见即位之初的李隆基的远大抱负——只有抑制小的欲望，方能实现大的欲望。

第十三章 开元全盛日

天下之肥

忆昔开元全盛日，小邑犹藏万家室。
稻米流脂粟米白，公私仓廪俱丰实。

提到开元盛世，很多人的脑海中最先浮现的就是“诗圣”杜甫的名句。其出自杜甫的《忆昔》。《忆昔》诗共二首，作于唐代宗广德二年（764 年）。当时，安史之乱刚刚平息，国家满目疮痍，杜甫回忆开元盛世是为了鼓舞唐代宗振奋精神中兴大唐。千百年来，这四句诗已经成为开元盛世最具代表性的注释，寄托着后人对中国古代农业社会巅峰时期的无尽艳羡与遐想。

为什么这四句诗会达到如此的高度呢？人口数量与粮食产量是农业社会最重要的两个经济指标。杜甫“善陈时事，律切精深，至千言不少衰，世号诗史”。杜甫不愧于这一称号。他敏锐地抓住了开元盛世的“要害”，仅用二十八个字，就将一幅盛世图景展现在人们面前。从某种意义上来讲，理解了这二十八个字，也就理解了开元盛世。

“忆昔开元全盛日，小邑犹藏万家室”，是指开元盛世时期人口激增，即使一座小城镇，也有上万户的人口。不仅是开元年间，唐朝人口增长的局面一直保持到安史之乱爆发前的天宝末年。当然，这里的“万”并非实指，而是一种夸张，有的版本也作“小邑犹藏百家室”。

唐玄宗统治时期，全国究竟有多少人口，史书上有明确的记载。据《通典》卷七《食货》载，唐玄宗天宝十三载（754 年），全国有九百零六万九千一百五十四户，五千二百八十八万零四百八十八人。学者们综合各方面史料分析，天宝末年唐朝全国实际人户超过一千三百万户，实际人口约八千万人。

当然，无论是史书的记载还是学者的推算，都无法做到完全准确。但开元、天宝年间，中国出现了一个人口增长高峰，人口达到了前所未有的规模，这是毋庸置疑的。

唐玄宗统治时期，人口大量增长有两方面的原因。第一个原因很好理解，国家政治稳定、经济发展，百姓得以休养生息。国泰民安自然促进了人口繁衍。第二个原因需要着重介绍一下。在开元前期，唐玄宗进行了两次“检括户口”，使大量不受国家控制的隐匿人口重新被纳入国家户籍。

为什么会出现大量的隐匿人口，其原因大体有二：一是在地主豪强的羽翼下有大量的私家隐户，称为客户。这些人口只对他们的主人负责，为主人耕种土地或进行其他工作，受地主剥削，却不给国家提供赋税徭役。二是因多次国家动荡，加之赋役繁重，有很多民众逃离了原有的户籍管控，成为流民。

天下户口逃亡，朝廷深以为患。早在武则天时期，就曾经恩威并施，设禁令垂恩德，阻止逃亡与招诱返乡相结合，希望改变这一局面。但当时朝堂上酷吏横行、政务废弛，效果并不明显。

唐玄宗即位之后，国家政局逐渐稳定下来，开始力图解决这一问题。监察御史宇文融看到皇帝正为此事困扰，便投其所好，于开元九年（721 年）正月二十八日上书唐玄宗，强烈建议“检括户口”。唐玄宗大喜，任命宇文融为复田劝农使，主持检括户口和清查土地。

宇文融仅用了十二天就拟定了括户方针及具体办法，唐玄宗在稍后以此为依据颁布了《置劝农使安抚户口诏》，号召在农村组织“农社”，使“贫富相恤，耕耘以时”，并规定，“雨泽之后，种获忙日，州县常务，一切停减”，以使“丁壮就田”“人无遗力”，减轻农民的负担，使农民不要逃亡。

《置劝农使安抚户口诏》中还明确规定：“先是逋逃，并容自首。如能服勤垄亩，肆力耕耘，所在闲田，劝其开垦。”即允许已经逃亡的流民就地开垦土地，不必返回原籍。

宇文融奏请设置劝农判官二十九人，派往全国各地，检括逃户和籍外田。这些劝农判官同时还身兼御史职责，如果有权贵豪强敢于对抗朝廷，马上可以上表状告弹劾。对于那些脱离权贵控制，愿意归附朝廷的客户，免除他们六年的租调徭役，只收取较轻的税赋。

各种利好取得了“流户大来”的效果，流民和客户纷纷自愿编入国家户籍。宇文融用了大约四年时间就为朝廷增加了八十万户的人口，约占当时全国总人口的十分之一。

当然，人口增长还有其他的原因，比如唐玄宗打击佛教势力，强令一些僧尼还俗，这些人重新编入了户籍。开元二年（714年），姚崇提议削减寺院、裁减僧尼，当时还俗者共一万两千多人。再如，“丝绸之路”的畅通和对外交往的发展，一些少数民族人士甚至是外国民众来到唐朝定居，也必然增加了人口，但这些就很有限了。

安史之乱之前，唐朝实行国家按人口分配土地的均田制。大体规定为：十八岁以上的中男和丁男，每人授口分田八十亩，永业田二十亩；老男、残疾人授口分田四十亩，寡妻妾授口分田三十亩。因此，检括的户口，国家都要给他们分田。这就需要清查土地数量，括户与垦荒并举。

隋末唐初的战火使得国家有大量土地荒芜待垦。比如贞观六年（632年），魏徵曾说：“今自伊洛之东，暨乎海岱，崔莽巨泽，茫茫千里，人烟断绝，鸡犬不闻，道路萧条，进退艰阻。”

洛阳以东一直到山东半岛本是传统的农垦区，却出现了大量荒芜的土地。这一情况虽经唐初一百年的恢复，但到了唐玄宗统治初期仍然存在。开元十二年（724年），唐玄宗下诏鼓励垦荒，并在人少地多的宽乡允许农民开垦的闲田归为己有。在利好政策的推动下，全国耕田数量大幅增加，史称“四海之内，高山绝壑，耒耜亦满”。

劳动力和耕地的增加，带来了粮食的丰收。“稻米流脂粟米白，公私仓廪俱丰实”，就是指开元时期粮食产量提高，粮食储备大大增加，公私仓库全都装满了粮食。

当然，这一局面的形成并不是因为开元时期每年都是风调雨顺的好年景，而是“善政”的结果。“国无善政，灾变不息。”相反，国行“善政”，灾变可息。比如开元三年（715年）到开元四年（716年），山东发生蝗灾。《新唐书·五行志》中这样记载：

四年夏，山东蝗，食稼，声如风雨。

蝗虫飞行和啃食庄稼的声音居然如同风雨大作，蝗虫之多之凶可见一斑。面对这样的灾异，很多地方官束手无策，只能听之任之。老百姓更是无可奈何，他们认为蝗虫来袭是上天降灾，不能也不敢捕捉，只得“于田旁焚香膜拜设祭”，寄希望于迷信，向上天祷告。

消息传到朝廷，宰相姚崇向唐玄宗提出了解决办法。姚崇建议说：“《诗经》中有云：‘秉彼蟊贼，付畀炎火。’”意思就是要用火来灭蝗虫。我们也可以这样做：

蝗畏人易驱，又田皆有主，使自救其地，必不惮勤。请夜设火，坎其旁，且焚且瘗，蝗乃可尽。古有讨除不胜者，特人不用命耳。

蝗虫本来就害怕人，容易驱赶，田地又都有主人，大家各自为战，在自己的田中灭蝗就可以了。方法也简单，大家在夜间的田头点起火堆，蝗虫的习性是看到火光就扑过来，大家一边打一边烧，同时在田边掘个大坑，将蝗虫的尸体埋掉，这样蝗虫就可灭尽了。

唐玄宗批准了姚崇的灭蝗方案，并传旨各地执行。但反对的声音很快出现了。汴州（今河南开封）刺史倪若水拒不执行该方案。倪若水本是良吏，但脑子过于迂腐，他认为“蝗乃天灾，非人力所及”，要想让蝗虫退去，就应该“自宜修德”。他还举例说当年十六国时期汉赵皇帝刘聪灭蝗也没有成功。

姚崇接报后十分恼怒，回信驳斥倪若水：“古之良守，蝗虫避境。若言修德可勉，彼岂无德致然？今坐看食苗，忍而不救，因此饥馑，将何自安？”

倪若水最终改变了自己的执念，接受了姚崇的意见，开始进行声势浩大的灭蝗行动，并取得了相当丰硕的战果：“获蝗一十四万（石），乃投之汴河，流者不可胜数。”

在朝廷和地方的共同努力下，这场蝗灾虽然来势猛烈，但没有造成重大灾情。老百姓的日子还算过得去，“连岁蝗灾，不至大饥”。

农业社会最为惧怕的天灾，除了蝗虫外，当数旱涝灾害。天要下雨或天不下雨都由不得人，解决旱涝灾害最重要的手段便是兴修水利设施。据统计，开元、天宝年间共兴修了四十八处较大规模的水利工程。这一数字比唐太宗、武则天两位有作为的君主执政时期所兴修的水利工程总和还要多。

古有天子扶犁亲耕之礼，被称为耤田礼或耕耤礼，源于先秦天子率诸侯亲自耕田的典礼。最早有明确纪年的“耤田礼”，始于汉文帝即位之初的公元前 178 年。当时，贾谊上《积贮疏》，言积贮为“天下之大命”，“于是上感谊言，始开藉田，躬耕以劝百姓。”

天子亲耕的目的，在于“劝农”的象征意义和示范意义。既然是象征和示范，当然不用尽力为之，但唐玄宗却做得尤为认真。他不但在春季参与播种，而且还在秋季参与收割。

开元二十二年（734 年），唐玄宗亲自在皇家禁苑中种麦。在收获的时候，他同太子李瑛（当时名为李鸿）等人一起割麦，并对太子说："欲使汝曹知稼穑艰难耳。"接着又对跟随他一起耕种的众臣道："比遣人视田中稼，多不得实，故自种以观之。"

一方面，唐玄宗希望自己的继承人能够亲身体验稼穑之艰，不要成为生在深宫之中、长在妇人之手的纨绔膏粱；另一方面，他也希望大臣们不要只是坐在衙门里面听报告，而是应该身体力行地了解农业生产的真实情况。

统治集团对农业生产的重视，加之对农业生产真实情况的了解，自然使朝廷制定的农业政策更加高效务实。比如开元二十二年（734 年），唐玄宗以中书令张九龄为河南开稻田使，在河南地区推广水稻种植。大约与此同时，唐玄宗又积极地在江南地区推广双季稻种植技术和麦稻轮作制，使地力得到更充分的利用。人尽其力，地尽其用，自然"稻米流脂粟米白，公私仓廪俱丰实"了。

仓廪丰实最为具体的表现就是当时"天下无贵物，两京米斗不至二十文"。在长安与洛阳，一斗米的价格不超过二十文钱。这是一个什么概念呢？

安史之乱爆发后，物价飞涨。战况正酣的唐肃宗时期，关中米价飙升至每斗七千文钱，是开元盛世时的三百五十倍。

安史之乱平息后的唐代宗广德二年（764 年），关中每斗米的价格也在一千文钱。

此后的中晚唐时期，米价常年保持在每斗一百文钱以上。

到了唐末，长安每斗米的价格甚至一度达到过三万文钱，已经是开元盛世时的一千五百倍。

开元名臣

开元盛世，汉宋莫及。

但是，只唐玄宗一人之力也无法攀上中国封建社会的最高峰。《资治通鉴》这样总结为开元盛世的出现作出卓越贡献的宰辅们：

（唐玄宗）即位以来，所用之相，姚崇崇尚通，宋璟崇尚法，张嘉贞崇尚吏，张说崇尚文，李元绂、杜暹崇尚俭，韩休、张九龄崇尚直，各其所长也。

开元盛世中最重要的四位名臣是姚崇、宋璟、张说和张九龄。

姚崇是陕州硖石（今河南陕县）人。父亲姚懿祖籍吴兴郡武康（今浙江德清）。姚懿在武德初期归顺了李渊，并协助唐军攻打王世充、窦建德，算是唐朝的开国功臣之一。但姚懿在功臣群体中并不算显赫。

姚崇步入仕途的途径较为特殊，当年太子李弘去世时，姚崇被选中成为挽郎。挽郎是在出殡时牵引灵柩、唱挽歌的人。帝王的挽郎通常选择官宦子弟担任。这是一条通往仕途的捷径，因为葬礼结束之后，挽郎会成为国家的后备官员人选。当然，姚崇绝非只会牵引灵柩、唱挽歌。不久，他又参加了科举考试，“应下笔成章举，授濮州司仓”，正式从政。

姚崇在武则天、唐中宗、唐睿宗时期皆有政绩，对国家政治产生过一定的影响，在前文中已经略有交代。但让姚崇真正跻身中国古代名臣之列的，还是他辅佐唐玄宗成就开元盛世的作为。

开元之初，唐玄宗接受了姚崇的“十事要说”，正式拜姚崇为兵部尚书、同中书门下三品，后又迁中书令，使其成为宰相之首，开始“佐玄宗起中兴业”。除前文所讲到的强力主张灭蝗、保护农业生产之外，姚崇对开元盛世最重要的贡献是整顿吏治。因武则天、唐中宗、唐睿宗等朝遗留下来的流弊，开元之初的官场生态几近糜烂。姚崇上任后革故鼎新、兴利除弊、裁劣汰冗、举贤任能，使得官场风气为之一新。

姚崇针对官场弊端，撰写有《执秤诫》《弹琴诫》《执镜诫》《辞金诫》《冰壶诫》五篇文章，合称“五诫”。其中：

《持秤诫》讲为官要“执衡持平”“为政以公、毫厘不差”“存信去诈，以公灭私”；

《弹琴诫》以弹琴喻治国，“琴音能调，天下以治。异而相应，以和为美，和而不同，如彼君子”；

《执镜诫》讲官员为政应时时明镜高悬，“刑不可滥、政不可贼”“如镜之明、断可以平；如镜之洁，断可以决”；

《辞金诫》用“子罕辞玉，以不贪为宝；杨震辞金，以四知为惧”两个典故，阐释“不贪为宝，廉慎为师”的廉政思想；

《冰壶诫》倡导官吏应该具备“内怀冰清，外涵玉润”的君子之德和“与其浊富，宁比清贫”的价值取向。

唐中宗以来，韦皇后等权贵大肆受贿，为人谋官，官场上出现了许多“斜封官”。所谓“斜封官”，是指通过托关系、走后门，由皇帝首肯任命的官员。这些人走的是非正式的仕途门路，中书省、门下省的宰相们都不敢过问。当时，一个正直的官员，吏部员外郎李朝隐就曾阻止了一千四百多名“斜封官”的任命，而未被阻止的更为大宗。可见“斜封官”数量之多。

武则天时期，官员本已人浮于事，当时民间歌谣有“补阙连车载，拾遗平斗量”的讥讽，加之唐中宗以来“斜封官”泛滥，彼时官场的状况可想而知。姚崇下决心“罢冗职，修制度，择百官，各当其材”，将没有战功或政绩的“斜封官”一律免职。官场面貌也随之焕然一新。

很可惜，姚崇老迈年高，他最后的政治生涯并未长久。开元四年（716年），姚崇患了疟疾，身体每况愈下。后又因自己的儿子和亲信接受贿赂事发，姚崇引咎请求离开相位，并举荐宋璟代替自己。

唐玄宗准奏，但仍准许姚崇五日一朝，入阁参政。开元九年（721年）九月，姚崇病故，此时他已过了古稀之年。

临终前，姚崇告诉子孙自己的身后事要一切从简，说“死者无知，自同粪土，何烦厚葬？”随葬品为“四季之衣，各一副而已”。姚崇不迷信佛教，不允许子孙为他超度或者“追福”，他认为那些曾经举办盛大规模法事的权贵也终免不了“受戮破家，为天下所笑”。

不得不说，姚崇是一个明白人。但一个能写“五诫”的名臣，却管不了身边人，儿子和亲信相继出事，实在是莫大的讽刺。当然，这并非姚崇一己之过，而是制度使然。在封建专制体制下，贪腐的发生是必然的。好在姚崇所推荐的宋璟在历史上以“清廉鲠介”闻名，他也得以落个知人善任的名声。

宋璟是邢州南和（今河北邢台市南和区）人。先世曾在北魏做过吏部尚书。宋璟少年得志，十七岁时考中进士，步入仕途。姚崇推荐他时，他正在做广州都督。当时，广州地处岭南，生产力水平比中原落后得多，居民常用竹子搭建房屋。据说，宋璟在任期间亲自教会了当地百姓烧砖制瓦。

宋璟居相位期间并没有太多的制度性建设，其难能可贵之处是继承了姚崇的衣钵，并将其发扬光大。姚宋二人的关系类似汉初的“萧规曹随”。宋璟直到开元二十五年（737 年）才去世，生前一直在政坛上发挥着极为重要的作用，可以说对开元盛世的可持续性作出了重大贡献。

司马光在《资治通鉴》中将姚崇、宋璟与贞观时期的房玄龄、杜如晦并称为唐代贤相：“唐时贤相，前有房杜，后有姚宋，他人莫道焉。”有唐三百年，名相无数，只此四人可相提并论，已经是极高的评价了。

开元名臣除姚崇与宋璟外，还有张说与张九龄。这两位人物前者见证了开元盛世的巅峰，后者见证了开元盛世的衰落。张说在前文中已经多有提及，此人在武周晚期曾与当时气焰熏天的“二张”张易之、张昌宗兄弟为难，救下御史大夫魏元忠。

在唐玄宗与太平公主的斗争中，张说也是一大功臣。但张说与姚崇不睦，加之张说多次参加宫廷政变，屡有反复之举，为唐玄宗所忌惮。因此，唐玄宗执政后，很快将张说贬为相州刺史，再贬为岳州刺史。

当时，苏颋升任宰相，张说与其父苏瑰（隋尚书左仆射苏威曾孙）是好友，遂通过苏颋的关系劝说唐玄宗起用自己。苏颋在唐玄宗面前称赞张说“忠贞謇谔，尝勤劳王室，亦人望所属，不宜沦滞于遐方”。其实，对于张说的忠诚与才干，唐玄宗并非不明于心，只是开元初年辞退功臣，张说也在其列罢了。

随着政权的巩固，加之姚崇罢相，开元六年（718 年），张说迁任右羽林将军，兼检校幽州都督。开元七年（719 年），张说又任检校并州大都督长史兼天兵军大使。特别是张说还代理御史大夫，监修国史，这使得他再次成为朝廷重臣。张说在边疆屡建功勋，对突厥、契丹、奚的骚扰采取了有效的遏制措施。

开元十一年（723 年），唐玄宗召张说回京升为中书令。张说一生出将入相，是一位文武兼备的干才。他对于唐朝政治最重大的一项贡献是倡导从府兵制向募兵制的改革，促进了府兵制的解体。

唐朝承袭自西魏至隋以来的传统，实行兵农合一的府兵制。国家将土地分配给农民耕种，战时农民有义务为国家作战。想要直观地理解府兵制，可以去读一读北朝民歌《木兰辞》。

> 昨夜见军帖，可汗大点兵，军书十二卷，卷卷有爷名。
> 阿爷无大儿，木兰无长兄，愿为市鞍马，从此替爷征。

花木兰的父亲（阿爷）就是一位耕种国家土地的农民。他的名字因此被登记在“军书”之上。一旦皇帝（可汗）“大点兵”，他就要为国出征。府兵的武器装备需要自己提供，所以才会自行去“市鞍马”。但是，“阿爷”已经老了，无法出征。“阿爷无大儿”，谁能代表花家出征呢？这才引出了花木兰替父从军的传奇。

花木兰所处的北朝，是府兵制的兴盛时期。到了唐代，府兵制逐渐遭到破坏。其主要原因是唐朝疆域过于广大，需要大量的府兵戍边。在与少数民族政权的战争中，又有大量的府兵阵亡。

“醉卧沙场君莫笑，古来征战几人回”，残酷的戍边生活致使百姓丧失了做府兵的热情。即使勉强征召上来的府兵，也多有开小差者。因此，张说建议将府兵制改为募兵制，招募培养职业军人。

这些军人从此脱离了土地，不再是农民。他们专心长期从军，因此被称为“长征健儿”。府兵制的消亡过程，经历了大约二十年的时间。天宝八年（749 年），各个军府已经无兵可交。唐玄宗遂下诏，府兵制被正式废止。

由府兵制改为募兵制，由业余军人改为职业军人，无疑挽救了唐朝的兵源危机，增强了唐军的战斗力。但问题也紧随而来，如果将领不经常调动，将领与士兵之间就会结成长期的、固定的、亲密的关系。

长此以往，士兵甚至只知有将帅，不知有天子，本来属于国家的士兵逐渐具有了将领的私兵属性。天宝末年的安史之乱、唐朝后期的藩镇割据，在一定程度上都与此有关。

当初张说因触怒武则天而被贬岭南，路过韶州曲江（今广东韶关），一位叫作张九龄的当地年轻人拿着自己的文章向张说求教。张说阅后大加赞赏，认为张九龄的文章“有如轻缣素练，实济时用”。从此，二人结为好友。

在古代政治上，是不是自己人或许比有没有能力还要重要。但如果是自己人，又有能力，自然再好不过。张说做了中书令后，要着力培养自己的心腹骨干。张九龄就成了张说重点培养的对象。

因二人同姓，遂论为亲族兄弟。张说长张九龄十一岁，大哥“尤亲重之”，小弟“亦依附焉”。很快，张九龄被拜为中书舍人，成为参与机密、起草诏令的重要角色。后来，张九龄几经宦海沉浮，终于在开元二十一年（733 年）被唐玄宗拜为中书侍郎同中书门下平章事，兼修国史，成为主理朝政的宰相。

然而，这位岭南书生所面对的政局，却远非他的先辈姚崇、宋璟以及“老大哥”张说执政之时所能相比了。此时已是开元末期，唐玄宗在开元之初励精图治、意气风发的精神，已被二十年来所取得的巨大成功侵蚀殆尽。天下承平日久，这位中兴之主也早已飘飘然，忘乎所以。

危机就在盛世的表面下发芽、生长。宫廷、朝堂、边疆，不逞之人都在蠢蠢欲动。

杨家有女初长成

宫廷、朝堂、边疆，很难说开元末年的盛世危机最先在哪里萌芽。

有人说宫廷里出现了杨贵妃是危机的开端，有人说朝堂上出现了李林甫是危机的开端，有人说边疆上出现了安禄山是危机的开端。究竟是哪里率先出的问题，又究竟哪里才是问题的症结所在，又究竟是谁使得唐朝这位七八世纪的东方巨人彻底变成了泥足巨人？

恐怕很难有人完全厘清因果。在历史的同一时间内，总是有千百万人共同发挥着作用。但是，一支笔不能同时描绘历史进行中的所有人的千姿百态，我们还是要从本书一直都在关注的宫廷讲起。

说来也巧，唐玄宗李隆基的原配夫人和他祖父唐高宗的原配夫人一样，都是太原王氏家族的千金。唐高宗的王皇后其祖父是北朝名将王思政，李隆基的王氏夫人的先祖是南朝名将王神念。王神念的二儿子，就是那个曾经和陈霸先既勠力同心又争得头破血流的王僧辩。

在李隆基还在做临淄王的时候，便迎娶了王氏夫人为王妃。李隆基即位后，王氏夫人做了正宫皇后。更为巧合的是，这位王皇后与当年那位王皇后一样膝下无子。但东宫储君之位不能久虚，开元三年（715 年）正月，唐玄宗立第二子李瑛为太子。李瑛的母亲赵氏本是潞州城内一位能歌善舞的倡伎，李隆基在出任潞州别驾时与赵氏邂逅，遂生下李瑛。

赵氏出身低微，按说并不能对王皇后构成威胁。但母以子贵，李瑛被立为太子后，赵氏也被册封为丽妃。这件事让王皇后深感不安，她惧怕当年唐高宗那位王皇后的厄运会降临在自己身上。特别是王皇后的兄长王守一，经常在王皇后的面前提醒她小心“废王立武”的悲剧重演。

王皇后惊慌失措，有病乱投医，最终走了许多后宫妇人的老路，求诸“符厌之事”。王皇后与王守一聘请了一位叫作明悟的僧人偷偷祭祀祷告。明悟装神弄鬼，最后在一块霹雳木上书刻了“天地”二字，以及唐玄宗李隆基的名讳，让王皇后佩戴，并说:“佩此有子，当与则天皇后为比。”

此事最终被唐玄宗觉察，在木牌上书刻当今皇帝的名讳已经是大逆不道，更不要说还妄图“与则天皇后为比”了。开元十二年（724 年），一纸制诏付与有司，将王皇后废为庶人，并赐死王守一。

同样是在这一年，唐玄宗将皇后之下的四妃：贵妃、淑妃、德妃、贤妃改为三妃：惠妃、丽妃、华妃。李瑛的生母赵氏被册封为丽妃。另外两位得宠的宫中女官武婕妤和刘才人，分别被册封为惠妃、华妃。

这位武惠妃的身份非常敏感，她是武则天堂侄恒定王武攸止的女儿。武攸止去世时，武氏年纪尚幼，按例被送入宫中抚养。没想到宫中多变，武周倒台，武氏失去了皇室成员身份，转而成为外戚。不久，唐玄宗登基，武氏在宫中的身份更为尴尬。然而，唐玄宗却一眼相中了武氏，将其册封为婕妤，成为皇帝的后宫佳丽。

武氏为唐玄宗诞育四子三女。前二子早夭，开元七年（719 年），武氏生下第三子李瑁。唐玄宗和武氏为防止李瑁再出现什么健康问题，遂将其送出宫廷，交给兄长宁王李宪抚养。

开元十二年（724 年），武氏被册封为惠妃。第二年，六岁的李瑁被册封为寿王。此后，武惠妃愈加受到唐玄宗的宠爱，“宫中礼秩，一同皇后”，虽无皇后之名，却有皇后之实。那为什么不直接立武惠妃为皇后呢？唐玄宗主要是出于两点考虑：

首先，武惠妃的家族背景过于敏感。唐玄宗的祖父唐高宗曾经废过一位王皇后，又立过一位武皇后，结果那位武皇后革了唐朝的命，使李唐江山险些断送。此事刚刚过去十余载，从王室到大臣，仍然谈“武”色变。刚刚废了一位王皇后的唐玄宗，若在此时再立一位武皇后，反对的声浪会有多大是可以预知的。

其次，当初李瑛之所以被立为太子，是因为王皇后没有亲生之子。而今，如果将武惠妃立为皇后，她是有亲生之子的，那么东宫是否要更换主人呢？如果更换，势必要动摇国本；如果不更换，彼时的武皇后绝不会善罢甘休。

总之，这将是一个棘手的问题。开元中期的唐玄宗仍然专注于他的中兴伟业，一心开创盛世局面，并不想后院起火，将舆论的关注点引向后宫。因此，武惠妃虽然得到宠幸，唐玄宗所能给予她的也仅仅是“惠妃”的名号，而不能再进一步了。

转眼六七年过去，开元二十一年（733 年）秋天，关中平原大雨连绵，粮食产量受到影响，无法养活皇帝后宫和庞大的官僚机构。唐玄宗决定仿照先辈，东出潼关，到洛阳就食。唐玄宗在洛阳住了将近三年的时间。此时正值开元盛世，唐玄宗的洛阳生活也极尽奢华与铺张。

开元二十三年（735 年）正月，唐玄宗宣布大赦天下，并在洛阳城内大宴三日。为了彰显盛世的繁华与欢乐，唐玄宗还命人组织了盛大的舞乐、杂技表演，供百姓观赏。洛阳城中一时万人空巷，欢呼声、喝彩声不绝于耳：

车驾东来值太平，大酺三日洛阳城。
小儿一伎竿头绝，天下传呼万岁声。

中唐诗人张祜在将近百年之后，用一首《大酺乐》追思着那个他不曾见到过的东都梦华。

就是在这里，唐玄宗任命张九龄为中书令。也就是在此时，寿王李瑁到了聘娶王妃的年龄。

唐玄宗让臣子们留意身在洛阳的名门淑女，看看有谁在门第、年龄、才貌等方面适合做自己的儿媳妇。很快，河南府士曹参军杨玄璬的十四岁大女儿被选了出来。她的履历表被呈送到唐玄宗面前。

这个女孩叫作杨玉环。

如果列一个中国古代女性知名度排行榜，杨玉环或者说杨贵妃应该会稳稳地排在前三强。中国人对于杨玉环这个名字太熟悉了，但是对于这个女人的来龙去脉却不甚了解。比如她的父亲杨玄璬是河南府士曹参军，仅仅是从七品下的微官，这样的家庭出身怎么能成为大唐皇帝的儿媳妇呢？

确切地说，杨玄璬仅是杨玉环的养父。杨玉环的生父是杨玄璬的哥哥蜀州司户杨玄琰。这一支杨姓人家出自高门贵族弘农杨氏，杨玄琰、杨玄璬的曾祖父是隋朝重臣上柱国、吏部尚书杨汪。因为隋朝皇室也认祖归宗在弘农杨氏门下，所以也有人称杨汪一脉是隋朝皇室。不过，这种说法有一些牵强。但单单弘农杨氏这块金字招牌就已经足以将杨玉环列入第一等门阀贵族了，这也是她能够成为大唐皇帝儿媳妇的前提。

杨汪一系在隋末唐初迅速衰败，源于他在乱世的站队失误。隋炀帝被弑杀以后，天下分崩离析。李渊在长安登基建立大唐，王世充在洛阳建立王郑政权，杨汪选择支持王世充。李世民攻伐王世充，洛阳城破之时，杨汪被作为凶党处死。从这点上看，杨玉环与李唐皇室还存在着些许的国恨家仇。

那场战乱过去了一百年，杨汪的子孙离散各地，皆沉于下僚，没有再取得显赫的地位。其中，杨玉环的生父杨玄琰在蜀中做了蜀州司户，同样是从七品下的微官。杨玄琰生有一子四女，杨玉环最小。杨玉环的哥哥名叫杨铦。杨玉环的三个姐姐都没有名字，那么为什么单单她有名字呢？很可能这个名字也是后人所赐。但是，为了表述方便，我们仍称她为杨玉环。

杨玉环十岁左右时父母去世。在洛阳为官的叔叔杨玄璬来到蜀中，将杨玉环接走，当作自己的女儿抚养。此后，杨玉环从闭塞的蜀中来到繁华的洛阳。四年之后，唐玄宗带着他的宫廷与朝廷也来到了洛阳。

命运就是这样奇妙，如果杨玉环一直生活在蜀中，养在深闺人不识，她很难被洛阳的皇家“星探”们发现。如果不是那场大雨导致关中缺粮，唐玄宗也不会到洛阳来挑选儿媳妇。

当杨玉环的履历表被呈送到唐玄宗面前时，史书没有记载初见这个名字的唐玄宗说了什么话，表现出了什么态度、作出了什么表情，或是与武惠妃经过了怎样的推敲与商议。但杨玉环作为寿王妃的人选却在不久之后定了下来。

开元二十三年（735 年）秋，寿王大婚典礼在洛阳隆重举行。据推算，这一年寿王与杨玉环都是十六岁，杨玉环要长寿王数月。就在杨玉环正式嫁入皇室不久，又一场皇室婚礼在洛阳举行——唐玄宗与武惠妃的女儿，寿王的妹妹咸宜公主出嫁了。驸马同样是弘农杨氏门人，隋皇室观德王杨雄的后代杨洄。李家与武家联姻生下的一儿一女都和杨家联了姻，贵族时代门第观念下望族巨室之间的“姻戚累世”，真是让人叹为观止。

张九龄罢相

寿王李瑁与杨玉环完婚约一年后，开元二十四年（736 年）十月，洛阳皇宫中突然出现鬼怪作祟。这当然只是古人的“疑神疑鬼”，却使唐玄宗突然思念起了久违的长安。这两年庞大的宫廷与朝廷没有安扎在长安，长安的粮食消耗有限，加之年景不错，关中的大小粮仓又趋于满溢了。唐玄宗决定马上返回长安，一刻也不想在洛阳停留。

但是，唐玄宗从洛阳回长安，不像我们今日普通人的旅行。今日若想由洛阳去西安，乘火车有陇海铁路，乘汽车有连霍高速，都异常便捷。唐玄宗的年代只有崤函古道坑坑洼洼地蜿蜒在秦岭余脉与黄河之间。再加之宫廷、朝廷保驾帮闲的一干人等，委实不是一支小队伍。要伺候这样一支队伍顺利通行，沿途州府都要提供大量的人力物力保障。虽然十月已经入冬，但粮食的收割还没有完全结束。此时回銮，势必扰民。

中书令张九龄第一个站出来表示反对。另一位宰相——侍中裴耀卿也附和张九龄，连称不妥。他们二人一致希望皇帝能够在洛阳稍作停留，耐心等到十一月。那时秋收已毕，车驾再动不迟。

唐玄宗听后十分不满，却没有发作。他想听一听另一位宰相李林甫的意见。此时的李林甫还没有敢于当众顶撞张九龄与裴耀卿的胆量，他选择一个人留下来偷偷对唐玄宗说：“长安、洛阳，陛下东西宫耳，往来行幸，何更择时旦？”

长安与洛阳就是皇帝陛下的东西二宫，您想来就来想走就走，何必还要挑什么时候呢？唐玄宗一听，暗自庆幸，看来这一两年来对李林甫的火箭提拔是有用的。

李林甫是唐代著名奸相，“口蜜腹剑”是贴在他身上谁也撕不掉的标签。宋代史学家司马光曾列举李林甫居相位时的所作所为："媚事左右，迎合上意，以固其宠；杜绝言路，掩蔽聪明，以成其奸；妒贤嫉能，排抑胜己，以保其位；屡起大狱，诛逐贵臣，以张其势。"李林甫权势熏天时，自太子以下，皆畏惧他的手段，见到他时居然都不敢正足而立。他在相位十九年，养成天下之乱，而唐玄宗却始终不悟。

李林甫这位古代奸臣第一梯队中的代表人物是如何养成的呢？李林甫是唐皇室出身，他的先世可以追溯到西魏八大柱国之一的李虎那里。他的曾祖父是唐高祖族弟长平王李叔良。细论辈分的话，李林甫与唐中宗、唐睿宗同辈，还算得上是唐玄宗的一位叔叔。但因为血缘过于疏远，李林甫并没有因皇室身份得到什么爵位，最初的官职也不高，只是一个千牛直长，属于南衙"十六卫"中的一个卫兵头目。

李林甫最初的发迹来自母系亲属提携的因素，甚至比皇室身份还要多一些。他的舅舅姜皎是唐玄宗的密友。李林甫善音律，姜皎也好此道，故深爱之。在姜皎的运作下，李林甫升迁为太子中允，累迁为国子司业。但李林甫无才无行，很是被人讥讽。一次，李林甫托舅舅的关系求为司门郎中。李林甫的姨夫侍中源乾曜甚至出来表示反对："郎官须有素行才望高者，哥奴岂是郎官耶？"哥奴是李林甫的小名。

李林甫对自己的半斤八两也很清楚，深知以他的才干很难做出什么骄人的政绩，要想领略仕途风光，非投机专营不可。开元十年（722年），舅舅姜皎因泄露禁中言语而倒台。此后，李林甫只能在宫廷和朝堂寻找其他靠山。

在宫中，李林甫"深结宦官及妃嫔家"。这些宫中之人为李林甫提供了不少情报。唐玄宗的心思每每被李林甫得知，因此他说话办事很合唐玄宗的想法，于是"上悦之"。

特别是李林甫在宫中结交了得宠的武惠妃和大宦官高力士。武惠妃一直想让自己的儿子寿王李瑁上位做太子。李林甫就投其所好，暗中对武惠妃表示，自己"愿尽力保护寿王"。武惠妃自然心知肚明，"惠妃德之，阴为内助"。

在朝堂，李林甫知道以自己的才学不可能打动张说，以自己的品行更不可能打动宋璟，他就将经营重点放在了靠“检括户口”起家的宇文融身上。宇文融虽然对开元时期的经济发展立有大功，但本质上是一个精于算计牟利的蝇营狗苟之徒。李林甫倒是与他臭味相投。在宫内外诸多人物的帮助下，开元二十三年（735 年），唐玄宗终于考虑让李林甫升任宰相。唐玄宗就此事征询张九龄的意见，张九龄对曰：

宰相系国安危，陛下相林甫，臣恐异日为庙社之忧。

虽然张九龄明确表示反对，但唐玄宗没有接受这一意见，仍然升李林甫为礼部尚书、同中书门下三品，加银青光禄大夫。李林甫终于成为一朝宰相。

在开元二十四年（736 年）十月回銮长安的朝议中，李林甫再次在唐玄宗的心中取得了分数。此时，他已不甘心屈就于张九龄之下，且时刻伺机扳倒张九龄，自己坐上宰相之首的中书令位置。

而武惠妃也从唐玄宗在开元后期的许多不经意变化中，阅读到这位枕边人已经渐渐失去了开元前期的风发意气。加之此时爱子寿王李瑁已经成人成家，武惠妃心中压制了多年的那个念头再一次燃烧起来。她要不顾一切地将爱子扶上太子之位。宫廷中与朝堂上的两个不逞之人终于开始了他们的表演。

车驾回到长安后不久，开元二十四年（736 年）十一月，武惠妃就找到了中伤太子李瑛的机会。《资治通鉴》载：

太子与瑶、琚会于内第，各以母失职有怨望语。

太子李瑛与鄂王李瑶、光王李琚在内宅中聚会，他们因各自的母亲失宠而对父皇抱有怨言。这三位皇子的母亲分别是赵丽妃、皇甫德仪和刘华妃，她们原本都受到唐玄宗的宠幸。但后来因武惠妃专宠，她们都成了失意之人。三位皇子聚到一处，谈及自己的母亲，发几句牢骚，固然于礼法有失，却并非要做什么见不得人的勾当。没想到这几句悄悄话却被驸马都尉杨洄得知，杨洄马上报告给了武惠妃。

武惠妃到唐玄宗面前泣诉："太子阴结党与，将害妾母子，亦指斥至尊。"三位皇子的话到没到"斥至尊"的程度，后人不得而知，不过还算有个影子。但说皇子们结党，甚至要害武惠妃母子，则完全是诬告。

唐玄宗却偏听偏信，遂与宰相们商议废掉三位皇子。张九龄再次站出来表示反对："陛下践祚垂三十年，太子诸王不离深宫，日受圣训，天下之人皆庆陛下享国久长，子孙蕃昌。今三子皆已成人，不闻大过，陛下奈何一旦以无根之语，喜怒之际，尽废之乎？且太子天下本，不可轻摇。"

接下来，张九龄又列举了几个著名的历史典故，说明不可轻信妇人之言，轻率废弃太子："昔晋献公听骊姬之谗杀申生，三世大乱。汉武帝信江充之诬罪戾太子，京城流血。晋惠帝用贾后之谮废愍怀太子，中原涂炭。隋文帝纳独孤后之言黜太子勇，立炀帝，遂失天下。由此观之，不可不慎。陛下必欲为此，臣不敢奉诏。"

唐玄宗大为不悦。但武惠妃的举报确实没有真凭实据，正如张九龄所言，只是几句"无根之语"而已。

李林甫却看中了这个讨好唐玄宗和武惠妃的机会，他对同自己亲近的宦官说："此主上家事，何必问外人！"明显支持唐玄宗废黜三位皇子。但以李林甫此时的威望，还不足以让唐玄宗下定决心。

武惠妃深知想要达成目的，必须过张九龄这道坎。她密使自己的官奴牛贵儿同张九龄接洽，并示意："有废必有兴，公为之援，宰相可长处。"张九龄不为所动，斥退了牛贵儿，并将这番话告诉了唐玄宗。唐玄宗始悟是武惠妃从中捣鬼，于是不再提废黜三位皇子的事儿。但唐玄宗也没有惩戒武惠妃。

此后，李林甫多次在唐玄宗面前中伤张九龄，诬告他结党营私。而张九龄在唐玄宗面前却表现得过于耿介，凡是他认为不妥的地方，一定要站出来指正，丝毫不顾及保护自己。

比如唐玄宗想提拔朔方行军大总管牛仙客做尚书，理由是牛仙客在做河西节度使时“能节用度，勤职业，仓库充实，器械精利”，自己十分满意。但张九龄却认为不可：“尚书，古之纳言，唐兴以来，惟旧相及扬历中外有德望者乃为之。仙客本河湟使典，今骤居清要，恐羞朝廷。”

唐玄宗退了一步，问道：“然则但加实封可乎？”也就是说，朝廷不提拔牛仙客做尚书了，给他个封爵奖励一下行不行。张九龄还是认为不可：“封爵所以劝有功也。边将实仓库，修器械，乃常务耳，不足为功。陛下赏其勤，赐之金帛可也；裂土封之，恐非其宜。”

唐玄宗听后默然。李林甫却顺着唐玄宗的意思说：“仙客，宰相才也，何有于尚书！九龄书生，不达大体。”

李林甫的意见给了唐玄宗鼓舞。第二天，唐玄宗再次提及此事。张九龄却固执己见，再次表示反对，这次他认为牛仙客出身素族，不应被封爵。唐玄宗压了一肚子火，反唇相讥：“卿嫌仙客寒微，如卿有何阀阅！”确实，张九龄也是素族出身，而且生长在边远的岭南，牛仙客是泾州鹑觚（今甘肃灵台）人，好歹还算关陇人士呢。

张九龄却也嘴硬：“臣岭海孤贱，不如仙客生于中华；然臣出入台阁，典司诰命有年矣。仙客边隅小吏，目不知书，若大任之，恐不惬众望。”

唐玄宗根本听不进去张九龄这套迂腐的陈词滥调。他顶着张九龄的压力赐牛仙客爵陇西县公，食实封三百户。

确实，张九龄反对唐玄宗重用牛仙客的那些理由都是站不住脚的。牛仙客虽然是边隅小吏出身，但并非目不知书。他是个干才，只是缺乏文采罢了。牛仙客后来做了宰相，在关中推行“和籴法”，丰收时买入粮食囤积，遇到灾荒时再出售，这就基本上解决了长安的粮荒问题。唐朝皇帝从此不再到洛阳“逐食”了。

而张九龄作为一位著名诗人、文士，太过于看重一个人的文学才华，而轻视实用的经世济国之学。为了捍卫自己的偏见，不惜数度触怒皇帝。渐渐地，他失去了唐玄宗的信任。再加上武惠妃、李林甫等人宫里宫外地联合中伤，唐玄宗越来越觉得张九龄不适合再坐在中书令的位置上。

宋人阮阅《诗话总龟》引《明皇杂录》称，张九龄为缓和同李林甫之间的关系，曾作《归燕诗》一首，赠予李林甫：

海燕虽微眇，乘春亦暂来。
岂知泥滓贱，只见玉堂开。
绣户时双入，华堂日几回。
无心与物竞，鹰隼莫相猜。

然而，张九龄将李林甫比作鹰隼，能收到预期的效果吗？恐怕未必。不久，张九龄遂“罢政事”。唐玄宗以李林甫为中书令，牛仙客为工部尚书、同中书门下平章事，知门下省事。之后，张九龄出京任荆州大都督府长史，逐渐淡出政坛。另一位宰相裴耀卿也因附和张九龄，被唐玄宗目为一党而遭贬谪。时人观之，纷纷窃言：“一雕挟两兔。”看来张九龄对李林甫的“鹰隼”之喻还是得体的。

张九龄被贬，李林甫做了中书令，太子李瑛的厄运不远了。

第十四章 霓裳羽衣曲

武惠妃

开元二十五年（737 年）四月，驸马都尉杨洄在武惠妃的指使下，诬陷太子李瑛、鄂王李瑶、光王李琚兄弟三人，与太子妃的兄长，也是驸马都尉的薛锈“常构异谋”，谋划发动政变。约半年前的那次风波，武惠妃仅仅是诬陷三位皇子对父皇有“怨望语”，最多不过是诬陷三位皇子要加害武惠妃与寿王李瑁。而此次，谎言无疑升级了。但是，武惠妃一伙有什么证据吗？还是没有确凿的证据。

《新唐书》记载了一条证据，说是武惠妃派人告诉三位皇子宫中有贼，于是三位皇子披甲入宫擒贼，不料反被羽林军抓获。武惠妃马上报告唐玄宗：“太子、二王谋反，甲而来。”唐玄宗一调查，果然如此。

这条计谋过于拙劣。三位皇子一定会说明自己为何会披甲入宫。如此，武惠妃岂不是很容易就暴露了自己？因此，《资治通鉴》没有采用这条史料。武贵妃究竟举出了什么样的证据，使唐玄宗对太子将要谋反深信不疑，也就成了难解之谜。

总之，唐玄宗下定了废黜三位皇子的决心，但他还是召集宰相象征性地讨论了一下。李林甫自然不可能为三位皇子说话:“此盖陛下家事，臣不合参知。”其他朝廷大臣呢，自张九龄获罪之后，皆容身保位，无复直言。如此一来，偌大的朝堂居然没有一个人肯为三位皇子说一句公道话了。

唐玄宗传旨废太子李瑛、鄂王李瑶、光王李琚为庶人，太子妃兄驸马都尉薛锈长流瀼州（今广西上思西南)。俄而，唐玄宗又传旨将三位皇子赐死于城东驿。太子李瑛自开元初年被立为储君，到他被废被杀，已经挨过了二十几年提心吊胆的生活。他小心谨慎、唯唯诺诺，素来没有过大的过失。没有等到父皇驾崩，自己却稀里糊涂地获罪殒命。天下之人不见其过，一时都为之可惜。人们都哀婉地称呼李瑛与另两位皇子为“三庶人”。

“三庶人”案是开元末年最大的一起政治案件。张九龄罢相、李林甫上位、“三庶人”被杀，短短不过半年，唐朝中央的政治生态急转直下。原本皇帝开明睿智、太子地位稳固、宰相清正不阿、君臣关系融洽的局面突然间被打破，从宫廷到朝堂各种问题开始丛生、矛盾重重。

特别是唐玄宗，已经从几乎能超越他曾祖唐太宗李世民的中兴之主、圣明之君，蜕变成大多数专制统治者普遍具有的样子，武断、昏聩、残暴。宋代欧阳修甚至说:“明皇一日杀三庶人，昏蔽甚矣。”这一切使得一直沉浸在盛世喜悦中的人们，感到了久违的忧虑和压抑。

如果事态按照正常的轨迹发展下去，朝野上下都可以看到一个必然的结果——武惠妃的儿子寿王李瑁将成为新任太子。

寿王李瑁在唐玄宗的所有子嗣中排行第十八，宫中呼为“十八郎”。这一排位的皇子，按理法来讲是很难被立为太子的。因此“议者颇有夺宗之嫌”，人们大多认为他不应当被立为太子。

但“寿王以母宠子爱”，唐玄宗爱屋及乌，颇为欣赏这个儿子。武惠妃在争取皇后之位失败后，她的所有政治寄托都落在这个宝贝儿子身上。宰相之首李林甫更是一心讨好武惠妃，以博得宰相之位的“长处”，当然不会顾及寿王李瑁当不当立的礼法问题。“太子瑛既死，李林甫数劝上立寿王瑁。”

在形势一片大好之下，令人颇感意外的是，寿王李瑁对于自己有可能被立为太子这事儿却显现出了出奇的冷静。在所有已知的历史文档中，寿王李瑁对这样一个足以让他的命运发生巨大改变的问题，没有发表过只言片语的意见。

寿王李瑁不像先前讲到的其他皇子那样，一旦看到了有可能成为太子的一丝机会就上蹿下跳、上下其手，明里暗里地使出各种手段，搞出各种小动作。他在历史上留下的文字不多，所展现出的是一个温和谦让、小心谨慎，懂礼仪、有规矩的贵族公子形象，只是与杨玉环在“十王宅”寿王府里关起门来过自己的小日子。除此之外，他是一个沉默的人，似乎一切与其无关。

不知是不是寿王李瑁所展现出的对政治漠不关心的态度使唐玄宗有所动摇，还是“议者颇有夺宗之嫌”使唐玄宗感受到了舆论压力，立储之事只能暂缓决定。总之，在“三庶人”被杀之后，究竟谁应继任太子的讨论，居然被搁置了一段时日。

历史总是如此地令人感叹，就是在这短暂的时间里，能够促使寿王李瑁成为太子的最关键人物武惠妃突然撒手人寰了。她去世的原因颇具天理昭彰、报应循环的神秘性色彩。《旧唐书·李瑛传》中记载：

其年，武惠妃数见三庶人为祟，怖而成疾，巫者祈请弥月，不痊而殒。

武惠妃因多次见到“三庶人”化为厉鬼的恐怖场景而染病，连着一个月都请巫师来作法，但也没有收到成效。武惠妃最终因惊恐过度而殒命。

当然，“三庶人”不可能化为厉鬼。或许武惠妃当初陷害三位皇子，仅仅是想废掉他们，为自己的儿子登上太子之位铺平道路，并没有想到唐玄宗会心狠手辣地赐死他们。“三庶人”被杀之后，武惠妃的心理承受能力过低，最终出现了精神错觉。

或许武惠妃的死与“三庶人为祟”压根儿就没什么关系，她只是得了其他疾病，在病重期间偶尔出现了幻觉而已。之所以将武惠妃的死与“三庶人为祟”产生必然的联系，只是当时的舆论与后世的史官，想要借此表达恶有恶报的因果罢了。这条史料记载在李瑛的传记里面，很有一些为传主报仇的意味。

众人眼中的恶人却是唐玄宗怀中最美的佳人。武惠妃香消玉殒，唐玄宗痛不欲生。他终于给了武惠妃一辈子都想要的名分，追赠她为皇后，谥号“贞顺”，隆重地将她安葬在敬陵。

敬陵在哪里？自唐朝灭亡，中原王朝的朝廷就永远地离开长安，武惠妃的埋骨之地也逐渐不为人所知了。

2006 年，西安警方破获了一起惊天盗墓大案。2004 年 5 月，一伙盗墓贼偷偷地掘开了陕西省西安市长安区大兆乡庞留村西侧的一座覆斗形夯土墓冢。他们发现千百年来早已有无数的先辈光临此地。墓室中的随葬品基本已被洗劫一空，但有一座宫殿型的庞大石椁，由于太重，而幸运地被保存了下来。

前人吃肉，后人喝汤。盗墓贼用了将近一年的时间，昼伏夜出，将石椁切割，分批装箱盗走，后又在香港以一百万美金的价格倒卖到美国。案件被破获后，美国古董商于 2010 年将石椁归还中国。

石椁高约二点三米、宽约二点六米，长约四米，重达二十七吨，内外均雕刻有侍女、勇士、花卉、鸟兽等图案，是目前已发掘的唐代墓葬中体量最大、雕刻最精美、色彩保存最好的一座。它具有极高的艺术和历史价值，被鉴定为国家一级文物，现藏于陕西历史博物馆。

根据出土的哀册记载，这座石椁的主人正是武惠妃（贞顺皇后）。唐玄宗能够为武惠妃雕刻这样一件石刻精品，可以想见当年墓室中的陪葬品会多么珍贵。这也从侧面反映了唐玄宗对武惠妃的情感。

武惠妃去世的具体时间是开元二十五年（737 年）十二月，享年三十九岁。她是唐玄宗前半生最爱的女人。值得一提的是，唐玄宗后半生最爱的女人杨玉环去世时是三十八岁。而唐玄宗去世时是七十七岁，正好是两位女性的年龄之和。历史在不经意间显露出的一些小巧合，总是给读史的人带来一丝小乐趣。

武惠妃的猝然离世也给了后面的那个女人真正登上历史舞台的机会。试想，如果武惠妃阳寿未尽，寿王李瑁很有可能在不久的将来被立为太子，杨玉环被册立为太子妃也就是走程序的事情了。这样一来，即使武惠妃再染疾去世，杨玉环也很难有住进唐玄宗寝宫的机会了。

不过，当时不可能有人预料到因武惠妃去世，会让寿王府里的女主人进了寝宫。人们只会预料到，武惠妃去世，会让寿王府里的男主人进不了东宫。

寿王能够被立为太子的唯一理由不存在了，曾经“数劝上立寿王瑁”的李林甫也要待价而沽了。唐玄宗也没有了主意，心情大坏，“自念春秋浸高，三子同日诛死，继嗣未定，常忽忽不乐，寝膳为之减”。

唐玄宗身边最受宠的宦官高力士，见到主人这副样子，故意挑起话题，询问其缘故。唐玄宗反问：“我家老奴，岂不能揣我意？”

高力士是唐玄宗肚子里的蛔虫，对皇帝的心思自然了然于胸，他给出了自己的建议：“大家何必如此虚劳圣心，但推长而立，谁敢复争。”

不知道这算不算一句话点醒梦中人，还是唐玄宗早有此意，仅仅是未做决断而已。唐玄宗在听到高力士的建议后，连声说：“汝言是也，汝言是也。”

所谓“推长而立”，是指唐玄宗的长子吗？不是。废太子李瑛是唐玄宗的次子，若是长子可立，早在开元初年就立了。唐玄宗的长子名叫李琮，母亲是刘华妃。他于开元年间封庆王，曾先后遥领安西大都护，安抚河东、关内、陇右诸蕃大使，凉州都督，河西节度使，授太子太师，进司徒，兼太原牧。可见唐玄宗对他是认可的，但他却难以被立为太子。

李琮在一次狩猎过程中意外被豽（一种猴子）所伤，而且伤及面部。唐玄宗曾说李琮“为豽伤面甚”。一个“甚”字表明了伤情的严重，估计是已经到了毁容的地步。李琮若做了大唐之君，自然是有碍国体、有碍观瞻。

长子不宜、次子已死，高力士口中的“推长而立”自然是指唐玄宗的第三子了。

我家老奴

唐玄宗的第三子在尚未出生的时候就是一个命大的孩子。

唐睿宗景云二年（711 年）八月，身为太子的李隆基新纳了一房姬妾。这个女人姓杨，出身显赫，曾祖父是隋代纳言杨士达。武则天的母亲就是杨士达的女儿，关于这一豪门就不必多介绍了。可见唐中期之前，几乎每位唐代皇帝都与隋皇室有着千丝万缕的联系。杨氏过门不久便身怀六甲。但是，这一喜讯却使身在政治旋涡中的李隆基惊出一身冷汗。

彼时的李隆基正与姑母太平公主斗法，处处小心谨慎，唯恐被政治对手抓住把柄。他惧怕太平公主会以太子沉溺女色为借口，到父皇面前参上一本。思来想去，一不做二不休，李隆基让心腹张说偷偷地弄来了一些堕胎药，想要打掉这个孩子。

为了掩人耳目，李隆基亲自在密室中煎药。醺醺然，李隆基昏昏睡去，却梦到一位神人将药鼎打翻，不由得从梦中惊醒。如是者三次，李隆基便将这个奇怪的梦告诉了张说，请他来解梦。张说认为这个梦预示着上天不愿伤害杨氏腹中的胎儿。于是，李隆基不敢将孩子打掉了。

转过年来，杨氏顺利地诞下一名男婴。男婴在唐玄宗的子嗣中排行第三，初名李嗣升，封为陕王。后改名李浚，开元十五年（727 年）徙封忠王。开元二十三年（735 年），改名为李玙。

李玙的母亲杨氏一直不为唐玄宗所宠爱。比如唐玄宗所立的三妃：惠妃、丽妃、华妃，都没有杨氏的位置，她充其量只做到了贵嫔。没有强有力的后盾，李玙位列亲王也就算到了政治地位的顶端，按说是很难窥位东宫了。没想到短短一年之内，太子李瑛被废、武惠妃病故。鹬蚌尽亡，李玙却稀里糊涂地成了渔翁。

在听了高力士"推长而立"的建议后，因自己春秋已高却储宫虚位而忧心忡忡的唐玄宗很快表示："忠王仁孝，年又居长，当守器东宫。"乃立李玙为太子。对于这位隐忍半生的忠王来讲，幸福真是来得太突然了。天宝三年（744 年），李玙更名李亨，即后来的唐肃宗。

高力士于本书中已经多次提到，此前唐玄宗发动政变诛杀太平公主，他就曾发挥过重要作用。他是唐玄宗的宠奴。唐玄宗一生宠信过的人很多，但高力士是唯一一个追随唐玄宗一生的人，也是对唐玄宗最忠诚的人。关于他的来龙去脉有必要交代一下。

高力士本不姓高，而是姓冯，原名冯元一，潘州（今广东高州）人。冯家在南北朝的乱世中十分显赫，先后在南北两方都建立了十分炫目的功业。

十六国时期，北燕末代皇帝冯弘被北魏击败，率领宗族逃往高句丽。冯弘派遣其子冯业渡海联络东晋，企图东山再起。但冯弘很快被高句丽所杀。冯业流落到番禺（今广东广州番禺区），在此扎根。冯家也由北方的皇室，而变成了南方大族。

冯业的曾孙冯宝娶了岭南著名的越族领袖冼夫人为妻，因而成为当地越族领袖，南朝梁任命他为高凉太守。南陈灭亡后，冼夫人降隋，岭南并入隋境。冼夫人受到隋廷的礼遇。冼夫人与冯宝的后代世代在岭南任职。冯元一就是冼夫人的曾孙潘州刺史冯君衡之子。

长寿二年（693 年），因受岭南流人谋反案影响，冯君衡被籍没全家，九岁的冯元一也惨遭阉割。冯元一由刺史公子沦落为废身罪人。母亲麦氏也与其失散。这是冯元一一生中的至暗时期。后来，他发达了，岭南节度使找到麦氏，将她送到长安。母子相互都不认识了，麦氏问道："胸有七黑子在否？"高力士袒开衣襟，胸口正有七颗黑痣。

圣历元年（698 年），岭南安抚讨击使李千里（唐太宗之孙，吴王李恪长子）将冯元一与另一个被阉割的少年带回洛阳，送入宫廷为奴。冯元一与那个同伴分别被取名为力士和金刚，都是佛教护法的名字。金刚早已经隐没在历史中了。力士则成为唐代第一大宦官。力士年轻貌美、聪明伶俐，因而得到武则天的欣赏。但不久，力士却因小过，被好一顿鞭挞之后逐出宫门。

力士走投无路，被武三思家的大宦官高延福收为养子，遂改为高姓，名高力士。因此，高力士经常往来于武三思的府邸。不知道是不是武三思在武则天面前为高力士说了好话，大约过了一年，武则天复召高力士入禁中。因高力士谨慎缜密，被委以传送诏敕的重任。

当时，李隆基还在藩邸韬光养晦。要论对于宫闱内幕的知晓程度，李隆基还要差上高力士一截。高力士看中了李隆基的潜力，李隆基也看中了高力士的位置，二人倾心相交。高力士逐渐成为李隆基的心腹。

在李隆基登上皇位以及真正掌权的过程中，高力士甘冒风险并鼎力相助，换来了主人的感动与信任。以至于每有地方上进奏的文表，必先呈送给高力士过目。若是小事，高力士就决断处理了；若是大事，才上报给唐玄宗。高力士的《墓志铭》追忆这段经历时说：

武后故，韦氏窥大宝，已成祸梯。公实勇进，提剑而起。扶皇运之中兴，佐大人之利见。自是之后，恩遇特崇，公卿宰臣，因以决事。

高力士本在宫外有豪华的府第，但是唐玄宗常常说：“力士当上，我寝则稳。”只有高力士值守的时候，唐玄宗才睡得安稳。因此，高力士很少回府，一般都住在宫中，在寝殿的帷幕后休息。

高力士对开元盛世有着自己特殊的贡献。他很好地利用了自己既能内侍又可外联的身份，充当了皇帝与朝臣之间的传话人，使朝臣特别是重臣能随时了解真正的“圣意”，也使皇帝能及时掌握臣僚的动态。

比如姚崇刚刚做宰相的时候，为了一些郎吏等低级官员的任命事宜去请示唐玄宗。唐玄宗却根本不作答，顾左右而言他。姚崇不知何故，心中惴惴不安，再三言之，唐玄宗却还是不肯回答。姚崇只好惶恐离去。

高力士见此情形，也不明白皇帝葫芦里卖的什么药。他就给唐玄宗提意见：“陛下新即位，宜与大臣裁可否。今崇亟言，陛下不应，非虚怀纳诲者。”

唐玄宗却说出了心中的想法：“我任崇以政，大事吾当与决，至用郎吏，崇顾不能而重烦我邪？”唐玄宗的意思是，既然已经委任姚崇做了宰相，国家大事他可以来问我。至于任用郎吏这样的小事，他自己决断就可以了，何必还要烦劳我呢？

高力士把这番话告诉了姚崇，姚崇心中乃安。由是姚崇才敢于放手进行吏治改革，“进贤退不肖而天下治”。

开元十八年（730 年），唐玄宗的另一个宠奴王毛仲生了儿子。唐玄宗很高兴，命高力士带着大量礼物前去祝贺，并当众授予婴儿五品官，可以说恩宠备至。但王毛仲却抱着襁褓中的儿子开了句玩笑：“此儿岂不堪作三品耶？”此话的意思是对皇帝的封赏不够满意。

高力士回宫后，马上向唐玄宗作了如实禀报。唐玄宗闻言大怒：“昔诛韦氏，此贼心持两端，朕不欲言之；今日乃敢以赤子怨我！”

原来当年诛杀韦后时，王毛仲害怕失败，在关键时刻“避之不入”，政变后“数日而归”。李隆基很是不满，但考虑到王毛仲在政变准备期间的功劳，而没有责怪他，反而将其认作主要功臣而加官晋爵。这个疙瘩在唐玄宗心中始终存在。今日王毛仲不识好歹、得寸进尺，自然激怒了唐玄宗。

高力士乘机提醒：“北门奴官皆毛仲所与，不除之，必起大患。”开元前期能够获得“开府仪同三司”的只有四人：皇后之父王仁皎、姚崇、宋璟、王毛仲。可见王毛仲的地位之高。驻守宫门的禁军将士都在王毛仲的控制之下。如果王毛仲对皇帝不满，早晚要出大事。

不久，王毛仲向太原军器监索要甲仗。唐玄宗借此指责王毛仲要造反，一纸诏书将其流放到零陵，并在永州将其赐死。

高力士建议解决王毛仲，自然有与王毛仲争宠的私心在里面。但这一建议确实打击了气焰熏天的功臣权贵，对于政权稳定是有一定好处的。

像高力士这样一个权宠，巴结讨好他的人当然多了。宇文融、李林甫等人，以及后来的杨国忠、安禄山之辈，虽然都因各自的才能得以提拔，但这其中也不乏高力士的提携，他们“皆厚结力士，故能踵至将相”。就连太子李亨也感激高力士在父皇面前进言“推长而立”的美意，尊称高力士一声“二兄”。至于诸王、公主皆呼高力士为“阿翁”，而驸马等辈则呼之为“爷”。

高力士凭借皇帝的宠幸，得到了高官显爵，并能在重大的实质性政治问题上发表意见。唐玄宗还每每听取他的意见。由于唐朝中期以后，宦官专权成为唐朝中央政府的一大流弊，后世史家追根溯源，就追究到了高力士那里，认为:“宦官之盛自此始”。

但平心而论，高力士是营私，却并不结党。高力士在宫中虽然有着举足轻重的地位，他的意见也时常成为唐玄宗发布政令的重要参考，但他毕竟还是皇权的附庸。唐玄宗是一代雄主，高力士也仅仅是唐玄宗的奴仆而已。高力士不像唐朝后来的宦官那样将皇帝玩弄于股掌之中，甚至擅行废立大事。

高力士的《墓志铭》称他:“中立而不倚，得君而不骄，顺而不谀，谏而不犯。故近无闲言，远无横议。”这自然有为墓主人溢美之嫌，高力士是对于开元盛世有功，而对开元后期直至天宝年间的政治大滑坡亦负有责任。高力士始终忠于唐玄宗，并尽心竭力按皇帝的圣意办事。甚至在唐玄宗有治国不当的时候，高力士还有委婉的规劝言辞。

这也是高力士虽然权倾朝野，成为唐朝权宦的开山祖师，但在历史上并没有留下过于不堪的名声的原因。高力士甚至还得到了一些人的赞誉，如明代思想家李贽就曾称:“高力士真忠臣也，谁谓阉宦无人。”

养在寿邸

因高力士在唐玄宗面前的举荐提携而发迹的人物不在少数。这份名单除了我们先前提到的太子李亨、宇文融、李林甫、杨国忠、安禄山之外，还有李适之、盖嘉运、韦坚、杨慎矜、王鉷、安思顺、高仙芝等人。当然，还有一位最重要的人物没有提到，她就是当时仍然在做着寿王妃的杨玉环。

武惠妃薨，上悼念不已，后宫数千，无当意者。

司马光在《资治通鉴》中的几句话写出了自武惠妃去世后，唐玄宗面临的感情空白。唐玄宗是出于真心悼念武惠妃吗？或许是。但唐玄宗“真心”的出发点也不过是因为身边少了一个中意的女人而悲伤，并非真的为武惠妃的离世而悲伤。“后宫数千，无当意者”八个字便说得明明白白。换句话说，若是有“当意者”，那么武惠妃之死自然也就不必“悼念不已”了。

这便是封建君主的感情，其实也算不上是什么“感情”。唐玄宗身边的奴才们看得明明白白，当务之急，是寻找一个“当意者”，让皇帝再次开心起来。谁能抖得了这个机灵，能找到那个“当意者”，谁自然就会成为那个最会讨主子欢心的奴才，也就会在众多的奴才中脱颖而出。

这样一个机会，哪一个专心做奴才的人都想获得。但偏偏有人近水楼台。谁呢？高力士。唐玄宗最信任的人。这样的事唐玄宗自然要委派他去办理。唐玄宗诏令高力士潜搜外宫，为他去寻找“当意者”。高力士不负圣望，“得弘农杨玄琰女于寿邸”。

唐人陈鸿的短篇传奇小说《长恨歌传》，对于杨贵妃的入宫经历有着如下描述：

开元中，泰阶平，四海无事。玄宗在位岁久，倦于旰食宵衣，政无大小，始委于右丞相，稍深居游宴，以声色自娱。先是，元献皇后、武淑妃皆有宠，相次即世。宫中虽良家子千数，无可悦目者。上心忽忽不乐。

时每岁十月，驾幸华清宫，内外命妇，熠耀景从。浴日余波，赐以汤沐。春风灵液，澹荡其间。上心油然，若有所遇，顾左右前后，粉色如土。

诏高力士潜搜外宫，得弘农杨玄琰女于寿邸，既笄矣。鬓发腻理，纤秾中度，举止闲冶，如汉武帝李夫人。别疏汤泉，诏赐藻莹，既出水，体弱力微，若不任罗绮。光彩焕发，转动照人。上甚悦。进见之日，奏《霓裳羽衣曲》以导之；定情之夕，授金钗钿合以固之。又命戴步摇，垂金铛。

明年，册为贵妃，半后服用。由是冶其容，敏其词，婉娈万态，以中上意。上益嬖焉。时省风九州，泥金五岳，骊山雪夜，上阳春朝，与上行同辇，止同室，宴专席，寝专房。虽有三夫人、九嫔、二十七世妇、八十一御妻，暨后宫才人、乐府妓女，使天子无顾盼意。自是六宫无复进幸者。非徒殊艳尤态致是，益才智明慧，善巧便佞，先意希旨，有不可形容者。

关于唐明皇与杨贵妃的爱情故事，世人皆知《长恨歌》，但鲜有人知还有一篇作于同时的《长恨歌传》。《长恨歌》与《长恨歌传》同作于唐宪宗元和二年（约 807 年），说来还有一则文坛掌故。

话说元和元年（806 年）十二月，白居易任盩厔（今陕西周至）县尉。此处还居住着陈鸿与王质夫两位文人。三人常常同游。一次游览寺院时，三人谈及唐玄宗、杨贵妃之事，无限感慨，唏嘘叹息。王质夫提议，由白居易作一首诗纪念此事："夫希代之事，非遇出世之才润色之，则与时消没，不闻于世。乐天深于诗，多于情者也。试为歌之，如何？"

白居易欣然领命，作出千古绝唱《长恨歌》。《长恨歌》成，陈鸿读罢文兴大发，遂作《长恨歌传》，与《长恨歌》并为连理。此二诗文流传颇广，北宋乐史撰写的长篇传奇《杨太真外传》、元代白朴创作的杂剧《唐明皇秋夜梧桐雨》及清代洪昇创作的戏剧《长生殿》皆本于此。

《长恨歌传》虽然是传奇小说，具有虚构成分，但它是取材于史实而加以铺张渲染，价值也是不容忽视的。特别是它的创作时间，仅仅晚于唐玄宗与杨贵妃生活的年代约半个世纪，正所谓"白头宫女在，闲坐说玄宗"，当时的一些亲历者仍然在世。

《长恨歌传》的作者陈鸿是贞元二十一年（805 年）进士，登太常第，此后常年在朝廷内任职。加之交游广泛，他是很容易得知先朝旧事的。况且，陈鸿曾自称"少学乎史氏，志在编年"，而他本身就是史学家，曾以七年之力，撰编年史《大统记》三十卷。这样有志于史的文人，不可能不注意史料的搜集整理。主客观条件都具备了，他所创作的《长恨歌传》也就有了一定的史料价值。

“得弘农杨玄琰女于寿邸”，我们都知道这里提到的女人就是杨玉环。杨玉环确实是蜀州司户杨玄琰之女，当时也确实在寿王府邸。这句话看起来没错，但细细想来，对于杨玉环身世的这一表述就显得有意思了。在当时的唐朝官方文献中，从不会提及杨玉环是杨玄琰之女，只会说杨玉环是杨玄璬之女。如记录杨玉环身世最重要、最正式的官方文献《册寿王杨妃文》中，明确称：

尔河南府士曹参军杨玄璬长女，公辅之门，清白流庆……今遣使户部尚书同中书门下李林甫、副使黄门侍郎陈希烈持节册尔为寿王妃。

也就是说，官方承认的寿王妃杨玉环就是河南府士曹参军杨玄璬的长女。至于杨玄琰其人，根本就没有提及。那么，《长恨歌传》为什么要称杨玉环是“弘农杨玄琰女”？这只是唐玄宗、高力士等人为了顺利召杨玉环入宫伴驾耍的一个手段罢了。

如果他们承认从寿王府招来的女子是杨玄璬之女，那么等于变相承认了这个女人就是寿王妃。公公夺了儿媳，再怎么样也是好说不好听。不如将杨玉环与杨玄璬的父女关系隐去，而直接称之为杨玄琰之女。

那么，又如何解释杨玄琰之女出现在寿王府之中呢？这也是可以解释得通的。既然杨玄璬之女是寿王妃，杨玄琰之女无依无靠，去投奔姐姐也是理所应当。总之，一定要世人知道，寿王妃同高力士在寿王府搜得的那个女人不是一个女人。为了达到这一目的，杨玉环的年龄也被故意改小了。

“得弘农杨玄琰女于寿邸，既笄矣。”说的是当时这个女子刚刚到了“笄年”。古时称女子年在十五岁为“及笄”，也称“笄年”。笄是簪子，“及笄”，就是女子到了可以别簪子的年龄了，亦指到了出嫁的年龄。《礼记》:“女子许嫁……十有五年而笄。”实际上，杨玉环头上的簪子已经别了好几年了。

作为《长恨歌传》的作者，陈鸿是知道其中的内幕的。只是迫于当时的压力，毕竟唐玄宗的子孙还在做着皇帝，陈鸿不可能将杨玉环的来龙去脉说得那么清楚。

在《长恨歌传》中，陈鸿因顾及当局者的感情，或者说顾及自己的前途，而对历史有所修改的问题是不少的。比如说“先是元献皇后、武淑妃皆有宠”这句话。“武淑妃”应为“武惠妃”，为什么要改作“武淑妃”？很大程度上是因为当权者厌恶武惠妃。唐肃宗李亨即位后，废除了武惠妃的皇后祠享；唐代宗即位后，废黜了其皇后地位。“武惠妃”这个词在唐中期以后有些敏感了。

“元献皇后”是唐肃宗李亨的生母杨氏。唐肃宗即位后，母以子贵，杨氏被追谥为元献皇后。这个女人在唐玄宗时代得宠吗？当然不得宠。杨氏直到开元十七年（729年）才去世，若是得宠，她也不可能只得到了贵嫔的位置。若是得宠，她的儿子也不会迟迟都得不到太子的位置。但是，在那个年代，杨氏的子孙做了皇帝，陈鸿也就只好说她“有宠”了。

对于陈鸿来讲，能够公然宣称杨玉环出自寿王府就已实属不易了。旁边的白居易连这一点都不敢提，他写的《长恨歌》的前几句是：

汉皇重色思倾国，御宇多年求不得。
杨家有女初长成，养在深闺人未识。
天生丽质难自弃，一朝选在君王侧。
回眸一笑百媚生，六宫粉黛无颜色。

做了多年寿王妃的杨玉环，居然成了“养在深闺人未识”的处子了。白居易懂得，“长安米贵，居大不易”——除了米贵，说话更要小心。

到了五代后晋修撰《旧唐书》的时候，离唐朝灭亡还不算远，李家皇帝的脸面尚在，其中的杨贵妃传记仍然不肯把真相说出来：

玄宗杨贵妃，高祖令本，金州刺史。父玄琰，蜀州司户。妃早孤，养于叔父河南府士曹玄璬。开元初，武惠妃特承宠遇，故王皇后废黜。

二十四年惠妃薨，帝悼惜久之，后庭数千，无可意者。或奏玄琰女姿色冠代，宜蒙召见。

这里丝毫没提寿王什么事。

到了宋代欧阳修等合撰《新唐书》的时候，可就没人管这一套了，其中的杨贵妃传记是这样介绍的：

玄宗贵妃杨氏，隋梁郡通守汪四世孙。徙籍蒲州，遂为永乐人。幼孤，养叔父家。始为寿王妃。开元二十四年，武惠妃薨，后廷无当帝意者。或言妃姿质天挺，宜充掖廷，遂召内禁中。

“始为寿王妃”，杨玉环的婚史便不再是秘密了。

君王侧

很难说清楚，唐玄宗对杨玉环是何时产生的情愫。

杨玉环是唐玄宗钦点的儿媳妇。在这位儿媳妇成为自己的女人之前，唐玄宗有多次见到杨玉环的机会。至少在寿王的大婚典礼上，一对新人要拜见父母大人。此后，杨玉环又做了大约六年的寿王妃，武惠妃也在此期间去世。

六年的时间，杨玉环需要参加的重要典礼活动很多，如每年新春的元旦朝贺活动她要参加，武惠妃的葬礼她更要参加。所以，唐玄宗肯定多次见过杨玉环。但是否在这六年多的时间里，唐玄宗就已经开始打上了儿媳妇的主意，实在难有确论。

不过，高力士敢于公然提出让寿王妃入宫，若没有十足的把握，那这个提议所冒的政治风险实在过于大了。联想到唐玄宗曾经对高力士说“我家老奴，岂不能揣我意”，虽然此事指的并非女人而是太子，但“老奴”就太子之事能够揣摩主子的心意，女人之事岂就不能？

所以，不排除唐玄宗早有中意杨玉环的想法，且在有意或无意间流露给高力士，让高力士做那个语出惊人的说破者。

当高力士提到寿王妃杨玉环的名字之后，唐玄宗非常满意，命他将杨玉环召入骊山温泉宫与自己相会。时为开元二十八年（740 年）十月。这一年唐玄宗五十六岁，杨玉环二十二岁。

骊山位于今陕西省西安市临潼区城南，是秦岭的一条支脉，因系西周时骊戎国故地，因此称为骊山。骊山风景秀美，又有上好的温泉，故周秦汉唐以来，这里一直多置皇家宫苑。传说周幽王为博宠妃褒姒一笑，烽火戏诸侯即发生于此。

温泉宫始建于唐初，初名“汤泉宫”，开元十一年（723 年）改名温泉宫，天宝六年（747 年）改名华清宫，因在骊山，又有骊山宫、绣岭宫等别称。唐太宗、唐高宗等皇帝都曾临幸温泉宫。其中，唐太宗还有手书《温泉铭》传世，是我国书法史上最早的行书刻碑。

到了唐玄宗时期，由于皇帝酷爱泡温泉，温泉宫成为最重要的行宫。几乎每年十月，唐玄宗都要到此游幸。唐代诗人王建《温泉宫行》中有句：

十月一日天子来，青绳御路无尘埃。
宫前内里汤各别，每个白玉芙蓉开。

据史料记载统计，唐玄宗在位四十四年中，幸临温泉宫的次数居然达到四十次。其中流连时间最长的一次是天宝十载（751 年），从十月到次年正月，唐玄宗在温泉宫待了九十六天。甚至连元旦朝贺等重大仪式都是在温泉宫举行。只有驻跸东都洛阳的少数年份，唐玄宗没有在冬季到骊山去泡温泉。

唐玄宗之所以将和杨玉环第一次幽会的地点选在温泉宫，其一是温泉宫在长安城外，少有耳目；其二是每年十月唐玄宗驾幸温泉宫属例行，不会被人怀疑。这次骊山之会带有面试的意味。虽然唐玄宗多次见过杨玉环，但是因彼此身份之防，交谈不可能过多，更不要说吐露心声了。杨玉环究竟是不是自己的理想伴侣，唐玄宗还要做一番考察。很显然，这次面试是成功的，“既进见，玄宗大悦”。

杨玉环对于自己即将出现的突如其来的身份变化持什么样的态度，史书中没有任何交代。“大悦”的是唐玄宗。杨玉环悦不悦，无人关心。

实际上，杨玉环这位中国古代最知名的女性之一，对于自己的命运几乎毫无把握的能力。史书中，杨玉环是一个沉默的人，虽然在新旧《唐书》中都有她的传记。但那样的传记似乎更像例行公事。在杨玉环的传记里，她没有发出过一次声音，没有任何一句话流传于世。当然，我们知道史书中的某一个人说的某句话，极有可能也是不真实的。但史书连这种不真实的机会都没有留给这位女性。

“天生丽质难自弃，一朝选在君王侧。回眸一笑百媚生，六宫粉黛无颜色。”这是白居易的歌咏，也是他的想象。杨玉环是否“难自弃”，是否希望“一朝选在君王侧”，后人根本不得而知。但至少面对巨大的人生命运的改变，她是不拒绝的。

事情至此，与陈鸿《长恨歌传》所说无二。但《长恨歌传》此后马上讲到“明年，册为贵妃”，进展与史实相比似乎快了些。一个重要的情节，陈鸿并没有谈到。骊山幽会之后，杨玉环并没有滞留在唐玄宗身边，而是再次回到了寿王府邸，继续有模有样地做她的寿王妃。

当然，李家皇帝以退为进的手段，我们在武则天削发为尼的时候就已经领教过了。这次的杨玉环不过是要将曾祖母的路重新走一遍而已。

每年的正月初二是唐玄宗母亲窦皇后的忌日。当初长寿二年（692 年）正月初二，窦氏被武则天秘密杀害于神都内宫，尸骨无存。彼时的唐玄宗刚刚九岁。母亲惨死对于这位年幼的皇子心灵造成的创伤是巨大的。因此，唐玄宗即位之后，每逢母亲的忌日，都会有隆重的祭祀活动。就在骊山幽会的当年底，唐玄宗突然下了一道敕文：

圣人用心，方悟真宰，妇女勤道，自昔罕闻。寿王瑁妃杨氏，素以端懿，作嫔藩国，虽居荣贵，每在精修。属太后忌辰，永怀追福，以兹求度，雅志难违。用敦宏道之风，特遂由衷之请，宜度为女道士。

大意是说，寿王李瑁的王妃杨氏，向来崇慕道教，自觉精修道法。为了给太后祈福，自愿在太后的忌辰出家为女道士。让杨玉环去做女道士，其目的与当年唐高宗让武则天去做比丘尼相同，都是为了以后入宫做准备。

此中的道理自不必细述。但是，为何当年武则天要皈依佛教，而杨玉环就免去了削发之苦去做了女道士呢？这与从初唐到盛唐，佛教道教势力的消长有一定的关系。

唐朝皇帝以道教始祖老子的后裔自居，道教在唐朝享有“国教”的崇高地位。但是，自魏晋以来，佛教一直是主流宗教。南朝有四百八十寺之称，北朝周武帝时也是针对佛教而“灭佛”，足见佛教势力的强大。

隋唐时期，佛教势力一直在壮大。因此，当时的人们选择出家离尘，会首选佛教。武则天利用佛教经典中净光天女以女人之身降世成为国王为理论根据，当上了皇帝，自然大兴佛教。佛教在武周时期的势力也达到顶峰。

武周终结后，唐睿宗、唐玄宗作为李唐的中兴之君，自然要抑制佛教的发展，并大力宣扬神化自己家族的道教。贵族女人出家做道士也就成了社会风尚。从唐高祖到唐中宗，没有一位公主出家做道士；而从唐睿宗到唐玄宗，则有多位公主度道出家。

就在唐玄宗、杨玉环骊山幽会回京之后，他还自称梦见了道教始祖“玄元皇帝”李耳。祖先告诉他：“吾有像在京城西南百余里，汝遣人求之，吾当与汝兴庆宫相见。”

唐玄宗派人按照地址去寻，果然找到了一尊李耳像。唐玄宗命画师眷画“玄元皇帝”真容，分置天下各地道观供奉。在这样的氛围之下，寿王妃杨玉环出家做道士自然是时髦的了。

出家做了道士，当然就不能再做王妃了。杨玉环的户口脱离了皇室的户口本，另属籍簿。当然，也不能叫俗家姓名杨玉环了，取了个道号叫作“太真”。太真，太极真气也，是道教最崇尚的原始混沌之气。同时，太真也是传说中王母娘娘最小的女儿的名字。

太真道士修行的地点是在大明宫内的一处道观。当时，唐玄宗经常住在兴庆宫内。兴庆宫与大明宫中间有夹城复道相连接。这条夹城复道建于开元十四年（726 年），北起大明宫东宫墙，南沿长安城东郭城墙，直抵兴庆宫。它兴建的目的就是方便皇帝游走于两宫之间，不被宫外的百姓发现，如今可算是派上了大用场。

不期岁，恩礼如惠妃。太真姿质丰艳，善歌舞，通音律，智算过人。每倩盼承迎，动移上意。宫中呼为“娘子”，礼数实同皇后。

太真道士在宫中修行不到一年的时间，就得到了如当年武惠妃一般的宠幸。道士自然是不必再做了，但是这样一个女人在宫中，应该具有什么样的名分呢？人们甚至很难去称呼她，于是约定俗成地称她为“娘子”。这是当时人们对民间家庭主妇的称呼，相当于今日的“太太”。

这个不能再叫作杨玉环，也不能再叫作杨太真的女人，以“娘子”的称谓在宫中生活了大约四年光景。天宝四年（745 年）八月，唐玄宗的生日“千秋节”刚刚过去，唐玄宗正式赐号杨太真为“贵妃”。杨贵妃这个称呼从此在中国历史上出现了。

妃子笑

“贵妃”本是唐玄宗早已废掉的一种嫔妃名号，今日又将其恢复，并赐给了他的新欢，其中恐怕也是有一番细密考量的。首先，唐玄宗并不想再立皇后。自从王皇后被废后，后宫之主的位置一直虚悬。武惠妃如日中天时，处心积虑也没有爬上那个位置。杨贵妃是一个没有多少权力欲的女人，她对做皇后并没有展现出任何兴趣，歌舞宴乐才是她的终极追求。

况且，唐朝皇帝没有再立皇后的习惯。唐高祖的窦皇后去世后，没有再立皇后。唐太宗的长孙皇后去世后，同样没有再立皇后。唐中宗、唐睿宗都没有两次立皇后的行为。只有唐高宗废黜了王皇后之后，又立了武皇后。

杨玉环的身份本就非常敏感，一旦唐玄宗敢于打破常规，让这个来路并不明晰的女人母仪天下，势必要引起天下臣民的侧目。她的来龙去脉一定会是人们最感兴趣、最愿意去探求的话题。而皇帝身边多了一个妃子，臣民并不会太过关心。既然如此，那又何必自惹麻烦呢？

如今皇后以下的三妃，惠妃、丽妃、华妃，都曾经有过人选了。她们也都已经谢世了。将哪一个名号赐予新欢，似乎都不太妥当，不足以表现皇帝对新欢的宠爱。唐玄宗索性恢复曾经仅次于皇后的贵妃名号以加之，既表达了心意，又不至于过分。

虽然无皇后之名，但上至皇帝下至宫人都对杨贵妃“礼数实同皇后”。加之专宠后宫，杨贵妃在宫中的地位自不必说。一人得道，鸡犬升天。杨氏满门都成为当时炙手可热的外戚。唐玄宗追赠杨贵妃的生父杨玄琰为兵部尚书，后累赠为太尉、齐国公，母亲被追封为凉国夫人。

此时，杨贵妃的养父杨玄璬已经去世，按理说也应追赠官职，而事实上并没有。杨玄璬与杨贵妃的养父女关系被官方刻意地抹去了，任何官方文献中都不再提杨玄璬的名字。理由很简单，前文已经谈到过。唐玄宗不希望人们将自己的宠妃与曾经的寿王妃产生任何一丝一缕的联想。

杨贵妃的亲兄杨铦初任殿中少监，后迁鸿胪卿、上柱国，并享有在自己的私第门前立戟的殊荣。杨贵妃的堂兄杨锜本就尚唐玄宗与武惠妃之女太华公主，是驸马都尉，后任侍御史。

杨贵妃的三个姐姐比两位兄长所得到的恩宠更有过之。这三个女人早已分别嫁与崔、裴、柳三姓人家。我们以崔氏、裴氏、柳氏称之。天宝七年（748 年），唐玄宗分别封崔氏为韩国夫人、裴氏为虢国夫人、柳氏为秦国夫人。唐玄宗尊敬地称呼三人为“姨”，并准许她们出入宫禁。

杨家“恩宠声焰震天下”，成为当时炙手可热的权贵，甚至连皇室贵戚都不放在眼里。杨家的私奴甚至都敢于殴打皇亲。

天宝十年（751 年）正月元宵节灯会，杨家的主子们在家奴的前呼后拥下于长安市上逛灯，碰巧遇上了唐玄宗之女广宁公主与驸马程昌裔的观灯队伍。双方谁也不肯相让，推推搡搡地起了争执。杨氏家奴挥鞭驱赶，居然抽打到了公主的衣服，致使公主受惊坠马。程昌裔上前保护公主，也被劈头盖脸地鞭打了数下。

这还了得，广宁公主跑去向父皇告状。唐玄宗虽然下令杖毙肇事的家奴，但也将程昌裔免官。根据出土的程昌裔墓志推测，程昌裔应是程咬金的玄孙。功臣之后加皇亲国戚，被杨家的奴仆所殴居然还要被免官。那普通百姓若是招惹了杨家人会是何等境遇也就可想而知了。

在杨氏外戚中，最显贵者莫过于虢国夫人。张祜《集灵台·其二》有云：

虢国夫人承主恩，平明骑马入宫门。
却嫌脂粉污颜色，淡扫蛾眉朝至尊。

虢国夫人恩宠一时。每入禁中，她常乘紫骢马，使小黄门牵马。紫骢马俊健，小黄门端秀，皆冠绝一时，是御路上一道亮丽的风景。

外表的美好却隐藏不住内心的阴暗。虢国夫人在长安大治宅第，栋宇之盛，举无与比。但是入京有早晚，唐朝已经立朝百年，新贵往往寻不到优越的宅邸位置。挑来选去，虢国夫人看中了已故宰相韦嗣立宅邸的位置，想要据为己有。

虢国夫人亲自带着侍婢数十人、工匠数百人来到韦宅。韦氏诸子正在午休，忽见虢国夫人走入宅邸，大惊失色。虢国夫人却言笑自若，对韦氏诸子说：“闻此宅欲货，其价几何？”韦家人说从来没有要卖祖宅的打算，但又不敢得罪虢国夫人，只好回答：“先人旧庐，所未忍舍。”

语末毕，数百名工匠一拥而上，登上东西厢房，开始掀瓦拆房。韦氏诸子不敢争辩，只好带着仆人抢救出日常应用之物，逃出家门，站在路中间，眼睁睁地看着自己的房子被强拆。最终，这里变成了虢国夫人奢华的府邸。而虢国夫人赔偿给韦家人的只有十几亩空地，至于被拆毁的“地上物”，则一无所酬。

对外戚加以恩宠，是“家天下”的王朝政治难以根除的顽疾。若节制有度，也很难说就是不合情理。比如皇帝迷恋某个嫔妃，就将君权控制的恩赏泽被给外戚，封爵赐禄，彰显皇帝的荣宠。

但“开元已来，豪贵雄盛，无如杨氏之比”，甚至达到了妨害政治清明的地步，这就需要引起警觉了。元稹有诗云“虢国门前闹如市”。虢国夫人的门前为何如此热闹？那些人当然都是来攀炎附势的。攀附的目的是什么？虢国夫人会为他们做什么？答案很明显。

汉代是外戚专权频发的时代，对于外戚之疾思考亦深。《汉书·外戚传》说：“夫女宠之兴，由至微而体至尊，穷富贵而不以功，此固道家所畏，祸福之宗也。”外戚原本身份低微，因与皇帝联姻而发迹。他们一夜暴富、一夜暴贵，对于政治规矩并不了解却身居显官，对于创业艰辛并未体味却陡然而富，他们很容易忘乎所以、骄纵不法，成为祸国殃民的蛀虫。

早在开元之初，姚崇就提出“十事要说”，以汉代外戚的兴衰为例严肃告诫：“汉以禄、莽、阎、梁乱天下，国家为甚；臣愿推此鉴戒为万代法，可乎？”指出外戚权势过大的危害。年轻的唐玄宗面对这样的诘问，说：“此事真可为刻肌刻骨者也。”

可惜，“开元之末姚宋死，朝廷渐渐由妃子”。三十几年过去，当惯了太平天子的唐玄宗早已不是当年那个奋发有为的中兴之主，以致杨氏外戚势力终于养成：

姊妹弟兄皆列土，可怜光彩生门户。
遂令天下父母心，不重生男重生女。

白居易的诗句并非虚构。天宝年间，人们看到杨家因杨贵妃得宠而宗族赫然俱贵，故有民谣云："生男勿喜女勿悲，君今看女作门楣。"在重男轻女的古代社会，谁家生个男孩就有光耀门楣的希望，生了女孩将来要嫁作人妇，自然对娘家没有多少好处。但是，因为杨贵妃的模范带头作用，人们看到了女儿也有光耀门楣的可能性。

当然，这并不是什么男女平等或者女权主义抬头的灵光乍现。要知道，之所以"重生女"，也是因为漂亮的女人可以为有权势的男人提供更理想的服务。男权社会的本质没有变，女人仍然是男权社会的附庸而已。"重生女"只不过是男权社会中的一种畸形状态而已。不信且看杨贵妃两次被遣返回家的经历。

据说天宝五年（746 年）七月的某一天上午，杨贵妃因嫉妒在言语上冒犯了唐玄宗，使得唐玄宗勃然大怒，将其赶回了兄长杨铦的宅第。杨贵妃离开后，唐玄宗突然感觉坐立不安，心中非常烦躁，到了中午仍然没有用膳。唐玄宗无处发泄，便把气撒在了左右的太监、宫女身上，很多人无故遭到棰挞。

一旁的高力士看在眼中，当然知道主子是为什么发脾气。但他不敢轻易劝说唐玄宗将杨贵妃接回宫中，如此一来，皇帝岂不尊严扫地。他向唐玄宗委婉地建议了一个折中的办法：命人将杨贵妃平日所用之物送到杨铦的宅第，传递出皇帝仍然关心杨贵妃的信号。

当天下午，一百余辆载满宝货的大车来到杨府。随后，唐玄宗就将御膳送到杨府，赐给杨贵妃食用。高力士顺势奏请唐玄宗迎杨贵妃回宫。唐玄宗也就顺坡下驴，在当天晚上趁着夜色偷偷地接回了杨贵妃。此时，杨贵妃早已悔悟，伏地谢罪，唐玄宗欢然慰抚。一时乌云漫散。

究竟是什么人、什么事使杨贵妃心生妒忌，使其居然敢与九五之尊分庭抗礼，正史没有说明。民间传闻说是一个叫江采萍的女人闯入了唐玄宗的生活。

据说开元末年，唐玄宗遣高力士出使闽越。随后，高力士将绝色美女江采萍带入宫中。江采萍善歌舞、精乐器、长于诗赋，得到唐玄宗的宠幸，赐号"梅妃"。但她也因争宠而得罪了杨贵妃。后来，江采萍被杨贵妃施计打入东都上阳宫，从此不能与唐玄宗相见。

然而，梅妃不见正史记载，应该只是闽越地区的民间传说。鲁迅就认为，记载梅妃事迹的小说《梅妃传》是宋人伪作，梅妃是虚构的人物。梅妃其人虽然大概率不存在，但是类似她的人却有可能存在，唐玄宗移情于其他女人的事也有可能发生。

“在天愿作比翼鸟，在地愿为连理枝。”虽然后世将唐玄宗与杨贵妃的爱情描写得专一而凄美，但封建君主面对后宫三千佳丽，真能做到“三千宠爱在一身”“六宫粉黛无颜色”吗？恐怕很难。甚至连创作《长恨歌》的白居易，也不相信唐玄宗能够做到如此专情。他曾另有一首《上阳白发人》，其中有句：

未容君王得见面，已被杨妃遥侧目。
妒令潜配上阳宫，一生遂向空房宿。

这个没有留下姓名的上阳白发人，可能就是梅妃的原型。

非典型外戚

天宝五年（746 年）七月的风波，类似于普通人家的夫妻拌嘴，床头吵架床尾和，仅仅过了一天便平息了。宫外之人几乎不知细情。但过了不到四年的时间，天宝九年（750 年）二月，杨贵妃再次被遣出宫，送归杨铦私第。这次风波闹得比较大，几位当朝大臣都被卷入其中，杨贵妃甚至有一死了断之意。

“天宝九载，贵妃复忤旨，送归外第。”杨贵妃这次的罪名是“忤旨”，也就是抗旨。但究竟为什么抗旨，史书中却没有详细的记载。有人说此事可能同虢国夫人有关。唐玄宗与虢国夫人有染，甚至欲纳其为嫔妃之一。杨贵妃则坚决反对。有人说是杨贵妃移情别恋，喜欢上了唐玄宗的兄长宁王李宪。

"梨花静院无人见，闲把宁王玉笛吹"，是说杨贵妃偷偷地品玩宁王留下来的玉笛。但宁王早已于开元二十九年（741年）去世。宁王生前，杨贵妃应是见过他的。难道他们之间有什么感情纠葛吗？杨贵妃会在宁王去世八年后依旧思念着他吗？这实在是没有任何凭证。

无论是什么原因，总之杨贵妃是在天宝九年（750年）二月被赶出了皇宫。杨家顿时乱作一团。他们的身家性命、荣华富贵，一切的一切都掌握在皇帝手中。若是皇帝与杨贵妃翻脸，杨家的一切就都不存在了。如何挽救危局，按说应由杨贵妃的兄长杨铦出面去想办法。但偏偏此时抛头露面、奔走呼号的是一个叫作杨钊的人。杨钊是杨贵妃的远房堂兄，他找到了当时的一个大酷吏吉温，求他帮忙出个主意。

吉温是权相李林甫的一个心腹爪牙，鬼点子非常多，善于罗织罪名，与另一个酷吏罗希奭并称为"罗钳吉网"。吉温入宫假意请求唐玄宗治罪杨贵妃，并对唐玄宗说："妇人智识不远，有忤圣情，然贵妃久承恩顾，何惜宫中一席之地，使其就戮，安忍取辱于外哉？"看似是建议将杨贵妃接回宫中治罪受戮。实际上，吉温很清楚，一旦杨贵妃回宫，唐玄宗是绝不忍心加害的。

果然不出所料，见吉温要对杨贵妃按律制裁，唐玄宗心中顿生怜惜。唐玄宗派宦官张韬光带着御膳去慰问杨贵妃。名为慰问，实为探听杨贵妃的态度，看看她是否能说一句软话。

杨贵妃早已经认识到了事情的严重性。她见到张韬光之后痛哭流涕地承认错误，并引刀割下一缕青丝，让张韬光带回，"以此留诀"，表示要以死谢罪。

唐玄宗一见大惊失色，急忙派遣高力士将杨贵妃请回。二人和好如初，唐玄宗对杨贵妃宠爱益深。

当年唐高宗欲废武则天皇后之位时，命上官仪起草诏书。诏书未成，武皇后已经怒气冲冲地闯上门来，逼得唐高宗万般无奈，只好将责任推给上官仪。而如今唐玄宗对杨贵妃则是召之即来、挥之即去，足见杨贵妃的专宠，不同于当年武皇后的专宠。武、杨是两种截然不同的女人，虽然在历史上她们都被视为红颜祸水，但武、杨二人所受到的不公正对待，确实是各有各的委屈。

运作杨贵妃二次回宫的那个杨钊，此前从未提及过。但他并非一个名不见经传的小人物，反而在历史上赫赫有名，甚至很多人认为他是大唐由盛转衰的罪魁祸首。因为他后来改名叫作杨国忠，人们反而逐渐将他的本名忘记了。

杨钊是蒲州永乐（今山西永济）人，同杨贵妃的亲缘关系较远，属于“堂”了两次的兄妹。杨钊的祖父与杨贵妃的祖父是亲兄弟。杨钊的父亲杨珣做过几任小官，始终没有获得过太高的地位。这种境遇同杨贵妃的生父、养父相同。但与杨贵妃不同的是，杨钊的母系一族更惨。

杨钊的母亲张氏是张昌宗、张易之的妹妹。换言之，杨钊是臭名昭著的“二张”的外甥。当年“五王”杀“二张”，武则天逊位、大唐复辟，经过一系列的宫廷斗争之后，“二张”成了祸国殃民、为人所唾弃的大恶人，甚至被形容为肉不足以啖狗彘的人物。“二张”的外甥哪有翻身的机会，加之杨钊本身嗜饮好赌、行为不端，为宗族所不齿，也逐渐在老家混不下去了。

大约三十岁的时候，杨钊到蜀中从军，很快同杨贵妃一家取得联络，逐渐站稳了脚跟。但是，杨钊的靠山不过是他的堂叔蜀州司户杨玄琰，他又哪里有什么发迹的条件。杨钊仍然沉迹下僚，做的仅仅是一些县尉级别的小官。

杨玄琰去世后，杨玉环被杨玄璬接到洛阳，这才有了后面的故事。留在蜀中的杨玄琰一家同杨钊越走越近，杨钊“护视其家，因与妹通，所谓虢国夫人者”。杨钊与后来成为虢国夫人的堂妹成了情人关系。这种事情在唐朝比较常见。后来，杨家兄弟姐妹因杨贵妃而发达，纷纷入京成了显贵。杨钊却只有眼馋的份儿。因与杨贵妃的关系太远，属于三代以外的血亲，“推恩”也推不到他的头上。

所以，从严格意义上来讲，杨钊后来的飞黄腾达并非完全因为他的外戚身份。但是，也不能说和他的外戚身份毫不相关。怎么说呢？当时，剑南节度使章仇兼琼挖空心思地想要巴结杨贵妃，毕竟杨贵妃在蜀中长大，作为蜀中父母官的章仇兼琼有着先天的优势。他想寻一个杨家的近人入京打点。当时，杨贵妃一家都已入京，留在蜀中同杨贵妃亲缘关系最近的人也就是杨钊了。于是，这个肥差就落在了杨钊的头上。

大约在天宝四年（745 年）的冬天，杨钊带着无数的金银财宝和蜀中名产来到了长安。有剑南节度使做后盾，杨钊在长安出手阔绰，杨家权贵们都很满意。加之虢国夫人从中努力，杨钊居然得到了入宫觐见唐玄宗与杨贵妃的机会。杨贵妃对这个远房堂兄的印象并不深刻，唐玄宗更是从来没有听说杨家还有这号人物。但是，人家跪在了自己面前，好歹也是个妹夫，再不有所表示，面子上就说不过去了。

唐玄宗赏给了杨钊一个“右金吾卫兵曹参军”的职务。这个官职不大，却可以出入禁中，无疑增加了杨钊同唐玄宗、杨贵妃见面的机会，自然也就增加了他在唐玄宗、杨贵妃面前表现的机会。

在一次宫廷宴会上，唐玄宗与大家玩着“樗蒲”游戏。“樗蒲”是类似于今天飞行棋的一种棋类游戏。因最初用于掷采的投子是用樗木制成，所以称为“樗蒲”。玩这种游戏需要精准快速的计算能力。偏偏杨钊早年就是赌博高手，对“樗蒲”的游戏规则和计算方式非常熟悉，在算计数量和胜负时，往往脱口而出。唐玄宗叹其为“钩校精密”，认为他是一位难得的经济人才。

随着开元、天宝几十年的盛世积累，民间存储着大量财富。唐玄宗急需一批聚敛之臣帮他将民间的财富转化为国家的财富，再转化为皇帝自己的财富。这样的人才中最早的一位就是那个“检括户口”的宇文融，后来的杨慎矜、王鉷也很出色。但宇文融已经去世，杨慎矜、王鉷也日渐老迈，将来谁还能担负起为皇帝敛财的重任呢？眼前的杨钊无疑是一个可以栽培的后继之人。

唐玄宗马上将杨钊调到王鉷手下去做判官。言下之意，皇帝是让杨钊“拜师学艺”，跟着王鉷学一学聚敛的手段。杨钊果然精明强干，短短几个月便初露锋芒。加之杨钊有杨贵妃这层关系在，唐玄宗爱屋及乌，便认为杨钊是不可多得的“大贤”“良弼”。杨钊很快便被任命为监察御史、度支员外郎，兼侍御史，随后又身兼十五种“使”，成为朝堂上重要的经济大臣。天宝七年（748年）六月，杨钊再迁给事中，兼御史中丞，专判度支事。唐玄宗还亲赐杨钊紫衣金鱼袋，以示褒奖和器重。

天宝九年（750年）十月，杨钊因为图谶上有“金刀”二字，正应自己的名字“钊”，恐怕于国不利、于己不利，便上奏唐玄宗希望改名避嫌。唐玄宗遂赐名“国忠”。从此杨钊成了杨国忠。然而，从接下来几年历史的走向来看，他于国不利、于己不利的命运似乎并没有改变。

杨国忠是一位非典型外戚。因他与杨贵妃的关系，所以在他走上人生巅峰的路上，很难剔除杨贵妃的影子。如果没有杨贵妃，杨国忠终其一生恐怕都会是巴蜀闭塞大山中的一介小吏，也很难与至高无上的唐玄宗有什么接触，就更不要说受到唐玄宗的青眼相待了。但是，师傅领进门，修行就在个人了。与杨贵妃亲缘关系更为亲近的杨铦、杨锜兄弟按理说更容易飞黄腾达，为什么他们只在做纨绔子弟时是一把好手，在政治上却丝毫没见有什么雪泥鸿爪留下，哪怕是恶政呢？可见杨国忠是有自己的独到之处的。

安史之乱爆发后，杨国忠与杨贵妃同死于马嵬坡前。兄妹俩被人们认为是一丘之貉。但在史书上，居然没有杨贵妃在政治上支持杨国忠的只言片语。

天宝九年（750年）之后，杨国忠开始了向自己人生巅峰的冲刺。高处不胜寒，越向上冲刺，遇到的阻力越大。李林甫与安禄山逐渐成为杨国忠最重要的两个对手。其中，李林甫在前、安禄山在后，李林甫在内、安禄山在外。杨国忠在与对手的拼杀中逐渐取得优势，但也使得安禄山决定孤注一掷、铤而走险，将盛唐推下悬崖的安史之乱随即爆发。

第十五章 拔剑击大荒

后突厥兴亡

安禄山的发迹与盛唐的边疆形势有很大的关系。不止安禄山，安史之乱中的双方将领，如史思明、哥舒翰、高仙芝、封常清、郭子仪、李光弼、仆固怀恩等人皆为戍边将帅，都经历过盛唐边塞烽火的淬炼。盛唐国力雄厚，唐玄宗开疆拓土，在成就辽阔疆域的同时，也埋藏下了盛极速衰的隐患。下面，我们就来简单地介绍一下盛唐的边疆形势。

首先讲一讲突厥。中原王朝的老邻居突厥人在经历了唐太宗、唐高宗年间一系列战争失败之后，在相当长的一段时间内，没有再次形成对唐朝构成威胁的强大政治军事组织，史称“自永徽已后，殆三十年，北鄙无事”。

然而，正如突厥人自己所说，他们“随水草射猎，居处无常，习于武事，强则进取，弱则遁伏，唐兵虽多，无所用也”。突厥作为人口众多、文化独特、适应能力极强的游牧民族，虽然其政权可以被摧毁，但它的大小部落却星散于北方草原之上。一旦族中出现能力超群的铁腕人物，各个部落很快就会汇集在他的狼头旗下。

唐高宗统治末期，不断有突厥王室后裔贵族起兵反唐，跟随者一度达数十万人。永隆元年（680年）、开耀元年（681年），唐定襄道行军大总管裴行俭多次大破突厥军，镇压了突厥人的第一次复国高潮。但东突厥颉利可汗的旁支后裔阿史那骨笃禄率十七人逃走，纠集流散部众，迅速死灰复燃，在漠北恢复政权。这一新兴的突厥政权在历史上被称作后突厥汗国。

武周天授元年（690年）阿史那骨笃禄去世，其弟阿史那默啜成为突厥新任可汗。默啜曾一度臣服于武周。营州之乱时，他曾帮助武周讨伐契丹，致使契丹首领孙万荣兵败身死。默啜因功被武则天封为“立功报国可汗”。

默啜想与武周和亲，希望女儿能嫁给武则天的儿子李显或李旦。但张柬之反对说：“古无天子取夷狄女者。”武则天遂让自己的侄孙武延秀前去和亲。默啜见来娶自己女儿的人不是李氏子，大怒，以此为借口再次反叛。此后，默啜成了中原大患，边疆警镝频传。

唐中宗复辟后的景龙二年（708年），默啜倾巢出动，发动西征，攻打西突厥别部突骑施人。后突厥汗国与唐接壤的漠南地区兵力空虚。朔方军大总管张仁愿乘机夺取河套以北的漠南之地，并沿黄河北岸修筑了三座城堡，取名西、中、东受降城。

西受降城在今内蒙古杭锦后旗乌加河北岸、狼山口南，中受降城在今包头西，东受降城在今托克托西南。这三座受降城相距各四百余里，扼守突厥南下要道，易守难攻。张仁愿又在城北开地三百余里，设置烽候一千八百所，自此后突厥人不敢逾山牧马。后突厥汗国的国力受到了很大削弱。

默啜见无法南下袭扰，便遣使向唐请和，同时请求和亲，希望娶一位公主为妻。唐睿宗答应将宋王李成器之女金山公主嫁给默啜。消息传到后突厥牙帐，默啜为表诚意，特意穿戴起唐朝衣冠，南向跪拜称臣。但还没等默啜前去迎娶公主，唐睿宗就将皇位禅让给了儿子唐玄宗。唐玄宗坚决反对与默啜和亲。眼见和亲的希望化为泡影，默啜准备大举犯境，但无奈三座受降城横亘河朔，突厥人只能望而兴叹。

眼见南下直接攻打唐朝无望，默啜开始在周边那些已经臣服于唐朝或同唐朝保持友好关系的各民族部众身上撒气。他频繁地攻击契丹、奚、黠戛斯、突骑施等部。开元三年（715 年），又北征九姓铁勒。多行不义必自毙，开元四年（716 年），在攻击铁勒的拔野古部落时，默啜在本已取得战斗胜利的情况下，却不慎中了埋伏，被躲藏在柳林中的伏兵所杀。首级被铁勒人送往长安，悬挂在大街上示众。

默啜死后，突厥王室发生内讧。默啜的侄子阙特勤袭杀了默啜之子匐俱小可汗，并拥戴自己的兄长默棘连为毗伽可汗。阙特勤自己为左贤王。因默啜意外被杀和王室之乱，后突厥汗国内部人心离散，汗国外部的环境也急转直下，契丹、奚和拔野古等部族纷纷再次降唐，突骑施的苏禄也自立为可汗，同毗伽可汗分庭抗礼。唐玄宗也趁机发动大军深入漠北，对后突厥汗国进行围剿。

开元八年（720 年），唐玄宗以朔方道大总管王晙为主帅，以唐军为主力，征调包括突厥拔悉密部、契丹、奚等部族在内的三十万大军准备在今蒙古乌兰巴托西稽落河会师，一举摧毁毗伽可汗的牙帐。但是，因为远在今新疆地区的拔悉密部与东面的契丹、奚相隔遥远，进兵速度不一，无法相约而至。唐军内部又相互掣肘，这场声势浩大的围剿不但没有收到预期的效果，还被毗伽可汗攻占了北庭都护府。

但是，唐朝的军事动员能力也惊出毗伽可汗一身冷汗。他深知若不与唐媾和，唐军一定会接二连三地发动攻击。好运不可能永远在他这一边，哪怕有一次厄运降临，便是灭顶之灾。于是在第二年（721 年），毗伽可汗遣使求和，“请父事天子”。

唐玄宗在回复的国书中告诉毗伽可汗：“可汗果有诚心，则共保遐福；不然，无烦使者徒尔往来。若其侵边，亦有以待。可汗其审图之。”毗伽可汗还希望与唐和亲，但唐玄宗虽厚加赏赐，却始终没有答应和亲的要求。

此后，唐朝与后突厥汗国之间保持了较为和平友好的关系。毗伽可汗每年遣使向唐朝纳贡。开元十五年（727 年）秋，吐蕃致函毗伽可汗，相约从西、北两个方向同时发起对唐的进攻。毗伽可汗不但拒绝了这一提议，还将吐蕃的来函送到长安，以示诚心。唐玄宗对此赞许有佳，恩准在西受降城设立互市，用中原出产的缣帛交换后突厥的军马，双方形成了互利共赢的局面。

开元十九年（731 年）三月，后突厥左贤王阙特勤去世。唐政府为其立了石碑作为纪念，唐玄宗还亲手御书了碑文。这块石碑被称作《故阙特勤之碑》。碑上还刻有古突厥文字的铭文。开元二十二年（734 年），毗伽可汗被大臣梅录啜毒杀。唐玄宗派人到突厥吊奠，也为其立了石碑，碑文由起居舍人李融撰写。

为阙特勤与毗伽可汗立碑之事在新旧《唐书》中均有记载，只是两块石碑原物遗落千年，具体位置早已被人忘却。1889 年，俄国地理学会东西伯利亚部组织雅得林采夫考察团在土拉河、鄂耳浑河流域的古代遗址进行考察时，在今日蒙古国前杭爱省哈拉和林市之北、和硕柴达木湖附近发现了《阙特勤碑》和《毗伽可汗碑》。消息一出，震惊了世界。

毗伽可汗死后，后突厥再次发生严重内乱，王室之间攻杀不已，持续了十多年的时间。后突厥自顾不暇，自然无力侵扰唐土，反而受到了拔悉密、回纥、葛逻禄等部的联合进攻。到了天宝初年，后突厥汗国乌苏米施可汗已经无法在漠北立足。

天宝元年（742 年）八月，唐玄宗遣使劝其内附，接受唐朝的保护。乌苏米施可汗不听，于天宝三年（744 年）被拔悉密攻杀。其残部立乌苏米施可汗之弟为白眉可汗。仅仅过了一年，白眉可汗被回纥人所杀，其地也被回纥人占据。

至此，后突厥汗国灭亡。此后突厥民族虽仍然存在，却再也没有建立起强大的政权。水草丰美的蒙古高原成为回纥人的牧场。

最后，我们再谈一谈突厥别种突骑施人与唐朝西部边疆重镇碎叶城的故事。突骑施是铁勒诸部之一，游牧于楚河流域到伊犁河流域的广大地区。武则天时期，突骑施涌现出了自己的部族英雄乌质勒，他带领突骑施逐渐强大起来，并将部族分置为二十都督，各督兵七千，总计有十几万的兵马。面对这支新崛起的军事力量，武则天与其后的唐朝皇帝都对其百般拉拢，希望以其牵制后突厥汗国与吐蕃两大势力。

当然，突骑施与唐朝在安西都护府的卫戍部队也是摩擦不断。这其中有突骑施想要在西域扩张势力范围的原因，也有唐朝守军自恃强大而傲慢无礼的因素。

开元六年（718 年），突骑施苏禄可汗率兵攻陷了唐朝边防重镇碎叶城。碎叶城在今吉尔吉斯斯坦楚河州托克马克市东南。这里地处“丝绸之路”南北两条干线的交会点，胡汉商旅云集，唐番使者接踵，具有重要的经济、政治、军事意义，与龟兹、于阗、疏勒同列为“安西四镇”。

攻陷碎叶后，苏禄可汗向唐玄宗上书，希望能够在碎叶长期居住。碎叶向来是唐朝羁縻突厥重要人物的所在。苏禄可汗到来之前，西突厥首领阿史那献就驻扎于此。突骑施曾经的领袖乌质勒也曾在此屯兵。此时苏禄可汗提出这个要求，唐玄宗也只得承认既成事实。于是，苏禄可汗在碎叶建立了牙帐。

得到满足的突骑施人消停了一段时间。但开元十四年（726 年），一场风波再次扰乱了戈壁大漠的平静。突骑施苏禄可汗之妻金河公主（突厥族，阿史那姓）命人赶着千余匹战马至安西与唐军交易丝织品。突骑施人要求以金河公主开出的价码进行交易。唐军守将认为：“阿史那女，何得宣教于我？”非但拒绝交易，还对使者进行杖责，并致使等待交易的千余匹战马全部冻饿而死。消息传回突骑施牙帐，苏禄可汗遂兴兵作乱。此后十多年的时间里，突骑施人叛服不定，“丝绸之路”的安全受到了严重威胁。

不过，到了苏禄可汗晚年，突骑施内部发生分裂，他也在一次内斗中被杀。突骑施也同时出现了尔微特勒与吐火仙可汗两个首领。天无二日，突骑施人同室操戈，厮杀不断。唐军看准有利时机，联合西域诸多小国发起了对突骑施人的攻击。

开元二十七年（739 年）八月，碛西节度使盖嘉运率军向吐火仙可汗盘踞的碎叶城发起进攻。吐火仙可汗抵抗失利，被擒。随后，唐军又在怛罗斯城（今哈萨克斯坦塔拉兹市西）活捉尔微特勒。许多依附突骑施的小部族纷纷向唐朝投降，并请求内附。突骑施的势力彻底衰落。

不过，突骑施的衰落并没有给唐朝的西部边境带来安宁。从七世纪后半叶开始，中亚信奉伊斯兰教的大食帝国迅速崛起。到了唐玄宗时期，大食帝国的势力范围已经到达唐朝的西境。突骑施一度扮演着抗击大食入侵的主力军的角色。突骑施政权的消亡使唐朝的安西戍卫军不得不直面大食军队的冲击。许多归附唐朝的西域小国也纷纷倒向大食。

为缓解紧张局势，天宝九年（750 年），安西节度使高仙芝带兵击破石国（今乌兹别克斯坦塔什干市一带），俘虏其国王。高仙芝遣使者护送石国国王到长安，却被唐玄宗斩于阙下，于是西域皆怨。石国王子向大食求救，引大食与诸胡计划共同攻打四镇。高仙芝得知这一情报，于天宝十年（751 年）将蕃、汉三万众击大食，深入七百余里，至石国重镇怛罗斯城，与大食军相遇。

大食与西域诸胡联军约二十万众，唐军明显处于劣势。双方相持五日，原本在唐军阵营的铁勒诸部之一葛逻禄人却临阵倒戈，与大食夹攻唐军。高仙芝大败，士卒死亡略尽，仅剩数千人而归。但大食内部也随之发生叛乱，没有精力东侵。不久，安史之乱爆发，唐朝只能放弃在中亚与大食的较量。

谁知，这一放弃就是千年，中原王朝从此永别了中亚广阔的荒漠与绿洲。

横行青海夜带刀

吐蕃是与唐朝相生相克二百年的强大地方政权。在整个的唐朝历史中，吐蕃扮演了极其重要的角色。“吐蕃”的汉语词汇最早出现在唐代的文献中，证明在唐代之前，它与中原王朝接触不多，中原人对其几乎没有认知。

关于吐蕃的来源，《新唐书》援引《后汉书》以来诸史籍，认为“吐蕃本西羌属，盖百有五十种，散处河、湟、江、岷间”。这也成为吐蕃族源的定论：吐蕃王国由羌族的一支所建。羌族所居地是以西海（今青海）为中心，向四方伸展。战国初期，羌族中的氂牛部率众向南迁徙，居留在越巂（今四川西昌）一带，称为越巂羌。越巂羌再向西迁徙，进入西藏。但是，当代考古发现表明，早在四千多年前，青藏高原上就已经有人类居住，并且进入了文明社会。

1978年至1979年，西藏昌都卡若新石器时代遗址，出土了多座房屋遗址和大量的石制工具，以及骨器、陶器、粟米、动物骨骼等。经放射性碳元素测定，卡若新石器时代遗址早期距今（指测定年1981年）已经有四千六百五十五年，晚期距今有三千九百三十年。吐蕃民族应是迁居的外来民族与当地土著融合形成的新民族。当然，外来民族也绝不仅仅是羌族一支，自从混沌初开的远古时期一直到进入阶级社会之后，青藏高原的南部、北部一直都有源源不断的人群会合到这片“世界屋脊”上来，他们共同形成了吐蕃民族。

其中有一支长期生活在西藏山南地区雅隆河谷的小部落，他们在经过几十代人的努力后逐渐崛起。到了唐朝初年，在首领松赞干布的带领下戡平内乱、降服诸部、统一西藏，正式建立了奴隶制的吐蕃王国。

贞观七年（633年），松赞干布将都城从边远的山南琼结迁到逻些，即今天的拉萨。贞观八年（634年），松赞干布派遣使节与唐朝通好并求婚。唐太宗开始认为吐蕃与唐朝之间隔着吐谷浑，联系并不紧密，因此并未同意。

使者返回逻些，对松赞干布说：“初至大国，待我甚厚，许嫁公主。会吐谷浑王入朝，有相离间，由是礼薄，遂不许嫁。”松赞干布非常不满，发兵攻击吐谷浑。吐谷浑不能支，遁于青海之上，以避其锋。

松赞干布乘势骚扰唐朝边境。唐太宗派兵大败吐蕃军队，斩获一千多首级。这是唐与吐蕃的第一次交手。松赞干布知道了唐朝军队的厉害，唐太宗也认可了吐蕃是一位值得重视的邻居。于是，松赞干布派遣宰相禄东赞到长安赔罪，进献黄金五千两及其他珍宝。

在松赞干布的再三请求下，唐太宗同意与其和亲。贞观十五年（641年），唐太宗将宗室女文成公主嫁给松赞干布，并派遣礼部尚书、江夏王李道宗（疑为文成公主的父亲）护送公主入藏。

文成公主入藏时，带去了丰厚而珍贵的嫁妆，有各种手工艺品、医学书籍和药物器具、营造与工技书籍、农作物种子、佛教经书和佛像法器等。松赞干布对这位大唐公主非常重视。吐蕃书籍《贤者喜宴》记载："松赞干布登临欢庆的宝座，为文成公主加冕、封作王后。"松赞干布去世后，文成公主继续留在吐蕃生活了三十年，直至唐高宗永隆元年（680年）逝世。吐蕃为文成公主举行了隆重的葬礼，唐高宗也派使者吊奠。

自从文成公主入藏和亲，大唐与吐蕃结甥舅之好，信誓旦旦地号称"和同为一家"。此后两百年间，吐蕃的新赞普即位，必得请大唐天子"册命"。不过，吐蕃却不愿完全受制于大唐而失去向外扩张的机会。就像中唐诗人戎昱在《咏史》诗中讽刺的那样：

汉家青史上，计拙是和亲。
社稷依明主，安危托妇人。
岂能将玉貌，便拟静胡尘。
地下千年骨，谁为辅佐臣。

和亲没有给唐朝的边境带来长久的安宁。吐蕃频繁攻击与其接壤的吐谷浑等诸多羌胡部族政权，并不时入侵唐朝边州和羁縻府州。唐高宗龙朔三年（663年），吐蕃发兵大破吐谷浑。吐谷浑王慕容诺曷钵带着自己的妻子唐宗室女弘化公主逃遁到凉州，请求唐军予以支援。

咸亨元年（670年），唐军在大非川（今青海共和县切吉平原）被吐蕃击败。吐蕃一举灭亡吐谷浑，吞占白州等十八个羁縻州，又陷龟兹拨换城（今新疆阿克苏），致使唐朝只得放弃安西四镇，吐谷浑、鄯善、且末之地为吐蕃所据。唐朝势力险些退出西域。

仪凤三年（678年）九月，唐朝集中十八万人马进攻吐蕃，想要收复西域失地。双方在青海（今青海湖）一带展开激战。唐军虽然在多个战场获胜，但也损失惨重，没有达到将吐蕃势力赶出西域的既定战略目标。

不断外侵使吐蕃的版图日益广阔，至文成公主去世的永隆元年（680年），吐蕃已经成为“东与凉、松、茂、嶲等州相接，南至婆罗门，西又攻陷龟兹、疏勒等四镇，北抵突厥，地方万余里”的地方政权。此前，少数民族建立的强大政权往往集中在长城以北和东北地区，在西域出现这样的少数民族强大政权还是第一次，因此说“汉、魏以来，西戎之盛，未之有也”。

此后，唐朝和继之而起的武周与吐蕃在西域一带展开反复的拉锯战。武周长寿元年（692年）十月，大将王孝杰曾率部大破吐蕃，克复龟兹、于阗、疏勒、碎叶四镇，并置安西都护府于龟兹。但吐蕃仍然骚扰不断，令唐朝疲于应付，头疼不已。

神功元年（697年）十月，狄仁杰甚至提议主动放弃安西四镇，理由是连年的唐蕃战争使“百姓虚弊”。武则天对此断然拒绝，表示一定要在西域坚持。坚持换来了好运，两年之后，吐蕃突然发生了内乱。

当时的吐蕃赞普叫作器弩悉弄。在他幼年时，贵族大臣论钦陵一手操纵国政。器弩悉弄成年后，论钦陵仍然不肯归政。器弩悉弄遂与大臣论岩密谋夺权。趁着论钦陵一次外出，器弩悉弄捕杀了论钦陵党羽两千多人，并遣使征召论钦陵兄弟。

论钦陵闻讯整顿人马，准备夺回吐蕃朝廷的控制权。但论钦陵连年对外征战，吐蕃军民对其怨愤极大，只是敢怒不敢言。此时，器弩悉弄要惩治论钦陵，将卒皆表示忠于赞普，不愿为论钦陵所用。论钦陵众叛亲离，兵败自杀。

论钦陵一死，其弟赞婆、其子论弓仁分别率部投降武周。内乱使吐蕃兵势大减，对武周也由进攻转为防御。但武则天后期，朝政也趋于混乱。双方相互无暇顾及，西域出现了一段难得的和平时期。

武周长安三年（703年）底，吐蕃赞普器弩悉弄去世。七岁的尺带珠丹继任。景龙元年（707年）三月，尺带珠丹的祖母遣使入唐，为其孙请婚。唐中宗许诺雍王李守礼之女金城公主嫁给尺带珠丹，并于景龙四年（710 年）送公主入藏。金城公主入藏的规格相当高，唐中宗亲自送至始平（今陕西兴平），并改始平为金城县。

见到唐朝皇帝对金城公主如此重视，吐蕃人萌发了一个非分之想。他们请求割让河西九曲之地（今青海湖南黄河河曲之处），作为金城公主的汤沐之所。此时正是唐中宗去世、韦皇后摄政、李隆基政变、唐睿宗即位前后。唐朝廷乱作一团，唐睿宗对此事没有多想，便胡乱地应允了。

九曲之地水草丰美、交通便利、易守难攻，非常适合畜牧和屯兵。此后，吐蕃便以此为根据地，多次大举入寇，大唐西境战火重燃。在唐玄宗统治时期，唐朝与吐蕃之间相继发生了九曲、河源之战，甘州、瓜州之战和青海、石堡城之战。

在这一轮唐蕃战争中，最重要的一个地点是石堡城，最重要的一个人物是哥舒翰。石堡城在今青海省湟源县日月乡石城山，这里是黄河上游湟水河流域与青海湖之间的战略要地。如果唐军想要收复九曲，石堡城是必须要拔下的据点。

开元十七年（729 年）三月，唐军第一次将进攻目标对准石堡城。由于此前唐军一直在同后突厥汗国作战，从来没有攻击过石堡城，吐蕃守军较为懈怠。唐将李祎决定千里奔袭。

李祎是唐朝宗室名将，身负隋唐两代皇室血统。他的祖父是吴王李恪，曾祖父是唐太宗李世民，曾祖母是隋炀帝的女儿。李祎率领诸军倍道兼进，出其不意地并力攻之，一举而拔石堡城，斩获首级甚众，并获大量粮储器械。唐军分兵据守，顶住了吐蕃的反扑，在河、陇地带拓地千余里。唐玄宗闻之大悦，改石堡城为振武军。

开元二十八年（740 年）十二月，金城公主去世，吐蕃遣使告哀并请求和好。由于吐蕃叛服不定，经常先求和后进攻，因而唐玄宗没有同意和好。开元二十九年（741 年）六月，吐蕃出动四十万大军向唐军发起猛攻。十二月，吐蕃攻陷廓州达化县（今青海贵德东）并屠城，又乘胜攻占石堡城。

河西、陇右告急。正是在这种极为紧张不利的战局下，哥舒翰开启了他的名将之路。对于大唐，对于吐蕃，对于河西，对于石堡城，哥舒翰姗姗来迟。他四十岁时还是长安城中一个名不见经传的公子哥，整日游手好闲、纵酒赌博，毫无从军经历，而他在此后数年里却一飞冲天，成为一代名将。

哥舒翰是突骑施族人，生长在安西龟兹（今新疆库车）。父亲是安西副都护哥舒道元，母亲是于阗国的公主，复姓尉迟。诗人王维在《送高判官从军赴河西序》中曾经介绍哥舒翰的仪容："哥舒大夫者，名盖四方，身长八尺，眼如紫石棱，须如猬毛磔。"由此可窥其胡人血统。

哥舒翰倜傥任侠，好然诺，只是生长于豪富之家，也沾染了许多纨绔习气，纵酒嗜赌，没有建功立业的抱负。四十岁那年父亲去世，哥舒翰在长安守丧，受到长安县尉的轻慢。哥舒翰慨然发愤折节，从此仗剑河西，投身行伍。

天宝五年（746 年），陇右节度使王忠嗣兼任河西节度使，将哥舒翰提升为牙将、大斗军副使，辅佐安禄山的堂兄安思顺。不久，哥舒翰在苦拔海一战大破吐蕃。此战哥舒翰异常骁勇，手持半截长枪，冲阵厮杀。

哥舒翰名声大噪，被任命为右武卫将军，充当陇右节度副使、都知关西兵马使、河源军使。天宝六年（747 年）七月，唐玄宗命王忠嗣夺回石堡城。王忠嗣认为石堡城地形险固，没有十足的把握取胜，"若顿兵坚城之下，必死者数万"，因而不执行命令。奸相李林甫趁机在朝中诬陷王忠嗣。唐玄宗便将王忠嗣调回，并命哥舒翰取代王忠嗣的位置。

天宝八年（749 年），唐玄宗命哥舒翰不惜一切代价必须攻下石堡城。石堡城三面险绝，只有一小径可通上下。哥舒翰只能强攻，在付出数万人的伤亡代价后，唐军大旗终于再次插上了石堡城的城头。

对于石堡城，吐蕃是"举国守之"，攻守双方的损失虽然在史书中没有明确的统计数字，但想必可以用惨烈来形容，以至于李白在《答王十二寒夜独酌有怀》中提到这场战役时用了一个"屠"字：

君不能学哥舒，横行青海夜带刀，西屠石堡取紫袍。

"一将功成万骨枯"，大概就是这个意思吧。天宝十二年（753年），哥舒翰再次击败吐蕃，并最终收复了九曲之地。哥舒翰在九曲设置了洮阳（今甘肃临潭西南）、浇河（今青海贵德境内）二郡，成立了宛秀、神策二军。其中，神策军在安史之乱时期奉命调入长安，后来成为唐朝中后期皇帝直接控制的中央军的主力部队。

再夺石堡城、收复九曲之地后，唐朝本已取得了对吐蕃作战的优势，但随着安史之乱的突然爆发，唐军将士用鲜血换来的土地很快再次落入了吐蕃之手。安史之乱后，唐朝再也无法组织针对吐蕃的主动进攻，对吐蕃的袭扰只能采取守势，甚至听之任之了。

契丹崛起

高句丽灭亡后，在中国东北方继之而起的是契丹和靺鞨两个少数民族。其中，靺鞨中的黑水靺鞨是女真人以及后来满族人的祖先。契丹与女真在后世分别建立了辽、金两个封建王朝，对中原王朝产生了巨大的威胁。满族人更是建立了中国历史上最后一个大一统的封建王朝——清朝。契丹与女真这两个族群的发迹，都是从唐高宗灭亡高句丽之后，东北亚的黑土地上瞬间出现了强权政治势力真空开始的。

契丹与靺鞨都是上古通古斯人的一支。作为一个远古的地域和族群的名称，加之一个世纪前震惊世界的通古斯大爆炸，使得通古斯这个名字显得既古老又科幻，有着谜一样的色彩和魅力。

通古斯没有什么特别的意义，它只是汉语"东胡"在国外的译音"Tungusic"，又转换成汉语的音译而已。东胡、通古斯，实际上说的是一回事儿。秦汉及其以前中国北方的匈奴族被称为胡，东胡呢，即在匈奴的东边。也就是现在中国的东北，白山黑水之间，自然被称作东胡了。

东胡中的契丹人最初居住在大漠以北，汉代时被大漠霸主匈奴击败，逃进鲜卑山（今内蒙古科尔沁右翼中旗西）聚保，因此以鲜卑为号。此时还没有契丹的称号。魏晋以后，契丹才从鲜卑族群中分裂出来，有了自己的名称和族属。

《新唐书》载:“至元魏，自号曰契丹。”因契丹人曾经建立过庞大的草原帝国，且在后来的亚欧霸主蒙古人心中打下了极深刻的烙印，因此曾受蒙古统治或影响的欧洲国家的一些语言中，至今仍然称中国为“契丹”。如俄语称中国为Kitay，即为契丹之意。

北魏道武帝拓跋珪初年，契丹为慕容元真所破，“窜于松、漠之间”。北魏登国三年（388年），道武帝亲征契丹，再次“大破之”。契丹只得逃往西拉木伦河流域立足。两次与母族鲜卑之间的战争，契丹虽然都被击败，到处逃亡，但是反而增加了契丹族的民族认同感，从此契丹与鲜卑分道扬镳，北方草原上一个新的游牧民族正式形成了。

关于“契丹”二字的具体含义，历来众说纷纭。有人认为是契丹族某个酋长的名字；有人认为是契丹族栖息地的古称；有人认为是“镔铁”之意；也有人认为是“寒冷”“刀剑”之意；还有人认为契丹被鲜卑击败后，居住在西拉木伦河流域奚族以东的土地上，“契丹”是“奚东”的意思。但通行说法“契丹”是“镔铁”之意。

随着鲜卑族南下逐鹿中原，无暇顾及自己的祖居地，契丹便在鲜卑故地逐渐有了更广阔的生存空间。隋代时，契丹部落已经在老哈河流域有了“东西亘五百里，南北三百里”的牧场。隋炀帝三征高句丽，契丹都派兵相助，增加了自己在东北亚地缘政治上的影响力。

隋末唐初乱世，中原王朝无法顾及东北边疆，高句丽又早已被隋炀帝打残，不敢渡到辽河以西，契丹族乘势兴起，其控制区域“东与高丽邻，西与奚国接，南至营州，北至室韦”，“地方二千里”，成为一个令多方侧目的新兴势力。

当然，此时的契丹族并没有形成独立的政权。他们共有八个部落，军事力量约四万人，在部落首领大贺氏的统领下，依附臣服于东突厥。大贺氏接受东突厥授予的“俟斤”官号。此时，契丹族处于被东突厥奴役的状态，而中原王朝在政治理念上对少数民族向来较为宽容，加之燕山以南中原北缘地带的自然条件优于塞外，故在隋唐时期，大量契丹人内附投靠中原王朝。

隋开皇五年（585年）、唐武德二年（619年）、武德四年（621年）、贞观二年（628年）、贞观二十二年（648年），都有大量契丹部众在其酋长的带领下，背叛突厥，款塞内附。贞观十九年（645年），唐太宗征高句丽，对其酋长褒赏有加，“赐物各有差，授其酋长窟哥为左武卫将军”。唐太宗还特意设置了松漠都督府，管理契丹事务，并赐酋长窟哥李姓。

然而，频繁的密切接触既带来了经济文化交流，带来了民族融合，同时也带来了战争。唐太宗与窟哥相继去世后，唐与契丹的关系急转直下。继窟哥之后任松漠都督的阿卜固，率契丹诸部与奚族连兵反叛。

唐高宗遣将讨伐。契丹兵败，阿卜固被擒。唐高宗任窟哥之孙李枯莫离为左卫将军、弹汗州刺史；而窟哥另一孙李尽忠为武卫大将军、松漠都督。武则天当政后，又任命契丹别部酋帅孙万荣为右玉钤卫将军、归诚州刺史。

这么做无疑是想让契丹出现多个首领，分化其势力。契丹确实在一定时期内恢复了对唐朝的臣服。然而，由于唐朝管理契丹等民族的官员妄自尊大、刚愎自用，武则天时期爆发了一次大规模的契丹人起义。

万岁通天元年（696年），契丹部落爆发饥荒。这本是唐朝改善与契丹关系的良机。但营州（今辽宁朝阳）都督赵文翙却拒绝赈济灾民，还侮辱契丹酋长。契丹人对此怨声载道。酋长孙万荣见机与松漠都督李尽忠谋划起义。他们于当年五月十二日举兵，攻入营州，诛杀赵文翙。李尽忠自称“无上可汗”，孙万荣为军事主帅。契丹各部纷纷来投奔，加入反唐队伍。短短十日内，李尽忠、孙万荣的帐外就汇集了近十万契丹铁骑。

武则天急忙派兵遣将镇压。战争持续了三个月，但武周军队接连失利，契丹反而越打越强。九月，武则天甚至被迫下诏，选拔囚犯及家奴骁勇者充军，又以同州刺史、建安王武攸宜为右武威卫大将军、清边道行军大总管率队出征。时任右拾遗的诗人陈子昂，以总管府参谋的身份，随军北上幽州。

陈子昂在军中屡次进言，提出正确的建议。但武攸宜骄横轻率，不愿听取，反而将陈子昂贬为军曹。陈子昂报国无门，大志难舒。一次，他登上传说中燕昭王为求贤而筑的黄金台，见天地萧瑟，遂慷慨悲吟：

前不见古人，后不见来者。
念天地之悠悠，独怆然而涕下。

就在陈子昂为国忧心、为己悲叹之时，契丹首领李尽忠却因病去世。契丹士气开始滑落。契丹的邻居后突厥部阿史那默啜又接受了武则天的册封，趁火打劫地偷袭契丹老巢松漠，致使契丹大败。孙万荣迅速稳住阵脚收拢余部，很快又集结了一支铁骑。孙万荣不在燕山南北同武周军纠缠，而是越华北平原一路南下，攻掠冀州（今河北衡水冀州区）、瀛州（今河北河间）等地，并在冀州屠戮吏民数千人。河北大骇。

武则天急令夏官尚书王孝杰率大军十余万驰援河北。孙万荣知道在平原上难以施展拳脚，于是迅速后撤到燕山之中，并在东硖石谷（今河北迁安东北）设下埋伏。神功元年（697 年）三月，王孝杰率先锋军进入东硖石谷。此处山高谷深、路险道隘，武周军陷入埋伏圈，几次突围不成。王孝杰堕谷而死，先锋军全军覆没。

武攸宜军在渔阳（今天津蓟县）闻讯，更是不敢前进。孙万荣在营州西北四百里处，依险修筑了一座新城，将老弱妇幼和大量军需给养屯于城中。他自己则率精兵南下，攻掠河北。

神功元年（697 年）四月，武则天又诏命右金吾卫大将军武懿宗率军二十万来战契丹。六月下旬，武懿宗部抵达赵州（今河北赵县）。孙万荣循味而来。武懿宗却不敢应战，丢弃大量军资器仗，退守漳河以南的相州（今河南安阳）。

赵州失守，河北形势似已糜烂。但螳螂捕蝉，黄雀在后，后突厥部阿史那默啜突然在后方对契丹发起攻击，围攻新城，三日而克，尽俘契丹老弱妇幼而去。消息传到孙万荣军中，人心大散。依附于契丹的奚人也背弃契丹，同武周军合作，共同向孙万荣军发起进攻。契丹军大溃，孙万荣率数千轻骑向燕山逃窜。

队伍越打越少，孙万荣逃至潞水东（今北京通州潮白河边），与家奴息于林下。孙万荣叹曰：“今欲归唐，罪已大。归突厥亦死，归新罗亦死。将安之乎！”家奴趁其不备，斩下他的首级，邀功请赏去了。

此后二十年，契丹众多部落群龙无首，很难再南下燕山，骚扰中原。但是，唐朝在燕山以北的重镇营州一直处于契丹、突厥、奚等众多游牧民族的控制之下。唐朝中央在走马灯般的政变之中，也无心力恢复营州。转眼到了开元年间，唐朝中央政权已经趋于稳定。开元二年（714 年），并州长史薛讷奏请复置营州。唐玄宗自然想要重新将营州纳入中央的直接管辖。他批准了薛讷的奏请，并命令他深入寇境一举灭虏。

然而，战况非常不利，唐军死伤十之八九，不要说塞北的营州，甚至连燕山都没有越过。此后在唐玄宗统治的近五十年内，契丹叛服不定，成了皇帝心中始终难以解开的郁结。而唐朝与契丹之间的战争，最终催生了安禄山这一怪胎的出现。

安禄山在天宝末年，能够身兼范阳、平卢、河东三镇节度，麾下精兵数十万，是因其讨伐契丹之功与防御契丹之力。大唐盛世终于爆发安史之乱，但安史之乱也是契丹反抗唐朝，致使边将坐大的结果。历史的“蝴蝶效应”恐怕是当时谁也没有想到的。

海东盛国

李尽忠、孙万荣发动的营州叛乱是以本民族契丹族为主体，与契丹血缘较近且依附于它的诸多东胡部族也受到胁迫，加入了反武周的队伍中。其中有一个居住在契丹以东的小部族靺鞨，在其首领乞四比羽、乞乞仲象两兄弟的率领下加入了契丹队伍，参加了对武周的战争。

叛乱失败后，靺鞨军队向东溃退。乞四比羽与乞乞仲象也相继死去。但谁也没有想到，就是这样一个羸弱多难的部族，却在不久之后建立了号称

"海东盛国"的渤海王国，成为唐朝时期东北亚地缘政治中举足轻重的力量。

靺鞨族的先世可追溯到商周时的肃慎。肃慎和后来的女真在满语中是同一个词汇，意为"森林"。东胡地区对中原的向心力很强，在商周时期经常有肃慎人来中原朝贺的记载。武王克商，肃慎来朝，向周王进献了地方特产"楛矢石砮"。

据学者分析，楛矢是用长白山上的楛木制作的箭杆，石砮是用松花江中坚硬的青石磨制的箭头。一个出自白山，一个出自黑水，这些东西虽不值钱，但它有很强的政治意义：白山黑水服从中央王朝的领导。后来，周成王东征，统一了淮河地区，肃慎也来朝贺。

秦始皇统一六国之后，很多逃亡的燕人融入了东胡。可以说，东胡人和汉族人是同根同源，身体中流着相同的血，在文化血脉上也很接近，并非什么异族。只是东胡人长期地处边疆，在文化性格上和中原人有很大的不同罢了。这是一个教化的问题，而不是血缘的问题。

从汉代到晋代这段时期，肃慎被称为"挹娄"。《三国志》载："挹娄在夫余东北千余里，滨大海，南与北沃沮接，未知其北所极。其土地多山险。其人形似夫余，言语不与夫余、句丽同。"挹娄人会向中原王朝进献诸如活体野兽、兽皮、铠甲、弓箭、人参等特产。尤其是一种被称作"挹娄貂"的貂皮，颇受中原权贵的喜爱。

中原王朝经过汉末之后的战乱，统治能力受到了严重削弱，东胡人在这一时期却有了一个飞跃式的发展。东胡人贵族首领趁机而起，进入中原，以争天下，最终融入中原的主体民族中。而仍留在白山黑水间的挹娄人则有了一个新的名称：勿吉。《魏书》称其为"旧肃慎国也"。"勿吉"后又被音转为"靺羯"，在隋唐时期最终定名为"靺鞨"。

靺鞨人畜牧、农耕和狩猎并存，尤其擅于养猪，中原人对他们的印象甚至是"多猪无羊"。猪是靺鞨社会中主要的财富标志，有钱人可以用上百头猪祭祀死者，穷苦人有几头猪就不错了。他们还要将野猪牙串缀于脖子和腰间，以表示富有和高贵。

靺鞨分为七部，分别为粟末部、伯咄部、安车骨部、拂涅部、号室部、黑水部、白山部。其中，黑水部是后来女真人的祖先。黑水部分布在黑龙江中下游南北和乌苏里江以东至海以及库页岛的广大地区，部落民众尤为劲健。通过一系列的兼并，黑水部成为靺鞨族中北部的霸主。但因其所处的位置离中原玄远，无法直接同中原王朝进行军事接触。

开元十年（722 年），黑水靺鞨首领倪属利稽至唐朝贡，唐玄宗任命其为勃利州刺史。唐中央于开元十四年（726 年）在黑龙江与乌苏里江汇合处（今俄罗斯哈巴罗夫斯克）设立黑水都督府，隶属于安东都护府。

粟末部居靺鞨的最南方。粟末部通过一系列的征服成为靺鞨族中南部的霸主。粟末靺鞨离中原最近，因此与中原王朝有着广泛的接触。跟随李尽忠、孙万荣反武周的靺鞨人就是粟末部。

叛乱被镇压后，粟末靺鞨首领乞四比羽、乞乞仲象率领余部仓皇向东渡过辽河，退到高句丽故地的群山中自保。因地处偏远，武则天不愿兴师动众地前去讨伐，就赦免了他们的叛乱之罪。她还派使者加封乞四比羽为许国公，乞乞仲象为震国公。但乞四比羽却拒不受命。

武则天命令已经投降武周的契丹大将李楷固带兵讨伐。乞四比羽战败被杀，首级被送往洛阳示众。乞乞仲象病逝于逃亡路上。粟末靺鞨已经到了山穷水尽，将要灭族的边缘。就在这样危险的时刻，粟末靺鞨最伟大的部族英雄大祚荣登上了黑土和楛木搭建的历史舞台。

大祚荣是乞乞仲象的儿子。他继承了伯父与父亲的地位，成为粟末靺鞨的部族领袖，率领余众继续向东北方向逃亡。武周军队紧追不舍。行至天门岭，大祚荣在此进行了生平第一场独立指挥的大规模战斗。

天门岭今天叫作张广才岭，是兴安岭山系长白山的支脉，大部分在黑龙江省境内，一部分向南伸入吉林省的敦化市北部。大祚荣与武周军队作战的地方，即今吉林省境内的哈达岭。大祚荣凭借这里复杂的地形，大败武周军队。李楷固狼狈退兵。

大祚荣此一战不但免除了灭族的厄运，而且在白山黑水间树立了权威。他迅速兼并周围的靺鞨族部落，收拢高句丽遗民，在今吉林敦化的敖东修筑坚固的据点。圣历元年（698 年），大祚荣自立为震国王，初步建立了政权。

因刚刚遭受武周政权的打击，大祚荣只能与后突厥结盟，接受其庇护。武则天因大祚荣之地过于边远，又有突厥人的保护，只能默认它的存在，于是再次派出使者对其进行册封，承认震国是武周王朝的属国。

唐中宗复辟后，大祚荣仍然对唐朝表示臣服，并派遣自己的儿子大门艺到唐朝宿卫京师，一边做人质，一边学习唐朝的先进制度和文化。唐玄宗即位后，于先天二年（713年）派使者前往震国，册封大祚荣为渤海郡王，并在其领地设置了忽汗州（今吉林敦化），以大祚荣为忽汗州都督。

自此，大祚荣不再称自己的国家为震国，而改称渤海。但需要注意的是，此时的大祚荣仅是渤海郡王，并非渤海国王。渤海郡王大祚荣的领地忽汗州是唐朝的一个羁縻州府，是中央政府在东北边疆设立的一级军政机构。

开元七年（719年）三月，大祚荣去世。同年八月，唐玄宗册封其子大武艺承袭父职。大武艺早有不臣之心，自恃渤海兵强马壮，居然自行创立年号“仁安”，并停止对唐朝的朝贡，俨然要脱离唐朝的管辖。大武艺还不顾唐朝的警告，出兵劫掠周边的少数民族部落，甚至南下营州一带，袭扰大唐边境。渤海大有成为“2.0版本”的高句丽之势。

唐玄宗绝不可能坐视渤海成为之前的高句丽。正是在这种情形下，唐玄宗于开元十四年（726年），在渤海以北正式设立黑水都督府，同时还派遣使者联合渤海以南的新罗，对渤海形成了三面夹击之势。

大武艺见到周边局势对己不利，命令其弟大门艺率兵向北攻击黑水都督府。大门艺曾经常年作为人质，居留在长安，深受唐风侵染，更晓得唐朝的军事实力。他的视野绝不是夜郎自大的大武艺所能比拟的。他劝说兄长万万不可兴兵：

黑水请唐家官吏，即欲击之，是背唐也。唐国人众兵强，万倍于我，一朝结怨，但自取灭亡。昔高丽全盛之时，强兵三十余万，抗敌唐家，不事宾伏，唐兵一临，扫地俱尽。今日渤海之众，数倍少于高丽，乃欲违背唐家，事必不可。

大武艺却丝毫不为所动，强行命令大门艺率兵出征。大门艺既不敢与唐为敌，又不敢违抗兄长的命令，万般无奈之下只好放弃了军队，间道潜逃，独自归降了唐朝。唐玄宗诏拜大门艺为左骁卫将军。

大武艺恼羞成怒，接连发起对唐的进攻，但均告失利。大武艺又派人进谏唐玄宗，要求严惩大门艺。唐玄宗当然不会听从。大武艺居然派遣杀手在洛阳天津桥南行刺大门艺。大门艺与刺客一场恶战，刺客不敌，落荒而逃。唐玄宗大怒，命令将刺客全部捕杀。

大武艺见军事上无法取胜，行刺又遭失败，惧怕唐朝派兵护送大门艺回渤海取代他的位置，只好向唐朝上表谢罪，表示永远臣服。

开元二十五年（737 年），大武艺去世，其子大钦茂即位。第二年，唐玄宗正式承认大钦茂“代承绪业”，为渤海之主，并希望他“永为藩屏，长保忠信，效节本朝”。大钦茂是渤海的一位圣王，在位五十七年，一改祖父和父亲穷兵黩武的扩张政策，以唐朝为样本，对渤海实行文治教化。对待唐朝，大钦茂始终恪守臣礼。即使安史之乱时，大钦茂也没有趁火打劫地援助叛军，而始终将唐朝奉为宗主。

安史之乱平定之后，唐朝中央政府对河北藩镇尚且不能控制，更不要说远在东北的一个番邦了。唐代宗宝应元年（762 年）索性下诏升格渤海为国，册封大钦茂为渤海国王，加授正一品检校太尉。直到此时，渤海才真正成为渤海王国。渤海王国在其存在的一百多年里，一直和唐朝保持着非常友好的关系，直到 926 年为契丹所灭。

追根溯源，渤海王国由营州叛乱而起，契丹坐大也由营州叛乱而始。营州“据天下之脊，控华夏之防，钜势强形，号称天府”。这里是蒙古草原与东北亚黑土地的交汇点，也是北方草原“丝绸之路”上的重镇，战略位置非常重要。突厥、契丹、奚、靺鞨、高句丽、室韦以及其他东胡族群在此杂居，情况非常复杂。

武周长安三年（703 年）正月初一，安禄山就出生在这片冰冷而火热的土地上。

第十六章 天宝遗事

幽州胡马

安禄山是出生于营州柳城（今辽宁朝阳）的杂胡。关于他的族属，还不是特别清楚。他的父亲可能是一位中亚地区的粟特人。粟特人曾生活在祁连山下昭武城（今甘肃张掖），后为匈奴人所逼，被迫西迁，在中亚建立了一系列城邦小国，统称为“昭武九姓”。九姓即康、安、曹、石、米、何、火寻、戊地、史。

安禄山的父亲是一位康姓粟特人，也就是说他原本姓康。安禄山的母亲名叫阿史德，突厥族，居住在营州柳城，是一名萨满教祭司。粟特人是一个善于经商的民族，经常沿着“丝绸之路”奔波。营州柳城就是粟特人在东北亚的商业据点之一。

阿史德有孕之后，曾经向突厥战神轧荦山祈祷。安禄山出生时，据说有光照穹庐，其母认为他是轧荦山降世，遂将儿子命名为“轧荦山”。大约在安禄山出生前后，那个康姓粟特人或是继续经商远行，或是遭遇变故，总之不知所踪。所以，安禄山只知有其母，而不知有其父。

此后，安禄山之母改嫁给突厥将领、右羽林大将军安波注之兄安延偃，从此安禄山才开始以“安”为姓氏。至于“禄山”的含义，有人认为是粟特语“roxsan”的音译。近代波斯语作“rowshani”，意为“光明”。以此为名与粟特人信奉的拜火教崇尚光明有关。

安禄山的父族粟特人是白种人，母族突厥是黄白混血人种，所以他有较强的白种人体貌特征，史书上称其“肥白”。安禄山从小生活在胡汉各族杂居之地，逐渐精通六种（也有九种之说）不同民族语言，因此做了“互市牙郎”，专门在市场上为各族的商人们做中介，然后从中抽取利润。

此外，安禄山也做一些非法的营生，如偷盗牲畜等。这时偏赶上名将张守珪调任幽州。安禄山在张守珪的辖内偷羊，被张守珪捉住，准备棒杀他。安禄山大声疾呼：“大夫不欲灭奚、契丹两蕃耶？而杀壮士！”这一句话触动了张守珪的心弦。

张守珪“仪形瑰壮，善骑射，性慷慨，有节义”，本是大唐西域一位能征惯战的边将，曾屡败突厥、吐蕃，因功由下级军官逐渐晋升至显位。他之所以调任幽州，是因为前不久唐军在幽州对突厥、契丹、奚等作战的一场惨败。当时，唐军六千余人在都山（今河北青龙西北）与突厥等军厮杀，不幸陷入重围。六千余人坚持不降，全军战死。一时朝野轰动，唐玄宗这才急调张守珪由西北战场来到东北战场，任幽州长史兼御史中丞、营州都督、河北节度副大使、河北采访处置使。

新官上任，张守珪在谋划如何对付叛服不定的少数民族。正是用人之际，安禄山的一番慷慨陈词打动了张守珪。他将安禄山释放，令其和同乡史思明为“捉生将”，在军前效力。从此安禄山、史思明混入了唐军队伍。

史思明是突厥杂种胡人，与安禄山同乡里，先安禄山一日出生。二人自小便熟识，从军之后又做了搭档，每次出征都有斩获，逐渐在军中立足。安禄山还被张守珪收为义子。

开元二十四年（736 年）三月，已经升任平卢讨击使、左骁卫将军的安禄山率部击讨奚与契丹。但安禄山贪功冒进，导致大败。张守珪不敢包庇，将安禄山执送京师问罪。

此时，朝中的宰相是张九龄。安禄山曾经入朝，与张九龄有过接触。

张九龄对安禄山的印象十分不好，曾对侍中裴光庭直言："乱幽州者，必此胡也。"但彼时安禄山无罪，张九龄也无可奈何。

这一回安禄山犯在张九龄手里，后者必要除之而后快。张九龄上奏说："禄山狼子野心，面有逆相，臣请因罪戮之，冀绝后患。"唐玄宗却不同意，批复说："卿岂以王夷甫识石勒，便臆断禄山难制耶？"认为张九龄是"误害忠良"，居然放安禄山回幽州戴罪立功。

后人多以此认为张九龄有知人之明，而唐玄宗却放虎归山，终酿成大错。但以当时的情况来论，安禄山确无反意。张九龄的判断只是主观臆测。唐玄宗对安禄山网开一面，也是出于惜才用才的考虑。至于安禄山果然成了石勒，那是后来形势的变化使然。

经过一场虚惊，安禄山认识到若想出人头地，不是埋头立功就可以的。朝中有人好做官。开元二十八年（740年），御史中丞张利贞被任命为河北采访使，到幽州地区了解边疆情况。安禄山对其献媚贿赂，博得张利贞欢心。

张利贞回到长安，在唐玄宗面前对安禄山大加赞赏。唐玄宗信以为实，授安禄山为营州都督、平卢军使、顺化州刺史等职。尝到甜头的安禄山，自此后百般贿赂朝廷来往的使者，他的美名逐渐在朝堂上传开。

唐玄宗为了证明当初自己并没有看错人，也乐于看到安禄山的成长。天宝元年（742年），唐玄宗委任安禄山为平卢节度使，兼任柳城太守，以及契丹、奚、渤海、黑水四府经略使，成为东北边疆举足轻重的大人物。

天宝二年（743年）正月，安禄山奉旨入朝。在觐见时，为了博取唐玄宗的欢心，安禄山编造了一个故事。他说去年七月，营州闹了虫灾。安禄山焚香祈祷，发誓说："臣若操心不正，事君不忠，愿使虫食臣心；若不负神祇，愿使虫散。"此时天空中飞来一群红头黑鸟，将虫子啄食干净。

唐玄宗听后大悦，对其倍加恩宠，命安禄山兼任范阳节度使。范阳节度使治幽州（今北京西南），是唐朝东北边境第一重镇。根据天宝元年（742年）的统计，平卢节度使拥兵三万七千五百人，而范阳节度使拥兵九万一千四百人，安禄山的军事实力猛增。

安禄山离京时，唐玄宗特命中书门下三品以下官员都去送他。到了范阳节度使任上，为了加紧捞取政治资本，安禄山还在边境蓄意挑起与契丹、奚的矛盾。本来此时契丹、奚与唐朝的关系有所缓和，安禄山却屡次进攻“二蕃”的领地，逼得契丹与奚杀掉唐朝和亲的公主，举兵叛乱。安禄山再趁机平叛立功。

天宝六年（747 年），安禄山再次入朝。此次与天宝二年（743 年），安禄山入朝长安时最大的不同，便是杨贵妃已经入主中宫。安禄山怎么会放弃这样的机会。他一面向唐玄宗表忠心，一面结交杨氏新贵。

在内廷宴会上，唐玄宗让安禄山拜见太子李亨。安禄山却假装不懂，问道：“臣蕃人，不识朝仪，不知太子是何官？”唐玄宗耐心解释说：“此储君也，朕千秋万岁后，代朕君汝者也。”安禄山却表现得很不屑：“臣愚，向者惟知有陛下一人，不知乃更有储君。”安禄山这才拜见太子，并表示“当万死”。安禄山还信誓旦旦地说：“臣蕃戎贱臣，受主宠荣过甚，臣无异才为陛下用，愿以此身为陛下死。”

唐玄宗觉得安禄山无限忠诚于自己，“益爱之”。安禄山数次来朝，又十分关注长安形势，怎会不懂得太子是何许人也？他之所以敢如此轻慢太子，一是借此表达在自己眼中唯有唐玄宗一人；二是此时太子正经历一场危机，很有可能被废掉。这话按下暂且不表。

发迹之后的安禄山身体越来越胖，重逾三百斤，大腹垂过膝盖，甚至走路都要有人搀扶。骑马时要特地备一小鞍在腹前，专门放肚子用。唐玄宗见安禄山如此发福，问他的大肚子装了什么。安禄山答道：“更无余物，正有赤心耳！”唐玄宗对这样的回答十分满意，越发觉得他忠诚。就是这样的体重，为了讨好皇帝，他还要时常为唐玄宗来跳上一段胡旋舞。安禄山抡起大肚子旋转如风，逗得唐玄宗哈哈大笑。

除了挖空心思在唐玄宗面前表忠心外，对于新晋受到宠幸的杨氏一门，安禄山也是百般献媚。他重金贿赂杨贵妃的兄姊，与他们约为兄弟。后来，他又厚颜无耻地自“请为贵妃儿”，拜杨贵妃为义母。要知道当时安禄山已经四十五岁，而杨贵妃才二十九岁。

杨贵妃一生没有生育，突然得了个大儿子，自然也十分高兴。杨贵妃赐给安禄山大量的衣服、珍宝、美食，据说还曾经按照当时民间生子三天后，母亲要为孩子洗澡的习惯，为安禄山“洗三”。杨贵妃命人用绸缎做了个大襁褓，将安禄山包裹其中。宫女们用彩车载着他去洗澡。车上车下一片嬉笑。唐玄宗也出来看热闹，并“赏赐贵妃洗儿金银钱物，极乐而罢”。中唐诗人王建曾作诗讽刺：

日高殿里有香烟，万岁声长动九天。
妃子院中初降诞，内人争乞洗儿钱。

此后，安禄山每次入见，总是先拜杨贵妃，再拜唐玄宗。唐玄宗问何故，安禄山答：“胡人先母而后父。”唐玄宗不但不怪罪，反而觉得他纯真可爱。

安禄山成了杨贵妃的义子，也就可以较为自由地出入宫禁，对杨贵妃也不用太避讳了。渐渐地，一些宫闱丑闻传了出来。比如宋人编纂的类书《事物纪原》曾记载：“贵妃私安禄山，指爪伤胸乳之间，遂作诃子饰之。”“诃子”是一种无肩胸衣，在唐代仕女画中经常出现。再如，同样是宋人编纂的传奇小说集《青琐高议》中有这样一条逸闻：

贵妃浴出，对镜匀面，裙腰褪，微露一乳，帝以手扪弄曰“软温新剥鸡头肉”，安禄山从旁对曰“润滑初来塞上酥”。

“酥胸”一词也就是自此出现的。这样离谱的情节是真实的吗？恐怕存疑。且不说唐玄宗是否与安禄山如此不见外，至少安禄山的嘴里就说不出“润滑初来塞上酥”这样的诗句来。安禄山是个粗鄙的武夫，又并非汉人，怎能信口作出对仗如此工整的诗句呢？

而安禄山的汉文化水平低，恰恰是他能够飞黄腾达的一个重要原因。这就不得不提当时朝中第一权相李林甫了。

口蜜腹剑

自从李林甫“一雕挟两兔”排挤掉张九龄、裴耀卿之后，他就成了一人之下万人之上的人物。“九龄既得罪，自是朝廷之士，皆容身保位，无复直言。”因李林甫提拔而上位的另一位宰相，工部尚书、同中书门下三品牛仙客，对李林甫更是唯唯诺诺。原本宰相们决议大政的“政事堂”，自然就成了李林甫的“一言堂”。

朝中已经没有人敢于公开反对李林甫。但李林甫对此仍不满意。自唐太宗、武则天以来，唐朝有着完备的谏官议政制度。李林甫却说：“明主在上，群臣将顺不暇，毋用多言？”有唐玄宗这样的英明皇帝在，群臣还有什么要谏奏的呢？

李林甫为了固宠弄权，“蔽欺天子耳目”，对上书言事者加以打击。比如补阙杜琎上书言政事，被贬为下邽令。补阙本是谏官，上书言事是分内之事，何罪之有。唐玄宗也居然乐得耳根清净，对这样的荒唐做法不闻不问。结果此后“谏官皆持禄养资，无敢正言者”。

谏官不敢说话了，其他官员还有可能多言多语。于是，李林甫威胁百官：“君等独不见立仗马乎，终日无声，而饫三品刍豆；一鸣，则黜之矣。后虽欲不鸣，得乎？”

“立仗马”，是指朝堂前仪仗队中的骏马。《新唐书》：“飞龙厩日以八马列宫门之外，号南衙立仗马。”这些马平日好草好料，但当值时不能叫，一叫就要被替换掉。李林甫用立仗马来告诫百官，颇具侮辱意味，然而百官都敢怒不敢言。

在李林甫当权时期，凡是有才望、功业出其右者，或为唐玄宗所重视厚待，有可能威胁其地位者，他都要百般算计。李林甫学浅文薄，经常露怯。一次，李林甫的表兄弟太常少卿姜度得子，李林甫手书庆之曰：“闻有弄獐之庆。”古人生子，称为“弄璋”，李林甫居然写作了“弄獐”。因此，李林甫被人戏称为“弄獐宰相”，传为笑柄。所以，李林甫尤忌文学之士。

李林甫家中有一个偃月形的厅堂，号为“月堂”。他每次要排挤构陷大臣，就将自己关在月堂中苦思冥想。李林甫性沉密，城府极深，喜怒不形于色，爱憎不见于容。他要陷害某个人，经常是“阳与之善，啖以甘言而阴陷之”。表面上说的都是好话，心中却暗藏一把利剑，因此世人谓李林甫“口有蜜，腹有剑”。

一次，唐玄宗正在勤政楼上向下观望，兵部侍郎卢绚垂鞭按辔，策马横过楼下，风度翩翩。唐玄宗见后大悦，觉得卢绚是个人才，准备重用。李林甫早以金帛贿赂了唐玄宗的左右从人，他很快得知了这一消息。

李林甫找来卢绚的儿子，说道：“令尊素有名望，现在岭南道的交州、广州缺乏干才，圣上有意让令尊赴任。如令尊不肯远行，肯定要被贬官。不如让令尊主动提出去东都洛阳做太子宾客或太子詹事吧，这是优贤清贵的显官，还不必远走岭南。”卢绚自然不愿到岭南去，他不但进了李林甫的圈套，还感激李林甫的提前告知之恩。

还有一次，唐玄宗突然问李林甫：“严挺之今安在？是人亦可用。”严挺之是张九龄执政时期的尚书左丞，后遭李林甫排挤，贬为绛州刺史。唐玄宗要重新起用严挺之，李林甫自然不干。

退朝后，李林甫偷偷找到严挺之的弟弟严损之，假意为严挺之着想：“陛下待尊兄甚厚，你赶快让尊兄上奏称罹患风疾，求还京师就医。”严挺之果然中计上书。李林甫便对唐玄宗说：“严挺之已经衰老得了风疾，陛下就封他个东都的闲散职位，让他去养病吧。”唐玄宗信以为真，也就不再想重用严挺之了。

严挺之终生没有再回朝廷，七十岁时在东都郁郁而终。他为自己撰写了墓志铭，死后埋在了一位和尚好友的墓塔之侧。

天宝元年（742年），牛仙客去世。唐太宗时期的太子李承乾的孙子李适之接任。李适之的地位直逼李林甫，“每事不让”，引起后者的忌惮。李适之性格疏率，没有政治头脑，李林甫略施小计就令唐玄宗疏远了李适之。李林甫私下里对李适之说：“华山有金矿，采之可以富国，主上未之知也。”李适之认为这是一个给国家谋财路的好机会，就到唐玄宗面前建议开采华山金矿。

唐玄宗琢磨不定，就去和李林甫商量。李林甫却说："华山有金矿的事臣很早就知道，但华山是龙脉啊，大唐王气所在，怎么能为了开采金矿而破坏风水呢，所以臣才没有和陛下提过。"唐玄宗一听豁然醒悟，认为李适之考虑不周，严厉地告诫他："自今奏事，宜先与林甫议之，无得轻脱。"

天宝六年（747 年）正月，唐玄宗欲广求天下之士，命各地推荐通一艺者，皆送诣京师参加科考。李林甫恐草野之士对自己不满，在考试答卷中斥责自己的奸恶行径，就故意捣鬼，结果无一人及第。他却向唐玄宗祝贺："可见野无遗贤。"真的野无遗贤吗？"诗圣"杜甫就参加了那次考试。

李林甫妒贤嫉能已至如此，唐玄宗不是不知道。安史之乱爆发后，唐玄宗逃到蜀中。此时，他已经成了无事可做的太上皇，常与给事中裴士淹闲聊。在评论以前的宰相时，唐玄宗说李林甫"妒贤疾能，举无比者"。裴士淹反问道："陛下诚知之，何任之久邪？"唐玄宗默然不应。

李林甫身居宰相之位十九年，占据了唐玄宗在位时间的五分之二。明知李林甫妒贤嫉能，唐玄宗却仍然任用他如此之久。究其原因，一是李林甫表现出对唐玄宗的绝对忠诚，居功而不自傲。比如，一次李林甫视察国子监，发现国学都堂前有一块歌颂自己功德的石碑。李林甫厉色问："林甫何功而立碑，谁为此举？"国子监诸生大惧，连夜将石碑上的字磨掉了。

二是李林甫确实有自己的过人之处。"弄獐宰相"文才不佳，但干才突出，既是奸臣也是能臣。李林甫在位期间，曾经推行一系列改革措施，包括财政、税赋、机构、土贡、兵制、法制、选官等多方面，对其后的唐代经济、政治、社会，甚至唐代以后的中国历史都产生了深远影响。比如李林甫曾主持大规模修订法律条文，历时三年完成。《剑桥中国隋唐史》这样论述他对唐朝法律的修订和整理：

734 年，李林甫奉命修订和整理全部法典。他会同一批法律专家，对法律进行了扎实和周密的修订工作。被删除的无关紧要的条款不少于 1324 条，另外 2180 条得到修正。经修订的法典于 737 年送呈皇帝，计有：律 12 卷及其疏义 30 卷；令 30 卷；式 20 卷；《新开元格》10 卷。这些法典在 737

年秋向全国颁行。这证明是一次非常重要的法律修订，因为这是唐代最后一次系统地重编全部法典的活动。这次制订的法典实行的时期特别长，因为它一直到14世纪初都保持着权威性，虽然其间作了若干较次要的校订。但也许更重要的是，这次修订法律是唐代最后一次试图提供包括在令和式中的标准化的、全国一致的行政法规的活动。在唐以后历代皇帝时期，地方活动的日益多样化使这一工作不可能进行下去。

有李林甫做宰相，唐玄宗可高枕无忧、一心享乐。这也是唐玄宗中兴进取的锐气消退之后，面对纷乱的朝局，怠政厌政的表现。唐玄宗甚至动过将军政大事全部委任给李林甫处理的念头。幸亏有高力士明确反对，唐玄宗这才作罢。

唐玄宗说李林甫“妒贤疾能，举无比者”，究竟如何做才能达到“无比”的程度？直接打击贤能未免太过小儿科了。李林甫的沉密城府使他往往能出阴招、损招、奇招。不遗余力地提拔安禄山，就是李林甫“妒贤疾能”的“杰作”。听起来似乎有些匪夷所思，李林甫使安禄山做大做强，又和“妒贤疾能”有什么关系呢？

原来，唐朝历来委任边帅时都要选择名臣能臣。正所谓出将入相，这样的人在边疆建立了功勋，回到朝廷往往能被提拔为宰相。比如先前我们提到的张说即是如此。但是，像安禄山这样的胡人，只知打仗没有多少文化，他们即使立下再大的战功也很难入朝为相，这无形中表示蕃将对李林甫的地位构不成威胁。

故此，李林甫经常劝说唐玄宗将东北边疆交给安禄山打理，还说什么“文臣为将，怯当矢石，不若用寒畯胡人；胡人则勇决习战，寒族则孤立无党，陛下诚心恩洽其心，彼必能为朝廷尽死。”此时，唐玄宗自恃国力雄厚，有吞并四夷之志，见到安禄山确实擅于打仗，又对自己忠心耿耿，便对李林甫的话深以为然，“故帝宠禄山益牢”。谁知，险些葬送大唐万里江山的，就是这个“能为朝廷尽死”的安禄山。

偃月堂深仗马闲，一雕双兔竝朝班。

书生漫自夸前识，只恨胡雏轧荦山。

明末清初的钱谦益用这首诗讽刺李林甫嫉贤妒能、重用番将所带来的严重后果。但是空余“恨”字，谁又将为此买单呢？

李杨之争

李林甫在世时，安禄山羽翼未丰，加之李林甫的非常政治手腕，安禄山尚不至于失控。安禄山在初见李林甫时，也是没把李林甫放在眼里。李林甫故意叫御史大夫王鉷来议事。当时，王鉷的权位仅在李林甫之下。王鉷见到李林甫，毕恭毕敬，趋拜甚谨。安禄山不觉自失，才开始对李林甫恭敬起来。

李林甫每与安禄山语，都能揣测到安禄山的心思，并先于安禄山说出来。安禄山由是惊服，自此对李林甫非常忌惮。每次见到李林甫，即使是严冬，安禄山也常汗流浃背，湿透了衣服。此时，李林甫往往又使出安抚的手段，好言相慰，还解下自己的袍子覆在安禄山身上。

安禄山留在长安的探子刘骆谷每次回到范阳，安禄山必问：“十郎何言？”李林甫人称“十郎”。如果刘骆谷说李林甫对安禄山很满意，安禄山就会欣喜，反之，安禄山就会惊恐万状，反手据床，曰：“噫嘻，我死矣！”

也正因为李林甫对安禄山的驯服，使得安禄山一度愿意在政治立场上与李林甫保持一致。前文我们讲到的安禄山对太子李亨的态度，正是这种“一致”的体现。

当初李林甫追求政治上位时，为了讨好风头一时无两的武惠妃，力挺寿王李瑁继任太子之位。不料武惠妃突然去世，让原本并不受宠的李亨捡了个便宜。李林甫大呼失算。他深知，若是将来一旦李亨即位，自己的荣华富贵将付之东流。所以，他阴谋陷害太子，希望唐玄宗能够废掉李亨，另立东宫。如此李林甫就成了新太子的功臣，自己的一切也可以在将来延续。

在李林甫的阴谋之下，天宝五年、六年（746 年、747 年）间，李亨的太子地位曾一度岌岌可危。当年正月十五元宵灯节，太子出宫，在长安市上游玩，正好遇到了太子妃的兄长韦坚。韦坚又在崇仁坊的景龙观中遇到了陇右节度使皇甫惟明。皇甫惟明本与太子李亨友善。李林甫抓住这个机会，上书唐玄宗，诬陷韦坚与皇甫惟明密谋发动政变，立太子李亨为帝。

唐玄宗下令彻查。李林甫让自己手下的酷吏吉温对韦坚和皇甫惟明严加审讯，却找不到真凭实据。即使如此，唐玄宗也还是“宁可信其有”，将韦坚与皇甫惟明贬到地方上去做刺史。不久，根据李林甫的提议，又将二人赐死。

当年，有人告发太子李亨之妾杜良娣的父亲杜有邻“妄称图谶，交构东宫”。李林甫又派酷吏吉温审问。吉温对杜有邻严刑拷打，居然将其杖杀。好在还是没有掌握确凿的证据，太子李亨才得以幸免。

第二年，一场更大的危机降临了。前文讲过，天宝六年（747 年）七月，唐玄宗命王忠嗣夺回被吐蕃占据的石堡城。王忠嗣认为强攻坚城，唐军必将蒙受惨重的损失，而没有遵旨。李林甫原本惧怕王忠嗣在边疆立功，会入朝为相取代自己的位置。王忠嗣抗旨正好给了李林甫整倒他的机会。

王忠嗣出身太原王氏，其父王海宾是以骁勇闻名陇右的将领。王忠嗣九岁时，父亲为国捐躯。唐玄宗感念王海宾的忠勇，将王忠嗣养于宫中。“忠嗣”之名也是唐玄宗所赐。当时，李亨还不是太子，与王忠嗣一同长大，交情深厚。李林甫恰恰利用了这一点，命人诬告王忠嗣与太子合谋，欲拥兵入朝，立太子为帝。

在酷吏的审讯之下，王忠嗣被定为死罪。幸亏有王忠嗣的部下哥舒翰为老上司苦苦求请，并愿以自己的官爵为其抵罪。唐玄宗才免王忠嗣一死，将其贬出朝廷，去做汭州刺史，不得带兵，后又迁为汉东郡太守。天宝八年（749 年），王忠嗣在贬所暴亡。

正是在这样的背景下，安禄山才敢于说“只知陛下，不知太子”，对太子相当轻慢。唐玄宗虽然惧怕有人挑唆太子谋反，但对李亨还是基本信任的。正如唐玄宗在对王忠嗣案给出意见时说的那样：“吾儿居深宫，安得与外人通谋，此必妄也，但劾忠嗣阻挠军功。”张玄宗没有相信太子李亨与王忠嗣勾结反叛之事，仅以王忠嗣抗旨、阻挠军事行动为由对其论罪。太子李亨这才有惊无险。

天宝六年（747 年）之后，杨国忠奇迹般地在政坛崛起。李林甫的首要任务由扳倒太子、维护自己将来的地位，转为压制杨国忠、维护自己目前的地位。当然，杨国忠在发迹之初是依附于李林甫的。唐玄宗派初出茅庐的杨国忠到王鉷手下去做判官。王鉷是李林甫的跟班，杨国忠是王鉷的学徒。为了在李林甫和王鉷面前表现，杨国忠参与了陷害杨慎矜一案。

杨慎矜是隋炀帝杨广的玄孙。他的曾祖父是杨广次子齐王杨暕，祖父隋王杨政道，父亲杨隆礼。作为隋家天子后裔，杨慎矜走到哪里都十分引人注目。杨慎矜长身美颜、仪度非凡，又俱干才，替天子打理财政，掌管太府收支，受到唐玄宗的恩宠，因此也遭到了李林甫和王鉷的嫉妒。

王鉷遣人在外散布流言，说“慎矜隋炀帝孙，与凶人往来，家有谶书，谋复祖业”。等到流言传来，李林甫就到唐玄宗面前告发，说外人都在传言杨慎矜密谋反叛，有意复隋。

唐玄宗震怒，诏刑部尚书萧隐之、大理卿李道邃、少卿杨璹、侍御史杨钊、殿中侍御史卢铉共同鞫问。杨国忠即五大法官之一。

最终，杨慎矜与其兄少府少监杨慎馀、其弟洛阳令杨慎名都被处死。杨家田宅都被朝廷没收，男女家属发配流放岭南诸郡。自从隋朝灭亡后，隋皇室后裔又在政坛活跃了一百三十年，至此才归于寂灭。

向来搞政治攀附都并非出自真心，杨国忠对李林甫和王鉷当然也是如此。杨国忠仅仅是将李林甫当作攀缘的绳索，将王鉷当作踩踏的阶梯。天宝十一年（752 年），杨国忠羽翼已丰。恰巧当年四月，王鉷之弟户部郎中王焊和邢縡谋反事发，杨国忠趁机向唐玄宗上书，诬陷王鉷参与其中。

起初，唐玄宗并不相信他一直倚重的王鉷会背叛自己，李林甫也为王鉷辩解。但杨国忠说得信誓旦旦。为了查清事实，唐玄宗让杨国忠负责审理王鉷。杨国忠的手段确实高明，王鉷百口莫辩，被认定为“所有逆谋，咸供谋画”，终定成死罪。

王鉷的御史大夫，京畿、关内采访使等职务皆被杨国忠收入囊中。杨国忠一跃成为仅次于李林甫的重臣，“国忠贵震天下，始与林甫为仇敌矣”。李林甫、杨国忠二人自此开始正面对抗。

当时，盘踞于今云南洱海一带的南诏国与唐朝在边境线上屡有冲突。杨国忠兼领剑南节度，有守土之责。蜀人请杨国忠赴镇。李林甫认为这是排挤杨国忠的好机会，也提议杨国忠赶紧到剑南御敌。杨国忠当然不愿意离开中枢，就入宫向唐玄宗陈说。杨贵妃也在一旁劝说唐玄宗让杨国忠留在朝廷，另派人选赴任。

这是正史中杨贵妃唯一一次为杨国忠的政治前途说话。但唐玄宗认为大敌当前，身为前方军政长官却留在京城实在说不过去，况且保土御敌也是立功取勋的机会，于是委婉地对杨国忠说：“卿暂到蜀区处军事，朕屈指待卿，还当入相。”许诺杨国忠回朝之后就可拜相。

唐玄宗此话或许是出自真心，但杨国忠心中明白，自己一旦离开，有李林甫在朝中上下其手，自己能不能回来尚不得而知，就更不要说拜相的事了。杨国忠哭着与唐玄宗、杨贵妃告别，踏上了艰险曲折的蜀道。

应该说，同盘踞相位十九年的李林甫相比，杨国忠还是太过于年轻，也不是李林甫的对手。在还镇剑南一事上，杨国忠是棋输一着的。但也正因杨国忠年轻，年轻便是资本。李林甫已经老迈，当时还身患疾病。杨国忠走了没多久，李林甫就一病不起。

唐玄宗本想过府探望李林甫，但被群臣劝阻。唐玄宗还是登高向李林甫府邸方向眺望，挥动着红巾为其祈福。但圣恩并没有让李林甫的病情有所好转。见到如此状况，唐玄宗只好遣使召回杨国忠，准备让其接任李林甫主持大政。

杨国忠才刚刚到达蜀中，见到京城来的使节真是大喜过望。他急忙掉头赶回京城。回京后，风尘仆仆的杨国忠不敢怠慢，马上到李林甫的府邸探望。只是他名为探望，实为察看。病床上的李林甫早已不复当初的威风。见到杨国忠，李林甫百感交集，垂涕托以后事："林甫死矣，公必为相，以后事累公！"

杨国忠谢不敢当，拜于床下，汗流覆面。不久，李林甫便去世了。

人之将死，其言也善；鸟之将死，其鸣也哀。李林甫将后事托付给对手，也是无奈之举。杨国忠取代自己的位置已是大势所趋，李林甫已经无力扭转。李林甫向其托付后事，是要表现一种示弱认输的姿态。当自己被埋入关中平原厚厚的黄土时，李林甫这个名字将对杨国忠不再构成任何实质性的威胁。李林甫希望杨国忠在取得胜利之后，能够存有一丝怜悯之情，对他的家人网开一面。

面对老对手这样的一个临终遗愿，杨国忠会答应吗？

黑云压城

答案当然是否定的。

李林甫于天宝十一年（752 年）十一月去世。仅仅两个月后，天宝十二年（753 年）正月，杨国忠就与安禄山合谋，诬告李林甫曾与铁勒族同罗部的首领阿布思以父子相称，谋划反叛。安禄山趋附杨国忠之意，派遣阿布思手下的降将入京揭发。

正在唐玄宗狐疑不定之际，李林甫的女婿杨齐宣见老岳父已经去世，杨国忠马上要拿李家开刀，赶紧出来站队，出面做伪证，证明确有此事。如此一来，阿布思和李林甫双方都有心腹人跳出来，证明二人预谋造反，唐玄宗也就信以为真。

在伤心之余，唐玄宗下制削夺李林甫官爵；子孙有官者除名，流岭南及黔中。除了给李林甫一家留下流放路途所需的随身衣物和粮食外，其余资产全部没收充公，其近亲党羽受连累被贬者达五十余人。当时，李林甫尚未下葬，唐玄宗又命人剖开李林甫的棺椁，取出口中所含宝珠，褫去金紫朝服，改用小棺以庶人之礼下葬。

李林甫居相位十九年，翻云覆雨，权势熏天，风光无限，不可一世。一旦身死，两月余即告灭家，着实令人唏嘘，感慨功名利禄不过如浮云过眼。然而，于宦海浮沉的“大人”们，又有谁能够舍断。喏，杨国忠与安禄山仍在舞台上继续着他们的表演。

安禄山原本依附于李林甫，又派人帮助杨国忠揭发李林甫谋反，这反映了天宝末年唐廷政治斗争的复杂性。李林甫与杨国忠在中央斗法时，他们都想引安禄山为外援。但是，李林甫可以威服安禄山，杨国忠却不能。

安禄山与杨家新贵约为兄弟，当时的杨国忠还没有发迹。天宝五年（746年）后，杨国忠成了暴发户，安禄山却打心眼里看不起杨国忠。反而是杨国忠要经常讨好安禄山。安禄山体胖，朝见天子时行动不便，杨国忠就经常跑过来搀扶安禄山。看在杨贵妃的面子上，安禄山对杨国忠表面上倒也过得去。

但是，李林甫死后，杨国忠代替李林甫已成定局。安禄山不得不对杨国忠另眼相待。既然李林甫已经失去利用价值，安禄山又需要向杨国忠示好，于是派遣一降将入京揭发李林甫的“阴谋”，也就变成一桩划算的买卖了。安禄山帮助杨国忠搞臭李林甫，杨国忠成为安禄山在长安新的靠山，二人各得其所，何乐不为。

安禄山手下怎么会有阿布思的降将呢？作为铁勒族同罗部的首领，阿布思手下有数万铁骑。阿布思早已归唐任朔方节度副使。天宝十一年（752年）三月，安禄山纠集胡汉军队二十万，谋划北击契丹。他奏请朝廷派遣阿布思率领同罗兵助战。但阿布思向来与安禄山不和，惧怕安禄山借机吞并所部人马，因而选择按兵不动。无奈之下，他叛唐逃回漠北。第二年，阿布思在漠北被回纥击败，安禄山趁火打劫，诱降了阿布思铁骑。

天宝十年（751年）时，安禄山就已经兼任了河东节度使。河东节度使有兵五万五千人，加上范阳节度使、平卢节度使两镇的兵马，三镇总兵力近二十万，这个数字已经占全国镇兵的五分之二，全国所有兵力的三分之一。后来，安禄山又收编了数万同罗铁骑，更是如虎添翼，“由是禄山精兵，天下莫及”。

此时，安禄山的权势达到顶峰。不过，有两件失算的事令他心怀忐忑。

其一，安禄山曾经帮助李林甫对抗太子李亨。但没有想到，直至李林甫去世，李亨也没有倒台。后宫内杨贵妃虽然得宠，但没有为唐玄宗生下子嗣。看来是不存在有其他皇子同李亨争位的可能了。依目前的形势看，基本可以肯定，李亨会在唐玄宗驾崩之后继承大唐天子之位。如是，安禄山的地位绝难保全。

其二，安禄山虽然帮助了杨国忠揭发李林甫谋反，但杨国忠却并没有投桃报李，反而不断地提醒唐玄宗，安禄山必反。杨国忠新晋相位，自然希望扳倒安禄山，在北疆重镇安插自己的亲信，甚至利用拉拢提拔哥舒翰等西北将领来压制安禄山。

安禄山"计天下可取，逆谋日炽，每过朝堂龙尾道，南北睥睨，久乃去"。"龙尾道"是大明宫正殿含元殿前的甬道，自上望下，宛如龙尾下垂，自下望上，则如登天。安禄山在龙尾道上，南北张望，确实已经萌发了不臣之心。他多么希望高高在上、坐在含元殿中的人是自己。但安禄山却不想在唐玄宗在世时发动叛乱，而是准备"伺上千秋万岁之后，方图叛换"。

其一，唐玄宗确实对安禄山过于恩宠。胡人讲究恩义，若要起兵反对唐玄宗，安禄山还是要过心里那道关的。其二，唐玄宗享国日久，号称"五十年太平天子"，亲手开创开元盛世，在唐人心中享有崇高的威望和号召力。与这样一位杰出的政治人物公然交战，安禄山不一定有十足的胜算。不若等到新君登基，政局不稳之时再动手。但是，为形势所迫，安禄山的惊天计划不得不提前实施了。

先是太子李亨上奏父皇，说安禄山有不臣之迹，他日必反。后又有杨国忠反复在唐玄宗面前断定安禄山必反。唐玄宗的思想虽然有些松动，但是他始终不愿相信自己一手提拔起来的安禄山会造反。

有了先前李林甫的教训，唐玄宗对杨国忠的话也心存疑虑。宦官高力士曾经提醒："自陛下威权假于宰相，法令不行，灾眚备于岁时，阴阳失度，纵为轸虑，难以获安，臣不敢言，良有以也。”唐玄宗“久而不答”。杨国忠一味中伤安禄山，是否也是在打击政敌呢？

但是，杨国忠手中没有掌握安禄山造反的确凿证据。无奈之下，杨国忠鼓动唐玄宗试一试安禄山的忠心：马上召安禄山入朝，如果此胡不敢来，那便是必反无疑。唐玄宗觉得这倒是个好主意，一来可以测试安禄山的心意，二来可以堵住杨国忠的嘴巴。令唐玄宗甚为欣慰、杨国忠甚为尴尬的是，安禄山接到圣旨后便驰速入京。

天宝十三年（754年）正月，安禄山跪在了唐玄宗的面前。他委屈地哭诉：“臣本胡人，陛下不次擢用，累居节制，恩出常人。杨国忠妒嫉，欲谋害臣，臣死无日矣。”唐玄宗对安禄山的表现非常满意，又是好言劝慰，又是加官晋爵，恩宠超过以往。唐玄宗甚至准备加授安禄山为同平章事，等于让他拜相。幸亏杨国忠上谏说：“禄山虽有军功，目不知书，岂可为宰相！制书若下，恐四夷轻唐。”这才没有落实。

安禄山在长安战战兢兢地住了两个月，于三月初一辞驾返回范阳。唐玄宗亲自在长安城东的望春亭为安禄山饯行，并解下身上的御衣披在他的身上。

春寒料峭，不知唐玄宗的御衣是否使安禄山感受到了温暖，但两个月的居京生活一定使安禄山步步惊心。当目送御驾西转，安禄山不再顾及许多，他疾驱出潼关，再改乘船顺河而下，“昼夜兼行，日数百里，过郡县不下船”，终于平安回到范阳。

长安之行，安禄山取得了唐玄宗的绝对信任。此后，只要有人上书言及安禄山谋反，唐玄宗就将此人捆绑起来押送给安禄山处置。“由是人皆知其将反，无敢言者。”

而安禄山却已经下定决心密谋反叛，“禄山既至范阳，忧不自安，始决计称兵向阙”。安禄山清楚有太子李亨在，有杨国忠在，自己绝无全身而退的可能。伴君如伴虎，李林甫的例子就活生生地摆在那里。皇帝今日可以为你披上御衣，明天就可以将你的棺材扒开。

李林甫生前，其子李岫曾经跪涕劝说李林甫少得罪一些人：“大人居位久，枳棘满前，一旦祸至，欲比若人可得乎？”李林甫却回答：“势已然，可奈何？”如今的安禄山又何尝不是如此。唐德宗时期的宰相、史学家杜佑在《通典》中曾写道：

安禄山称兵内侮，未必素蓄凶谋，是故地逼则势疑，力作则乱起，事理不得不然也。

在中唐时期谈论安禄山“未必素蓄凶谋”是需要勇气的，也可知杜佑对此论断的坚定。安禄山盘踞一方，手握重兵，已是高处不胜寒；又遭受太子李亨与宰相杨国忠两位重量级人物的猜忌，此番能从长安全须全尾地回来，谁能保证下次还能如此幸运。官场如逆水行舟，不进则退，即使想要全身而退，又谈何容易。退，往往意味着死。进，或许还有一线生机。

安禄山的担心并非没有道理。杨国忠一计不成，又生二计。他居然指使京兆尹李岘突然包围了安禄山在长安的府邸。官兵掘地三尺、搜求反状，并逮捕、缢杀了安禄山留在长安的心腹。欲加之罪，何患无辞，即使没有证据，也可以栽赃陷害。先前陷害杨慎矜时，杨国忠一伙就将先前准备好的图谶放在杨慎矜的书盒中，再假装翻出来当作复隋谋反的证据。

搜府之事，唐玄宗并不知情。杨国忠玩的是先斩后奏，一旦在安禄山的府中搜出反状，再在唐玄宗面前参上一本。可见仅仅有唐玄宗的宠信，是不足以让安禄山平安无事的。安禄山闻讯后更加坐立不安。

天宝十四年（755 年）六月，唐玄宗为安禄山之子安庆宗与自己的侄女荣义郡主完婚，手诏安禄山前来观礼。自己的儿子与皇室联姻，按理说安禄山必须到场。但安禄山却称病不至。此时，他已经不敢再来长安了。

同年七月，安禄山却突然上表，向朝廷献马三千匹。每匹马有两名马夫护送，并由二十二名番将押送入京。另有三百乘车，每车配车夫三人。这分明是一支七千人的快速反应部队。安禄山曾精选各族勇士，建立了一支八千人的特种部队，名曰“曳落河”（突厥语“壮士”）。这些人皆骁勇善战，一可当百，若化装成马夫、车夫入京，搞一场斩首行动，那将如何是好?

唐玄宗也开始怀疑安禄山别有用心，手谕安禄山推迟至冬季再献马，并再次召安禄山入朝:“朕与卿修得一汤，故召卿。至十月，朕待卿于华清宫。”

安禄山接旨之后，平静地说:“圣人安稳。……马不献亦可，十月灼然诣京师。”此时，安禄山痛快地答应十月入朝，不过是稳军之计罢了。

“落叶纷纷十月时，今年霜比去年迟。”转眼，十月到了，温热的华清宫汤池没有等来那坨肥白的躯体。

“雨荒园菊枝枝瘦，霜染江枫叶叶丹。”转眼，十一月到了，唐玄宗终于等来了北疆的反叛消息……

第十七章 渔阳鼙鼓

禄山一呼

《说文》讲:“骊，马深黑色。从马，丽声。”骊山，秦岭支脉上的一座地垒式断块山，雄踞秦岭与渭河形成半月形地带，如一匹黑色的骏马临渭饮水，故谓之“骊”。灞、沈二河傍山流过，咸阳、长安被它庇护在身后。骊山崇峻不如太华，绵亘不如终南，幽异不如太白，奇险不如龙门，然周秦汉唐以来，历代帝王多有游幸，以致离宫、别馆遍布其间，绣岭、温汤皆成佳境。

天宝十四年（755 年）十月，七十岁的唐玄宗依往年惯例，携杨贵妃、杨国忠等爱妾、宠臣上骊山避寒。骊山上的华清宫拥有上好的天然温泉。“城绕青山龙暖水”“温泉决决出宫流”，对于唐玄宗来讲，骊山华清宫是他再熟悉不过的地方。在位四十四年，每年冬天他都会在这里度过。不过，这位天下共主或许还不知道，这将是他作为皇帝最后一次来到这座秀美的离宫了。

近一年来，唐玄宗最信任、最宠爱的边将安禄山的行为似乎有些反常。

二月，安禄山派遣将领何千年入朝，希望唐玄宗批准以番将三十二人代替汉将。宰相杨国忠和韦见素认为："安禄山有不臣之心，暴于天下。今又以蕃将代汉，其反明矣。"但唐玄宗却认为这只是安禄山根据边疆战况需要所提出的要求，与反叛并不沾边。

四月，唐玄宗遣给事中裴士淹宣慰河北。至范阳后，与以前安禄山对朝廷使者的殷勤侍奉不同，裴士淹被晾在馆驿中二十多天才受到接见。裴士淹宣读诏书时，安禄山居然不跪，毫无人臣之礼。

六月，安禄山之子安庆宗与皇室女荣义郡主在长安完婚，而安禄山却凑巧得了疾病，没有前来观礼。

七月，唐玄宗派中使冯神威带着自己的玺书到范阳，告知安禄山"十月，朕待卿于华清宫"。安禄山却"闻诏至，竟不出迎"。冯神威回来后对唐玄宗哭着说："臣几不得生还。"据说他几乎是被刀斧手架着才见到安禄山的。令唐玄宗稍感安心的是，安禄山当众允诺："十月灼然诣京师。"那就一切等到十月见面时再说吧。

十月，安禄山没有如约而至。理由呢？是军务繁忙还是身体抱恙？没有只言片语。

十一月十一日，翘首以盼的唐玄宗，终于等到了安禄山的消息。然而，这则消息却令骊山华清宫中的所有人大惊失色。

就在十一月十日，安禄山的部将何千年、高邈等人率领二十名骑兵抵达太原城下，北京（即太原）副留守杨光翙出城迎接，却被劫掠而去，生死未卜。太原是河东节度使治所，同时也是大唐的龙兴之地。身为河东节度使的安禄山为何要劫掠留守太原的朝廷命官？难道安禄山真的反叛了吗？紧接着，东受降城（位于今内蒙古托克托以南的黄河东北岸边）飞马送来情报：安禄山造反了。

唐玄宗仍在狐疑。十一月十五日，河北的情报终于到了：安禄山已于十一月九日在范阳起兵。安禄山乘坐铁舆，亲率主力大军二十万众南下，"步骑精锐，烟尘千里，鼓噪震地"，眼看就要打到博陵（今河北定州）了。

正泡在温泉中的唐玄宗，好似掉进了冰窟窿。他似乎一下子明白了安禄山那句“十月灼然诣京师”的真正含义。

禄山既兼领三镇，赏刑弛出，日益骄恣。自以曩时不拜太子，见上春秋高，颇内惧；又见武备堕弛，有轻中国之心。

数年来，安禄山一直在谋划反叛，只是没有找到时机，也没有下定决心。安禄山暗中笼络了一批死党，包括严庄、高尚、阿史那承庆、史思明、安守忠、李归仁、蔡希德、牛廷玠、向润容、李庭望、崔乾佑、尹子奇、何千年、武令珣、能元皓、田承嗣、田乾真等一连串名字。其中不乏不逞之徒，如高尚，本名高不危，颇有辞学，贫困不得志，曾游河朔，常叹曰：“高不危当举大事而死，岂能啮草根求活邪！”

安禄山已经进行了一系列起兵的准备工作。如他在范阳以北修筑了雄武城，在此积聚大量的武器和粮食；如他借口攻打契丹、奚的需要，以各种方式收敛了数量庞大的精壮战马；如他在上谷郡（治所在今河北易县）“起五炉铸钱”，“将为叛逆之资”；如他分遣商胡沿着北方“丝绸之路”贩鬻货物，攫取大量利润以充军资；如他私作绯紫袍、鱼袋，用于日后分赏有功叛将；如他利用多次入京觐见的机会，详细踏查了从范阳至洛阳再至长安的山川地形，研究进军路线；等等。

天宝十四年（755 年），天下无事，似乎也并非发动叛乱的一个好时机。只是这一两年对于安禄山来讲，过得心惊肉跳。宰相杨国忠已经磨刀霍霍，安禄山若再引而不发，恐成待宰的羔羊。如今已经不是安禄山寻找时机的问题，而是留给他的时间已经不多了。七月，皇帝的“玺书”传到范阳，要他十月到骊山华清宫见驾。

此一去，自己还能活着回到范阳吗？在安禄山看来，眼下只有反叛一条生路。

八月、九月、十月，安禄山连续犒赏三军。士兵们甚至安禄山的心腹爱将，也不知道这位三镇节度使怎么会突然这样大方。只有严庄、高尚、阿史那承庆等几位安禄山的核心智囊知道，一场惊天大变即将爆发。

十一月初，一名叫作胡逸的奉事官自长安返回范阳。安禄山借题发挥，聚拢众将说：胡逸带来了圣上的密旨，杨国忠要在长安反叛，圣上命安禄山带兵入朝，平息祸乱。

这样的一派胡言自然没有人相信。皇帝要处置杨国忠，只需一两个狱卒足矣，何必兴师动众地调外兵入朝？即使需要兵马，安禄山这远水怎解近渴？奉旨讨杨国忠不过是发动叛乱的一块遮羞布而已。众将面面相觑，却谁也不敢提出异议。

举兵大计既已定下，现有两条进军路线可供选择：

第一条进军路线是大军自范阳南下中原，择机渡过黄河，攻占东都洛阳，自洛阳沿黄河向西，穿陕郡，破潼关，直抵长安。第二条进军路线是大军自范阳向西，进入并州占领晋阳，然后再沿着大唐“龙兴”时突入关中的路线渡过黄河进入关中，直抵长安。

这两条进军路线各有利弊，第一条路线虽然要远得多，一路上受到的阻力也大得多，但是稳扎稳打可以占领大片土地，尤其是可以占领中原腹地和东都洛阳。第二条进军路线距离要近许多，尤其是在安禄山兼任河东节度使的情况下，进入并州占领太原并不是难事，自太原再向西南方向进军关中，可使唐朝中央政府措手不及。但是，一旦遭到官军的殊死抵抗，安禄山有可能被困死在并州的山岭沟壑之中。

最终，安禄山决定采取第一条进军路线，以迅雷不及掩耳之势攻占中原，再图关中。这样做的好处一是可以以中原富庶之地作为根基，以洛阳这座中心城市作为大本营号令天下；二是可以掐断漕运，截留江淮税赋，在经济上扼杀唐朝中央政府。

当然，第二条进军路线也并非完全弃用。既然主攻路线已经确定，那么第二条进军路线可以作为佯攻路线迷惑敌人。故此，安禄山派何千年、高邈率骑兵到太原劫持了杨光翙，故意打草惊蛇，作出大军将要占领并州，并从并州进入关中的假象。

天宝十四年（755 年）十一月初九，是一个值得被中国历史永远铭记的日子。在这一天，中国古代社会的巅峰时期结束了；在这一天，盛唐骤然跌落神坛，摔得粉碎。

这一天的清晨，太阳照常升起。拂晓时分，安禄山满身戎装，在范阳蓟城（今北京西南）城南检阅三军，以奉密旨讨杨国忠为名，誓师起兵。除留下防守老巢的必要人马外，安禄山率领汉、契丹、奚、同罗、室韦等各族士兵组成十五万大军，号称二十万，即日开拔，兵锋直指中原。为了避免朝廷过早探知反叛的消息，叛军夜半行军赶路，天明进食休息，一昼夜推进六十里。

七天后，远在骊山华清宫的唐玄宗得到了安禄山叛变的准确消息。待这位大唐中兴之君、盛世太平天子回过神来，他已来不及体味什么、悔恨什么。唐玄宗急忙与宰相杨国忠商量对策。

当得知安禄山反叛的消息后，最为高兴的人竟然是这个大唐宰相杨国忠。数年来，他一直在皇帝面前信誓旦旦地预言安禄山必反。如今，他终于成了那个猜中硬币正反面的人。从此，他的忠诚将不容置疑，他的能力也将不容置疑。杨国忠沾沾自喜，笑着说：

今反者独禄山耳！三军左右皆不欲也，旬日必斩之来降。不如此，陛下发兵讨之，仗大义诛暴逆，可不血刃而定矣。

杨国忠的自信心已经爆棚，他明显低估了安禄山御人统兵的能力。不知是不是为了寻求自我安慰，唐玄宗对杨国忠的判断居然表示同意。

五十年来作疮痏

开元、天宝年间是中国古代社会难得的盛世。在盛世的光彩之下，诸多影响深远的变革也在悄然发生着。而这其中最基础也是最重要的，便是土地制度均田制的破坏。土地是古代社会最重要的生产资料。土地的占有决定着一个家庭的荣华富贵，土地的产出影响着一个国家的富强贫弱，土地的分配影响着一个时代的治乱兴衰。

为了国家的长久安定，最大限度地减少土地兼并和贫富差距，唐初的均田令明确规定，国家分配给农民的永业田、口分田不准买卖。但是，贫富差距并不会因为土地平均分配而完全消失。比如，两户农民虽然拥有同等数量的土地，但他们的健康程度并不相同，勤劳态度并不相同，耕作技术并不相同，所得到的上天眷顾也并不相同，诸多主客观原因交织在一起，一年下来或许一块土地颗粒无收，而另一块土地却喜获丰收。收成的差距自然导致贫富的差距，时间一长或许就是无法弥合的差距。

当时有规定，如果亲人死亡，因家贫无法承担丧葬费用，可以卖掉永业田；如果自愿迁往地多人少的地区，可以卖掉口分田；如果贫穷到已经卖掉了住宅和其他生产资料，也可以卖掉口分田。土地永远不缺买家。有人卖就有人买，有人买就有人卖。于是，土地买卖不可避免地发生了。

从唐朝开国到唐玄宗统治末期，近一百五十年的时间中，土地买卖的事情发生了多少，可以说不计其数。这样的状况，唐玄宗不是没有看在眼里，他曾经颁布《禁官夺百姓口分永业田诏》，明确要求“自今已后，更不得违法买卖口分永业田”。但是无济于事。买卖双方往往会寻找种种可能性，将违法行为变作合法行为。

均田制的破坏直接导致了府兵制的崩溃。府兵受田很难足额，除了保有一些永业田外，口分田基本无法保障。府兵趋于贫困的同时，也大大降低了其为国征战的积极性。府兵需要自备战具衣粮。本来已经食不果腹，又哪里承担得起作为府兵的基本开销呢？

而开元年间，偏偏唐玄宗有志于四方，国家征战频仍，各条战线都需要大量兵源补充，羸弱的府兵已无法满足开疆拓土的需要。最终，国家只能靠征兵来获取兵源——募兵制由此诞生。

在开元之前，募兵制虽早已存在，但仅作为府兵制的补充。开元之后，募兵制成为国家的主要兵制。募兵制最大的特点是兵民分离。先前的府兵亦兵亦民，国家需要时接受征召成为士兵，国家不需要时回到原籍便是农民。而募兵制征召上来的士兵由国家供养，长期为国家征战戍守，相当于职业军人。这些人长期作战，具有一定的专业性，作战素养自然高于业余从军的府兵。同时，国家可以挑选士兵，将作战水平高的士兵留下，将作战水平低的士兵淘汰，这样就保持了军队具有较高的战斗力。

但募兵制也有两个缺点：首先，募兵由国家供养，增加了国家的负担，使国家财政面临挑战。其次，士兵一生从军，长期在一地戍守，他们的前途命运往往掌握在上级将帅手中，很容易同将帅结成依附关系。如果将帅不能够频繁更换，往往出现士兵只知有将帅而不知有天子，只知有地方而不知有中央的情况。国家出钱养兵，将帅广树恩德，国家的军队演变成了将帅的私兵。

很不幸，将帅长期不更换的情况在开元、天宝年间与募兵制一同出现了。募兵制是为了适应唐朝边境长期征战的需要，而将帅长期不更换也是为了边境长期征战的需要。

“自唐兴以来，边帅皆用忠厚名臣，不久任，不遥领，不兼统。”唐初往往是边疆有战事时临时委任将帅，一旦战事结束，将帅的统兵权力随即被收回。但是，到了开元时期，随着国家经济实力的增强，唐玄宗逐渐变得好大喜功，屡屡开疆拓土：

及开元中，天子有吞四夷之志，为边将者十余年不易，始久任矣。

将帅久任，自然要有一个名目才能顺理成章。于是，节度使制度产生了。早在唐睿宗景云元年（710 年），朝廷以幽州镇守经略节度大使薛讷为左武卫大将军兼幽州都督，节度使之名才第一次出现在历史记载中。景云二年（711 年），贺拔延嗣为凉州都督充河西节度使，节度使开始成为正式官职。但此时只有一两个节度使，其权力也只是在军事指挥上。

唐玄宗即位之后，西、北、南部边疆，先后陆续设置了节度使。为了便宜行事，节度使往往还兼任其所辖地区的经略、支度、营田、转运、监牧诸使。自开元二十年（732 年）幽州节度使兼领河北采访处置使开始，节度使逐渐掌控了辖区内的民政、财政、司法、监察等诸多权力，俨然成为一方诸侯。

到了天宝元年（742 年），唐朝共设置了九个节度使和一个类似于节度使的经略使，它们分别是：

朔方节度使，治所：灵州（今宁夏灵武西南），兵六万四千七百人，马一万四千三百匹；

河东节度使，治所：晋阳（今山西太原西南），兵五万五千人，马一万四千匹；

范阳节度使，治所：蓟（今北京西南），兵九万一千人，马六千五百匹；

安西节度使，治所：龟兹（今新疆库车），兵二万四千人，马二千七百匹；

北庭节度使，治所：金满（今新疆吉木萨尔北），兵二万人，马五千匹；

河西节度使，治所：姑臧（今甘肃武威），兵七万三千零四人，马一万九千四百匹；

陇右节度使，治所：湟水（今青海乐都），兵七万五千人，马一万零六百匹；

剑南节度使，治所：成都（今四川成都），兵三万零九百人，马二千匹；

平卢节度使，治所：柳城（今辽宁朝阳），兵三万七千五百人，马五千五百匹；

岭南经略使，治所：南海（今广东广州），兵一万五千四百人，马七百匹。

起初，节度使没有兼统数镇的情况，但随着唐玄宗的野心越来越大，为了统筹调度、扩大战果，他开始让一镇的节度使兼任数镇的节度使。将帅久任，兵知将，将知兵，与子同袍，同仇敌忾，造就了盛唐的赫赫武功。对于唐玄宗来讲，这并非不是好事，但前提是手握重兵的一方统帅必须要对皇帝绝对忠诚，对中央绝对服从。

比如先前曾经提到过的名将王忠嗣，天宝五年（746 年），在其权势巅峰时期，掌握着河西、陇右、朔方、河东四镇兵马大权，手下总兵力达到二十七万人，人称他“杖四节，控制万里，天下劲兵重镇，皆在掌握”。但王忠嗣从小被唐玄宗收养在宫中，既对唐玄宗感恩戴德，又同太子李亨交情莫逆，朝廷始终没有失去对他的控制，随时可以将其撤免。

但是，唐玄宗不可能永远交好运，永远都选中那个对的人。一旦有安禄山这样的野心家出现，节度使权倾一方的弊端马上就会显现出来。

那么，唐中央政府有足以抗击节度使叛乱的直属兵力吗？

大体上说，直属唐中央政府的军队可以分为拱卫京师的禁军和驻守各郡县的地方军。禁军又分为北衙禁军和南衙诸卫军。《新唐书·兵志》云："夫所谓天子禁军者，南、北衙兵也。南衙，诸卫兵是也；北衙者，禁军也。"

北衙禁军是本书历次政变中提到的那些羽林军。他们屯驻在宫城，主要任务是保卫皇帝的安全。北衙禁军脱胎于唐太宗李世民的"百骑"，原本便是李世民的私兵，后来发展为"千骑""万骑"，仍然具有皇帝私兵的属性。他们在唐代历次政变中起到了举足轻重的作用。谁控制了北衙禁军，谁就可以控制皇帝的废立。由于北衙禁军仅负责保卫宫廷，人数不可能太多。天宝年间，北衙禁军的兵力在一万五千人左右。而且，北衙禁军必须要时刻留在皇帝身边，不可能出征参与平叛。

南衙诸卫军是保卫朝廷和京师的正规军。隋唐长安城的布局是宫城在全城正北，皇城在宫城之南。宫城为皇帝所居朝会之所，皇城则为百官衙署所在之地，故"南衙"成为以宰相为首的百官衙署的代称，南衙诸卫军亦因此得名。开元之前，南衙诸卫军实际上就是府兵，由诸州府兵轮番上值，分属十二卫。

自从府兵制逐渐崩坏，诸军府的府兵常不足额，以致京师宿卫部队不得不由招募获得。开元十一年（723 年），唐朝开始在两京及其周围地区招募强壮者为南衙诸卫军，当时称为"长从宿卫"，后改名彍骑。"彍"指将弓弩拉满，引申为快捷。彍骑共十二万人，分隶十二卫。这支军队替代府兵，专任京师警备，间或用以出征。

由于成军后的数十年中天下太平无事，彍骑终日无所事事，到天宝年间已经逐渐削减到六万人的规模。又因选人不精，往往有地痞无赖混杂其间，"皆市井负贩、无赖子弟，未尝习兵"。加之缺乏训练，彍骑的战斗力较弱。但这六万人已是唐玄宗手中能解近渴的最大的一支武装力量了。

比起彍骑，驻守郡县的地方军的情况更为糟糕。自从唐初武德年间消灭了王世充、窦建德、刘黑闼等割据势力之后，中原地区已经有将近一百三十年没有经历过战乱的洗礼。“海内久承平，百姓累世不识兵革”，各州县往往武备废弛，刀枪腐朽、粮草不济、城垣坍塌。地方军队更是毫无战斗力可言，往往仅能做到维护地方治安。

反观之，安禄山手下的军队都是长期在疆场上出生入死的百战之士、亡命之徒。双方相遇，叛军如虎入羊群一般，胜负不言自明。唐朝一方则是“猝闻范阳兵起，远近震骇。河北皆禄山统内，所过州县，望风瓦解。守令或开门出迎，或弃城，或为所擒戮”。

十月东都破

唐朝地方郡县对于自北南下如泰山压顶般呼啸而来的叛军，几乎毫无还手之力。唐朝中央政府对于安禄山迅雷不及掩耳的突然叛乱更是措手不及。唐玄宗手中并没有几张牌可打。从十一月十五日闻报安禄山反叛到十二月初，在大约半个月的时间中，唐玄宗在仓皇间完成了一系列紧急部署。

唐玄宗罢免了安禄山堂弟安思顺的朔方节度使职务，入朝改任户部尚书。安思顺之弟安元贞也被免除了羽林军将军的职务，改任太仆卿。安思顺兄弟是安禄山养父安延偃的兄长右羽林大将军安波注的儿子，在血缘上同安禄山毫无关系。况且，安思顺曾经多次向唐玄宗报告安禄山的种种不正常举动，预言安禄山必反。故此，唐玄宗才没有为难他们兄弟，而仅仅是解除了他们的军权。

安禄山长子安庆宗刚刚同宗室女荣义郡主完婚，夫妻居住在长安。表面上看是唐玄宗对安禄山的宠爱，实际上颇有一番人质的味道。安禄山起兵叛乱，安庆宗也就该履行他作为人质的职责了。安庆宗被腰斩，他的母亲康氏同荣义郡主一同被赐死。

时任安西节度使封常清此时正在京城。十一月十六日，唐玄宗在华清宫召见封常清。谈及安禄山“领凶徒十万，径犯中原”时，封常清显得满不在乎：“臣请走马赴东京，开府库，募骁勇，挑马棰渡河，计日取逆胡之首悬于阙下。”唐玄宗“壮其言”，好似吃了一颗定心丸。

封常清同杨国忠一样，持着“速胜论”的观点。他们认为唐玄宗是一位英明之主，天下太平日久，百姓安居乐业，人心思定，并没有叛乱的社会基础。安禄山敢冒天下之大不韪，公然反抗朝廷，是不得民心军心的。因此，叛军不足惧，安禄山可旬日而擒。这样的想法带有很强的主观色彩。反叛不得民心，不代表叛军没有实力，更不代表不费吹灰之力就能平叛。很可惜，这种论调却成为朝议的主流观点：

时朝议皆以为禄山狂悖，不日授首。

唐玄宗听到封常清的豪言壮语却很欣慰，以其为范阳、平卢节度使，迅速前往洛阳募兵御敌。一到洛阳，封常清就切断了洛阳以北黄河上的河阳桥，以防止叛军渡河。同时，他大力招募军队，得六万人。封常清带着这些毫无战斗经验的新兵进驻武牢关（即虎牢关，今河南荥阳汜水镇西），修筑工事，准备迎战。

十一月二十一日，河北战报飞入华清宫：博陵（今河北定州）失陷。心神刚刚有所安定的唐玄宗又坐不住了。华清宫作为离宫别馆，并不适合坐镇指挥。几天来，唐玄宗刻意摆出一副镇定自若的样子，以示对平叛胸有成竹，因而没有急着离开。博陵陷落，叛军摧枯拉朽，势不可当，唐玄宗不得不马上返回长安，进行下一步的军事部署：

以九原（治所在今内蒙古五原南）太守郭子仪接替安思顺为朔方节度使。以右羽林大将军王承业为太原尹，镇守太原；以右金吾卫大将军、羽林军副将程千里为潞州（治所在今山西长治）长史，共同确保并州万无一失。

令朔方、河西、陇右等西北部的节度使除留下戍守边境的军队外，迅速率军入京勤王。唐玄宗下达死命令，诸镇必须在二十日内在长安集合，届时皇帝要亲统大军征剿逆胡。

增设河南节度使，领陈留（治所在今河南开封东南）、睢阳（治所在今河南商丘南）等十三郡，以卫尉卿张介然为节度使，镇陈留，目的是不使叛军攻取江淮，掐断江南税赋。

为解燃眉之急，朝廷将戍守长安的彍骑分出一部分，并在长安附近招募新兵，预定组成一支十一万人的大军，号称"天武军"。经过十天的紧急招兵，勉强凑够了约五万人，以前安西节度使高仙芝为将领，以监门将军宦官边令诚为监军，入中原作战。

十二月初一，大军即将开拔。唐玄宗在兴庆宫勤政楼宴请高仙芝等诸将以示慰劳，后又至城外望春亭饯行。此后，高仙芝率大军出潼关屯驻陕郡（治所在今河南陕县）。

如此一来，朝廷就组成了陈留、洛阳、陕郡三道防线来阻止叛军。加之诸镇边兵二十万众很快就能集结长安，唐玄宗心中才稍许安稳。

"虏骑十万，所过杀戮，烟尘亘天，弥漫数十里。"此时的叛军在河北如入无人之境。十二月初二，仅仅用了二十三天，叛军便打到了黄河岸边的灵昌（今河南滑县）。

此时正是隆冬时节，天寒地冻，黄河天堑在这样的天气条件下失去了阻隔南北的作用。叛军用绳索、草木等将破船连接起来，在黄河上临时搭出一座浮桥。一夜之间，浮桥下的黄河水凝结成冰，叛军蜂拥过河，一直冲到陈留城下。

隋炀帝当初修凿京杭大运河时，借用了汴河一段。汴河在陈留城下流过，使陈留成了重要的交通枢纽、水路码头，朝廷从江淮地区收上来的钱粮，都要经过陈留再转运到洛阳、长安，或是北上幽州。陈留地处中原腹地，百余年没有战乱，百姓早已不知兵戈。

数日前，河南节度使张介然慌忙到任，刚刚拼凑了一支一万余人的部队。张介然对陈留的人情、地情、军情皆不熟悉，手下又是一众瓦合之卒，如何是十余万幽燕铁骑的对手？官军"闻吹角鼓噪之声，授甲不得，气已夺矣”。还没有接战，仅仅听到鼓角之声，官军就已被吓破了胆。

张介然却毫不畏惧，亲自登城指挥，鼓励大家据城死守，硬是顶住了叛军三日的进攻。十二月初五，陈留太守郭纳见大势已去，居然背着张介然开城投降。陈留遂告陷落，张介然被俘，余众皆降。

陈留是安禄山攻入中原后占领的第一座大城市。得到陈留，叛军向西可攻洛阳，向南可攻江淮。但安禄山还没来得及高兴，就得到了长子安庆宗在长安惨死的消息。原来为了鼓舞官军士气，陈留北郭内张贴着朝廷已经将安庆宗正法的布告。

安禄山见到榜文，于舆中两手抚胸，大哭数声，曰：“我有何罪，已杀我儿？”

事到如今，安禄山还不知自己有何罪吗？真是荒唐。哭罢，安禄山犯起了野性，要让陈留军民为其子殉葬：

陈留兵将降者向万人，行列于路，禄山命其牙将杀戮皆尽，流血如川。乃斩介然于军门，禄山气乃稍解。

安禄山留下部将李庭望镇守陈留，自己率大部队西进，直逼荥阳（今河南荥阳）。荥阳太守崔无波率军民力战，无奈守城兵士毫无战斗素养，在城头上“闻鼓角声，自坠如雨”。最终荥阳城破，崔无波及将士“尽为贼所虏”。安禄山杀崔无波，留部将武令珣守荥阳，自引兵锋直向河洛。

荥阳失陷，洛阳仅剩武牢关一道门户。封常清亲自在武牢关督军等待叛军的冲击。封常清面相丑陋，腿短跛足，早年穷苦流离，三十多岁时才投到高仙芝帐下从军。后屡立战功，他随高仙芝征讨小勃律，独自指挥击破大勃律，是天宝时期的著名边将。论指挥能力，封常清不输安禄山。因此，当初封常清才有底气在唐玄宗面前夸下海口。但此时封常清所带的士兵都是刚刚招募的毫无战斗经验的百姓，远非当年所带的西域劲旅可比。

武牢关虽是天下险要，却经不起安禄山幽燕铁骑的一次冲锋。官军大败，封常清收余众退守葵园。叛军尾随而来，封常清奋勇杀贼数十人，还是稳定不住局面。继而再败，官军退守洛阳。

封常清率残部退入洛阳城上春门，叛军在后席卷而至。城防很快被突破，战斗被推进到城中。叛军如决堤的洪水般灌入城中。当日大雪盈尺，叛军见人就杀，不论军民。血红雪白，一时洛阳城化作人间地狱。守军早已作鸟兽散，争相逃命。封常清也随着人流败出洛阳，西奔陕郡。当时，这座世界上数一数二的大城市，拥有高墙深壑坚固城防的大唐东都，在一日之间即告陷落。

俯视洛阳川，茫茫走胡兵。
流血涂野草，豺狼尽冠缨。

——李白《古风·其十九》

杜甫的“三吏三别”向来被尊奉为“诗史”，但李白却是在诗歌中最先表现安史之乱的诗人。据学者考证，安史乱起时，李白很有可能正在洛阳一带，目睹了洛阳沦陷、叛军屠戮的惨状，乃西奔入潼关，上华山，稍稍安定后，才作出此诗。

封常清退到陕郡，与刚刚进驻陕郡的高仙芝会师。封常清早年就在高仙芝帐下任职。起初，高仙芝并不看好封常清，多次拒绝封常清做自己的侍从。但封常清锲而不舍，终于打动了高仙芝。后封常清为高仙芝做捷报，“仙芝所欲言，无不周悉，仙芝大骇异之”，这才取得了高仙芝的信任，被提拔于行伍之间，二人也结下了深厚的战友情谊。

二人搭档驰骋西域，令诸国闻风丧胆，不想今日竟在如此窘迫的情境下再次会面。数日前还丝毫不把安禄山放在眼里的封常清，如今对叛军的态度已有了一百八十度的大转弯，他建议高仙芝：“累日血战，贼锋不可当。且潼关无兵，若狂寇奔突，则京师危矣。宜弃此守，急保潼关。”

封常清在西域时就是高仙芝的智囊，“仙芝素信常清言”。今日高仙芝刚刚来到战场，尚不知敌情如何。而封常清已经同叛军交过三次手，他的意见自然受到了高仙芝的重视。军情紧急，叛军即将接踵而至，高仙芝已没有太多的时间深思熟虑。他下令打开陕郡境内的太原仓，将容易携带的钱帛分发给将士，其余物资全部烧毁，以免资敌。随后，高仙芝率部向潼关撤退。

叛军果然很快尾随而至，掩杀官军。官军一触即溃，丢盔弃甲，由撤退变成了逃跑，“贼寻至，官军狼狈走，无复部伍，士马相腾践，死者甚众”，“甲仗资粮委于道，弥数百里”。官军逃入了潼关的壁垒之后，高仙芝、封常清指挥修筑工事，方才稳住阵脚。

至此，唐玄宗打造的陈留、洛阳、陕郡三条防线全部崩溃。大唐首都长安仅剩潼关一道屏障。

自毁长城

高仙芝、封常清弃守陕郡是否得当，一直是一个颇具争议的话题。有人认为，封常清的建议是正确的，也有人认为，陕郡数百里不战而弃，实在是说不过去。

自范阳起兵到攻占洛阳，叛军仅仅用了三十四天。或许连安禄山都没有想到战争的进展会如此顺利。入主东都后，安禄山也滋生了骄傲轻慢的情绪，谋划称帝自立，此后他便不再亲自率军征战。进攻陕郡只是由叛军将领崔乾佑统兵。

如果高仙芝、封常清坚守陕郡，叛军以一支偏师不一定能攻占陕郡，就会为潼关保留一道屏障。但这只是一种“如果”。如果官军在陕郡遭受重创或者全军覆没呢？潼关无兵可用，后面那种“如果”则是朝廷承受不起的。在这样生死存亡的时刻，官军退守潼关还是稳妥的选择，当然撤退的过程确实有些狼狈不堪了。

就在官军在中原被叛军打得丢盔弃甲的时候，躲在潼关后面的唐玄宗在做些什么呢？

十二月十五日，唐玄宗任命十六皇子永王李璘为山南节度使，江陵长史源洧为副使；十三皇子颍王李璬为剑南节度使，蜀郡长史崔圆为副使。

两位皇子仅是遥领，并不实际赴任。

山南节度使辖区在今河南南部及湖北一带。因陈留、洛阳等重要城池失陷，江南的钱粮已经无法通过运河汇集到中原再转运关中。这就要求必须开辟新道路来保障关中的供给。漕运大船要由长江逆流而上至今汉口，进入汉江，再逆汉江而上过荆襄至关中。这样山南地区的重要性就凸显出来了。这条路线虽远较运河艰险，但也别无良法。而剑南是朝廷的大后方，一旦关中有失，朝廷恐怕要迁到剑南继续抵抗，因而剑南也要做到万无一失。

刚作出两项重要任命，接着唐玄宗又将亲征提上了议程。十二月十六日，唐玄宗发布诏书，命太子李亨留守长安监国，他要亲自率兵出潼关抗敌。但是，此事却遭到了杨国忠一伙的极力反对。

杨国忠对韩、虢、秦三夫人说："太子素恶吾家专横久矣，若一旦得天下，吾与姊妹并命在旦暮矣！"一家大惧，相与聚哭。为保住自家地位，三夫人马上入宫将此事禀报给杨贵妃，并让杨贵妃无论如何说服唐玄宗打消这个念头。杨贵妃"衔土请命于上，事遂寝"。

这是杨贵妃在史书记载中为数不多的干预朝政的行为。但仅此事就足以让太子李亨对杨贵妃终生衔恨。当然，唐玄宗最终没有亲征，太子最终也没有监国，倒并不一定就是杨贵妃的话起了决定性作用。只因战场形势瞬息万变，陕郡失守，叛军已经打到家门口了，皇帝也就没有必要亲征了，坐镇长安指挥基本上就等于亲征了。

战局变化如此之快，官军败退如此之速，这是唐玄宗万万没有想到的。他不明白高仙芝、封常清两位当世名将当年在西域时是何等骁勇，如今遇到叛军，为何却抱头鼠窜、望风而逃呢？这时他派去的监军边令诚回长安向自己报告来了。

边令诚添油加醋地将高仙芝、封常清惨败之状进行了一番描述，并造谣说："常清以贼摇众，而仙芝弃陕地数百里，又盗减军士粮赐。"唐玄宗大怒，命边令诚带着敕书速回潼关军中，将二将斩首示众。

边令诚与高仙芝原本是一对老搭档。天宝六年（747 年），唐玄宗命高仙芝率步骑一万进讨依附于吐蕃的小勃律（今克什米尔西北部）。彼时边令诚就是监军。高仙芝与边令诚共同攻取吐蕃连云堡（小勃律西北部）时曾有过较为完美的配合。二人协力指挥官军偷袭连云堡。当时，连云堡守军约万人，官军如神兵天降，守军猝不及防。官军半日即攻陷此城，斩五千人，俘千人，得马千余匹。

战后，高仙芝准备乘胜深入小勃律，边令诚却畏惧不敢前进。高仙芝也没怪罪他，拨出老弱兵二千人，让边令诚据守连云堡等待捷报。高仙芝率军深入，经过约两个月的苦战，小勃律国王及吐蕃公主向高仙芝投降，官军遂平其国。“拂菻、大食诸胡七十二国皆震慑降服”。

边令诚惧战不前，高仙芝却仍上表为边令诚请功。但是，高仙芝却因战功遭到了安西四镇节度使夫蒙灵詧的嫉恨。高仙芝本是高句丽人，夫蒙灵詧居然当众辱骂高仙芝是“狗屎高丽奴”。身为监军的边令诚此时挺身而出，将实情俱告朝廷。唐玄宗得知真相，授高仙芝为鸿胪卿、摄御史中丞，代夫蒙灵詧为安西四镇节度使。

两个人本有过一番互相成就。但高仙芝此次东平叛军，“监军边令诚数以事干之，仙芝多不从”。高仙芝多次拒绝了边令诚的各种提议，使后者怀恨在心。加之小勃律之战是大胜，可以同富贵，而此次丢掉陕郡是大败，谁也不想承担失败的责任。边令诚也就落井下石了。

当初，封常清丢失东都之后，曾三次遣使奉表陈说敌情，唐玄宗都拒绝接见。后封常清也曾亲自前往长安谢罪，刚到渭南就接到圣旨，削其官爵，命他立即回到高仙芝军中以白衣身份戴罪立功。

封常清已经自感时日无多，他草拟了一份遗表，即《封常清谢死表闻》。他为自己的失利和苟活辩解：“自今月七日交兵，至于十三日不已。臣所将之兵，皆是乌合之徒，素未训习。率周南市人之众，当渔阳突骑之师，尚犹杀敌塞路，血流满野。臣欲挺身刃下，死节军前，恐长逆胡之威，以挫王师之势。”最后，他嘱咐唐玄宗：“臣死之后，望陛下不轻此贼，无忘臣言！”

边令诚回到潼关，先将封常清拿下，宣布“恩命”。封常清将《封常清谢死表闻》交给边令诚，恳请其代为上呈皇帝，遂引颈就戮。

封常清既死，高仙芝正好从外归来。边令诚带着陌刀手百余人来见高仙芝，说：“大夫亦有恩命。”当即拿下高仙芝，并将其带到封常清的尸体面前。

高仙芝看着往日爱将已身首异处，凄然道：“封二（封常清在家中排行第二），子从微至著，我则引拔子为我判官，俄又代我为节度使，今日又与子同死于此，岂命也夫！”

高仙芝又愤然道：“我遇敌而退，死则宜矣。今上戴天，下履地，谓我盗减粮赐则诬也。”退守之时，高仙芝明明是开太原仓分赐士卒，又哪里有“盗减粮赐”之事。众士卒都替主帅鸣不平，大声疾呼冤枉，其声振地。然而，边令诚置若罔闻，遂斩高仙芝。

封常清、高仙芝虽然有失土之责，但是未曾失于大义，不失为大唐忠魂。讽刺的是，后来叛军攻陷长安，开门纳降的正是这个边令诚。

封常清、高仙芝之死对于平定叛乱是有百害而无一利。唐玄宗头脑一热作出的决定无异于自毁长城，致使一时间长安无将可派。唐玄宗最后只得委任在长安养病的河西、陇右节度使哥舒翰到前线御敌。

哥舒翰素来与杨国忠亲善，而与安禄山、安思顺兄弟不睦。一次，哥舒翰与安禄山、高力士等人对饮。安禄山想和哥舒翰套近乎，说：“我父胡，母突厥，公父突厥，母胡，族类颇同，何得不相亲？”哥舒翰却说：“古人云：狐向窟嗥不祥，为其忘本故也。兄苟见亲，翰敢不尽心！”指出安禄山必将忘本。安禄山大怒，骂道：“突厥敢尔！”幸亏有高力士从中调停，二人才没有动起手来。自此后二人恨怨愈深。

从这点上来看，唐玄宗派哥舒翰到潼关抵抗叛军是得当的。但无奈哥舒翰此时已身患重病，他在天宝十四年（755）二月入京途中因为洗澡引起中风昏迷，醒来后身体便不听使唤了。之后，他一直在长安养病，但瘫痪的躯体却丝毫未见好转。以这样的健康状况怎么可能去前线御敌，于是哥舒翰再三推辞。唐玄宗不准，任命荣王李琬为行宫元帅、哥舒翰为兵马副元帅，强行令哥舒翰出征。荣王李琬作为皇子，仅是遥领，不必亲接阵仗。

然而数天后，荣王李琬突然暴亡。唐玄宗又改任哥舒翰为“皇太子先锋兵马元帅”，这样在名义上指挥平叛的人就成了太子李亨。当然李亨也仅是遥领，真正要去前线的还是瘫痪的哥舒翰。

唐玄宗为哥舒翰拼凑了八万多军队，又为哥舒翰配备了一批将领，以田良丘为御史中丞，充行军司马，以王思礼、钳耳大福、李承光、苏法鼎、管崇嗣及番将火拔归仁、李武定、浑萼、契苾宁等为裨将，于十二月二十三日正式誓师出征。

唐玄宗在兴庆宫勤政楼亲自为哥舒翰举行出征仪式，并命百官到长安东郊为大军饯行。哥舒翰虽然自知此去凶多吉少，但也已是骑虎难下，只好硬着头皮出发了。与主帅心情形成鲜明对比的是，八万大军列阵开拔，旌旗招展，绵延二百余里，蔚为壮观。

这支颇为唬人的八万大军主要是从长安附近搜罗来的市井之徒，此外还有少许河西、陇右诸番兵，或战力羸弱，或纪律松散。潼关还有高仙芝、封常清留下来的五万士卒，他们因主帅含冤被斩而士气低落。哥舒翰将两部人马合一，号称二十万。

哥舒翰无法履行日常的元帅职责，因此军中之务不复躬亲，委政于行军司马田良丘。田良丘不敢专断，哥舒翰又命王思礼掌管骑兵，李承光掌管步兵。又有宦官李大宜作为监军，职责与先前的边令诚相同。将帅监军之间相互掣肘、军令不一，致使全军人心涣散、士气低迷。

大唐首都长安的最后一道防线潼关，被一片悲戚哀怨的气氛笼罩着。

第十八章 正气歌

河北义士

自唐玄宗临阵易帅，治罪封常清、高仙芝，到哥舒翰勉强出征在潼关完成防御部署，大约有半个月的时间。这段时间潼关防线是极其薄弱的，安禄山若引兵强攻，很有可能一鼓作气地冲破潼关，进入无险可守的关中平原。若真如此，这将给措手不及的唐朝廷致命一击。

安禄山并非看不到其中的战机，他也确实一度拉开了亲自攻打潼关的架势，甚至已经带着队伍到达了新安（今河南新安），却最终没有挥出那致命的一拳。原来是叛军业已占据的河北又燃起了反抗的战火，安禄山闻河北有变，仓皇还师洛阳调兵遣将去了。

安禄山本身兼河北、河东采访使，河北地区在其掌控范围内，加之起兵突然，叛军在河北几乎没有遇到太多像样的抵抗，以致唐玄宗曾失望地说:“河北二十四郡，岂无一忠臣乎？”这话说得并不客观。燕赵之地自古多慷慨悲歌之士，河北并不缺乏捐躯赴国难的忠臣义士，只是一时反应不及、手足无措而已。

在第一卷中曾经讲过，在建唐之初，以窦建德、刘黑闼为首领的河北豪杰与立足于关中的唐王朝，曾为争夺天下进行过殊死搏斗。这样的斗争一直持续到唐高祖武德末年。

河北因紧邻草原大漠，胡化严重。河北的中心城市幽州城内，就居住着大量外族商旅与民众。胡汉杂居也是安禄山得以顺利在此地起兵的一个重要因素。但毕竟唐王朝建立一百余年来，国家安定太平，百姓安居乐业，从贞观之治到开元盛世，其中虽有波折，国力国势却不断螺旋上升，直至达到巅峰。河北百姓早已在观念上接受了大唐作为正统王朝的统治合法性。因此，安禄山的起兵从根本上来讲是不得人心的，即使在曾经人心浮动、今日又是安禄山老巢的河北地区，也同样如此。

当安禄山的铁蹄踏过，河北义士的家国情怀也得以觉醒，他们纷纷起兵抵抗叛军。这其中最杰出的代表是以舞文弄墨而著称于史的大书法家颜真卿与其从兄颜杲卿。

颜真卿出身于一个较为显赫的山东士族：琅琊颜氏。这个家族的远祖是孔门“七十二贤”之首的颜回。在南北朝时期，琅琊颜氏出了一南一北两位文坛领袖。在南朝为与谢灵运、鲍照合为“元嘉三大家”的颜延之，在北朝为写出了《颜氏家训》的颜之推。颜之推的孙子颜师古也是一代大儒，著有《汉书注》，并与魏徵等人合著《隋书》。颜真卿是颜之推的五世孙，颜师古的从曾孙。

颜真卿于开元二十二年（734 年）登进士第，任校书郎，后又任醴泉县尉、长安县尉、临川内史、监察御史等职。在任殿中侍御史时，颜真卿得罪了杨国忠，被调离京师，辗转出任平原太守。可以说颜真卿的仕途并不顺利，他虽然长期在中央任职，唐玄宗对他却根本不了解。以致后来颜真卿在平原坚守时，唐玄宗虽欣喜，却谓左右曰：“朕不识真卿何如人，所为乃若此！”

平原郡在今山东德州一带，在和平时期并非险要的地方，但一旦起了战事，它处于河北与中原之要冲的战略地位就显现出来了。颜真卿赴任后，逐渐察觉到他的顶头上司安禄山已经露出了些许谋反的迹象。颜真卿就借口连日的阴雨加固城墙、疏浚河道、招募壮士、囤积粮草，以备不时之需。

安禄山派人暗中观察颜真卿的一举一动，颜真卿却日日与宾客泛舟饮酒。安禄山果然受了蒙蔽，认为颜真卿不过是一介书生，渐渐地对他放松了警惕。然而，谁道百无一用是书生，等到安禄山起兵，河北各地纷纷陷于贼手，唯独平原守备充分，城头仍然高高飘扬着大唐的旗帜。

当时，平原郡有守军三千，颜真卿打着平叛的旗号招兵买马，很快又得万人。颜真卿在平原城西门大飨将士，慷慨泣下，众皆感励。颜真卿派人联络四方，饶阳太守卢全诚、济南太守李随、清河长史王怀忠、景城司马李（目韦）、邺郡太守王焘先后领军来归附。唐玄宗又下诏命北海太守贺兰进明率所部五千人北上渡河驰援平原。一时间，大唐在平原形成了一股不可忽视的平叛力量。

在颜真卿派出联络四方的诸多使者中，有一队使者带着颜真卿期待而不安的心情，驱奔常山郡（今河北石家庄）。之所以期待，是因为常山郡当时的代理太守是颜真卿的从兄颜杲卿，此人“性刚直，有吏干”，是难得的人才；之所以不安，是因为颜真卿早已得到通报，这位从兄业已附敌，颜杲卿究竟心思如何？难道他真的辱没了祖宗，背叛了朝廷？

令颜真卿欣慰的是，颜杲卿的附敌只是一时的权宜之计。同颜真卿一样，早在安禄山起兵之前，颜杲卿就看出了安禄山的不轨之心。怎奈常山郡属安禄山管辖，作为下属，颜杲卿毫无办法，只能暗中“阴养死士，招怀豪右，为拒贼之计”。

安禄山在起兵之初，本是夜间行军，白天休整。攻取博陵（今河北正定）后，他改变了策略，开始鼓噪前进。博陵与常山仅咫尺之遥。渔阳鼙鼓排山倒海响彻常山，颜杲卿知道抵抗亦是无果，只得“开门揖盗”，放安禄山通过常山。

见到颜真卿的使者，颜杲卿决心反戈一击，并派遣自己的第三子颜季明往来于常山郡与平原郡之间联络。因此颜真卿与颜季明也建立了深厚的叔侄情谊。

心细的读者可能会意识到，前文常提到某州，而此时又出现了“郡”

这个行政区划名称。这里讲一讲秦汉、隋唐地方行政制度的变化。秦始皇实行郡县制，并“州”的称谓。汉代以来，“州”初为监察区，后成为比“郡”更高一级的行政区划单位，基本相当于今天的省，“郡”相当于今天的“市”。

隋文帝开皇三年（583 年），遂废诸郡，称为“州”。州代替了郡，成为“市”一级的行政区划单位。此时，州郡已经同级。隋炀帝即位后并省诸州，改州为郡。唐朝建立之初，改郡为州，太守并称刺史。天宝元年（742 年），唐玄宗改州为郡，改刺史为太守。这也是在本节中会出现常山郡、平原郡这样称谓的原因。唐肃宗至德元年（756 年）又改郡为州，太守为刺史。隋唐时期行政区划单位名称复杂，除了州、郡之外，还有道、府等名称，这里不做过多讨论。待讲到某时某地，若有需要，再作交代。

继续来讲常山郡的颜杲卿。由于敌我实力悬殊，最初颜杲卿没有像颜真卿那样公然挑起平叛的大旗，而是与长史袁履谦、前真定县令贾深、前内丘县丞张通幽等人秘密商议，利用自己在叛军中的地位，施巧计擒杀叛将。

此时，叛将李钦凑、高邈率军五千镇守土门关。土门关在今河北省石家庄市鹿泉区西五里的抱犊山下，这里是太行八陉之一井陉的东口，东扼燕赵，西通秦晋，是往来山西、河北的咽喉要冲。汉唐时为关隘，屯兵宿戍，几与潼关、蒲坂有等同的战略地位。汉初韩信东出太行破赵，曾在此激战，并留下“背水一战”的著名典故。

若是控制土门关，山西的官军就能进入河北，使叛军腹背受敌。驻守土门关的李钦凑部叛军在名义上是隶属于常山郡的，所以颜杲卿能够调动李钦凑。正好此时李钦凑派遣高邈赴幽州公干，李钦凑没有帮手，颜杲卿就派人召李钦凑到常山城中议事。李钦凑到达郡中，颜杲卿先将其灌醉，后命袁履谦等人将其斩杀。见到李钦凑的首级，颜杲卿与袁履谦“且喜且泣”。

就在当晚，颜杲卿得到情报，高邈已经自幽州返回，将要到达藁城驿馆。颜杲卿派参军冯虔等人在藁城驿馆埋伏，将高邈擒获。说来也巧，同一日，叛将何千年从洛阳赶往赵郡，冯虔等人伏兵于醴泉驿馆，又将何千年擒获。

就这样，颜杲卿几乎毫不费力就解决了三名叛将。颜杲卿命自己的儿子安平尉颜泉明率众带着李钦凑的首级和高邈、何千年二贼，西入井陉，取道太原，入京报捷。颜杲卿自己坐镇常山收兵练卒，与坐镇平原的颜真卿联合，檄告河北郡县，诈称朝廷以荣王李琬为河北兵马大元帅，哥舒翰为副元帅，统兵三十万，不日即将出土门关收复河北。河北郡县闻之，皆杀贼守将，远近响应，一时间有十多个郡县光复。

河北局势巨变，切断了叛军老巢范阳与洛阳之间的联系。叛军家属都在范阳，一时人心惶惶。此时，安禄山正亲率大军西征，兵犯潼关。他闻变马上回师洛阳，派遣心腹大将史思明、蔡希德等人率重兵北渡黄河，攻掠常山郡。

天宝十五年（756 年）正月初一，安禄山撕下了“奉密旨讨杨国忠”的伪装，在洛阳称帝，自称雄武皇帝，国号大燕，定都洛阳，年号圣武，正式建立了与唐王朝分庭抗礼的政权。

就在洛阳一派歌舞升平时，史思明率军进抵常山。颜真卿等河北官军仅能守城自保，无法驰援常山。颜杲卿就近向驻守太原的节度使王承业求救，王承业却按兵不动。颜杲卿只得孤军奋战死守常山，激战六日，终因寡不敌众，城破被俘。与之一起被俘的还有袁履谦、颜季明等人。史思明旋即攻打河北诸郡，邺、广平、巨鹿、赵郡、上谷、博陵、文安、魏郡、信都等地，再次陷于叛军之手。

颜杲卿等人被执送洛阳。安禄山见到颜杲卿后怒不可遏。因颜杲卿的代理常山太守之职是当初安禄山向朝廷举荐奏请而得，因此安禄山呵斥颜杲卿忘恩负义，并问他因何背叛自己：“吾擢尔太守，何所负而反？”颜杲卿听到安禄山如此无耻的问题，瞋目而视，反骂道：“汝营州牧羊羯奴耳，窃荷恩宠，天子负汝何事，而乃反乎？我世唐臣，守忠义，恨不斩汝以谢上，乃从尔反耶？”

一句话问得安禄山哑口无言、恼羞成怒，他将满腔愤恨发泄在了颜杲卿等人身上。颜杲卿被缚在天津桥柱上，当众被肢解。颜杲卿大骂不绝，叛军钩断其舌，恶狠狠地问：“复能骂否？”颜杲卿吐字含混不清，但至气绝，仍大骂不止。

《旧唐书》记载，颜杲卿被“缚于中桥南头从西第二柱，节解之”。绑缚的位置记载得如此详细，在史书中并不多见。

袁履谦被斩断手足。当时叛将何千年之弟正在一旁，袁履谦攒足力气，一口血喷在他的脸上。叛军遂将其脔杀。洛阳百姓见者无不偷偷垂泣。

颜杲卿宗子近属皆被害，这其中就有颜杲卿之子颜季明。唐肃宗乾元元年（758 年），颜真卿遣人寻得颜季明首级，祭奠时泣作祭文，即号称“天下第二行书”的《祭侄文稿》。这件旷世奇作流传至今，现收藏于台北故宫博物院。《祭侄文稿》全文共二十三行，二百三十四字，只七次蘸墨，既痛快淋漓，似大河直下，又渴涩枯竭，如撕心裂肺，表现了作者极度的悲怆愤慨。

透过二十三行血淋淋的墨迹，我们似乎看到了一个家族的悲壮与一个时代的郁结。

中兴名将

颜杲卿牺牲后，先前光复的河北十多个郡县大部分再次落入叛军之手。但这一局面并没有持续很久，仅仅一个月后，朔方节度使郭子仪即命李光弼率朔方军挥师东进，艰难地穿越“车轮为之摧”的太行孔陉，进入华北平原。这是一招妙棋，也是一招险棋。

郭子仪，华州（治所在今陕西渭南华州区）人，出身于太原郭氏。这是一个自汉晋以来较为显赫的门阀士族，名人辈出。隋唐时期，太原郭氏已成为山东中原地区八大姓之一。郭子仪的父亲郭敬之历任渭州、吉州、绥州、寿州四州刺史。

郭子仪出生于武周神功元年（697 年）。就在郭子仪五岁的时候，武则天在中国历史上第一次开设“武举”，“诏天下诸州宣教武艺”，并在兵部主持下，每年举行一次考试，选拔有武艺的人才授予武职。郭子仪是最早的“武举”制度的受益者之一。他在唐玄宗开元初年参加武举，并以优异的成绩被评定为“异等”（特等）而进入军界。

郭子仪历任左卫长上、桂州都督府长史、单于都护府副都护、振武军使、安西副都护、北庭副都护等职。天宝八年（749年），郭子仪升任左武卫大将军，这已经是从三品的高级武官。后郭子仪又任横塞军使、单于安北副大都护、天德军使、九原郡都督、西受降城使、九原郡太守、朔方节度右厢兵马使。

安史之乱爆发时，郭子仪已经是一位五十八岁的老人。虽然叱咤军界一生，也早已是高级武官，但郭子仪并无太多煊赫的武功，其职位主要靠资历累迁而得。可以想见，如果开元、天宝盛世持续下去，郭子仪不会在历史上留下太大的声音，更不要说跻身历史头排名将之列了。

当渔阳鼙鼓传来，郭子仪正因母亲去世而丁忧在家。郭子仪当时是朔方节度右厢兵马使。作为战斗力强悍的边防军，朔方劲旅是距离叛军占领地最近的官军主力部队，因而成为朝廷平叛主要依靠的力量。而朔方节度使安思顺因与安禄山的兄弟关系，不可能继续统率朔方军马。

自古忠孝难两全，本着先国后家的原则，慌乱的唐玄宗只得“夺情”起用郭子仪，任命他为卫尉卿、单于安北副大都护、灵武郡太守，兼摄御史中丞，权充朔方节度副大使，命他火速赶往朔方，整军出征平叛。

平叛初期，郭子仪就表现出了一名优秀将领的指挥素养，对叛军起到了关键的遏制作用。安禄山攻陷洛阳时，留守大同的叛军将领高秀岩为了配合安禄山在中原的进攻，向朔方的振武军（治所在今内蒙古托克托南）发起了进攻。

郭子仪率军还击，将叛军击败，并乘胜收复静边军（治所在今山西右玉）。叛军一方的大同兵马使薛忠义反攻静边军。郭子仪派李光弼、仆固怀恩等将率军再次大破叛军，不但保静边军不失，还阵斩叛军七千余人。

这是安史之乱以来官军取得的第一次大捷，消息传来，唐朝朝野为之振奋。郭子仪乘胜追击，进逼叛军盘踞的云中（治所在今山西大同）和马邑（今山西朔州东），并再次取得胜利，打通了朔方与太原的联系。

安禄山本想自己率主力由潼关正面攻击关中，并州北部的叛军南下夺取太原，并从河东侧攻关中。但郭子仪的一系列胜利使这一计划付诸东流。同时，郭子仪也控制了东出太行的孔道。

拥有了太行山道的控制权，郭子仪所部官军就可以穿凿太行山进入河北，与在河北苦苦支撑的义军会师，拦腰切断河北与河南叛军的联系，继而或南下收复安禄山盘踞的洛阳，或北上倾覆叛军的老巢范阳。

但就在此时传来了常山郡陷落、颜杲卿被俘的消息。郭子仪急命李光弼东出太行收拾河北局面。李光弼是契丹族人，其父是契丹酋长李楷洛。李楷洛于武周时期归顺朝廷，曾任左羽林大将军，封蓟郡公。李光弼的籍贯是营州柳城（今辽宁朝阳西南），论起来与安禄山还是同乡。但李光弼出生于唐中宗景龙二年（708 年），彼时李楷洛早已在朝廷任职。李光弼生于内地长于内地，既保持了少数民族的尚武之风，又有较深的汉文化水平，如他既擅长骑射又喜读《汉书》。这使得他成为一位不可多得的将才。

天宝初年，李光弼在河西任职时，河西节度使王忠嗣就曾预言“光弼必居我位”。天宝十三年（754 年），李光弼调任朔方节度副使。朔方节度使安思顺爱惜李光弼的才干，曾打算将女儿许配给他。李光弼不愿与安家扯上关系，居然托病辞官。后赖陇右节度使哥舒翰奏请，唐玄宗才将李光弼召回长安。

安史之乱爆发后，唐玄宗下诏征求带兵平叛的人才。郭子仪向朝廷举荐了李光弼。唐玄宗遂任用李光弼为云中太守，摄御史大夫，充任河东节度副大使，知河东节度事，后又加授魏郡太守、河北道采访使，配合郭子仪平定河北。

李光弼率领五千朔方军赶到常山，此时常山已经再次落入义军之手。原来史思明击破常山后，留下史思义为守将，自己则带着主力人马平定各地义军去了。史思明一路上烧杀劫掠，大部分郡县慑于他的淫威再次倒向了叛军一方。而饶阳郡太守卢全诚以城抗贼，拒不投降。史思明率军将饶阳包围。河间郡司法李奂派兵援救饶阳，被史思明击败。

由于史思明部主力都在饶阳围城，因而常山守备空虚。常山军民趁机起义，击溃了叛军，活捉了守将史思义，大开城门迎接官军。李光弼顺利进驻常山。一时间，常山郡九县，除了九门（今河北藁城西北）、藁城尚为叛军所据外，其余七县皆光复。

史思明得知常山失守，撤围饶阳，掉头直扑常山。李光弼进驻常山时没有杀死叛军守将史思义，而是劝降了他。鉴于他了解叛军战术，李光弼便向其问计。史思义回答说："今军行疲劳，逢敌不可支，不如按军入守，料胜而出。虏兵猋锐，弗能持重，图之万全。"建议李光弼据城死守，不要轻易出战，再伺机而动。

李光弼接受了这一建议。第二天，史思明率所部两万军队攻城。李光弼并不出战，只是以五百名劲弩手在城头射击。叛军无法取胜，向北退却列阵。李光弼这才率军出城，与叛军隔滹沱河对峙。这时，自饶阳方面又有五千叛军来增援史思明，已经行至九门。官军探马得知这一情报，急报李光弼。李光弼自率轻骑，偃旗息鼓偷袭九门，将叛军击杀殆尽。

双方在常山一带对峙四十余日。李光弼属下裨将张奉璋率五百人镇守石邑（今河北获鹿东南），这里是官军的粮草基地。三月底，史思明派人切断了自石邑到常山运输粮草的线路，并派叛将蔡希德攻打石邑。虽然经过苦战，张奉璋没有丢失石邑，但是若想从石邑运粮草到常山已经非常困难了。李光弼只得向郭子仪告急。

此时，郭子仪刚刚光复了云中，得到河北的情报后，他马上率全军开出井陉支援李光弼，并于四月九日同李光弼会师。官军士气大振。史思明见围攻常山的计划已经很难实现，便率军向东退却，据守九门。郭子仪、李光弼率军尾随追击。四月十一日，官军与叛军战于九门城南，叛军大败。叛军将领李立节中流矢而死。另一个叛军将领蔡希德狼狈逃往钜鹿（今河北巨鹿），后又逃回洛阳。官军一举收复藁城等十多个县。

史思明率残兵南奔赵郡（今河北赵县）。郭子仪、李光弼乘胜追击，于四月十八日攻拔赵郡。史思明见南下不成，又掉头北上，逃往博陵（今河北定州）。

攻拔赵郡后，郭子仪、李光弼杀了伪太守郭献璆，却将俘虏的叛军四千人全部释放。很多叛军都受感召而归顺了朝廷。郭子仪、李光弼又将士兵乘乱劫掠百姓的财物归还原主，河北民心大悦，纷纷起义支援官军。

郭子仪、李光弼率军北上围攻博陵。史思明固守。官军连续攻城十日不下。郭子仪、李光弼以退为进，佯装撤军回常山。史思明率军追袭。郭子仪、李光弼则派兵在队后诱战。叛军追赶了三天，已经十分疲惫，史思明便下令撤退。

这时官军掉头反击，在沙河大败史思明。蔡希德逃回洛阳后，向安禄山报告了河北的困局。安禄山调拨给蔡希德步骑两万，令其回河北救援，又命范阳方面发兵万余人补充史思明的部队。两路援军到达时，正赶上史思明在沙河大败。史思明重新整军，合兵五万余人，再寻郭子仪、李光弼会战。

郭子仪认为“彼恃加兵，必易我；易我，心不固，战则克矣”。他利用史思明骄纵轻敌的思想，再破叛军，“斩首二千级，俘五百人”。随后，官军采用疲敌战术，不断袭扰叛军。“昼扬兵，夜捣垒，贼不得息，气益老。”官军白天讨战，夜晚偷营，叛军疲于应付，人困马乏，士气衰落。郭子仪看准时机，于五月二十九日在嘉山（今河北曲阳东）一带同史思明展开大战。官军再次取得大胜，“斩首四万级，获人马万计”。史思明慌乱落马，披发跣足，手持断枪，狼狈逃窜，才捡回了一条性命。叛军再次退回博陵，守城不出。

嘉山大捷使河北军民再次看到了平叛成功的希望，于是纷纷举事，杀死叛军守将，光复郡县。范阳与洛阳之间的交通再次被切断，“于是河北十余郡皆杀贼守将而降，渔阳路再绝，贼往来者皆轻骑窃过，多为官军所获，将士家在渔阳者无不摇心”。

河北局势的骤然变化极大地打击了安禄山的信心，动摇了原本认为起兵必胜、大事必成的信念。他怨天尤人，后悔起事，将作乱的责任全推给身边的亲信严庄与高尚：“汝等令我举事，皆云必成，四边兵马若是，必成何在？汝等陷我，不见汝等矣。”安禄山一时进退维谷，甚至“议弃洛阳，走归范阳”，准备放弃河南，退保自己的老巢范阳。

雍丘保卫战

南宋丞相文天祥在被俘后囚于大都，于狱中作《正气歌》一首，传为名篇：

天地有正气，杂然赋流形。
下则为河岳，上则为日星。
于人曰浩然，沛乎塞苍冥。
皇路当清夷，含和吐明庭。
时穷节乃见，一一垂丹青。
在齐太史简，在晋董狐笔。
在秦张良椎，在汉苏武节。
为严将军头，为嵇侍中血。
为张睢阳齿，为颜常山舌。
……

文天祥历数了“时穷节乃见，一一垂丹青”的历史人物，唐代有两人入选，即“张睢阳”与“颜常山”。前文中，我们已经领略了“颜常山舌”的悲壮，接下来就谈一谈“张睢阳齿”又有怎样气吞山河的壮举。

张睢阳，指安史之乱时固守睢阳（今河南商丘南）的真源令张巡。张巡，蒲州河东（今山西永济）人，身长七尺，颇有秉性，须髯每怒尽张。他读书不过三遍就能终身不忘，作文章不立草稿。更难得的是，他有着一般文人没有的侠义、尚武精神，“博通群书，晓战阵法。气志高迈，略细节，所交必大人长者，不与庸俗合”。

开元二十九年（741年），张巡中进士，先为太子通事舍人，后外任为清河（今河北清河）令。任期满后，张巡回到长安，但他不愿依附杨国忠，认为“朝宦不可为”，遂又被放任为真源（今河南鹿邑）令。

叛军攻占洛阳后，除了主力西进剑指关中外，安禄山还派出人马向南攻打，妄图攻占江淮地区，掐断唐王朝的经济补给线。叛军很快攻到谯郡（今安徽亳县）。真源县是谯郡属地，张巡劝说谯郡太守杨万石死守城池，尽忠朝廷。不承想，杨万石却贪生怕死投降叛军，还逼着张巡做长史，并令其向西接应叛军。

张巡得到命令义愤填膺，带领军吏民众在真源县的玄元皇帝祠中大哭，表示誓死抵抗。随后，他率千余人向西迎战叛军。叛军皆是幽燕劲旅且来势汹汹，而张巡仅是小小的县令，所率千余人马不过是维护地方治安的一般军队。张巡此举无异于以卵击石，谁都没有对他的抵抗抱什么希望。然而正是一介文官张巡，却创造了中国战争史上的奇迹，成为江淮屏障，有效阻止了叛军南下的铁蹄，为唐王朝的平叛赢得了宝贵时机。

当时，单父（今山东单县）尉贾贲等人正在雍丘（今河南杞县）一带抗敌。张巡率所部人马到雍丘与之会合。不承想，雍丘县令令狐潮却举县向叛军投降。令狐潮掉转矛头击败官军，并俘虏了百余人，将他们囚禁在雍丘。这些俘虏借着一个机会越狱，倒反雍丘，城中顿时大乱。贾贲、张巡率军在城外接应，乘机光复雍丘。令狐潮狼狈而逃。此后，雍丘成为河南抗击叛军的基地。

雍丘是大运河上的重镇，自陈留沿着运河向东南攻伐，首当其冲的就是雍丘。天宝十五年（756 年）二月，令狐潮卷土重来，带领万余叛军攻夺雍丘。此时，雍丘城中守军约三千人，敌众我寡，形势危急。贾贲出城迎敌，不幸战死。大家共推张巡为主将，继续坚守。令狐潮围攻雍丘达一月之久，损失万人，仍无法攻下。

三月，叛将李怀仙、杨朝宗、谢元同等率兵来支援令狐潮，城下叛军一度达到四万余人，贼势大增。而此时，由于连月困守孤城苦战，雍丘城内有战斗力的守军只剩下约两千人。两千对四万，几无胜算。张巡鼓励大家说：“敌知城中虚实，有轻我心。今出不意，可惊而溃也，乘之，势必折。”

说罢，张巡趁着叛军立足未稳之际，亲率千余人分数队出城突袭。张巡冲锋陷阵，毫无惧色。士兵见主帅如此，也都舍命厮杀。叛军确实如张巡所说，骄傲自大，有轻敌之心。他们万万没有想到，张巡敢率领一千人出战。叛军立时阵脚大乱，只得后退。

翌日，叛军再次围城。在雍丘城的四面，叛军排列了上百门投石机，一时间石砲横飞，雍丘城墙遭到严重破坏，城头矮墙和城楼皆被毁。张巡命人在城上架设木栅，待到叛军攀登城墙时，就用蒿草和油脂点燃木栅。城头顿时烈焰冲天，叛军害怕被焚，只得放弃登城。就在叛军踯躅之际，张巡又率士兵出城突袭，叛军只得再退。

张巡坚守雍丘六十余日，前后经历三百余次战斗，居然使数万叛军无法攻下。令狐潮只得暂时放弃，恨恨地解围而去。张巡又趁着叛军撤退的机会在后掩杀，斩获颇多，令狐潮亦险些被俘。

见强攻难以奏效，令狐潮又来劝降。二人本是邻县的地方官，早就熟识。如今却是一攻一守、一奸一忠的敌人。令狐潮对城上的张巡说：“天下事去矣，足下坚守危城，欲谁为乎？”张巡反唇相讥：“足下平生以忠义自许，今日之举，忠义何在！”一番话令狐潮羞愧难当。

攻难取胜，劝又不降，令狐潮已经黔驴技穷。就在此时，一条爆炸性消息传到雍丘：叛军已经攻破潼关、占领长安，唐玄宗带着文武百官西逃入蜀了。

令狐潮大喜，马上写信给城中的张巡，得意扬扬地劝他，识时务者为俊杰。雍丘孤城一座，对长安的形势变化当然完全不知。张巡接信后，将长安陷落的情况通报给众将。长安虽陷，但皇帝还在、朝廷还在，张巡仍丝毫没有投降的意思。这时，军中却有六名将官动摇了。两京先后失陷，安禄山也已称帝，或许真是到了改朝换代的时候，何必死守一座孤城呢，他们劝说张巡投降。

张巡不置可否，诈称第二日与众将商议。第二日，张巡在县衙大堂上高高悬挂唐玄宗的画像，率众将朝拜，人人尽泣。张巡突然命令逮捕倡议投降的六将，宣布罪状，即刻斩之。于是，人心复定，军心复振。

令狐潮围城期间，曾与张巡的郎将雷万春对话。叛军用强弩射击雷万春，雷万春面受六创，却纹丝不动。令狐潮甚至以为城头的雷万春是木偶。当他得知确实是雷万春本人时，不禁震惊于张巡治军之严。

此时，张巡已在雍丘困守百余日。城中的粮仓渐渐见了底，箭支也不够用了。军中无粮无箭，何谈守备。张巡正在城头愁闷之时，却意外地远远望见城东北方的运河上来了数百艘粮船。原来是叛军的补给到了。这些船停靠在码头，尚未卸粮。

张巡决定出城劫粮。深夜，他将士兵集中到城南佯装出战。令狐潮闻报，赶快集中主力到城南。张巡挑选了一批勇士偷偷地到达码头，将船上的粮食劫走。

解决了粮食问题，还要想办法搞一些箭。张巡让士兵扎了许多稻草人，给它们穿上黑衣，用绳子捆好，趁着夜晚，从城头缒下。叛军远远望去，好像无数的士兵在下城。他们以为张巡要偷营，赶紧放箭射杀。叛军见到黑衣人在城墙上挂了很久，又慢慢地爬回城上了。只这一计，张巡便得到了数十万支箭。

这简直是诸葛亮草船借箭的翻版，但草船借箭只是演义故事，而张巡借箭却是于史有载。张巡借箭比草船借箭更巧妙，因为他还有后续的动作。此后的夜间，雍丘城头又爬下了黑衣人。叛军讥笑张巡故技重施，也不再防备。而这次城头上下来的哪里还是稻草人，而是五百名敢死士兵。他们杀入叛军大营，叛军大乱溃败。

雍丘保卫战旷日持久，城中的木材逐渐枯竭。张巡见令狐潮急于拿下雍丘，便将计就计，与令狐潮商议，让其网开一面，放自己逃走，舍弃雍丘。令狐潮是一降将，却久攻不下小小的雍丘，来自洛阳方面的压力很大。若是放张巡逃脱，雍丘自然唾手可得，对安禄山好歹也算有个交代。令狐潮便命令围城军队后撤六十里。张巡趁此机会率军出城，将六十里以内的房屋全部拆除，扛着木料又回去守城了。

令狐潮方知中计，盛怒之下再次包围雍丘。张巡却又心生二计。他对令狐潮说，城中已经没有战马，我想逃走也不可能，请你送给我三十匹战马，我马上率领亲信出奔。令狐潮求胜心切，果然按照张巡所说，送去了三十匹战马。张巡挑选出三十位勇士，将战马交给他们骑乘。第二天，令狐潮责备张巡不守信义。张巡却故意激将：“我确实想要逃走，怎奈将士们不从，我有什么办法呢？”

令狐潮恼羞成怒，下令攻城。叛军还没有列阵完成，城中便飞奔出三十名骁骑勇士，四处冲杀，擒获叛将十四名，斩首百余级，缴获兵械牛马无算。

令狐潮灰头土脸地率军退回陈留（今河南开封），一时对雍丘无可奈何。面对这块难啃的骨头，令狐潮派遣马步军七千余人迂回攻占今河南宁陵县西北的白沙涡，这样可以切断雍丘守军同东南方向江淮地区的联系。张巡探知这一情报后，率军夜袭白沙涡，大败叛军。回军时，张巡又在桃陵（今河南杞县东南十里）俘获叛军四百余人。张巡声威更振，远近民众一万余户都来归附。此后数月，张巡与叛军继续在雍丘一带僵持，前后历经数百战。张巡以三千人马对抗数万叛军，却使叛军无法挺进东南一步。

到了十二月，张巡已在雍丘固守一年之久，周围的形势发生了急剧变化。鲁郡（治所在今山东兖州）、东平（今山东东平西北）等地先后落入叛军之手，济阴（今山东定陶西南）太守高承义举郡投降。河南节度使、虢王李巨放弃彭城（今江苏徐州），引兵向东南退却。叛将杨朝宗已经准备绕到雍丘后方攻取宁陵。若是宁陵失守，雍丘作为江淮门户的战略意义也将随之消失。张巡只得弃守雍丘，率三千余将士赶在杨朝宗之前入驻宁陵坚守。

至此，雍丘保卫战结束。而更为壮烈的睢阳保卫战也随之拉开了序幕。

江淮忠魂

张巡到达宁陵后，与睢阳太守许远、城父令姚訚遥相呼应。随后，杨朝宗领贼兵两万尾随而至。许远派兵支援张巡，双方在宁陵城下对决。张巡麾下将领雷万春、南霁云等人作战勇猛，经过一昼夜的鏖战，官军再次击败叛军。杨朝宗损失惨重，手下有二十员将领阵亡，士卒损失万余人。杨朝宗率残部趁夜逃遁。张巡将敌人的尸体扔入大运河，河水为之堵塞。

当时，唐肃宗已经在灵武即位，他下敕书任命张巡为河南节度副使，主持睢阳一带的战局。张巡为部下向河南节度使、虢王李巨请功，并希望给予赏赐以激励军心。李巨只签发了折冲都尉、果毅都尉等三十通空头委任状，至于赏赐却一无所有。张巡得知，愤怒道："宗社尚危，围陵孤外，渠可吝赏与赀？"即使在平叛期间，唐王朝类似这种相互掣肘的事情也颇多。

至德二年（757 年）正月二十五日，洛阳的燕伪政权为了尽快打通运河线，将势力推进到江淮，派出大将尹子奇为河南节度使，率兵十余万向睢阳扑来。这十余万叛军是自妫州（今河北怀来东南）、檀州（今北京密云东北）抽调来的叛军主力，骁勇善战，加之有同罗、奚族的精锐兵马助战，实力与围攻雍丘的令狐潮所部不可同日而语。睢阳太守许远属下约有军队七千人，他料自己独木难支，马上派飞骑向张巡求救。

睢阳"据江淮之上游，为汴洛之后劲，南控江淮，北临河济，彭城居其左，汴京建于右，形胜联络，是以保障江南，襟喉关陕，为大河南北之要道"。这里是京杭大运河上的战略要地，雍丘、宁陵都是其前哨，张巡誓死固守雍丘、宁陵也是为了保证睢阳不失。接到许远的告急文书，张巡只得率所部三千人退守睢阳，与许远、姚訚合兵抗敌。

一方在城头，一方在城下，雍丘与宁陵的激战场面再次在睢阳上演。张巡在城头激励将士，一日中凡二十战，士气不衰。许远自认为军事才能不及张巡，遂将所部交给张巡指挥，自己则专门从事后勤保障工作。二人同心协力，确保睢阳不失。

这期间官军将领田秀荣暗中降敌，被张巡识破。他在城头当众将田秀荣斩首，并开城出战。官军大胜，缴获了大量车马牛羊。张巡将这些物资悉数分发给士卒，自己分毫不取。

转眼到了五月，麦子熟了。叛军在城外刈麦收粮。张巡鸣鼓整队，作出将要出战的样子。叛军纷纷停止收割，准备迎战。张巡却又让士兵放下武器，收队休息了。叛军见状，便放松了警惕。张巡却又突然命南霁云率军打开城门冲出，直扑尹子奇的中军大营，斩将拔旗。

张巡想要射杀尹子奇，但不能辨别谁是尹子奇，便命军卒用蒿杆作为箭矢射向叛军。叛军中有人中了箭，却发觉自己没有受伤，仔细一看才知道城头射下来的是蒿杆。他们以为守军已经没有箭支了，就拿着蒿杆去向尹子奇报告。这下暴露了目标，南霁云一箭射向尹子奇，正中尹子奇的左眼。主帅受伤，叛军解围而去。

七月，养好伤的尹子奇率领贼兵复围睢阳。此时，睢阳的情况已经非常困难了。原本在去年十二月，睢阳还有六万斛谷，可支撑一年。但淮南节度使李巨却命令睢阳拨出一半分给濮阳和济阴。许远固争，李巨不听。不承想，济阴太守高承义得粮后转脸就投降了叛军。

这样一来睢阳的军粮就只够半年食用了。到了七月，正好是粮尽的时候。士卒每人每天只能分到一勺米果腹。实在难耐，士卒就只能扒树皮、掘草根、捕鸟雀、捉蛇鼠充饥，甚至是将皮制的铠甲煮软食用。士卒减员严重，仅剩羸弱不堪的千余人，大都饿得张不开弓。

叛军见到这种情况，更加疯狂地进攻。他们在城下堆积木柴干草，准备形成一个坡道借此登城。张巡就趁夜间向柴草堆中投放多脂易燃的松枝等物，待到叛军的坡道堆成了，张巡命人一把火将其烧毁。叛军又使用云梯、钩车、木马等物攻城，张巡也都一一化解。

接战春来苦，孤城日渐危。
合围侔月晕，分守若鱼丽。
屡厌黄尘起，时将白羽挥。
裹疮犹出阵，饮血更登陴。
忠信应难敌，坚贞谅不移。
无人报天子，心计欲何施。

这是一首《守睢阳作》，是张巡留下的为数不多的诗篇之一。自春来接战，张巡与众将士困守孤城，日渐危急。将士们裹疮出阵，饮血登陴，杀得惊天地、泣鬼神。在这场破釜沉舟的背水一战中，张巡充分发挥自己的军事才能，在用兵上不拘泥于前人的经验，主张“云合鸟散，变态百出”，又主张发挥士兵的主观能动性，“上下相习，人自为战”，因而总能针对战场形势随机应变出奇制胜。在用尽了各种办法仍然无法攻取睢阳的尴尬情况下，叛军只得“服其机，不复攻”，而是修建战壕，竖立围栅，想要困死张巡。

当然，守城一方也付出了极大的代价。城内士卒多饿死，存者也是痍伤气乏，几无战力。此时，张巡作出了在当时和后世都颇受争议的举动。他将自己的爱妾杀死充作军粮。众人皆泣不忍食，张巡却说：“诸君经年乏食，而忠义不少衰，吾恨不割肌以啖众，宁惜一妾而坐视士饥？”许远也效仿张巡，杀死奴僮给士兵食用。

即使如此困难，张巡非但不肯投降，还在劝说叛军能弃暗投明。叛军将领李怀忠经过城下时，张巡扒着垛口问道：“君祖、父官乎？”在得到李怀忠的肯定回答后，张巡问道：“君世受官，食天子粟，奈何从贼？”又问：“自古悖逆终夷灭，一日事平，君父母妻子并诛，何忍为此？”李怀忠受了触动，掩涕而去，俄尔率亲信数十人归降。就这样，张巡居然说服了很多叛将归顺朝廷，掉转矛头，死力守城。

即便如此，睢阳仍是死城一座，朝不保夕。张巡派遣南霁云闯重围到周围尚在唐朝掌控的郡县求援。南霁云先到彭城，见到了驻守在此处的许叔冀、尚衡等唐朝官员。没想到他们一来嫉妒张巡的战功，二来为了保存自身的实力，不肯发一兵一卒去救睢阳，只答应送布数千匹。大敌当前，布匹又有何用。南霁云怒发冲冠，在马上指着鼻子骂彭城守将。许叔冀等人却置若罔闻。

当时，御史大夫贺兰进明为临淮节度使，距离睢阳较近。南霁云又到贺兰进明处求援。贺兰进明害怕贸然出兵，会遇到叛军的袭击，又嫉妒张巡的声威，想要借叛军之手除掉张巡，因此根本没有出兵的打算。他摇头晃脑，对南霁云打起了官腔：“睢阳存亡已决，兵出何益？”南霁云焦急地说：“城或未下。如已亡，请以死谢大夫。”

贺兰进明见南霁云如此忠勇，心中有了爱将之意，想留下南霁云为己所用。他大排筵宴，席前又招来美人歌舞，欲使南霁云沉迷酒色，不再想回睢阳。南霁云见贺兰进明如此奢靡，又想到睢阳城中的张巡和将士们，不禁放声大哭：“昨出睢阳时，将士不粒食已弥月。今大夫兵不出，而广设声乐，义不忍独享，虽食，弗下咽。今主将之命不达，霁云请置一指以示信。”说着，南霁云抽出肋下的佩刀斩断自己的一根手指，扔给贺兰进明。满座的官员惊得目瞪口呆，有人不禁流下了眼泪。

贺兰进明好古博雅，经纶满腹，有诗文一百余篇留世，也称得上一位才子，但因其恶劣的行径，为后人所不齿。甚至有人传言：“贺兰进明好啖狗粪。”说他是一个爱吃狗屎的家伙。

南霁云无法同“好啖狗粪”者同席，他一口东西也没吃，飞马离开了临淮。出城时，南霁云转身望了望城中的一座佛塔，抽弓搭箭，一箭射中佛塔，竟有半支箭射入砖中，发誓道：“吾破贼还，必灭贺兰，此矢所以志也！”唐朝官员相互掣肘拆台乃至于此！

不过，南霁云此次求援还是有一定收获的。他在真源得到了战马百匹，在宁陵得到了士兵三千，乘着夜色赶回睢阳。叛军见有援军到来，拼命阻挡援军入城。张巡听到城外激战，命人开城接应。南霁云率军且战且退，士兵多死伤，入城者约千人。但可喜的是，在乱军中南霁云抢夺了叛军的数百头牛并将其驱赶入城，解决了军中缺粮的燃眉之急。

因贺兰进明的作壁上观，睢阳已失去外援。城里城外，谁都知道，睢阳的陷落只是时间的问题。城外的叛军加紧了攻势，城中众将劝说张巡和许远放弃睢阳，沿着运河继续撤退。张巡和许远却认为“睢阳江、淮保障也，若弃之，贼乘胜鼓而南，江、淮必亡”。还是应该继续坚守待援。万一朝廷能了解情况，过问江淮局势，派援军解围，睢阳或许还能起死回生。即使城池陷落，我等也甘愿舍生取义，为国捐躯。因此守军放弃突围，誓与睢阳共存亡。

日子挨到了十月初九。睢阳大限到来。当日叛军疯狂攻城，守军矢尽粮绝，且身带伤病，丧失了抵抗能力。叛军终于登上城头。睢阳遂告陷落。张巡知事难挽回，向着长安的方向叩拜说："孤城备竭，弗能全。臣生不报陛下，死为鬼以疠贼。"张巡、许远、南霁云、姚訚、雷万春等人皆被俘。

尹子奇终于近距离地见到了这位对手，他对张巡说："闻公督战，大呼辄眦裂血面，嚼齿皆碎，何至是？"听说你督战的时候把牙齿都咬碎了，为什么要这么做呢？张巡答道："吾欲气吞逆贼，顾力屈耳。"尹子奇怒，命人用刀撬开张巡的嘴巴，见口中仅存三四颗完好的牙齿。这便是"张睢阳齿"的由来。

张巡大骂道："我为君父死，尔附贼，乃犬彘也，安得久！"尹子奇敬佩张巡的忠义气节，还想劝降张巡。左右人提醒说："彼守义者，乌肯为我用？且得众心，不可留。"尹子奇还不死心，将刀架在张巡的脖子上，逼其就范。张巡誓死不降。

尹子奇去劝南霁云投降，南霁云不作声。张巡呼道："南八！男儿死尔，不可为不义屈！"南霁云在家中排行第八，故称南八。南霁云笑曰："欲将有为也，公知我者，敢不死！"亦不肯降。张巡与南霁云、姚訚、雷万春等三十六位官员、将领一同遇害。许远被执送洛阳，后遭杀害。

睢阳坚守了约十个月的时间，加之前面的雍丘保卫战，兵微将寡的张巡居然在无险可守的平原地带凭借孤城阻挡了十余万渔阳劲旅长达二十一个月之久。这不但保全了唐王朝的财赋粮食供应基地江淮地区，而且牵扯了叛军的大量人马，使之不能抽调到河北战场和关中战场，缓解了其他战线的官军压力，同时也鼓舞了全国军民的士气，让人们看到了平叛成功的希望。

但是，睢阳失守也暴露了唐朝内部相互倾轧、相互算计的严重问题。贺兰进明、许叔冀等人居然眼睁睁地看着张巡孤军奋战而毫不动容。选择按兵不动、见死不救的还不仅仅是他们。至德二年（757 年）八月，唐肃宗命张镐兼任河南节度使、都统淮南等道诸军事。张镐急速赶往河南支援张巡，但无奈鞭长莫及。为了抢时间，张镐急令谯郡（今安徽亳州）太守闾丘晓先期赶赴睢阳支援。闾丘晓却惧怕叛军，担心战败殃己，不肯发兵，坐视张巡败亡。待张镐赶到睢阳城下时，已然城破三日。盛怒之下，张镐将闾丘晓杖杀，然已于事无补。

睢阳战场的情况绝非偶然。早在河北颜氏兄弟抗击叛军期间，就曾有官员抢功甚至陷害忠良的事件发生。当初颜杲卿派遣其子颜泉明同贾深、张通幽等人带着李钦凑的首级，押解着高邈、何千年两名叛将入京报捷。路过太原时，河东节度使王承业居然扣留了颜泉明等人，另外派人押着叛将入朝，谎称叛将是自己擒获的，对颜杲卿则只字不提。唐玄宗信以为真，擢升王承业为大将军，而立下大功的颜杲卿却没有得到任何赏赐。史思明攻打常山时，颜杲卿曾向王承业求援，王承业却一心要颜杲卿速死，故不肯出兵援救。

颜杲卿殉国后，朝廷也不知道他的具体事迹。知情人张通幽因其兄长投降了叛军，也不肯为颜杲卿证明，甚至还在杨国忠面前诬陷颜杲卿。朝廷因而没有追赠颜杲卿官爵。幸有颜真卿上表唐肃宗为颜杲卿喊冤，朝廷才知真情，张通幽因此获罪被杖杀。

这些事件的发生都在不同程度上阻碍了河南、河北两个战场的平叛进程。但恶劣的影响尚局限于一时一地。而潼关与长安之间的矛盾与倾轧却使得平叛的形势急转直下，叛军攻破长安，唐玄宗仓皇辞庙，唐朝险些因此覆亡。

这一切究竟是如何发生的，让我们把日历翻回天宝十四年（755 年）十二月底。